영상, 역사를 비추다

한국현대사 영상자료해제집 Ⅲ

대한뉴스 해제집 3

영상, 역사를 비추다
한국현대사 영상자료해제집 Ⅲ

대한뉴스 해제집 3

초판 1쇄 발행 2017년 5월 31일

엮은이 | 허 은
펴낸이 | 윤 관 백
펴낸곳 | 도서출판 선인

등 록 | 제5-77호(1998.11.4)
주 소 | 서울시 마포구 마포대로 4다길 4 곶마루 B/D 1층
전 화 | 02)718-6252/6257
팩 스 | 02)718-6253
E-mail | sunin72@chol.com

정가 59,000원

ISBN 979-11-6068-096-6 94910
ISBN 979-11-6068-093-5 (세트)

"이 저서는 2011년 정부(교육과학기술부)의 재원으로 한국학중앙연구원의 지원을 받아 수행된 연구임(AKS-2011-EAB-3101)"

영상, 역사를 비추다

한국현대사 영상자료해제집 Ⅲ

대한뉴스 해제집 3

허 은 편

해제집을 펴내면서

한국현대사 영상자료해제집은 고려대 한국사연구소 역사영상융합연구팀이 2011년부터 3년에 걸쳐 진행한 '한국 근현대 영상자료 수집 및 DB구축' 프로젝트의 결과물 중 하나이다. 6년 전 30여 명으로 구성된 역사영상융합연구팀은 세 가지 목표를 가지고 토대연구를 추진했다.

첫째, 한국 근현대사 관련 기록 영상자료를 최대한 망라하는 영상물 데이터베이스(DB) 구축을 목표로 삼았다. 사업을 시작할 때까지 이는 국내의 어떤 기관도 수행하지 못한 일이었다. 프로젝트가 완수되면 국내외 한국 근현대사 관련 기록 영상자료의 정보가 최초로 종합 · 정리되고, 특히 해외에 산재된 상당분량의 영상물이 새롭게 발굴 · 정리될 것이라 기대했다.

둘째, 역사학, 언론정보, 영화문화를 전공한 연구자들이 결합하여 체계적인 해제를 수행하고 주요 영상을 선별하여 해제집을 발간하는 것을 과제로 삼았다. 역사연구와 영상연구가 결합된 해제가 수행되어야 향후 역사학 분야뿐만 아니라 각 분과학문 연구에도 유용하게 활용될 수 있는 깊이 있는 DB를 구축할 수 있다고 보았기 때문이다.

셋째, 훼손이나 소멸될 가능성이 높은 자료를 우선 수집하고, 수집된 자료를 체계적으로 보존하며 동시에 그 활용을 극대화 하는 방안을 강구하고자 했다. 사적으로 수집된 영상자료는 논외로 하더라도 공공기관에서 수집한 해외소재 영상물조차 '공공재'로서 접근성이나 활용도가 크게 떨어지는 경우가 많았다. 당연한 언급이지만, 연구자와 대중이 영상자료를 수월하게 활용할 수 있을 때 영상을 활용한 새로운 역사쓰기의 가능성이 크게 확장될 수 있다.

이상의 세 가지 목표를 가지고 진행한 연구는 한국학중앙연구원, 한국영상자료원 등과 협조하에 부족하나마 가시적인 성과를 이룰 수 있었다. 해외수집영상물의 안정적인 보존은 한국영상자료원이 맡아주었고, 영상자료의 접근성과 활용도를 극대화하기 위해 누리집(고려대학교 한국사연구소 '한국근현대 영상아카이브' http://kfilm.khistory.org)을 구축하여 수집한 기록영상물을 쉽게 접근하고 활용할 수 있도록 했다. 학문 융합적인 접근을 통해 체계적인 해제를 수행한다는 목표는 단계별 카탈로깅 진행과 한국 현대사 영상자료 해제집의 발간을 통하여, 일단락을 맺은 셈이다.

9권의 해제집은 크게 뉴스영화와 문화영화 해제로 구성되어 있다. 이 영상물들을 해제하는데 집중한 이유는 사료적 가치가 높음에도 불구하고, 역사학을 포함한 인문학 분야는 말할 것도 없고 한국영화사 연구 분야에서도 큰 주목을 받지 못했기 때문이다. 해제 범위는 8·15해방 이후부터 박정희 정권시기까지 대한민국 현대사와 관련된 영상자료로 한정했고, 다양한 역사적 사실들을 다루기 위해 연구팀이 소장하지 않은 영상자료에서도 선별하여 해제를 진행했다. 해외수집영상에 일제 강점기 영상도 일부 있으나, 해제집의 주안점은 한국현대사에 대한 이해를 높이는데 두었다. 움직이는 영상을 활자로 옮기는 작업은 영상미디어史를 쓰기 위한 불가결한 과정이지만, 활자화된 영상 정보가 다양한 해석의 가능성을 차단하지 않을까 우려된다. 이러한 우려를 최소화하기 위해 '한국근현대 영상아카이브' 누리집에서 가능한 한 많은 영상물을 시청할 수 있도록 했으니 함께 활용해 주기를 바란다.

토대연구의 완료가 예상보다 3년을 더 경과한 셈이니 늦어도 많이 늦었다고 할 수 있다. 역사-영상 연구의 기반을 마련한다는 원대한 목표를 갖고 진행한 토대연구는 일사천리로 진행될 수 없었다. 역사학 분야에서 영상 연구가 일천하여 두 번의 국제학술회의와 연구서 발간을 통하여 문제의식을 공유하고, 영상 독해력도 갖추어 가야했다. 여기에 홈페이지 구축과 해제집 발간까지 병행한 6년은 프로젝트팀에게는 짧기만 한 기간이었다.

영상 자료의 수집과 해제 과정은 많은 인내와 높은 집중력을 지속적으로 요구하는 작업이다. 하나의 영상을 사료로 만드는 과정은 영상과 관련된 문헌정보, 영상 속 시각·청각 정보 등을 종합적으로 정리할 때 가능하다. 연구의 정량적 평가에 시달리는 요즘, 지리하고 힘들뿐만 아니라 생색내기도 어려운 토대구축 연구를 같이 해준 전임연구원·공동연구원 선생님들과 녹취, 번역, 해제 집필 등 다양한 방식으로 참여한 모든 분들께 진심으로 감사를 드린다. 특히 각각 문화영화, 미국지역 수집영상물, 유럽지역 수집영상물의 최종 책임 편집을 맡아 정리하고, 각 해제집의 소개글을 작성해 주신 박선영, 양정심, 박희태 세 분께 다시 한번 감사드린다.

기초해제에서부터 최종 교정까지 대학원생들이 많은 수고를 해 주었다. 대학원 박사, 석사 지도학생들의 헌신적인 참여가 없었다면 이러한 규모의 토대연구는 엄두도 내지 못했을 것이다. 충분한 장학금을 주며 연구에 전념할 수 있는 여건을 마련해 줄 수 없는 현실에서 연구 프로젝트는 계륵과도 같은 존재이다. 특히 영상자료는 문헌사료가 중심인 역사학에서 연구외적 작업이 되기 십상이라 우려가 컸는데, 참여 대학원생들은 인내와 성실로 여러 난관을 끝까지 함께 극복해 주었다. 이주호, 금보운, 서홍석 세 명의 박사과정 학생들은 마지막까지 마무리 작업을 하느라 수고가 더 컸다.

이외에도 다 열거할 수 없을 정도로 많은 분들의 도움이 있었다. 영상자료 수집에서 조준형 팀장님을 비롯한 한국영상자료원의 도움이 컸으며, 연구 진행과 자료수집 그리고 해제에 공동연구원분들이 많은 힘을 실어주셨다. 일본 및 중국 현지에서 자료조사와 수집을 맡아 주었던 도쿄대의 정지혜, 남의영 연구원, 푸단대 순커즈 교수에게 감사드린다. 또한 사업기간 지원을 아끼지 않았으며, 해제집 발간도 인내심을 갖고 기다려 준 한국학중앙연구원에 감사의 뜻을 전하지 않을 수 없다. 끝으로 한국근현대 영상자료 해제집 발간을 흔쾌히 맡아주신 선인출판 윤관백 사장님과 편집교열에 수고해 주신 편집부 여러분께 감사드린다.

많은 분들의 헌신적인 참여와 도움으로 해제집을 발간할 수 있었지만, 새로운 시도에 따른 내용적 오류나 분석방법의 미숙함이 많이 눈에 띄리라 본다. 여러분들로부터 질정을 받으며 향후 지속적으로 수정, 보완해 나가도록 하겠다.

한국인뿐만 아니라 수많은 외국인들이 격동적으로 전개된 한국현대사를 영상으로 담았고, 그 결과 방대한 분량의 영상자료들이 전 세계 각국에 흩어져 한국현대사를 우리 앞에 펼쳐 보이고 있다. 이 해제집은 그중 일부를 다루었을 뿐이다. 여기서 거의 다루지 못한 북한과 구 공산진영 국가들에 흩어져 있는 영상들은 여러 연구자와 관계기관에 의해 수집 · 정리되고 있다. 남북한 각각의 역사가 아닌 20세기 한반도사 또는 한민족사를 위한 영상DB 구축이 머지않아 이루어지기를 고대한다.

21세기 초입에 우리는 개항, 식민지배, 분단과 전쟁, 산업화와 민주화 등 좌절과 희망의 20세기를 차분히 재성찰하며 냉전분단시대가 남긴 질곡과 유제를 극복 · 청산할 방향을 모색해야 한다. 한국현대사 영상자료 해제집이 20세기 냉전분단시대를 넘어서는 역사, 그리고 활자 미디어를 넘어서는 새로운 역사쓰기를 모색하는 이들에게 디딤돌이 된다면 이는 연구팀원 모두에게 큰 기쁨일 것이다.

2017년 5월

연구팀원을 대표하여

허은 씀

차 례

대한뉴스

양지회 소식 (1966년 12월 17일)

제작정보

출　　처 : 대한뉴스 601호
제 작 사 : 국립영화제작소
제작국가 : 대한민국

영상정보

제공언어 : 한국어
컬　　러 : 흑백
사 운 드 : 유

영상요약

1966년 12월 9일 충청남도 대전에서 열린 충남부녀회관 기공식에 영부인 육영수가 참석했고 이어서 63육군병원을 방문해서 병사들을 위로했다.

내레이션

12월 9일 충청남도 대전에서는 박 대통령 영부인 육영수 여사가 참석한 가운데 충남부녀회관 기공식이 있었습니다. 그런데 이 부녀회관은 여성복지 향상에 기여하게 되는데 서울, 부산, 대구, 광주에 이어 다섯 번째로 (…) 이어 육영수 여사는 대전에 있는 63육군병원을 방문, 파월국군장병을 위문하고 전축과 많은 위문품을 (…)

화면묘사

00:00 자막 "양지회 소식"
00:04 "경축 부녀회관 건립 기공식"이라고 상단 상단에 써있고 그 앞으로 많은 시민들이 모여있음
00:08 관계자의 연설 장면, 연단 뒤에 한복을 입은 여성들이 앉아있음
00:11 연설을 듣는 참석한 부인들의 모습
00:14 연설하는 영부인 육영수의 모습
00:17 박수치는 부인들의 모습
00:21 기공 기념 첫 삽을 뜨는 육영수와 관계자들의 모습
00:28 "적십자 휴게실, 대한적십자사 충남지사, 63육군병원 휴게실"이라고 써있는 명패
00:30 병상에 앉아있는 병사와 밝은 표정으로 대화하는 육영수
00:38 위문품으로 전달된 전축의 모습
00:41 휴게실에서 바둑을 두는 병사들의 모습

연구해제

이 영상은 양지회의 활동에 대해서 소개하는 영상이다. 영상에서는 1966년 12월 16일 충청남도 대전에서 열린 충남부녀회관 기공식에 참석한 영부인 육영수의 모습과 연설 장면을 볼 수 있다. 이어서 육영수는 대한적십자사 충남지사 63육군병원을 방문해서 부상장병에게 위문품을 전달했다.

'양지회'는 육영수가 1964년에 정부의 고위급 임원 부인들을 회원으로 구성된 여성단체로, 여성들을 위한 사업과 사회사업에 주력할 목적으로 설립되었다. 1964년 12월 23일 육영수는 청와대에서 일간·잡지 기자들 앞에서 비공식 기자회견을 갖고, "생활에 시달리는 사람들에게 염치없는 말일지 모르지만 가능한 범주 내에 있는 주부들은 의식주 전반에 걸친 생활을 검소하게 하는 것만이 사는 길이라고 생각해요"라고 말하며, 새해부터는 '양지회'를 결성해 활동할 것이며, 아울러 이 사업을 서울만이 아니라 지방으로 보급시키는데 주력하겠다고 했다.

1966년 당시 양지회 본부는 서울 숭인동에 두고, 지방에는 부산, 대구, 광주에 지부를 설치하여 각종 사회사업활동을 적극적으로 전개했다. 양지회의 주된 회원은 서울에서 정부각료와 국영기업체 사장부인들, 은행장 부인들이었으며, 지방에서는 도지사 이하 지방유지들의 부인들이었다.

이 영상이 제작되기 직전인 1966년 11월 11일, 양지회는 제3차 정기총회를 열고 당해 년도와 다음 년도 사업계획을 발표하였다. 구체적으로는 크리스마스를 앞두고 양로원, 고아원, 불우단체와 국내 일선과 파월 국군장병을 위한 계획을 세웠다. 같은 해 12월 12일 서울시민회관 소강당에서는 양지회 주최 연말자선바자회를 개최했다. 12월 17일에는 양지회 회원들은 중부전선 백골부대를 방문해서 위문품을 전달했다.

육영수가 주도했던 '양지회'와 '육영사업'은 영부인의 검소하고 희생적인 모습을 홍보하며 '인자한 국모' 이미지를 만들었는데, 이는 쿠데타와 불법 비리로 얼룩진 박정희 정권의 이미지를 쇄신하기 위한 방책이었다는 비판도 받고 있다.

참고문헌

「衣·食·住 검소히」, 『경향신문』, 1964년 12월 26일.

「陽地會定總선물 보내기운동」, 『매일경제』, 1966년 11월 12일.
「年末자선'바자'」, 『매일경제』, 1966년 12월 13일.
「陽地會 前線에 士兵과점심함께 선물도한아름씩」, 『경향신문』, 1966년 12월 19일.
홍성태, 『현대한국사회의 문화적 형성』, 현실문화연구, 2006.

해당호 전체 정보

601-01 제3공화국 수립 제3주년

상영시간 | 05분 05초

영상요약 | 1966년 12월 17일 제3공화국이 제3주년을 맞이했다. 이 영상은 그동안 제3공화국의 성과를 설명해준다. 그 내용은 독일을 비롯한 아시아 여러 국가들 순방, 아시아 태평양지역 각료회의 개최, 월남 지원 7개국 정상회담, 존슨 미국 대통령 방한 등 외교의 다변화, 국군의 장비현대화를 통한 군의 현대화와 해외파병, 제1차 경제개발5개년계획의 달성이다.

601-02 건설의 새소식

상영시간 | 01분 24초

영상요약 | 충북시멘트공장이 완공되어 준공식에 박정희 대통령이 참석하고 이어서 공장을 시찰했다.

601-03 양지회 소식

상영시간 | 00분 43초

영상요약 | 1966년 12월 9일 충청남도 대전에서 열린 충남부녀회관 기공식에 육영수 여사가 참석했고 이어서 63육군병원을 방문해서 병사들을 위로했다.

601-04 스포츠

상영시간 | 02분 29초

영상요약 | 12월 9일 제5회 아시아경기대회가 태국 방콕에서 개최되었다.

601-05 월남소식(용안작전)

상영시간 | 00분 55초

영상요약 | 11월 20일 월남 추라이 서남방에서 해병대가 용안작전을 전개하여 성공했다.

601-06 표어

상영시간 | 00분 03초

영상요약 | 표어. “파월장병 및 군인들에게 위문품을 보냅시다.”

동해에서 해군 56경비함을 폭격한 북괴의 만행 (1967년 1월 28일)

제작정보		영상정보	
출　　처	대한뉴스 607호	제공언어	한국어
제 작 사	국립영화제작소	컬　　러	흑백
제작국가	대한민국	사 운 드	유

영상요약

1967년 1월 19일 북한에서 동해상의 어선단에 폭격을 가해왔다. 해군56경비함은 어선단을 보호하고 침몰했다. 박정희 대통령은 1월 23일 서울해군병원을 찾아 입원 중인 57경비함의 함장 김승배 중령을 비롯한 전상장병을 위로했다. 이후 정전위원회에서 이 사건에 대해서 북측에 항의를 하고 속초와 거진의 어민들이 궐기대회를 개최했다.

내레이션

여기는 휴전선에 가까운 동해의 거진 앞바다, 제철을 맞은 명태잡이로 항구에는 크고 작은 어선들로 한층 붐비고 있었으며 부둣가에는 잡아온 생선이 산더미처럼 쌓이고 있습니다. 그런데 지난 1월 19일 우리 어선단이 동해의 맑은 파도를 헤치며 휴전선 근방 어장에서 평화스럽게 명태잡이에 여념이 없었을 때, 북한괴뢰는 우리 어선의 납북을 기도하고 별안간 무자비한 포격을 가해왔습니다. 이때 어선단을 보호하고 있던 우리 해군 56경비함은 우리 어선을 보호하기 위해 과감히 적탄 앞에 나서 적의 포화를 선채로 막아 우리 어선단을 보호하는 데는 성공했으나 적과의 치열한 교전 끝에 적의 포격을 받아 애통하게도 침몰되고 말았습니다. 지금 보시는 화면은 야만적 북한괴뢰 포격에 최후까지 응사하면서 우리 어선을 구하고 비장한 최후를 마치는 56경비함의 최후 광경입니다. 박 대통령은 1월 23일 서울해군병원에 입원, 가료 중인 57경비함의 함장 김승배 중령을 비롯한 전상장병을 위로하고 56경비함의 장렬한 최후를 우리 해군의 전사에 편찬하도록 국방부에 지시했습니다. 그런데 함장 김 중령은 먼저 간 전우에게 조의를 표하고 (육성 인터뷰) 다행히 우리 어선 및 어부들에게 전혀 피해가 (인터뷰 끝) 우리 어선에 아무런 피해가 없음을 다행으로 생각한다고 말했습니다. 한편, 판문점에서는 군사정전위원회가 열렸습니다. 이 자리에서 유엔 측 대표는 북한괴뢰의 만행을 항의하고 휴전감시 위원단으로 하여금 사건 진상을 조사하도록 하자고 제의했으나 북한 괴뢰는 이를 완강히 거부하고 어거지와 생떼를 부렸습니다. 이와 같은 북한괴뢰의 만행을 규탄하기 위해 속초와 거진 지구 어민들은 궐기대회를 열고 우리 어선이 납치되지 않도록 보호하고 있던 56경비함을 불법 격침한 북한괴뢰의 소행을 응징한다고 결의하고 북한괴뢰의 만행을 규탄했습니다.

화면묘사

00:00 자막 "북괴의 만행"

00:03 거진항 앞바다에 정박해있는 많은 어선들의 모습

00:12 출어했다가 들어온 어선 주변에 모여있는 사람들의 모습

00:15 잡은 명태들을 손질하는 어민들의 모습

00:20 명태를 말리기 위해 널어놓은 모습

00:25 거진항에서 출어하는 어선들의 모습

00:29 평온한 바다 위에 멀리 보이는 경비정의 모습

00:32 바다 위에 떠있는 어선들의 모습

00:37 어부가 끌어올린 그물에 물고기들이 따라 올라오는 장면

00:43 해군 56경비함의 사진

00:46 해군 56경비함과 북괴의 전투장면을 설명하는 애니메이션

00:56 포탄을 맞아 경비함에 연기가 올라오는 사진

00:59 화염에 휩싸여 경비함이 기운 사진

01:04 경비함이 침몰 직전 사진

01:09 경비함의 한쪽 끝만 보인 채 다 침몰한 사진

01:13 해군 장군의 안내를 받아 병실로 들어가는 박정희 대통령의 모습

01:21 병상에 누워있는 김상배 중령의 손을 잡고 그의 머리에 손을 대어보는 박정희 대통령

01:29 김상배 중령의 상태에 대해서 박정희 대통령에게 설명하는 의사의 모습

01:34 김상배 중령이 침대에 누워서 말하는 장면

01:41 부상 장병에게 미음을 주는 간호사의 모습

01:44 부장 장병 옆에서 서있는 박정희 대통령과 의료진

01:48 판문점 외관 모습

01:55 군사정전위원회로 마주보고 앉은 UN측과 북한 측의 회의 장면

01:58 북한의 행동에 대해서 항의하는 UN측 대표의 모습

02:02 굳은 표정의 회의에 참석한 북한 장교들의 모습

02:05 회의 장소 밖에 모여있는 사람들

02:09 "북괴만행규탄 속초지구어민궐기대회"라고 플래카드가 전면 상단에 부착되어 있고 그 아래 모인 주민들의 뒷모습

02:13 한 손을 치켜들고 구호를 외치는 주민들

02:16 주민들의 모습 클로즈업

02:21 궐기대회 전경

연구해제

이 영상은 1967년 1월 19일 동해 휴전선 근해에서 어로 보호 작전 중이던 해군함대 동해경비분대 소속 PCE 56함이 북한 육상포대로부터 약 20분간에 걸쳐 200여 발의 집중 포격을 받고 침몰한 사건을 다루고 있다. 영상에는 거진항에서 출어하는 어선들의 모습, 화염에 휩싸여 경비함이 침몰하는 사진, 부상당한 군인들을 위문하는 박정희 대통령의 모습, 군사정전위원회 회의 장면, 어민들의 궐기대회 모습 등이 담겨 있다. 베트남전을 배경으로 남북한 간의 군사적 긴장이 고조되어 갔음을 보여주는 영상이다.

당시 해군당국의 발표에 따르면, 이 교전에서 승조원 79명 중 전사 39명, 중상자 14명, 경상자 16명의 피해를 입었다. 56함은 수원단동(水源端東)쪽 6마일 해상에서 북한해군의 PBL(PATROL BOAT LARGE) 2척을 발견, 그 당시 어로저지선과 해상 휴전선을 넘어 어군을 따라 어로 중이던 70여 척의 어선단을 북한 함정이 납북하려고 기도하는 것을 발견하였다고 한다. 급히 어선들을 남하시키고자 수원단남동(水源端南東) 4.5마일 되는 해점에 이르렀을 때 북한의 해안동굴진지에 거치된 육상포대로부터 발포가 시작, 약 20분간에 걸쳐 200여 발의 집중 포격을 받았다. 이때 급거 달려온 53함이 3인치 포 등 100여 발을 쏴 응전했으나 56함은 적탄이 함체에 명중되어 북위 38도 39분 45초, 동경 1백 28도 26분 47초 해점에서 침몰했다.

1월 21일 판문점에서 제239차 군사정전위원회 본회의가 열렸다. 유엔 측 수석대표 치콜렐라 소장은 19일 북한 육상포대가 경고 없이 해군 56경비함을 포격, 침몰시킨데 대해 공산 측 대표 박중국에게 엄중 항의했다. 이날 본회의에서 치콜렐라 소장은 사고당일 "해군 56경비함은 아무런 적의와 도발행위 없이 어선단을 남쪽으로 인도하고 있는 중이었는데도 북한포대는 무차별하게 포격을 가해왔다"고 하면서 그러한 공산 측의 행위는 휴전협정 위반이라고 규탄하고, 중립국 휴전감시위원단으로 하여금 사건진상을 조사하도록 하자고 제의했다. 그러면서 치콜렐라 수석대표는 56함이 군사분계선에서 북상했음은 시인했으나 그것은 공산 측 함선 2척이 어선을 납치하려고 기도했기 때문에 부득이한 것이었다고 설명했다.

이러한 유엔 측의 항의에 앞서 북한 수석대표 박중국은 56함이 휴전선 북방 연안을 침범했으며 격침은 "자위적인 행위"라는 주장을 내세웠다. 또 남한공군 F86D, F5A 각 2대가 세 차례에 걸쳐 영공을 침범했고 56함이 침몰한 뒤 71, 66, 53함 3척이 영해를 침범 도발행위를 했다고 주장, 이의 처벌을 요구하면서 "만일 또 그런 일이 있으면 56함의 운명처럼 될 것"이라고 협박했다.

참고문헌

「해군 56함 북괴에 피격침몰 19일 오후 동해어로보호 중 해안포 맞아」, 『동아일보』, 1967년 1월 20일.

「북괴감위조사를 거부」, 『동아일보』, 1967년 1월 21일.

해당호 전체 정보

607-01 정선선 개통

상영시간 | 02분 02초

영상요약 | 1월 20일 완공된 정선선의 개통식에 박정희 대통령이 참석했다. 정선선은 1차 5개년계획으로 착공되었는데 남한에서 석탄자원이 많은 태백산맥 일대를 연결하고 있다.

607-02 동해에서 해군 56경비함을 폭격한 북괴의 만행

상영시간 | 02분 25초

영상요약 | 1월 19일 북한에서 동해상의 어선단에 폭격을 가해왔다. 해군56경비함은 어선단을 보호하고 침몰했다. 박정희 대통령은 1월 23일 서울해군병원을 찾아 입원 중인 57경비함의 함장 김승배 중령을 비롯한 전상장병을 위로했다. 이후 정전위원회에서 이 사건에 대해서 북측에 항의를 하고 속초와 거진의 어민들이 궐기대회를 개최했다.

607-03 자유를 찾아

상영시간 | 01분 09초

영상요약 | 작년 10월 월남한 장인식, 김정자는 1월 18일 결혼식을 올렸다. 1월 23일 서울 시민회관에서는 자유의 날 기념식이 진행됐다.

607-04 토막 소식

상영시간 | 01분 39초

영상요약 | 1월 14일 밤 진해만 가덕도 앞 2마일 해상에서 해군 호위구축함 DE-73 충남호와 민간여객선 한일호가 정면충돌했다. 1월 26일 서울의 영천과 사직동을 연결하는 사직터널이 개통되었다.

607-05 월남 소식

상영시간 | 00분 58초

영상요약 | 신기석 부산대학총장을 단장으로 하는 파월장병 모국학생위문단이 월남 추라이에 도착해서 파병장병들을 방문했다.

607-06 스포츠

상영시간 | 01분 43초

영상요약 | 제1회 동계빙상경기대회가 1월 22일 산정호수에서 진행되었다. 1월 21일 프로복싱 동양 주니어 페더급 챔피언 강춘원 선수가 일본의 미스다 선수의 도전을 받아 방어전을 가졌고 KO승을 거두었다.

607-07 표어

상영시간 | 00분 04초

영상요약 | 근로 의욕 고취 표어. “번영 향한 전진이다 너도 전진 나도 전진.”

독일연방공화국 뤼브케 대통령 내한 (1967년 3월 4일)

제작정보

출 처	:	대한뉴스 612호
제 작 사	:	국립영화제작소
제작국가	:	대한민국

영상정보

제공언어	:	한국어
컬 러	:	흑백
사 운 드	:	유

영상요약

뤼브케(Karl Heinrich Lübke) 독일연방공화국 대통령의 방한과 그 일정을 보여주는 영상.

내레이션

박정희 대통령의 초청으로 뤼브케 독일연방공화국 대통령 내외분이 우리나라에 왔습니다. 박정희 대통령 내외분을 비롯한 내외 고위 인사들은 김포공항까지 나가 백발의 뤼브케 대통령 부처를 정중히 맞이했습니다. 공동의 번영과 국토 분단이라는 점에서 숙명적인 정치적 동반자라고 할 수 있는 두 나라 대통령은 어깨를 나란히 삼군의장대를 사열했습니다. 환영사에서 박 대통령은 번영을 위한 상호협조는 오늘날 한독 두 나라에서 보람찬 결실을 거두고 있다고 말했습니다. 뤼브케 대통령은 한국은 박정희 대통령의 탁월한 영도 아래 특히 경제 분야에서 경탄할 만한 약진을 이룩했음을 전 세계가 인정하고 있다고 말해서 우리의 경제 발전상을 높이 평가했습니다. 김포에서 장충동에 이르는 연도에는 환영 인파가 인산인해를 이루었으며 고층 빌딩에서는 오색의 꽃가루가 단체로 흩날려 뤼브케 대통령 내외분의 내한을 환영했습니다. 이날 뤼브케 대통령 부처는 새로 단장된 영빈관의 첫 번째 귀빈으로 모셔졌습니다. 영빈관에서 잠시 여정을 푼 뤼브케 대통령 부처는 이날 밤 청와대로 박정희 대통령 부처를 예방했습니다. 두 번째 만나 더욱 친숙해진 양국 대통령 부처는 밤이 깊도록 우정이 넘치는 시간을 보냈는데 이 자리에서 박 대통령은 자개문갑과 가야금을 선사했으며 뤼브케 대통령은 녹음기가 붙은 전축세트를 선사했습니다. 또한 두 나라의 영부인들도 서로의 정성이 담긴 선물을 교환했습니다.

화면묘사

00:00 자막 “독일연방공화국 뤼브케 대통령 내한”
00:02 김포공항에 병사들이 도열해있는 모습
00:06 박정희 대통령과 육영수 여사, 이후락 중앙정보부장의 모습
00:08 김종필 공화당의장이 태극기를 흔드는 장면
00:10 공항에서 태극기를 흔들며 독일연방공화국 뤼브케 대통령을 환영하는 시민들의 모습
00:13 뤼브케 독일연방공화국 대통령이 비행기에서 걸어 내려오는 장면
00:23 박정희 대통령과 육영수 여사가 뤼브케 독일연방공화국 대통령과 인사하는 장면

00:41 뤼브케 독일연방공화국 대통령이 정일권 국무총리와 인사하는 장면
00:47 뤼브케 독일연방공화국 대통령이 주한 외교사절들과 인사하는 장면
00:50 삼군의장대가 사열을 하는 장면
00:52 뤼브케 독일연방공화국 대통령 내외와 박정희 대통령 내외가 사열을 받는 장면
00:55 부대기를 들고 서있는 기수들과 총을 세워잡고 서있는 삼군의장대의 모습
00:58 뤼브케 독일연방공화국 대통령과 박정희 대통령이 지프차를 타고 사열하는 장면
01:03 시민들이 뤼브케 독일연방공화국 대통령의 방한을 환영하는 장면
01:07 지프차를 타고 이동하는 뤼브케 독일연방공화국 대통령과 박정희 대통령의 모습
01:10 김성은 국방부장관, 이동원 외무부장관 등의 모습
01:13 박정희 대통령이 환영사를 하는 장면
01:20 환영사를 경청하는 한국 관료들의 모습
01:23 뤼브케 독일연방공화국 대통령이 도착 성명서를 발표하는 장면
01:31 뤼브케 독일연방공화국 대통령이 차를 탑승하는 장면
01:36 뤼브케 독일연방공화국 대통령이 탑승한 차량이 서울시청으로 향하는 가운데 서소문 거리에 시민들의 나와 독일대통령의 방한을 환영하는 장면
01:47 빌딩 양쪽에서 쏟아지는 꽃가루를 뿌려 뤼브케 독일연방공화국 대통령의 내한을 환영하는 장면
02:01 뤼브케 독일연방공화국 대통령이 탑승한 차량이 영빈관 입구로 이동하는 장면
02:13 "迎賓館(영빈관)"이라고 한자로 흘려쓴 현판
02:13 뤼브케 독일연방공화국 대통령이 차에서 내리는 장면
02:17 영빈관 앞 뜰 분수의 모습
02:20 수많은 시민들이 태극기를 흔드는 장면
02:23 야간에 이동하는 차량 행렬의 모습
02:33 "환영 뤼브케 독일대통령각하 내외분 한국방문, **받자 라인강 기적 이룩하자 ***"이라고 써있고 뤼브케 독일연방공화국 대통령과 박정희 대통령의 사진을 올려놓는 도로 위 조형물의 모습
02:38 뤼브케 독일연방공화국 대통령 내외가 청와대를 예방해서 박정희 대통령, 육영수 여사와 만나는 장면
02:43 뤼브케 독일연방공화국 대통령 일행과 박정희 대통령 내외와 인사하는 장면

02:53 박정희 대통령 내외와 뤼브케 독일연방공화국 대통령 내외가 서로 대화하는 장면
03:01 박정희 대통령이 뤼브케 독일연방공화국 대통령에게 선물한 자개문갑과 가야금 등의 모습
03:07 뤼브케 독일연방공화국 대통령이 박정희 대통령에게 선물한 녹음기 부착된 전축세트, 타자기 등의 모습
03:13 선물에 대해서 설명하는 뤼브케 독일연방공화국 대통령과 박정희 대통령, 장기영 경제부총리, 조상호 비서관 통역, 이후락 비서실장 등의 모습

연구해제

이 영상은 1967년 3월 2일 입국한 뤼브케 독일연방공화국 대통령 내외 일행의 4박 5일간의 방문 일정을 담은 영상이다. 이번 뤼브케의 방한은 1964년 12월 있었던 박정희의 방독에 대한 답방이었으며, 방한일정 동안 2번의 정상회담을 가졌다. 뤼브케는 최초로 방한한 유럽국가의 원수였다.

방한 일정 동안 전개되었던 박정희-뤼브케 회담의 결과로서 양국의 공동성명은 한국의 경제정책 추진을 위한 자금지원을 주 내용으로, 제2차 경제개발5개년계획을 지원하고 독일정부가 이를 보장함을 재확인하는 것이었다. 구체적으로는 한국경제를 위한 국제협의체 구성, 독일 민간자본의 대한투자 장려, 발전사업과 관련한 경제협조 계속, 차관사업의 착실한 집행, 농가소득 향상을 위한 농촌개발사업의 촉진, 부산 등지에의 직업학교 신설, 무역균형의 시정책강구 등을 포괄하는 것으로서, 한국경제를 위한 독일의 최대한의 원조 제공 등이 명기되어 있었다.

독일은 이미 제1차 경제개발계획 시기부터 민간차관을 제공해 왔다. 제1차 경제개발계획을 시행하기 위한 자금동원에 있어 첫 번째 단계로 시행되었던 것이 독일의 민간차관 도입이었고, 이를 통해 울산의 영남화력발전 2호기가 건설되기도 했던 것이다. 또한 양국 간의 교역량을 확대하고, 현재의 무역불균형을 시정하며 상호협조할 것을 재확인했다. 양국 대통령은 농촌개발촉진방안에도 합의하였는데, 안성의 낙농표본농장을 한독공동사업으로 인정하고, 농민의 생활수준을 향상시키기 위한 농촌개발에 깊은 관심을 표시했다.

방한 기간에는 한독 대통령 회담 외에 양국의 경제적·기술적 협력을 위한 효과적 방

안을 협의하기 위해 장기영 부총리 겸 기획원장관과 탄스 율겐 비쉬네브스키 독일 경제협력상이 회담을 하였다. 이 자리에서는 제2차 경제개발5개년계획의 자본수요, 종합제철공장 건립 문제, 중소기업 및 기계공업 육성의 중요성도 함께 검토되었다. 또한 발전소 건설사업에 대한 장기재정원조의 필요성과 관련하여 부산화력발전 3호기 건설의 자금제공 문제도 논의되었다.

참고문헌

「뤼브케 대통령 입경」, 『경향신문』, 1967년 3월 2일.
「박 · 뤼브케 공동성명 판명」, 『매일경제』, 1967년 3월 4일.

해당호 전체 정보

612-01 독일연방공화국 뤼브케 대통령 내한

상영시간 | 03분 19초

영상요약 | 뤼브케 독일연방공화국 대통령의 방한과 그 일정을 보여주는 영상.

612-02 제48회 3 · 1절

상영시간 | 01분 43초

영상요약 | 3 · 1운동 기념식 행사가 각지에서 진행되었다.

612-03 전진의 메아리

상영시간 | 01분 10초

영상요약 | 호남정유공장 기공식과 경전선 개통식에 박정희 대통령이 참석했다.

612-04 빛나는 졸업

상영시간 | 02분 06초

영상요약 | 서울대학교, 육해공군사관학교의 졸업식에 박정희 대통령이 참석했다.

612-05 토막 소식

상영시간 | 01분 06초

영상요약 | 공보부는 방송난청지역을 없애기 위해서 춘천, 보성, 목포, 장흥에 방송중계소를 설치했다. 인기배우들이 휴전선 근처 공군진지를 방문해서 병사들의 위문했다.

612-06 월남 소식

상영시간 | 00분 42초

영상요약 | 2월 15일 청룡부대 장병들이 월맹군과 교전하여 현재까지 월남전 최고의 전과를 올렸다.

월남 소식 (1967년 4월 1일)

제작정보		영상정보	
출처	대한뉴스 616호	제공언어	한국어
제작사	국립영화제작소	컬러	흑백
제작국가	대한민국	사운드	유

영상요약

한국 근로자들이 베트남에서 하역, 정밀기계, 건설 등 각종 경제활동을 전개하고 있다.

내레이션

우리나라 기술자들의 굳센 손이 오늘의 월남을 건설하고 있습니다. 이것은 캄란만에서 일하고 있는 우리 기술자들의 믿음직스런 활동상입니다. 지금 월남에서 일하고 있는 우리나라 기술자들은 RMK 소속으로 2,400명을 포함해서 40여 개 회사에 11,020명이나 됩니다. 우리나라 기술자들은 한 달에 400내지 600달라를 벌고 있는데 보통 2~300달라 이상을 고향에 있는 가족들에게 보내고 있습니다. 남국의 폭염 아래서 비지땀을 흘리면서도 월남의 건설을 위해 온갖 힘을 다 쏟고 있는 우리 기술자들은 파월국군과 함께 월남건설의 중추가 되고 있습니다.

화면묘사

00:00 자막 "월남소식"
00:03 기술자들을 태운 트럭이 줄지어 이동하는 장면
00:11 태극기와 월남기를 단 배가 이동하는 장면
00:16 선박에서 하역 작업을 하는 부둣가의 모습
00:22 크레인을 조종하는 기술자의 모습
00:28 하역 지시를 하는 감독관의 모습
00:30 화물을 트럭에 싣는 작업을 하는 노동자들이 모습
00:35 크레인으로 화물을 내리는 작업 장면
00:41 정밀기계작업 중인 기술자의 모습
00:45 공정작업 클로즈업
00:53 대형 건설기계의 조작 장면
01:05 토사를 나르는 기계작업 장면
01:12 토사를 싣고 쏟아내는 덤프트럭의 모습
01:18 콘크리트 작업 장면
01:25 중장비를 가동시키는 근로자들의 모습

연구해제

이 영상은 1967년 남베트남 캄란 만에서 고용되어 일하고 있는 한국 기술자들의 작업 현장을 생생하게 담고 있다. 영상에 따르면 캄란 만에서 일하는 한국인 기술자들은 선박 하역, 기계정밀, 건설업 등에 종사하고 있으며, RMK 등 40여 개 회사에서 총 11,000여 명이 일하고 있다. 한국인 기술자들은 월 평균 400~600달러의 임금을 받으며, 이 중 200~300달러는 한국에 남아 있는 가족들에게 송금한다고 한다. 영상에 만약 내레이션이 없다면 해당 영상은 평화롭고 일상적인 건설현장으로 보일 것이다. 그만큼 이 영상은 전쟁터 이미지의 남베트남이 아니라, 기회와 경제재건의 땅 이미지로서 남베트남을 보여준다.

베트남전쟁 당시 한국에서 32만 5,000여 명의 군인이 참전했다는 사실은 잘 알려져 있으나, 총 24,000여 명의 민간 기술자들이 베트남에 취업하여 연인원 62,800여 명이 베트남 전장을 경험했다는 사실을 잘 알려져 있지 않다. 1965년 제1차 '한 · 일 경제각료회담'에서 양국은 기술교류를 합의했고, 1966년 제2차 회담에서는 한 · 미 · 월 삼각경제협력이 중시되었다. 한국인 기술자의 본격적인 파월을 보장한 것은 '브라운 각서'였다. '브라운 각서' 경제협조 3항 (다)는 한국인 민간기술자 고용을 포함한 기타 용역의 제공을 확대한다고 명시하였다.

영상에서는 군인의 모습이 거의 나오지 않지만 전쟁-전쟁지원산업의 특성상 파월 기술자들은 군 작전과 전선의 이동에 큰 영향을 받았다. 당시 미국계 회사인 Vinnell, RMK-BRJ, PA&E, Philco, 한국계 기업으로 한진상사, 한양건설, 경남통운, 현대건설 등은 현지에서 군사지원활동에 참여하였다. 이 가운데 빈넬은 단일 회사로서는 가장 많은 한국인 기술자를 고용했고, 현장 기술자 대부분을 한국인 기술자로 채웠다. 1957년 베트남에 처음 진출한 빈넬은 깜란 만, 나짱, 뀌년, 붕따우, 롱빈에 전력공급, 병참지원을 수행했으며 한국인 기술자들은 영상에 나오는 깜란 만에서 후방지원업무에 투입되었다.

남베트남에서 고용되었던 한국인 기술자는 한국에서 선발 · 파견 되었을 뿐 아니라 파병군인의 현지 취업을 포함하고 있었다. 파월 기술자들에게 베트남전쟁은 가난 탈출의 기회였고, 새로운 노동현장과 노동 규율을 체험하는 학습의 장이었다. 따라서 파월 기술자들의 현지 경험은 이들의 삶에 큰 영향을 미쳤다. 파월 기술자들은 분단, 6 · 25전쟁 등으로 피폐해진 개인의 삶을 극복하기 위하여 '기회의 땅'인 남베트남으로 이동했다. 자국의 전쟁피해를 극복하는 방식이 타국의 전쟁으로 주어진 것이다.

베트남에 도착한 기술자들은 전장의 공포 · 위험에 적응해야 했고, 인종 · 민족적 분리에 입각한 노동통제를 경험해야 했다. 또한 현지 취업기간 동안 한국에서의 사회적 연결망이 대부분 단절되는 경험을 가졌다. 그럼에도 이들은 경제적 지위의 향상 욕구, 한국의 더 비참한 노동환경에 대한 인식, 남베트남에서 처음 누려 본 여가 · 소비문화로 베트남 생활의 어려움을 상쇄시켰다. 한국에서 좁아진 사회 연결망은 입국 뒤에도 현지에서 함께 근무했던 동료 간 유대를 강화시켜 새로운 사회적 연결망을 형성하기도 하였다. 다른 한편 파병 군인 출신의 현지 취업자들은 여전히 고엽제 피해로 고통을 호소하고 있다.

요컨대 〈대한뉴스〉 제616호 '월남 소식'은 정부에서 생산 · 유포하고자 했던 '반공과 경제재건의 땅'으로서 베트남의 이미지와 함께 경제적 빈곤에서 벗어나려는 파월 기술자들의 '월남특수와 기회의 땅' 이미지가 중첩되고 있다.

참고문헌

윤충로, 「파월 기술자의 베트남전쟁 경험과 생활세계의 변화 : 빈넬(Vinnell)사의 사례를 중심으로」, 『사회와 역사』 71, 2006.

해당호 전체 정보

616-01 탈출 15초

상영시간 | 02분 12초

영상요약 | 3월 22일 오후, 북한 중앙통신 부사장 이수근이 판문점을 통해 월남했다.

616-02 건설의 메아리

상영시간 | 01분 48초

영상요약 | 농공병진정책에 따라 조성된 전주공업단지 기공식에 박정희 대통령이 참석했다. 한편 군산대교 기공식도 진행되었다.

616-03 중소기업자 대회

상영시간 | 01분 32초

영상요약 | 서울시민회관에서 개최된 전국중소기업자 대회에 박정희 대통령이 참석했다. 이 대회에서 우량업체 표창식이 진행되었다.

616-04 토막 소식

상영시간 | 02분 46초

영상요약 | 박정희 대통령이 울릉군민에게 하사품과 위문품을 김인 경상북도 도지사를 통해 울릉군민에게 전달했다. 김인 도지사는 독도에 들려 독도경비원들을 위로했다.

616-05 월남 소식

상영시간 | 01분 31초

영상요약 | 한국 근로자들이 월남에서 하역, 정밀기계, 건설 등 각종 경제활동을 전개하고 있다.

616-06 표어

상영시간 | 00분 04초

영상요약 | 표어. "기권 없는 공명선거 전진하는 민주대한."

토막소식 (1967년 4월 14일)

제작정보			영상정보		
출　　처	:	대한뉴스 618호	제공언어	:	한국어
제 작 사	:	국립영화제작소	컬　　러	:	흑백
제작국가	:	대한민국	사 운 드	:	유

영상요약

토막소식은 6개의 뉴스로 구성되어 있다. 공군 소속 C-46 수송기의 사고소식, 신문의 날 행사, 이수근 귀순, 세계 보건의 날 행사, 영월소식, 농민올림픽 대회이다.

내레이션

공군 소속 C-46 수송기가 대구를 향해 여의도 기지를 출발한지 10분 만에 기관 고장으로 서울 청구동 민가에 떨어져 큰 참사를 빚어냈습니다. 봄비가 내리던 4월 8일의 이 사고로 사망이 50여 명, 이재민이 220명이나 났는데 이것은 우리나라 항공사상 가장 큰 추락사고입니다. 우리의 군경구호반은 현지에 급거 출동해서 참사로 인한 피해를 줄이는데 온갖 힘을 다 썼으며 이재민의 구호 대책에 온갖 힘을 기울이고 있습니다.
바르게 알도록 하고 바르게 판단하도록 하고 바르게 행동하도록 하는 신문. 열한 번째 신문의 날을 맞아 서울 신문회관에서는 기념식과 아울러 국제 신문 전시회가 열렸는데 세계의 여러 나라의 최초의 신문과 우리나라에서 처음 발간된 한성신보 등 갖가지 신문들이 전시됐습니다. 한편 강원도 홍천에서는 황성신문 사장으로 민족의 경각심을 촉구하는데 일생을 바쳐온 고 남궁억 선생의 동상 제막식이 있었습니다.
북한 괴뢰 치하를 극적으로 탈출해서 자유의 품에 안긴 전 북한괴뢰 중앙통신 부사장 이수근 씨는 서울시민의 뜨거운 환영을 받았습니다. 이 자리에서 이수근 씨는 1,000만원이 넘는 정착기금과 생활기구 등 한아름의 선물을 받아 흐뭇해했습니다. 이수근 씨는 날로 발전해 가는 대한민국과 자유가 그리워 탈출했다고 말하고 오늘의 영광을 북한 동포와 같이 누리고 싶다고 말했습니다.
열여섯 번째 세계 보건일을 맞아 정 보건사회부 장관은 보건 사업에 이바지해 온 여러 공로자들을 표창했습니다. 전염병이 퍼지기 쉬운 여름철을 앞두고 개개인의 건강에 힘쓸 것을 물론이지만은 집집마다 환경 위생에 주의를 기울여 모든 질병을 사전에 막아내도록 하겠습니다.
강원도 영월 땅 깊은 산골짜기에는 이조 단종대왕의 슬픈 넋이 잠들어 있습니다. 그러나 조국근대화의 힘찬 고동소리는 이곳 골짜기에도 끊임없이 맥박치고 있습니다. 20만kw의 영월 화력 발전소, 골짜기 마다 더미더미 쌓인 값비싼 광석들. 이처럼 훌륭한 오늘과 내일의 삶을 축복하고 아울러 비명에 돌아간 대왕의 넋을 추모하기 위해 올해부터 해마다 4월이면 이곳에서는 단종 문화제가 베풀어집니다.
우리나라에서는 처음으로 색다른 농민 올림픽 대회가 충청남도 부여에서 성대히 열렸습니다. 이 농민 올림픽 대회는 우리 농민들의 증산 의욕을 고취시킴은 물론 한가한 틈을 뜻있게 보내기 위해 마련한 경기로써 농민 상호간의 친목을 도모하는데 그 목적을 두고 있습니다. 소를 몰고 논갈이를 하는 경기가 있는가 하면 이와는 대조적으로 현대식 기계를 이용한 논갈이 경기가 불을 뿜었습니다. 특히 새끼 꼬기와 가마니 짜기 경기는 이채를 띠었습니다. 이어 부녀자들의 작업복 만들기 경기와 짚 나르기 등 갖가지 색다른 경기가 열려 이 고장 농민들을 흐뭇한 한 때를 즐겼습니다.

화면묘사

00:00 자막 “토막소식”
00:03 활주로에 서있는 C-46 수송기를 촬영
00:09 수송기가 추락한 지점을 공중에서 촬영, 추락지점에서 연기가 피어오름
00:16 추락지점의 잔해에서 복구작업을 진행 중인 관계자들의 다양한 모습
00:24 수송기의 잔해를 보여주는 다양한 모습
00:33 추락지점에서 사고를 당한 이재민을 구호하는 대책반의 다양한 모습
00:42 사고현장을 멀리서 촬영
00:47 인쇄기에서 찍혀나오는 신문의 모습
00:50 인쇄기에서 나오는 신문을 정리하는 노동자의 다양한 모습
01:01 테이프 커팅하는 관계인사들
01:04 전시된 신문들을 살펴보는 관계인사들
01:07 전시회에 전시된 다양한 신문들
01:18 관람객들이 전시된 신문들을 살펴보는 모습
01:22 제막식이 열리는 행사장의 전경, 인파로 가득차 있음
01:26 동상에 씌워진 막을 걷어내는 김종필 및 관계인사들
01:29 남궁억 선생의 동상을 전체적으로 촬영
01:34 남궁억 선생의 동상을 멀리서 촬영, 동상 아래에 수많은 화환이 있음
01:38 귀순한 이수근 씨를 환영하는 시민대회장의 전경
01:46 단상 위에 올라가 시민들의 박수에 손을 들어 화답하는 이수근 씨
01:51 박수치는 시민환영대회 참석자들
01:54 현수막을 촬영, “목숨걸고 찾은자유 정성것 맞이하자 대한학도의용군동지회 환영”

01:57 시민환영대회장에 설치된 단상을 멀리서 촬영, “북한탈출 이수근씨 환영범시민 대회 1967.4.10”
02:01 목에 꽃목걸이를 걸고 정부 관계자로부터 금일봉을 받는 이수근
02:05 꽃목걸이를 걸고 연단에서 연설하는 이수근
02:09 시민대회에 참석한 참석자들의 모습
02:16 시민대회의 전경을 촬영
02:21 보건의 날을 맞이하여 열린 기념식이 진행되는 전경, 단상 위의 현수막 “제16회 세계보건의 날”
02:25 수상자들에게 표창을 달아주는 정희섭 보건사회부장관
02:29 박수치는 참석자들
02:32 수상자의 가슴에 배지를 달아주는 모습을 클로즈업
02:35 거리에 세워진 표지판, “기념 제16회 세계보건일”
02:38 교실에서 공부하는 어린이들 사이에서 검사를 진행하는 연구진들의 다양한 모습
02:46 방역복을 입고 농가의 축사에 소독약을 살포하는 남성의 뒷모습
02:49 영월 산지의 풍경
02:59 단종릉의 전경
03:01 케이블카를 보여준 뒤 연기가 피어오르는 화력발전소를 보여줌
03:06 석탄을 싣고 있는 열차를 보여줌
03:12 채석장의 전경
03:15 화력발전소의 전경
03:17 단종문화제가 열리는 장소의 풍경
03:26 여학생들이 하얀 한복을 입고 족두리를 쓴 채로 군무를 하는 모습
03:30 전통의상을 착용한 여성 무용수들이 공연하는 모습을 다양한 각도에서 촬영
03:36 농민올림픽 경기대회에 참가한 농민들이 경운기를 타고 운집해 있는 모습
03:41 농민올림픽 경기가 열리는 행사장의 모습, 수만은 인파가 모여 있음
03:45 소로 논을 가는 경기의 다양한 모습
03:57 기계로 논을 가는 경기의 다양한 모습
04:05 가마니 짜기 대회에 참가한 참가자들이 가마니를 짜는 다양한 모습

04:18 재봉틀로 작업복을 만드는 여성들의 다양한 모습

04:31 리어카와 지게, 경운기로 짐을 나르는 경기의 다양한 모습

연구해제

이 영상은 1967년 4월 8일 공군 C-46수송기가 서울 신당동에 추락한 사고를 전하는 뉴스이다. 영상에서는 파괴된 비행기와 민가의 모습, 군경구호반의 부상자 수송 및 시체 발굴 작업 장면, 구호활동 모습 등을 볼 수 있다.

1967년 4월 8일 오전 11시 40분 악천후를 무릅쓰고 서울 여의도 기지를 떠나 대구로 향했던 공군 제5공수비행단 소속 C-46 쌍발수송기가 이륙 10분 뒤 추락했다. 수송기가 떨어진 곳은 주택들이 밀집해 있는 서울 성동구 신당동 328번지였다. 수송기는 박태선 장로교 전도관을 들이받으면서 폭발하였다. 급히 출동한 소방차가 진화작업에 나섰으나 수송기 오일탱크에 불이 붙어 쉽게 진화되지 않았고, 기체는 전소되었다. 불은 전도관 등 민가 10여 동을 태웠으며, 탑승자와 민간인 등 44명이 사망했고, 중상을 입은 22명은 입원했다. 사고 직후 강서용 국방차관, 장지양 공군 참모총장을 비롯해서 공군안전관계관이 현장에 긴급 출동해 사고원인과 피해상황을 조사하였다.

한국에서 비행기가 주택지구에 추락한 것은 이 사고가 처음이었다. 따라서 이 사건이 대중 일반에게 주는 충격과 피해의 규모는 상상 이상이었다. 조사결과에 따르면, 사고의 원인을 비행기 자체의 성능, 정비의 소홀과 악천후에서 찾을 수밖에 없다고 하였다. 조종사 서근주 대위는 그간 총비행시간과 C-46수송기종을 조종한 시간에서도 출중한 일급조종사라고 발표되었다. 당시 승무원의 기술적 미숙에 연유한 사고가 아니라는 것이다. 따라서 기체의 노후가 사고의 가장 큰 원인으로 지적되었다. 사고기종 C-46기는 2차 세계대전 중 생산된 것으로 공군에 인수된 것은 54년이었다. 아울러 C-46기는 1963년에도 두 번 추락한 일이 있었다. 사고 원인에 대한 분석 결과, C-46수송기의 노후화를 해결할 것과 서울 중심에 위치한 군용기지의 이전이 논의되었다. 사고를 계기로 공군은 "한국공군기의 후진성은 수송기뿐만 아니라 전투기에도 있다"고 하며, "이번 사고를 계기로 공군의 현대화는 촉진되어야 한다"고 주장했다.

1967년 4월 12일 공군 C46수송기 추락사고로 사망한 승무원, 탑승원 및 민간인에 대한 군민합동장례식이 여의도공군기지에서 거행되었다. 유가족 70여 명과 시장, 공군참

모총장을 비롯한 외빈 다수가 참석한 가운데 베풀어진 위령제에서 김현옥 서울시장과 장지량 공군참모총장은 “불의의 참변을 당한 고인들의 명복을 빌고 남아있는 유족들의 생계보장을 위해 최선을 다하겠다”는 조사를 했다. 10일 오전 공군은 피해주민에 대한 구호대책으로 첫째, 이재민 전가구를 이날 중으로 시당국의 협조를 얻어 서대문구 응암동 시립아파트에 입주토록 조치하고, 둘째, 이 사고로 고아가 된 어린이에 대해 앞으로 양육 및 교육대책을 세우기로 했으며, 셋째, 이재민 중 청소년들은 공군이 실시 중인 직업훈련교육 요원으로 선발, 기술교육을 실시키로 했다. 이후 기사에서 사고 책임과 해명에 대한 더 이상의 기사는 없다.

참고문헌

「輸送機 住宅街에墜落폭발」, 『동아일보』, 1967년 4월 8일.

「一瞬에 불바다」, 『동아일보』, 1967년 4월 8일.

「輸送機墜落事故의慘禍」, 『동아일보』, 1967년 4월 10일.

「災民들鷹岩아파트에入住 12日汝矣島서合同慰靈祭」, 『동아일보』, 1967년 4월 10일.

「悲運의 몬슨 905號 航跡 5分19秒」, 『동아일보』, 1967년 4월 10일.

「엔진故障의突發事故」, 『경향신문』, 1967년 4월 10일.

「合同위령제嚴修」, 『매일경제』, 1967년 4월 12일.

해당호 전체 정보

618-01 호주 홀트 수상 내한

상영시간 | 01분 51초

영상요약 | 호주의 수상 해롤드 홀트가 정일권 국무총리 초청으로 방한했다. 홀트 수상은 청와대를 찾아 박정희 대통령을 예방했으며 그 자리에서 두 나라의 긴밀한 협조체체에 대해 협의했다. 또한 홀트 수상은 울산공업단지를 방문하였다

618-02 건설의 메아리

상영시간 | 02분 07초

영상요약 | 한국철강주식회사의 마산공장이 준공되어 행사가 열렸다. 이 준공식에는 박정희 대통령이 참석하여 테이프 커팅 및 공장내부를 살펴보았다. 이 공장에서는 강괴, 중후강판, 형강, 철근 등을 생산하게 되었다. 또한 진해의 제4비료공장이 준공되었으며 준공식 연설에서 박정희 대통령은 비료의 자급자족을 이루었다고 밝혔다

618-03 토막소식

상영시간 | 04분 56초

영상요약 | 토막소식은 6개의 뉴스로 구성되어 있다. 공군 소속 C-46 수송기의 사고소식, 신문의 날 행사, 이수근 귀순, 세계 보건의 날 행사, 영월소식, 농민올림픽 대회이다

618-04 아름다운 내 강산

상영시간 | 01분 16초

영상요약 | 봄을 맞아 박정희 대통령은 나무심기 행사에 참가했다

618-05 표어

상영시간 | 00분 03초

영상요약 | 표어. “아빠 한 표 정치안정 엄마 한 표 민주발전.”

검찰총장 기자회견(부정선거) (1967년 6월 23일)

제작정보		영상정보	
출 처	대한뉴스 628호	제공언어	한국어
제 작 사	국립영화제작소	컬 러	흑백
제작국가	대한민국	사 운 드	유

영상요약

1967년 6월 8일에 실시된 선거에서 부정선거로 문제가 된 군산, 화성, 평택, 영천, 대전에서 보성경찰청장을 비롯한 관계자 23명이 구속되었다는 검찰총장의 기자회견을 보여주는 영상.

내레이션

지난 6·8 선거에서 문제가 된 전라남도 보성을 비롯한 군산, 화성, 평택, 영천, 대전 지구 등 6개 부정선거 지구에 대한 수사전모를 밝히는 자리에서 신직수 검찰총장은 국회의원 입후보자 두사람과 보성경찰청장을 비롯해서 모두 스물세명을 구속했다고 말했습니다. 신 검찰총장은 선거사범 처리에는 전 검찰력을 최대한으로 동원해서 엄중 다스리겠다고 밝히면서 국민 각자가 알고 있는 부정사실이 있으면은 증거자료를 첨부해서 고발해줄 것을 당부했습니다.

화면묘사

00:00 자막 "검찰총장 기자회견"
00:03 자리에 앉는 신직수 검찰총장
00:11 신직수 검찰총장에게 질문하는 남성 기자의 모습, 기자를 향해 여러 기자들이 마이크를 들이밀고 있음
00:13 자리에 앉아 마이크 앞에서 답변하는 신직수 검찰총장
00:19 마이크를 들고 질문을 수첩을 보면서 읽는 기자와 그 옆에서 메모하는 다른 기자의 모습
00:23 마이크에 대고 이야기하는 신직수 검찰총장을 클로즈업
00:28 많은 기자들이 검찰총장의 답변을 메모하거나 사진을 촬영하는 모습을 보여줌
00:32 신직수 검찰총장의 얼굴을 클로즈업
00:37 취재하는 기자들의 옆모습
00:39 자리에 앉아있는 신직수 검찰총장의 모습을 멀리서 보여줌, 자리 앞의 마이크에 "KBS", "MBC"

연구해제

이 영상은 1967년 6월 19일 신직수 검찰총장이 6월 8일에 실시되었던 선거에서 부정선거로 문제가 된 지역의 관계자를 구속했다고 기자회견을 하는 장면이다. 이날 신직수

검찰총장은 수사결과를 발표하면서 화성과 보성 등 2개 지구를 제외한 다른 지역은 모두 혐의가 없음이 밝혀져 수사를 매듭지었으며, 앞으로 선거부정에 대해 대검이 직접 수사하지 않고 관할 지방검찰청으로 하여금 수사토록 하겠다고 말했다. 덧붙여 여러 지역의 부정선거 혐의에 대해 전혀 정보보고가 없으며 야당 측의 증거제시가 없으므로 대검이 직접 수사할 필요를 느끼지 않는다고 하였다.

1967년 6월 8일에 치러진 제7대 국회의원선거는 1960년 3·15부정선거 이래 최악의 부정선거로 기록될 정도로 선거 부정이 아주 심각했다. 6·8선거가 특히 문제가 되었던 것은 박정희 대통령과 고위 공직자들이 적극적으로 선거운동에 나섰기 때문이었다. 선거를 앞둔 5월 9일 박정희 정권은 국무회의에서 대통령, 국무총리, 장관, 차관 등이 특정 후보를 지지하는 선거운동을 할 수 있게끔 선거법 시행령을 고쳤다. 선거기간에 행정지원이라는 이름으로 국가정책과 관련되는 사항을 그 지역 주민들에게 약속해 주는 것은 선심공약 차원을 넘어서는 부정선거였다.

선거 결과 공화당은 50.6%를 득표하여 지역구 103석을 포함해 전국구까지 합쳐 총 130석의 의석을 차지했다. 이것은 개헌선인 117석보다 무려 13석이나 더 많은 것이었다. 반면 신민당은 지역구 27석을 포함하여 총 44석 밖에 차지하지 못했다. 선거가 끝나자 6·8부정선거에 저항하는 대규모 시위가 발생하였다. 학생시위는 전국의 여러 대학과 일부 고등학교로 번졌고 신민당도 국회 등원을 거부하고 강경투쟁을 벌였다.

사태가 확대되자 박정희 대통령은 부정선거 관련 공화당 당선자를 제명하도록 지시해 7명이 제명되었고, 국무총리 이하 장관과 차관 그 밖의 주요 공직자들이 일괄사표를 제출했다. 국회는 6개월간이나 파행을 거듭한 끝에 개원이 되었다.

한편 6·8부정선거 규탄시위가 한창일 때 중앙정보부는 동백림사건을 발표해 선거 후유증을 무마하는데 활용하였다.

참고문헌

서중석, 『대한민국 선거이야기』, 역사비평사, 2008.

뇌염 경보 (1967년 6월 23일)

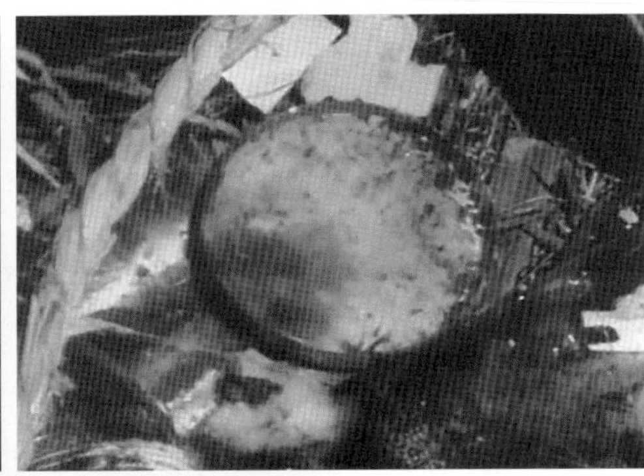

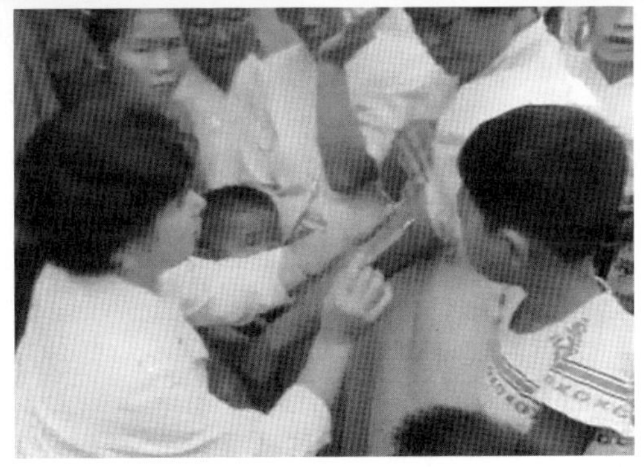

제작정보			영상정보		
출 처	:	대한뉴스 628호	제공언어	:	한국어
제 작 사	:	국립영화제작소	컬 러	:	흑백
제작국가	:	대한민국	사 운 드	:	유

영상요약

보건 당국은 1967년이 뇌염이 많이 발생하는 주기년이라고 경고하고 주위 환경을 위생적으로 관리할 것을 당부했으며 방역작업을 실시하였다.

내레이션

여름철이 되면 여러 가지 무서운 전염병이 퍼지기 쉽습니다. 우리들의 주위를 살펴보십시오. 곳곳에는 전염병이 퍼지기 쉬운 온상이 우리들 주변에 있다는 것을 깜빡 잊을 때가 있습니다. 우리가 모르는 사이에 무서운 병균은 우리들의 생명을 노리면서 쉴새 없이 번식하고 있습니다. 뇌염이 전염하는 과정을 보면은 소, 돼지 가축의 핏속에 사는 뇌염병균을 빨아먹은 모기가 다시 건강한 사람 피부를 물 때 핏속으로 옮겨지게 되는데 뇌염균이 몸에 들어가면 곧 열이 나서 목숨을 빼앗기는 경우가 많습니다. 보건 당국에서는 올해가 뇌염이 많이 발생하는 주기년이라고 경고하고 있습니다. 이 뇌염을 어른들보다는 열살 이하의 어린이들에게 잘 걸린다고 하는데 우리는 항상 주위를 깨끗이 해서 모기의 번식을 막아야 하고 또 잠잘 때는 모기약이나 모기장을 쳐서 뜻하지 않은 희생을 당하지 않도록 조심해야 되겠습니다.

화면묘사

00:00 자막 “뇌염 경보”

00:03 방역차가 소독약을 뿌리며 도로 위를 지나가는 모습, 방역차에 부착된 현수막 “춘하기 방역작업반”

00:09 거리에 버려진 쓰레기와 음식물 쓰레기를 보여주는 다양한 장면

00:18 어린이들이 바닥에서 맨손으로 장난치는 모습을 보여줌

00:20 현미경으로 확대해서 본 세균의 모습을 다양한 장면으로 보여줌

00:33 모기의 모습을 그린 그림을 클로즈업

00:37 모기가 소에 붙어 흡혈하는 그림을 보여주고 다시 모기만 클로즈업하여 보여줌

00:40 모기가 가축의 피부를 뚫어 흡혈하는 그림을 클로즈업

00:47 모기가 누워있는 사람의 팔을 무는 그림을 보여 준 뒤 모기를 클로즈업

00:52 모기가 사람의 피부를 뚫고 흡혈하는 그림을 보여줌

00:56 환자를 문 모기가 다시 건강한 사람을 물어 병을 전염시킨다는 그림을 보여줌, 그림에 "환자", "건강한사람"

00:59 뇌염 예방주사를 팔에 맞는 남자 어린이의 모습을 가까이서 보여줌

01:02 뇌염 예방주사를 주무에게 접종하는 보건당국 관계자의 모습

01:07 예방주사를 팔에 접종하는 모습을 클로즈업

01:09 방역하기 위해 약을 양동이에 넣는 모습

01:11 가정 집 주변과 곳곳에 소독을 실시하는 남성의 다양한 모습

01:20 집안에 소독약을 살포하는 남성의 모습

01:24 소독약을 살포 하는 기계를 등에 멘 남성이 거리에 방역작업을 하는 모습

01:30 "방역반"이라는 찬 남성이 소독약을 살포하는 모습

연구해제

이 영상은 여름철 뇌염이 확산되는 것을 방지하기 위해 주의사항을 알리는 계몽뉴스이다. 영상에서는 '춘하기 방역작업반'이라고 쓰여 있는 플래카드를 건 트럭이 소독을 하면서 이동하는 장면, 비위생적인 환경을 보여주는 장면, 아이들이 오염된 개울에서 노는 장면, 전염병 세균 확대 사진, 전염병을 매개하는 모기와 전염병균이 이동하는 경로를 그림으로 설명하는 장면, 간호사가 뇌염 예방접종을 하는 장면, '방역반'라고 쓰여 있는 완장을 찬 방역대원이 가옥 구석구석에 소독약을 살포하는 장면 등을 볼 수 있다.

1967년은 뇌염이 크게 발생될 것으로 예상되었던 해이다. 해방 직후인 1945년, 한국에서는 처음으로 미국인 세이빙 박사에 의해 군사미군비행장에서 발견된 이 뇌염은 치사률이 45%인 법정전염병이었다. 1967년은 3년 마다 한 번씩 오는 소유행주기와 9년마다 오는 대유행주기 연도가 겹쳐 6,000명 이상의 환자발생과 2,000명 이상의 사망자가 나올 것으로 예상되었다. 따라서 1967년 6월 7일 보건사회부는 뇌염환자가 크게 발생했을 때의 대책을 다음과 같이 마련하였다. 첫째, 각 시·도 보건소장 책임하에 전문의사 이외에는 뇌염의 진단결과를 발표하지 못하게 하고, 둘째, 혈청검사 결과 유사뇌염환자가 일정한 지역에서 집단 발생하는 경우 진성으로 간주, 방역대책을 세우도록 지시했다.

더불어 보사부는 발생보고지역에는 반드시 전문의사만을 파견하도록 하여 유사뇌염을 진성이라고 판단하는 과오를 되풀이하지 않도록 지시했다.

같은 해 6월 26일, 예년보다 20여일 빨리 뇌염이 발생했다. 춘천도립병원에 격리수용 중이던 안광용(4)과 조명순(6)이 사망하여 이들이 1967년 뇌염의 첫 희생자가 되었다. 춘천에 급파된 보사부특별조사반 정희영 카톨릭의대교수, 마희연 보사부 보건교육계장은 27일 "발병 중이던 두 어린이가 이미 숨진 후라서 명확한 세균학적인 확진은 불가능하였으나 임상진단결과로 미뤄볼 때 대체로 의사뇌염증세임에는 틀림없다"고 결론 내렸다. 이후 서울시는 오는 9월 말까지를 뇌염방역대책기간으로 정하고 뇌염 발생 예상지역에 대해 집중적인 방역작업을 실시하기로 했다. 우선 6월 28일 15대의 연막차를 동원, 예년에 뇌염이 많이 발생했던 시내 영등포구에 집중방역작업을 실시했다. 아울러 뇌염방지를 위해 뇌염병균의 매개체인 모기를 없애기 위해 1일과 15일을 '모기잡기의 날'로 정하고 범시민운동을 펴기로 했다.

그러한 노력에도 불구하고 8월 30일 경에는 뇌염환자가 1,000명을 넘었고 모기살충제와 환자치료약이 부족하여 뇌염 예방활동에 차질을 빚고 있었다. 9월 28일 오전 당시 전국 총 뇌염환자 발생은 2,577명이고 사망자는 696명이나 되었다. 그처럼 활개를 치던 뇌염은 9월 말 경이 되며 퇴조를 보였는데, 보사부는 완전 퇴각하는 경향이 명확하다고 판단하고 10월 초에 뇌염방역본부를 해체하기로 했다. 보사부방역당국은 당해년도 뇌염이 예상보다 적게 발생한 것은 날이 가물고 습기가 적어 모기 번식이 줄어들었기 때문이라고 발표했다.

참고문헌

「腦炎대책지시」, 『매일경제』, 1967년 6월 8일.

「腦炎防疫의 徹底」, 『경향신문』, 1967년 6월 21일.

「20餘日앞당겨찾아온 季節의死神 腦炎」, 『동아일보』, 1967년 6월 28일.

「9月까지 腦炎防疫기간」, 『경향신문』, 1967년 6월 28일.

「腦炎 猛威에 無防備 防疫」, 『동아일보』, 1967년 8월 30일.

「뇌염 退却27日에는 19名罹患」, 『경향신문』, 1967 9월 28일.

해당호 전체 정보

628-01 검찰총장 기자회견

상영시간 | 00분 42초

영상요약 | 1967년 6월 8일에 실시된 선거에서 부정선거로 문제가 된 군산, 화성, 평택, 영천, 대전에서 보성경찰청장을 비롯한 관계자 23명이 구속되었다는 검찰총장의 기자회견을 보여주는 영상.

628-02 뇌염 경보

상영시간 | 01분 31초

영상요약 | 보건 당국은 1967년이 뇌염이 많이 발생하는 주기년이라고 경고하고 주위 환경을 위생적으로 관리할 것을 당부했으며 방역작업을 실시하였다.

628-03 토막 소식

상영시간 | 03분 39초

영상요약 | 국내외의 여러 가지 소식들을 전하는 뉴스. 이수근 가족 돌려보내기 서명운동이 진행 중이라는 소식, 소비자보호 운동이 활발히 진행되고 있다는 소식, 거창한 상가아파트인 세운상가의 공사현장 장면 및 대구의 청구대학 신축 교사 붕괴사고 소식과 영국의 꼬마 오토바이를 타고 이동 중인 남성의 모습 등을 전하고 있다.

628-04 월남소식

상영시간 | 02분 51초

영상요약 | 오작교 작전을 마친 맹호부대의 군인들은 푸디엔 촌락에 국민학교, 이발소 등 공공시설을 건설하는 작업을 실시하여 완공하였다. 또한 백마부대 푸뉴언 초등학교 증축공사를 끝마쳐 낙성식을 열었다. 또한 백마부대는 군수물자를 수송선으로 운반하고 있다.

628-05 무쇠같이 튼튼하게

상영시간 | 01분 49초

영상요약 | 제2회 전국학도체육대회가 경상북도 대구에서 열렸다. 이 대회에서는 육상, 레슬링, 씨름, 펜싱, 레슬링 등 다양한 종목의 경기가 진행되었다.

박정희 제6대 대통령 취임 (1967년 7월 7일)

제작정보		**영상정보**	
출처	대한뉴스 630호	제공언어	한국어
제작사	국립영화제작소	컬러	흑백
제작국가	대한민국	사운드	유

영상요약

1967년 7월 1일 거행된 박정희 대통령의 제6대 대통령 취임식과 관련 행사들을 알리는 영상이다.

내레이션

삼천만이 뽑은 삼천만의 대통령. 제6대 박정희 대통령의 취임을 경축하는 우렁찬 팡파레가 삼천리 방방곡곡을 축제 분위기로 몰고 갔습니다. 가장 축복받는 이날, 거리에는 축하 아취 화려하고 곳곳에서는 경축 잔치가 벌어져 국민의 마음은 한결 밝고 희망찼습니다. 지난 4년 동안 용기와 예지, 성실과 헌신으로 민족의 나아갈 길을 앞장서 온 박정희 대통령은 소박하고 근면한 대중의 벗으로서 언제나 우리의 길잡이가 됐습니다. 오로지 우리 자신의 굳센 의지와 용기로 우리의 조국을 근대화할 수 있다고 말한 박 대통령은 전국민이 하나가 되어 전진의 발걸음을 재촉하자고 일찍이 부르짖었던 것입니다. 이제 겨레의 가슴마다에 조국 근대화의 신앙을 아로새겨준 그 지혜와 역량은 대다수 국민으로 하여금 다시 한 번 일하는 대통령으로 떠받들어 이 나라의 앞날에 희망과 용기와 번영을 이루어 놓을 것입니다. 이제 아시아의 지도자가 된 박 대통령의 취임을 축하하기 위해 김포공항에는 멀고 가까운 나라의 손님들이 줄을 이었습니다. 이 뜻 깊은 날을 경축하기 위해서 건국 이래 일찍이 볼 수 없었던 수많은 외국 사절들이 이 땅을 찾아온 것은 그만큼 패기에 넘치는 한국의 약진상에 세계의 관심이 쏠리고 있다는 것을 말하는 것입니다. 각국 사절들은 청와대로 박정희 대통령을 예방하고 신임장을 제정했습니다. 지난 몇 해 동안 박 대통령은 적극 외교를 전개, 아시아 속의 한국, 세계 속의 한국이라는 주도적 지위를 확보했으며 태평양 시대라는 새로운 역사적 창조에 빛나는 공헌을 이룩해 놓았습니다. 당신의 영광에는 우리의 영광이 있다. 일하고 땀 흘리는 자의 영광. 젊음과 꿈을 갖는 자의 영광. 진실로 조국을 사랑하는 자의 영광. 오 당신과 우리의 영광이. 역사의 한 페이지를 장식하는 1967년 7월 1일 하늘과 땅과 그리고 온 겨레가 모두 축복하는 가운데 박정희 대통령은 전국민의 열광적 지지를 받아 다시 한 번 대통령으로 취임하게 된 것입니다. 박정희 대통령은 온 국민과 하나님이 지켜보는 가운데 엄숙히 선서했습니다. 이 역사적 순간부터 조국 근대화를 위한 박 대통령의 두 번째 달음박질

이 시작됩니다. 연꽃잎 판을 벌이는 유서 깊은 경회루. 정일권 국무총리는 연회를 베풀고 박 대통령의 취임을 축하했습니다. 오색단청 찬란하고 아름드리 기둥들 하늘을 떠받친 천 년의 풍취 속에서 내외 귀빈들은 새 날이 시작되는 뜻 깊은 대화들을 꽃잎 새에 흘렸습니다. 제6대 대통령이 된 첫날밤을 국내외 여러 친구들과 함께 하기 위해서 박 대통령은 영빈관에 잔치를 벌이고 자유 우방의 단결과 협력으로 평화와 번영을 이룩하자고 다짐했습니다. 샹들리에 불빛이 찬란한 이곳 장춘관. 밤의 고요가 평화를 지키는 속에 즐거운 축복의 대화가 무르익어 갔습니다. 단비가 대지를 적시는 가운데 박 대통령의 취임을 경축하는 예술제가 시민회관에서 열렸습니다. 축복과 환희의 코러스는 뜻 깊은 이날의 축제를 절정으로 이끌어 갑니다. 뜻이 있는 곳에 길이 있고 두드리는 자에게 문은 열린다고 했습니다. 또 한 번 시작되는 이 새로운 역사적 출발점에서 우리 모두 뜻과 힘을 모을 때 역사는 반드시 우리 편에 설 것입니다.

화면묘사

00:00 중앙청의 대통령 취임식장에 세워진 대통령 휘장 구조물

00:20 박정희의 초상화와 "경축 제6대 박대통령각하 취임 경축예술제" 간판으로 장식된 건물 앞에 우산을 쓴 시민들이 늘어서 있음

00:27 군악대와 퍼레이드카, 장식물을 든 학생 등의 의장행렬이 세종로에서 여러 시민들이 지켜보는 가운데 행진을 하는 장면들

01:03 "경축 제6대 박대통령 각하 취임 경축 예술제" 등의 간판이 걸린 전국 각지의 무대에서 한복 차림의 공연자들이 전통예술 공연을 하는 모습을 여러 화면으로 보여줌

01:37 "경축 第6代 大統領 就任 釜山綜合藝術祭(제6대 대통령 취임 부산종합예술제)" 간판

01:41 교복 차림의 학생들이 "제6대 대통령 취임 부산종합예술제" 팻말과 태극기 등을 들고 시내를 행진하는 장면들

01:51 공항 청사에 각국 국기들이 게양되어 있음

01:56 비행기에서 내리는 각국 사절들의 모습을 여러 각도에서 촬영함

02:15 관용차들이 "경축 제6대 박대통령 각하 취임" 간판이 걸린 육교 밑 도로를 주행함

02:22 중앙청 주위 서울 시가지의 전경과 숲 속의 청와대 건물을 차례로 보여주는 화면들

02:53 각국 사절들이 청와대 내에서 박정희 대통령에게 신임장을 전달하고 악수하는 다양한 장면들

03:36 박정희와 육영수가 청와대에서 대통령 휘장 깃발이 붙은 관용차에 탑승하여 취임식장으로 출발하는 장면들

03:54 내빈과 시민들이 모여 있는 중앙청 앞 취임식장으로 관용차가 입장함

04:08 태극기를 흔드는 한복 차림의 시민들

04:10 박정희와 육영수가 수행원들과 함께 취임식장 단상에 오르며 내빈들의 박수를 받음

04:18 단상을 바라보며 박수를 치는 제복 차림의 군경 간부들

04:20 단상 좌석에 앉아 있는 박정희와 육영수

04:25 촬영석에서 카메라로 취임식을 촬영하는 기자들

04:28 박정희와 육영수를 비롯한 취임식 참석자들이 기립하여 국기에 대한 경례를 하는 장면들

04:41 박정희가 연단에 서서 오른손을 들고 선서문을 낭독하는 장면 (박정희 육성 : 선서. 나는 국헌을 준수하고 국가를 보위하며 국민의 자유와 복리의 증진에 노력하여 대통령으로서의 직책을 성실히 수행할 것을 국민들 앞에 엄숙히 선서합니다. 1967년 7월 1일 대통령 박정희)

05:21 기자들이 취임식 현장을 카메라로 촬영함

05:25 박정희와 육영수가 단상에서 한복을 입은 어린이들에게 꽃다발을 받음

05:34 연단에 선 박정희를 향해 객석의 내빈들이 박수를 치는 모습을 여러 각도에서 보여줌

05:46 박정희 육성 연설 : 나는 나의 이번 임기에 속하는 앞으로의 4년간이 이 나라의 자주와 자립과 번영이 안착하는 대망의 70년대를 향한 중대한 시기임을 깊이 명심하고 책임이 한없이 무거움을 공감하면서 일하는 대통령으로서의 조국 근대화 작업에 앞장서서 충성스럽게 나라와 겨레를 위해서 봉사할 것을 굳게 다짐하는 바입니다. 친애하는 국민 여러분, 나의 소원은 이 땅에서 가난을 몰아내고 통일 조국을 건설하자는 것입니다. 우리가 바라는 사회는 소박하고 근

면하고 정직하고 성실한 서민사회가 바탕이 된 자주 독립의 민주 사회인 것입니다. 우리의 적은 빈곤과 부정부패와 공산주의입니다. 나는 이것을 우리의 3대 공적으로 생각합니다. 빈곤은 생존을 부정할 뿐만 아니라 인간의 천부적인 개성을 포박하고 정직과 성실과 창조력을 말살하는 것이며 부정과 부패는 인간의 양심과 총화력을 마비하고 저해하는 것이며 공산주의는 우리의 자유와 인권과 양심을 파괴하는 것입니다. 정녕 이 3대 공적이야말로 우리 민족의 중흥을 위한 투쟁에 있어서 근본적으로 배격해야 할 공적이라고 생각합니다. 친애하는 동포 여러분, 나는 이러한 정의의 복지 사회가 지금 우리가 추진하고 있는 공업 입국의 대도를 통하여 이루어 질 수 있고 또한 공업 입국은 이러한 사회를 건설하는데 그 주안이 있다는 것을 확신하는 바입니다. 경제 건설 없이는 빈곤의 추방이란 없을 뿐만 아니라 경제 건설 없이는 부정부패의 온상이 되는 실업과 무직을 추방할 수도 없기 때문이며 또한 그것 없이는 공산주의에 대한 승리와 즉 자유의 힘이 넘쳐흘러서 북한 동포를 해방하고 통일을 이룩할 수도 없는 것입니다. 공업 입국에 관해서는 제2차 5개년 계획을 골간으로 해서 농공경진 정책과 대국토 건설 계획을 국민 앞에 공약으로 제시하고 이미 진행과정에 있습니다만 여기서 한 가지 분명히 해둘 것은 경제 개발의 지렛대가 되는 것은 진정 농업 생산력의 증대에 있다는 것입니다. 우리가 추진하는 조국의 근대화나 공업 입국은 소위 비체계적인 공업 편중 방식이 아니라는 것입니다. 우리의 근대화는 합리적이고 균형 있는 산업구조와 국토구조, 소득구조의 형성을 목표로 전근대적인 제반 구조를 계획해 나가자는 것이요, 공업화와 중소기업을 농업 생산의 터전 위에서 발전시키는 삼위일체의 근대화 작업을 하자는 것입니다. 우리 다 같이 협력하고 단합합시다. 통일을 향한 전진의 베일에는 너와 내가 있을 수 없고 다만 우리가 있을 뿐입니다. 끝으로 사랑하는 동포 여러분들의 영광과 행운을 빌고 오늘 우리와 자리를 같이 하지 못하는 북한 동포들에게 하나님의 은총이 있기를 빌면서 멀리 우리를 찾아 오늘 이 식전에 참석하신 우방의 여러 친구들에게 뜨거운 감사를 드리는 바입니다. 1967년 7월 1일 대통령

06:18 가정에서 시민들이 텔레비전으로 박정희의 취임사 낭독 장면을 시청함

06:25 거리의 시민들이 전신주에 설치된 확성기를 통해 박정희의 취임사를 청취함

06:31 육영수를 비롯하여 취임식장의 여러 내빈과 참석자들이 박정희의 취임사를 듣

는 다양한 장면들

09:56 새들이 날아가는 취임식장의 원경

09:59 군악대와 합창단원들이 대통령찬가를 연주하고 박정희, 육영수를 비롯한 취임식 참석자들이 합창곡을 듣는 다양한 장면들

10:29 태극기를 든 시민들이 취임식장을 떠나는 관용차를 환송함

10:38 "경축 제6회 박대통령 각하 취임" 연회장이 차려진 경회루의 모습을 다양한 각도에서 촬영함

10:47 국내외 내빈들이 경회루 연회장에 입장하면서 정일권 국무총리 등의 정부 인사들과 차례로 악수하는 장면들

11:04 박정희, 육영수 등의 인사들이 경회루 연회장에 입장하여 입구에서 대기하던 정부 인사들과 차례로 악수함

11:15 국내외 내빈들이 연회장에서 대화하는 장면들

11:28 장춘관 건물의 전경

11:33 장춘관 내의 촛불 장식과 샹들리에를 보여주는 화면들

11:42 박정희가 만찬장 테이블에 앉은 국내외 내빈들을 향해 발언하는 장면들

11:56 박정희와 내빈들이 기립하여 건배하는 모습을 다양한 화면으로 보여줌

12:05 각국 사절들이 만찬장에서 대화하는 다양한 모습들

12:27 장춘관 건물의 전경

12:32 야간 거리를 오가는 시민들

12:36 "제6대 박대통령 각하 취임 1967. 7. 1." 문구와 박정희 대통령의 초상, 농촌과 공장 건물 등의 삽화가 그려진 퍼레이드카의 모습

12:48 도로에 세워진 "경축 제6대 박 대통령 각하 취임" 구조물

12:52 예술제 행사장 건물 외벽에 걸린 "경축" 문구와 박정희 대통령 초상

12:56 조명 혹은 영사기로 추정되는 장치가 빛을 내며 작동함

12:59 박정희와 육영수가 예술제 행사장에 입장하는 장면들

13:25 무대에서 공연하는 합창단원들

13:42 학과 비둘기 문양, 박정희 초상 등으로 장식된 무대에서 연주자들이 관현악과 합창 공연을 하는 장면들

14:43 무대에 오른 예술제 참가자들이 태극기를 흔드는 모습을 여러 화면으로 보여줌

14:51 밤하늘에 터지는 폭죽들

연구해제

1967년 5월 3일에 시행된 대통령선거는 민주공화당의 박정희 후보와 통합야당인 신민당의 윤보선 후보가 제5대 대통령선거에 이어 재대결한 양상으로 전개되었다. 박정희 후보는 이 선거에서 약 100만여 표 차이로 압승을 거두면서, 이 대한뉴스 영상에 등장하는 것과 같이 제6대 대통령으로 취임하였다.

선거 과정에서 윤보선 후보는 박정희 정권을 겨냥해 독재라 비판하며 대통령 중임제 철폐, 부정부패 일소, 각종 경제폭리사건의 수사 등을 내세웠으나, 박정희 후보는 이를 반박하는 한편 대국토건설계획의 추진, 물가안정 등 경제적 이슈를 전면에 내걸었다.

선거 결과를 보면, 박정희 후보는 그의 고향인 경북, 경남, 부산을 비롯해 강원도, 충북 등 동부지역에서 우세했으며, 윤보선 후보는 서울, 경기, 충남, 전북, 전남 등 서부지역에서 우세하여 투표행태의 동서현상을 나타냈다. 그럼에도 박정희가 후보가 전국적으로 비교적 고른 득표를 한 것은 제1차 경제개발5개년계획의 시행 등 경제성장에 있어 가시적 성과를 거두었기 때문이었다.

사실 박정희 정권은 1965년과 1966년을 거치면서 현저히 안정화되어 있었다. 1966년 이후 박 대통령은 행정부와 여당인 공화당을 확실하게 장악하고, 정계 전반을 장악해나가며 모든 것이 자신에게 집중되는 정치체제를 형성하고 있었다. 반면 박정희 정권과 경쟁관계를 형성했던 야당세력들은 한일회담 반대운동의 실패 이후 분란에 휩싸이고 힘을 잃어갔다. 1967년 2월 대통령선거를 앞두고 민중당과 신한당이 합당하여 통합야당 신민당을 발족했지만 선거에서 이기기에는 역부족이었다. 특히 박정희 정권이 정치자금 등을 동원하여 야당 의원들을 매수하거나 통제하는 과정에서 야당 정치인들 사이의 반목도 깊어갔다. 저항운동에서 중요한 역할을 해왔던 학생운동도 한일회담 반대운동 실패 이후 침체되는 양상이 뚜렷했다.

이러한 상황은 권력을 과도하게 집중한 박정희가 기존 민주주의 절차를 위협하면서 장기독재를 획책할 위험성을 내재하는 것이었다. 이는 1967년 5월 박정희가 제6대 대통령에 재선된 이후 실제로 드러났다.

당시에는 대통령과 국회의원 임기가 모두 4년이었기 때문에 대선 1개월 후인 1967년

6월 8일에 곧바로 국회의원선거가 시행되었다. 당시 전반적 정치상황을 볼 때 여당인 공화당이 어렵지 않게 국회에서도 다수 의석을 차지할 것이 예상되었다. 그럼에도 박정희 정권과 공화당은 이 선거에 엄청난 정치자금을 쏟아붓고, 행정력을 동원하였다. 부정선거 항의시위가 잇달았고, 야당은 부정선거를 규탄하기 위해 부정선거 백서를 발간하기도 했다. 이처럼 박정희 정권과 여당이 부정선거를 한 이유는 헌법 개정을 위해 의석의 2/3를 차지해야했기 때문이었다. 그 후 박정희는 이승만이 그러했던 것처럼 자신의 임기를 연장하기 위해 헌법개정의 길로 접어들었고, 이는 1969년의 3선 개헌으로 현실화되었다.

참고문헌

「투표 (4)앞으로 2일」, 『동아일보』, 1967년 5월 1일.
배재연, 「역대 대통령선거에 관한 연구」, 『사회과학연구』 4-3, 1998.
홍석률, 「1960년대 한미관계와 박정희 군사정권」, 『역사와 현실』 56, 2005.

해당호 전체 정보

630-01 박정희 제6대 대통령 취임

상영시간 | 15분 05초

영상요약 | 1967년 7월 1일 거행된 박정희의 제6대 대통령 취임식과 관련 행사들을 알리는 영상이다.

혼식 분식 장려 (1967년 8월 11일)

제작정보

출　　처 : 대한뉴스 635호
제 작 사 : 국립영화제작소
제작국가 : 대한민국

영상정보

제공언어 : 한국어
컬　　러 : 흑백
사 운 드 : 유

영상요약

쌀만 소비하는 것이 아니라 보리와 밀을 이용한 혼식 및 분식을 장려하기 위해 라면, 빵, 국수 등을 먹을 것을 독려하고 밀가루와 보리의 영양가에 대하여 설명한다.

내레이션

쌀을 주식으로 하는 우리나라는 쌀 이외에도 보리, 콩, 밀 등 많은 농산물이 생산되고 있습니다. 그래서 정부에서는 몇 해 전부터 식생활 개선이라는 슬로건을 내걸고 영양가로 보아서 쌀에 못지 않은 밀가루나 콩, 보리쌀 등을 섞어먹도록 장려했습니다. 밀가루로 만들어지는 국수나 라면, 빵의 경우를 보면은 우리들의 구미에 맞도록 대량 생산해서 널리 보급되고 있는데 요즘 일반적으로 분식을 하는 률이 많아진 것은 국민들의 협조가 컸기 때문이라고 보겠습니다. 분식이나 혼식하면 무슨 억지소리 같이 들리지만은 사실은 쌀만 먹는 것 보다는 비타민 등 영양가가 더 많이 때문에 우리들 건강에 좋은 것입니다. 곳곳에서는 보리 혼식과 분식을 이용한 요리강습도 활발히 벌어지고 있는데 100그람을 기준으로 영양가를 비교해보면은 쌀이 340칼로리, 보리가 332칼로리, 밀이 354칼로리라고 하니 보리나 밀 음식의 영양가도 상당히 높은 것으로 알 수 있습니다

화면묘사

00:00 자막 “토막소식”
00:04 바구니에 가득 쌓인 밀가루가 곳곳에 있고 밀가루를 퍼내고 있는 남성 2명이 멀리서 보임
00:06 상점에서 보리쌀을 되에 담에 포대에 담는 상인과 구매자
00:10 보리쌀에 꽂혀있는 팻말, “보리쌀”
00:13 봉투에 밀가루를 담는 모습
00:17 국수기계에서 국수를 뽑는 남성의 모습, 곳곳에 국수가 걸려있음
00:21 기계에서 라면 면발이 나오는 장면
00:24 라면 면발이 한 봉지에 담겨질 양 만큼 기계에 담아지는 모습

00:29 라면 면발이 튀김기름 속으로 자동으로 떨어지게 하는 기계의 모습

00:35 라면을 포장지에 담아 밀봉하는 모습을 가까이서 보여주다 직원들이 포장하는 모습을 점점 크게 보여줌

00:42 냄비 뚜껑을 열고 끓는 물에 라면 면발을 집어넣는 장면, 라면 봉지에 제품명 "三養(삼양)라면"

00:49 직원식당에서 라면 먹는 공장 직원들의 모습

00:53 오븐에서 갓 구워져 나온 빵들을 가까이서 보여줌

01:01 제과점에서 주문한 빵이 테이블에서 제공되는 모습을 클로즈업

01:08 강습회장 내부의 모습을 멀리서 보여줌, 단상 위에 "보리혼식과 粉食(분식)대강습회", "새나라요리학원"

01:12 요리 강연자들이 재료를 준비하는 모습과 강연회에 참석한 사람들이 조리법을 받아 적는 여러 장면 위로 자막이 나옴, "영양가 비교(백그람) 쌀 340카로리 보리 332카로리 밀이 354카로리"

연구해제

이 영상은 혼식과 분식을 장려하기 위해 제작되었다. 영상에서는 한 요리학원에서 개최된 "보리혼식과 粉食대강습회" 행사 장면을 배경으로 보리와 밀이 쌀과 버금가는 영양가를 가지고 있다고 자막을 통해 강조하였다.

혼분식장려운동은 절미운동과 식생활운동의 흐름을 이어받은 국가주도의 사회운동을 결합한 국민동원운동이었다. 절미운동은 일제 말 전시체제하에서 전개되기 시작했으며, 해방 후에도 일상적인 쌀 부족 상태를 벗어나지 못함에 따라 계속 되었다. 1961년 5·16쿠데타로 집권한 박정희 정권은 "재건국민운동에 관한 법률"(1961.6.11)을 공포해 국가재건최고회의 아래 재건국민운동본부를 설치하여 전국적으로 "재건운동"을 전개하였다. 재건국민운동은 박정희정권의 "혁명이념을 범국민적으로 구현하고 혁명과업을 범국민적으로 수행하기 위해" 다양하게 전개되었는데, 그중 생활지도사업의 일환으로 '혼분식장려정책'도 시행되었다.

박정희 정권의 혼분식장려정책의 전개과정을 시기적으로 간략히 살펴보면, 1963년에서 1965년까지는 "분식장려정책"의 도입기이다. 1962~63년 가뭄과 병충해로 흉년이 들자

곡가파동이 일어났고 1963년 외국에서 쌀까지 도입하게 되자 정부는 분식장려를 양곡 소비정책의 기본방향으로 채택하게 된다. 밀가루 권장과 때를 같이하여 한국 최초의 라면인 "삼양라면"이 등장했고, 이때부터 학교에서 도시락 검사가 시작되었다. 1966년에서 1968년까지의 시기는 분식장려와 더불어 "혼식장려"가 본격적으로 진행되었다. 1966년 정부의 식량증산정책에 따라 보리증산이 이뤄지면서 "보리밥"을 적극 권장하는 혼식장려가 시작된 것이다. 1969년 이후 1975년까지는 정부가 "무미일(無米日)"을 지정하면서 혼분식장려정책을 가장 강력하게 실시했다. 무미일은 "쌀밥이 없는 날"을 국가가 강제한다는 측면에서 국가개입양상이 매우 강력하게 변화된 계기 중 하나이다.

이 영상은 1968년 박정희 정권이 혼분식장려정책을 본격화했던 시기의 정책 양상을 볼 수 있는 영상으로서 의미를 가진다. 더불어 영상에서 등장했던 "삼양라면"은 혼분식장려정책에서 상징성을 지니는 흥미로운 소재이다.

참고문헌

공제욱, 「국가동원체제 시기 '혼분식 장려운동'과 식생활의 변화」, 『경제와 사회』 77, 2008.

박상희, 「박정희정권의 국가주의적 총동원체제에 대한 비판적 연구 : 혼분식장려정책을 중심으로」, 인하대학교 석사학위논문, 2008.

해당호 전체 정보

635-01 경제소식

상영시간 | 00분 33초

영상요약 | 박정희는 경제기획원으로부터 그동안의 경제동향에 관한 보고를 받았다. 이 자리에서 박정희는 제2차 경제개발5개년계획 수행에 필요한 자금을 확보하고 공무원과 군인의 월급은 인상할 것을 지시했다.

635-02 청와대소식

상영시간 | 00분 37초

영상요약 | 1964년 한국으로 부임하여 유솜 처장을 지낸 조엘 번스틴이 본국으로 귀국하게 되어 박정희는 국민훈장 무궁화장을 수여했다.

635-03 수산 개발

상영시간 | 01분 35초

영상요약 | 성도수산개발주식회사의 김정수는 충청남도 서천군 부사리에 백합조개를 인공적으로 길러내는 양식장을 만들었다. 이곳에는 하루 50가여 가마의 씨조개가 뿌려지고 있으며 수확한 백합 조개는 일본으로 수출하게 된다.

635-04 토막소식

상영시간 | 02분 48초

영상요약 | 김포에서 한미 합동 고공침투훈련이 실시되었다. 10월 초순경 서울 중앙청 앞에 세워질 이순신 장군의 동상이 제작되고 있다. 국립극장에서는 어린이 무용발표회가 열렸다. 마지막으로 제2회 전국 체조경기대회가 열려 링, 평행봉, 안마, 뜀틀, 평균대, 마루 등의 종목의 경기가 진행되었다.

635-05 혼식 분식 장려

상영시간 | 01분 23초

영상요약 | 쌀만 소비하는 것이 아니라 보리와 밀을 이용한 혼식 및 분식을 장려하기 위

해 라면, 빵, 국수 등을 먹을 것을 독려하고 밀가루와 보리의 영양가에 대하여 설명한다.

635-06 월남소식

상영시간 | 01분 28초

영상요약 | 맥나마라 미국 국방장군이 베트남에 파병된 맹호부대를 시찰했다. 파병군인을 외에 베트남에서는 기술자들이 수송업무에 힘쓰고 있으며 한진상사는 미군 군수물자를 운송하는 계약을 체결하여 외화를 벌어들였다.

635-07 해외소식

상영시간 | 01분 20초

영상요약 | 수에즈 운하를 둘러싼 아랍공화국와 이스라엘의 분쟁이 지속되고 있다. UN군 휴전감시위원단의 감시에도 불구하고 아랍공화국와 이스라엘 사이의 갈등은 깊어지고 있다.

토막소식(제1회 2급 기능검정) (1967년 8월 31일)

제작정보

출　　처 : 대한뉴스 638호
제 작 사 : 국립영화제작소
제작국가 : 대한민국

영상정보

제공언어 : 한국어
컬　　러 : 흑백
사 운 드 : 유

영상요약

서울 장충동에서는 민족문화센터 건립공사가 진행되고 있다. 공업발전의 토대가 되는 기능공들의 질을 높이기 위해 노동청에서는 제1회 2급 기능사실기시험을 실시했다. 대공사찰을 강화하고 북한 남파간첩을 색출하기 위해 전투경찰대가 조직되어 강원도 원주에서 발대식을 가졌다. 1967년 말 한국에 봉사활동을 하러 오는 미국 평화봉사단에게 한국의 언어와 풍속, 문화 등을 가르치기 위해 연세대학교 한국어 교육단원들이 박대선 총장의 환송을 받으며 출국했다.

내레이션

서울 장충동에는 민족문화센타 건립공사가 한창입니다. 지금 보시는 이 공사는 국립국악원이 사용하게 될 건물인데 5,000만여 원의 예산을 들여 11월에 준공 될 것입니다. 이곳에 민족문화센터가 완공되면 우리 민족 고유의 아름다운 문화를 고이 지키고 발전시킬 문화의 전당이 될 것입니다.
공업발전의 기틀이 되는 기능공의 질을 높이기 위해서 노동청에서는 제1회 2급 기능사 실기 검정시험을 실시했습니다. 주조 부분을 비롯해서 판금, 목형, 선반 등 14개 부문의 기능공들은 그동안 익혀온 기술을 마음껏 발휘했습니다. 이 시험에 합격되면 2급 기능사로 인정을 받아 우리 공업발전에 앞장서는 일꾼이 됩니다.
대공사찰을 강화하고 북한괴뢰 남파간첩을 분쇄하기 위해 전투경찰대가 조직되어 강원도 원주에서 발대식을 가졌습니다. 최근 북한공산괴뢰는 날로 살쪄가는 우리의 나라살림을 시샘한 나머지 무장간첩을 대거 남파시켜 양민학살을 비롯한 온갖 만행을 저지르고 있습니다. 이번에 발족된 전투경찰대는 이러한 남파간첩을 뿌리 뽑아 국가와 국민의 안정을 위해 만전을 기할 것입니다.
멀리 미국에 가서 우리말을 가르쳐줄 연세대학교 한국어 교육단원들이 박대선 총장의 환송을 받으며 미국으로 떠났습니다. 이들은 금년 말에 우리나라에 와서 봉사활동을 시작하는 미 평화 봉사단원들에게 우리말과 문화 그리고 풍속 등을 전달하는 사절입니다.

화면묘사

00:00 자막 "토막소식"
00:03 민족문화센터 공사현장을 전체적으로 보여줌
00:07 국립 국악원의 공사현장의 다양한 모습을 보여줌
00:17 등에 흙을 신고 옮긴 후 다른 장소에 흙을 쌓는 공사현장의 일꾼들

00:22 공사현장을 둘러보는 홍종철 공보부장관과 관계자들의 모습
00:26 골격이 세워진 공사현상을 촬영
00:28 건물 토대가 세워지는 모습을 보여준 뒤 공사현장을 걸어가는 홍종철 공보부장관과 관계자들
00:38 현수막을 촬영함, 현수막에 "第1回2級技能檢定 實技檢定場所(제1회2급기능검정실기검정장소)"
00:41 실기 시험을 보고 있는 기능공들의 모습
00:46 실기 시험을 치루기 위해 필요한 공구들을 보여주고 기계를 다루는 모습을 보여줌
00:49 기계를 이용해 기술을 감독관들에게 선보이는 기능시험 응시자들의 다양한 모습
01:11 발대식을 위해 운동장에 열 맞추어 서있는 전투경찰들의 모습을 멀리서 촬영
01:20 행사장 단상의 모습을 멀리서 보여줌, 행사장 위의 글씨 "전투경찰군사훈련"
01:24 행사에 참석하여 단상에 앉아있는 군 장성들과 정일권 국무총리, 김성은 국방부장관의 모습
01:28 전투경찰대원 중 1명을 가까이서 촬영
01:31 연단에서 연설하는 정일권 국무총리의 모습
01:35 군복을 입고 군장을 맨 전투경찰들이 열을 맞추어 서있음
01:40 전투 경찰들에게 표창장을 수여하는 장면
01:46 자리에 앉아 박수치는 정일권 국무총리, 김성은 국방부장관, 군 장성의 모습
01:48 간부급으로 보이는 전투경찰 1명에게 표창장을 수여하고 악수하는 정일권 국무총리
01:52 비행기를 타기 전 모여서 박대선 총장과 이야기를 나누는 연세대학교 한국어교육단원들의 다양한 모습
02:08 박대선 총장과 악수하는 한국어 교육단원들의 모습
02:12 짐가방을 들고 비행기를 타기 위해 걸어가는 한국어교육단
02:19 비행기에 탑승하며 손을 흔드는 한국어교육단원들의 모습

연구해제

이 영상은 1967년 〈대한뉴스〉 제638호 토막소식 중에서 노동청이 주관한 첫 제2급 기능검정시험의 모습을 담고 있다. 이날 시험은 주조, 판금, 목형, 선반 등 14개 부문의 기능 검정으로 치러졌으며 영상에서는 각 부문별 시험에 참여한 예비 기능공과 시험감독관의 모습이 보인다.

1967년 1월부터 「직업훈련법」이 시행되면서 1, 2급 기능사 자격을 보건사회부령으로 구분하고 검정시험은 노동청에서 주관하였다. 기능사 검정제도는 제1차 경제개발5개년 계획 이후 수출산업이 양적으로 성장하면서 새로운 기능공의 수요가 증가했기 때문에 정부차원에서 기능공을 육성하려 도입한 제도이다. 여타 공업국가들과 달리 한국은 정부주도의 경제성장을 이루었기 때문에 기업 내 직업훈련제도 또는 노동조합이 주관하는 직업훈련제도가 부재했기 때문이다.

따라서 한국의 기능공 육성제도는 빠르게 도입될 수 있었고, 양적으로도 짧은 시간에 많은 기능공이 배출되었다. 이러한 기능공 육성이 한국의 경제성장에 미친 영향은 과소평가하기 어렵다. 하지만 제도 도입과정에서 부작용이 없었던 것은 아니었다. 영상 내레이션에서는 "공업 발전에 앞장서는" 기능공의 긍정적 측면을 부각시키지만 노동시장과 법적 제도 양 측면에서 기능공 육성제도는 한계를 갖고 있었다. 먼저 노동시장 측면에서 기능공은 정부주도로 양적 증가를 보였으나 국내 기업에서 이러한 공급을 모두 감당하기는 어려웠다. 따라서 기능공의 임금은 예상보다 크게 증가하지 못했고, 기능공들은 대학초임 연봉을 쉽게 넘지 못하는 현실 앞에서 잦은 이직현상을 보였다. 이는 안정적 기술직 노동자 고용이 실패했음을 의미한다. 다른 한편 노동시장의 문제를 보완하는 법적 제도도 미비했다. 「직업훈련법」 제24조(기능사의 우대)는 노동청장으로 하여금 기능사의 우선 채용을 알선토록 하고 있지만 구체적인 방안은 제시되어 있지 않았다. 이 때문에 기능공 제도는 도입 초기부터 기능사의 적재적소 배치 및 기술 평준화에 대한 실효성이 크게 비판받았다.

참고문헌

「사후대책 없는 기능사 제도」, 『매일경제신문』, 1967년 6월 17일.

『직업훈련법』(법률 제1880호), 국가법령정보센터(www.law.go.kr).
『노동행정사』1, 노동부, 2006.

해당호 전체 정보

638-01 청와대 소식

상영시간 | 00분 57초

영상요약 | 신임 주한미국대사 윌리엄 포터가 청와대에서 박정희를 만나 신임장을 제정했다. 또한 이날 신임 주한브라질대사 로베르토 바르텔 로자 대사도 신임장을 제정했다.

638-02 토막소식(제1회 2급 기능점검)

상영시간 | 02분 24초

영상요약 | 서울 장충동에서는 민족문화센터 건립공사가 진행되고 있다. 공업발전의 토대가 되는 기능공들의 질을 높이기 위해 노동청에서는 제1회 2급 기능사실기시험을 실시했다. 대공사찰을 강화하고 북한 남파간첩을 색출하기 위해 전투경찰대가 조직되어 강원도 원주에서 발대식을 가졌다. 1967년 말 한국에 봉사활동을 하러 오는 미국 평화봉사단에게 한국의 언어와 풍속, 문화 등을 가르치기 위해 연세대학교 한국어 교육단원들이 박대선 총장의 환송을 받으며 출국했다.

638-03 밝은 사회를

상영시간 | 02분 05초

영상요약 | 경의여자고등학교 학생봉사단은 여름방학을 맞아 농촌봉사활동을 실시했다. 강원도 원성군 소초면의 윤락여성 자활촌 여성들은 상전 잠업기술학교에서 뽕나무 가꾸기, 누에치기, 옥수수치기 등으로 배우며 농산물을 생산하여 수입을 올리고 있다.

638-04 월남소식

상영시간 | 02분 35초

영상요약 | 백마부대는 혼바산 일대에서 활동하는 월맹군 18비연대와 지방게릴라 소탕을 위해 홍길동3호 작전을 실시하였다. 하동환자동차주식회사의 국산 대형버스가 월남에 도착하여 인수인계식이 있었다.

638-05 스포츠

상영시간 | 02분 13초

영상요약 | 일본 도쿄에서 유니버시아드 대회의 개막식이 열렸다. 한국은 정삼현 선수를 포함해 유도에서 은메달 7개를 차지하였다.

아 살았다 (1967년 9월 8일)

《救助작업 15日만의 人間凱歌》

埋沒鑛夫 金씨 劇的救出

오늘밤 9時쯤 坑 벗어나

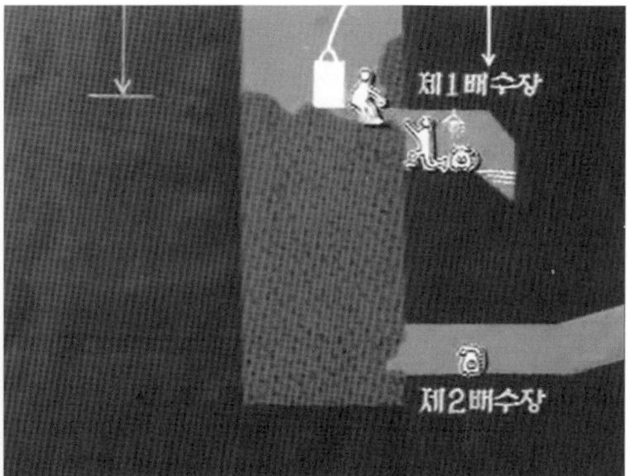

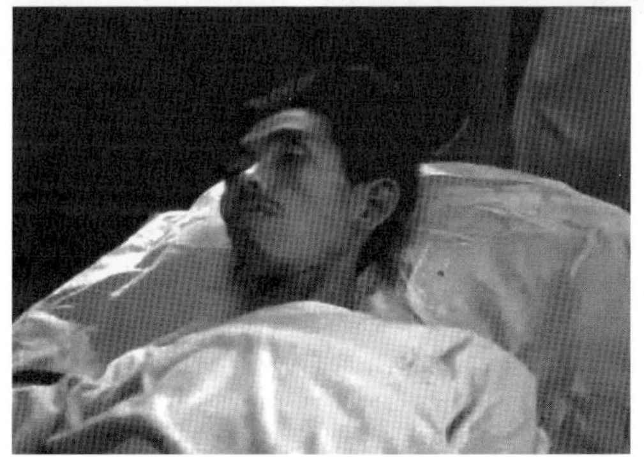

제작정보

출 처 : 대한뉴스 639호
제 작 사 : 국립영화제작소
제작국가 : 대한민국

영상정보

제공언어 : 한국어
컬 러 : 흑백
사 운 드 : 유

영상요약

구봉광산에서 사고가 나 갱 안에 매몰되었던 김창선을 구조하여 병원으로 이송하는 모습을 담은 영상이다.

내레이션

아 살았다. 하나의 생명을 단숨에 삼켰다가 인간의 끈질긴 도전에 굴복하고 만 구봉 광산. 지난 8월 22일 삽시간에 갱구가 무너져 굴속에서 일하던 배수부 김창선 씨는 125m나 되는 땅 속에 갇히고 말았습니다. 사고가 나자 즉시 현장에는 구조 본부가 설치됐고 절망 속에 한 생명을 건지려는 구조 작업은 시작됐습니다. 춥고 어두운 굴속에서의 구조 작업은 벽에서 흘러내리는 지하수와 거미줄처럼 엉긴 장애물로 난관에 부딪히고 더욱이 서둘러서 일어나는 다른 사고의 위험성 때문에 구조 작업은 미진할 수밖에 없었습니다. 잠깐 사이에 남편을 잃고 아버지를 잃게 된 부인과 아이들이 기진한 몸으로 부처님 앞에 합장하고 하루라도 빨리 구출되기를 빌었습니다. 요행히 통하게 된 전화는 살리고 살아야겠다는 지상과 지하를 연결해주고 한 치 두 치 구조의 거리를 좁히는데 도움이 됐던 것입니다. 김씨가 매몰된 지 9일되는 8월 30일. 미군까지도 김씨 구조에 솔선해 나섰습니다. 구조의 거리를 많이 좁혔으나 6톤 이상의 큰 바위와 여러 가지 장애물에 부딪혀 작업은 다시 한 번 지연됐습니다. 구조대원이 갱 속에 들어갔다 나올 때마다 초초하게 기다리던 보도진이 몰려들고 구조대원은 그때 그때 상황을 알렸습니다. 박 대통령을 비롯한 온 국민이 살려야겠다는 안타까운 염원은 이곳에 빗발쳤습니다. 김씨의 생환은 눈앞에 다가왔습니다. 매몰된 지 보름 만에 조그마한 구멍을 통해 우선 김씨에게 양물을 투입시키는데 성공했습니다. 김씨가 구조되는 감격적인 순간을 기다리기에 우리들의 마음은 초조했고 구조돼 나오는 김 씨를 서울로 옮기기 위해 공군의 헬리콥터가 기다리고 있었습니다. 9월 6일 오전 9시 15분 만 16일을 죽음과 싸워 이긴 김씨는 … 에 실려 긴 갱도를 빠져 나왔습니다. 김씨가 다시 세상에 태어난 순간 … 주변에 환호성이 일고 온 세상 사람들은 깊은 한숨을 내쉬었습니다. 물만으로 죽음을 싸워 이긴 김창선 씨. 그를 살리기 위한 끈질긴 투쟁 그리고 살려야 한다는 온 국민의 염원 이것은 인간의 생명이 얼마나 중대한가를 웅변해주는 것입니다. 초조와 불안에 싸였던 부인 얼굴에는 웃음이 피고 김씨는 16일 만에 이 세상 맑은 공기를 마셨습니다. 그리고 구복리 마을은 경사를 만난 듯 축하의 행진이 동네를 누볐습니다. 9월 7일 극도로 쇠약해진 김창선 씨는 곧 서울로 옮겨졌습니다. 한낱 시골 한 광부의 생명을 구하기 위해 이렇듯 여론이 들끓고 인정이 넘쳐흐른 예는 드물지 않습니까? 실로 김씨의 생활을 그의 굳은 의지와 신문 방송 등 언론 기관의 눈부신 활동 그리고 그것에 자극된 온 국민의 성원으로 이룩된 것입니다. 이번 사건은 우리에게 마음이 뭉치면은 안 되는 일이 없다는 좋은 교훈을 남겼으며 살벌한 사회의 구석구석에 밝은 광명을 가져다주었습니다. 특히 박 대통령은 김창선 씨의 구출을 온 국민과 더불어 기뻐한다고 말하면서 이것을 계기로 관계당국과 광산업자의 반성을 촉구했습니다. 연도에 늘어선 시민들의 축복을 받으며 국립의료원에 도착한 김창선 씨는 곧 주치의 김박사의 진료를 받았는데 우연히도 김 박사는 15년 전 전상으로 호송된 김창선 씨를 치료해준 군의관이었음이 김창선 씨의 기억으로 밝혀졌습니다. 진찰을 마치고 난 김박사는 김창선 씨의 건강에 대해서 (김씨는 건강 상태가 상상 외로 참 양호한 것 같이 보여졌습니다). 이렇듯 김창선 씨는 9월 6일 새로 세상에 태어났으며 기구하게 바뀐 성도 되찾아 양창선 씨가 됐습니다. 단결된 인간의 힘 앞에 절망은 없는 것입니다.

화면묘사

00:00 자막 “아 살았다”

00:04 사고 있었던 구봉광산의 전경

00:13 “사고는 예고없다 다시한번 주의하자”라는 현수막이 걸려있는 판자 아래로 사람들이 몰려있는 모습

00:17 사고현장을 그림으로 표현한 화면

00:30 사고내용을 설명하는 관계자

00:33 기자들의 물음에 답하는 관계자

00:37 구조를 하기 위해 도르래에 연결된 이동장치로 들어가는 사람들

00:41 도르래를 이용하여 내려가는 이동장치

00:46 굴 속의 모습

00:50 굴 아래로 내려간 인부들이 작업하는 모습

00:59 도르래를 이용해 굴 아래에서 올라오는 장치에 타고 있는 인부들
01:07 이동장치에 적재된 나무토막을 옮기는 인부들
01:15 사찰에서 목탁치는 스님 옆에서 기도하고 절을 올리는 사고 당사자의 가족들
01:24 굴 안에서 전화연결을 하고 있는 인부들
01:27 굴 밖에서 구조작업을 하기 위해 일하고 있는 인부들의 다양한 모습
01:46 사고 현장에 와서 일을 도와주는 미군들의 모습
01:54 사고 현장을 그림으로 표현한 모습
02:11 갱 속에서 나오는 인부들의 모습
02:17 기자들 앞에서 갱 안의 상황을 전달하는 인부
02:23 가족들에게 인터뷰를 시도하는 기자들
02:26 관련기사가 보도된 신문의 모습 클로즈업
02:32 프레스라인에서 사진을 찍는 기자들
02:34 약물을 도르래에 넣어 갱 안으로 내리는 모습
02:43 밖에서 사고현장을 바라보는 인파
02:47 헬기선착장에 착륙한 헬기 옆으로 사람들이 몰려 있는 모습
02:49 사고현장 앞에서 대기하는 사람들
02:54 갱 안에서 작업하는 인부들
02:56 갱 안의 상황을 그림으로 표현한 화면
03:08 갱 안에서 도르래가 올라오고 사고 당사자가 이동장치에서 부축을 받으며 나와 누워서 인공호흡기를 착용하는 모습
03:26 사진을 찍는 기자들
03:28 의료진이 사고 당사자를 진찰하는 모습
03:44 사고현장에 모여 있는 사람들의 모습
03:46 누워있는 사고 당사자
03:51 시민들과 악수하며 좋아하는 사고자의 가족들
03:56 침대에서 일어나 앉아 있는 사고 당사자의 모습
04:00 사고 현장에 모여있는 인파
04:04 플래카드를 들고 행진하는 마을 주민들
04:16 헬기 옆으로 몰려있는 인파

04:20 서울 공군기지에 환영식을 하기 위해 몰려 있는 시민들과 군인들
04:27 헬기가 정류장에 착륙하는 모습
04:32 앰뷸런스 앞에서 대기 중인 의료진들의 모습
04:36 헬기에서 내려져 앰뷸런스로 옮겨지는 사고 당사자와 그 옆에 군인 및 기자들
04:57 앰뷸런스가 이동하는 옆으로 몰려있는 기자들과 인파
05:04 시내로 향하는 앰뷸런스 옆으로 시민들이 모여든 모습
05:20 병원 앞에 도착한 앰뷸런스 옆으로 모여 있는 기자와 관계자들
05:23 병원 침대에 누워 있는 사고 당사자를 진료하는 의료진들
05:44 사고자의 건강상태를 전달하는 의사
05:51 병원에서 검사를 진행 중인 의료진들
06:02 병실 앞에 놓여있는 화환들
06:06 병원 앞에 모여든 인파

연구해제

1967년 8월 22일 충청남도 청양군 남양면 구룡리에 있는 구봉광산이 무너져서 광부 김창선이 갱도에 매몰되는 사고가 발생하였다. 이 사건은 다른 광산의 매몰사고와 다르게 매몰된 광부의 목소리가 방송을 통해 계속 전달됨으로써 전국민의 관심사가 되었던 사건이었다. 이 영상은 그의 구조 과정과 구조 활동에 관한 전체적인 내용을 담고 있다.

매몰된 광부 김창선은 기적처럼 16일 만에 세상의 빛을 보게 되었다. 그의 매몰시간은 정확히 15일 8시간 35분으로 당시 세계 최장 매몰시간으로 기록되었다. 언론에서는 그가 무너진 갱도 내에서 그렇게 긴 시간 생존할 수 있었던 이유로 갱내에 가설된 전기선을 연결하여 몸을 녹일 수 있었으며, 전화 통화를 할 수 있어 생존의지를 높일 수 있었기 때문이라고 보도하였다. 더불어 그가 6·25전쟁시기 일주일 동안 침식을 잊고 싸웠던 이력을 가진 해병대 출신으로 생존의지가 일반인보다 높았기 때문이라는 기사도 있었다.

이 사건은 초기엔 일반적인 낙반사고로 인식되어 주목받지 못하다가 전화선을 통한 그의 삶의 호소가 기자들을 경악시킴으로써 8월 25일부터 본격적으로 보도되기 시작했다. 구출되어 그가 한 첫 말은 "춥다. 여러분 수고했소. 고맙소"였다. 이후 그를 위한 시

민환영대회 등이 서울 시내에서 개최되었다.

사고가 난 구봉광산은 전국 금생산량의 약 20%를 생산하는 대표적인 금광으로, 다른 광산에 비해 사고율이 높은 곳은 아니었지만 최근 금값 안정을 위해 채수율을 높이려고 작업을 서두르던 상황이었다고 한다. 사고 원인에 대해서는 광산 안전문제가 제기되었는데, 불안전한 갱도시설과 광업주의 대처, 상공 당국의 보안 소홀이 지적되고 있었다.

1970년대 후반 광산의 환경과 노동자 안전문제에 대해 살펴볼 수 있는 영상으로서 의미를 가진다.

참고문헌

「"곧살아나갈테니安心하라"」, 『동아일보』, 1967년 8월 26일.

「埋沒된 金昌善씨 死境헤매 열나흘 坑道에 魔의 두岩盤이…」, 『동아일보』, 1967년 9월 4일.

「삶의 意志·人間愛·매스콤이 그를 살렸다」, 『경향신문』, 1967년 9월 6일.

「아춥다 살았구나! 여러분 고맙소!」, 『동아일보』, 1967년 9월 7일.

「파묻힌 安全管理」, 『동아일보』, 1967년 9월 7일.

「九峰金鉱이란?」, 『매일경제』, 1967년 9월 7일.

「"다시태어났다" 超人金昌善씨 地上서 感激」, 『동아일보』, 1967년 9월 7일.

해당호 전체 정보

639-01 아 살았다

상영시간 | 06분 09초

영상요약 | 구봉광산에서 사고가 나 갱 안에 매몰되었던 김창선을 구조하여 병원으로 이송하는 모습을 담은 영상이다.

639-02 정일권 국무총리 태국 방문

상영시간 | 02분 17초

영상요약 | 4일간의 공식일정으로 태국을 방문한 정일권은 태국의 타놈수상과 총리관저에서 회담을 가졌다.

639-03 스포츠

상영시간 | 01분 54초

영상요약 | 일본 도쿄에서 열신 유니버시아드 대회 여자 농구 결승전이 열렸다. 결승전에 진출한 팀은 한국과 일본으로 경기 결과 한국이 일본을 64:43으로 꺾고 금메달을 차지했다.

중학입시 폐지 (1968년 7월 26일)

제작정보		영상정보	
출 처	대한뉴스 685호	제공언어	한국어
제 작 사	국립영화제작소	컬 러	흑백
제작국가	대한민국	사 운 드	유

영상요약

중학교 입학시험 폐지에 관한 권오병 문교부장관의 육성 연설 영상이다. 학생들의 수험 압박, 과외비 지출, 체력저하 등을 이유로 무시험제가 결정되었다.

내레이션

정부는 그동안 큰 사회문제가 되온 어린이들의 과외 공부 등 입학 시험지옥의 폐단을 없애기 위해 중학교 입학을 무시험제로 할 것을 결정했습니다. 권오병 문교부장관은 (이후 권오병 문교부장관의 육성 연설)

화면묘사

00:00 자막 "입시 지옥에서 어린이 해방"
00:04 어린이들이 놀이터에 설치된 놀이기구를 타며 놀고 있는 모습
00:06 제자리에서 360도로 도는 철제 놀이기구에 발을 구르며 놀고 있는 어린이들의 다리
00:09 놀이기구 중의 하나인 정글짐에 오르는 어린이들
00:16 권오병이 착석한 상태로 정면을 응시하며 연설

(권오병 육성 연설)

"종래에 일반 국민들이 국민학교 어린이에게 너무 과도한 입시준비교육 다시 말씀 드려서 과외공부를 시킨 결과 소위 일류병과 이 입시준비교육이 우리나라 사회에 가장 큰 병폐가 되어왔던 것입니다. 이로 인해서 여러분의 자녀 중에서 많은 어린이들이 체력저하, 시력감쇠, 신경쇠약, 소화불량 등등으로 여러 가지 발육의 지장이 막심했던 것입니다. 오늘날 우리나라의 국민교육이 입시준비를 위한 교육이 아니라 우리 국민교육으로서 가장 기초적이고 또 어린이들은 가장 필요한 인격형성에 기본 교육을 우리가 결함 있었던 것입니다. 이러한 점을 고려해서 앞으로는 서울 시내에서 어느 국민학교에서 어느 중학교를 가던지 간에

일체 시험 없이 진학을 하도록 하고 또 이 제도가 바뀜에 따라서 학부형 여러 분들은 여러 가지 어려운 문제점들이 있다고 생각하고 계실 줄 압니다. 첫째로는 이 제도가 항구적이냐 혹은 일시적이냐 하는 데에 의심을 가지고 계실 줄 압니다. 이것은 앞으로 절대로 정부로서는 방침을 변경할 생각이 없을 뿐 아니라 제도적으로 완전히 보장할 것을 약속합니다

00:29 과외공부를 하고 있는 어린이들과 선생님

00:36 한복을 입은 여성이 책상 앞에 앉은 아이와 대화

00:38 위의 화면과 연결되어 어머니가 방에서 나가자 어린아이가 성난 얼굴로 윗옷을 걷어 올리고 방바닥에 누움

00:41 동급생으로 보이는 아이들이 지켜보는 가운데 같은 체육복, 모자를 착용한 어린이들이 철봉에 매달림

00:57 중학교입시 시험장에 모여 있는 수많은 사람들

00:59 중학생으로 보이는 남자 학생들이 교실에서 공부를 하고 있음

01:01 교실 안에서 공부를 하고 있는 교복 입은 남자 학생들의 모습

01:04 사복을 입고 있는 남학생이 시험지를 작성

01:08 학부모들이 한 곳에 모임

01:13 시험문제를 풀고 있는 여학생

01:16 사람들이 시험장 밖에서 시험이 끝나기를 모여 앉아 대기

01:19 여학생들이 시험을 보고 있는 가운데 수험표를 가슴에 달고 있는 한 여학생

01:23 상체를 책상에 납작하게 숙이고 시험을 보는 학생들

01:27 수많은 사람들이 모여 시험장 밖에서 시험이 끝나기를 기다림

01:30 육성연설중인 권오병 문교부장관

연구해제

이 영상은 1968년 7월 권오병 문교부장관이 중학교 입학시험을 폐지하고 무시험 추첨제를 실시한다는 담화를 발표하는 모습과 그 내용을 담고 있다. 권오병은 차분한 어조로 중학교 입시의 폐단을 설명하며 입학시험 폐지에 대한 정부의 단호한 입장을 발표했다. 초등학교 어린이들이 과도한 공부 등으로 체력이 저하되고, 시력이 감퇴하며, 신경

쇠약 등의 증세를 보이고 있을 정도이므로, 중학교 입시 제도를 폐지한다는 내용이었다. 영상에서는 담화의 내용에 상응하는 영상들을 중간 중간 삽입하여 이해에 도움을 주었는데, 허약한 어린이들의 모습과 건강한 어린이들의 모습을 대조적으로 보여주는 장면이 흥미롭다.

1960년대는 6·25전쟁 이후 베이비붐 세대에 태어난 어린이들이 중학교에 갈 나이가 되면서 일류중학교에 입학하기 위한 입시 경쟁이 극에 달한 상황이었고, 중등학교 입학시험과 관련된 논란은 매년 끊이지 않았다. 특히 1964년 12월에 일어났던 '무즙파동'은 당시 입시를 추진하던 시 교육위원회의 공정성에 심각한 문제를 보여주는 사례였다. 이처럼 과열된 입시경쟁에 시달려 왔던 초등학생과 그 학부모들이 이 제도를 환영하는 것은 당연한 일이었다.

중학교 무시험제도는 1968년 2월 공식적으로 공포되었다. 같은 해 7월 15일 학군을 설치하고, 추첨으로 학교를 정한다는 내용의 입시 개혁안이 단행되었으며, 정부는 이 제도의 시행을 위한 여러 시책들을 강구했다. 중학교 무시험제도는 실시 첫해인 1969학년도에는 서울특별시에만 한정적으로 시행되었지만, 1970학년도부터는 서울, 부산, 인천, 춘천, 청주, 대구, 전주, 광주, 제주 등 10대 도시로 확대되었으며, 1971학년도에는 이를 전국적으로 실시하게 되었다. 사립중학교를 포함한 모든 중학교의 평준화는 문교부 시책의 기본이 되었으며, 이와 더불어 기존에 '명문'으로 불렸던 중학교들 역시 함께 폐지되었다. 그 결과 전국 모든 중학교의 모든 교원, 시설, 재정 등의 투입은 모두 평준화되었다.

그렇지만 권오병의 '폭탄선언'으로 제기되었던 중학교 무시험제도는 여러 대안들을 검토하며 신중하게 결정된 것이 아니었으며 임시방편적인 해결책이라는 비판도 받는다. 학생들이 시험 없이 중학교에 입학했을 지라도 명문 고등학교에 입학하기 위해서는 또 다시 압박을 받아야만 하는 입시구조 자체가 개편된 것은 아니었기 때문이다. 일각에서는 이처럼 성급한 교육개편이 이루어진 원인에 대해서, 대선을 앞둔 박정희 정권이 국민들의 지지기반을 확보하기 위한 의도가 반영되어 있다는 평가를 내리기도 한다.

참고문헌

강인철, 「한국전쟁과 사회의식 및 문화의 변화」, 『근대를 다시 읽는다』 1, 역사비평사, 2006.

김한종, 「입시제도와 평준화 논쟁」, 『논쟁으로 읽는 한국사』 2, 역사비평사, 2009.

손인수, 『한국교육 운동사』, 문음사, 1994.

해당호 전체 정보

685-01 대통령 남부 지방 시찰

상영시간 | 01분 56초

영상요약 | 서울함 명명식, 한국 화성 PVC공장 시찰, 경상남도 창원군 요업 연구소 시찰 등을 모은 영상이다.

685-02 중학입시 폐지

상영시간 | 02분 01초

영상요약 | 중학교 입학시험 폐지에 관한 권오병 문교부장관의 육성 연설 영상이다. 학생들의 수험 압박, 과외비 지출, 체력저하 등을 이유로 무시험제가 결정되었다.

685-03 세계에 빛낸 기술 한국

상영시간 | 01분 48초

영상요약 | 제17회 국제기능올림픽대회 선수단의 귀국영상이다. 선수단 일행은 귀국 후 취재진들 앞에서 기념촬영, 카퍼레이드를 하였고 박정희 대통령의 초청으로 청와대를 방문하였다. 이들에게는 훈장이 수여되었다.

685-04 지하간첩 일망 타진

상영시간 | 01분 03초

영상요약 | 김형욱 중앙정보부장의 간첩단 검거 기자회견 영상이다. 해당 사건은 일명 '임자도 고정간첩사건'으로 전라남도 신안군 임자도와 목포 등을 중심으로 유격기지 건설, 후방지기 구실을 했다고 발표 했다. 이 사건에는 〈청맥(靑脈)〉이 연루되었으며 동방수지공업, 동성서점, 삼창산업 등이 위장업체로 지목되었다.

685-05 월남 소식

상영시간 | 00분 47초

영상요약 | 이우용 중사 3형제가 파월 이후 김연상 청룡부대장의 주선으로 청룡부대 작전

실에서 처음으로 만났다. 특파원과 군 관계자들과 함께 전공담을 이야기 했으며 이우영 중사는 임기가 종료되어 귀국이 결정되었다.

685-06 검소한 생활

상영시간 | 01분 11초

영상요약 | 저축과 절약을 강조하는 영상이다. 유흥과 여가를 즐기는 사람들을 연속적으로 보여주고 이와 대조적으로 생업에 종사하는 구두닦이 소년이 등장한다. 곧이어 소년이 은행에 가서 저축을 하는 모습을 통해 저축, 절약을 강조한다.

문화공보부 발족 (1968년 8월 3일)

제작정보		영상정보	
출 처	대한뉴스 686호	제공언어	한국어
제 작 사	국립영화제작소	컬 러	흑백
제작국가	대한민국	사 운 드	유

영상요약

문화공보부 개청 관련 영상이다. 먼저 정일권 국무총리를 포함한 많은 정부관계자, 문화공보부 소속 공무원들이 모여 개청식을 열었다. 다음으로 문화공보부 청사 앞에서 관계자들이 모여 제막식을 열었고 기념식수를 심었다.

내레이션

문화행정일원화를 위해서 새로 문을 여는 문화공보부 개청식 광경입니다. 이날 박 대통령은 정 국무총리가 대독한 치사에서 우리는 건전하고도 생산적인 문화와 예술을 발전시켜 하루속히 조국의 근대화를 이룩해야 한다고 강조했습니다. 공보부의 업무와 문교부의 예술, 문화재관리 업무, 출판 저작업무 등을 흡수해서 발족한 문화공보부는 우리나라의 문화 공보업무 전반의 행정을 도맡아 앞으로 새로운 정신문화를 개발하고 문화예술의 국제 교류 반공운동의 전개 언론출판의 기업으로써의 성장을 지원하는 등 실질적인 문화공보의 질서를 확립해 나갈 것입니다.

화면묘사

00:00 자막 "문화공보부 발족"

00:04 문화공보부 개청식 식장 영상으로 식장 상단에 대형태극기가 걸려있고 그 아래 '문화공보부 개청식' 현수막과 관계자 일동이 정면, 측면에 착석

00:08 관계자들이 지켜보는 가운데 단상 앞에선 정일권 국무총리가 박정희 대통령의 치사를 대독

00:11 '文化財管理局(문화재관리국)' 팻말 뒤로 왼쪽 가슴에 신분명찰을 달고 기립한 관계자들

00:14 착석한 정부 관계자들과 외국인사들의 모습 뒤로 보이는 식순 안내판

00:17 착석한 관계자들 가운데 맨 앞줄에 앉은 김수환 추기경

00:21 한 관계자가 마이크가 올려진 단상 앞에서 뒤로는 관계자들이 앉아 지켜보는 가운데 연설

00:23 양복 차림의 정부 관계자로 보이는 사람들이 착석한 채로 정면응시

00:26 식장 안 문화공보부 부서별 푯말 뒤로 부서 공무원들이 나누어져 대열을 맞추고 서있음

00:30 한 관계자가 마이크가 놓인 단상 앞에서 공보부 업무에 관하여 보고

00:32 한 관계자가 정부관계자들이 지켜보는 가운데 문화공보부 조직에 관한 내용을 대형 안내판을 지휘대로 짚어가며 보고

00:35 보고 내용을 1인용 의자와 테이블에서 듣고 잇는 관계자들

00:41 관계자들이 현판 제막을 위해 줄을 당김

00:42 제막 후 '문화공보부' 현판이 보이고 관계자들이 박수를 침(박수소리)

00:46 '문화공보부' 현판이 걸린 건물 외관의 입구에 '건설의 해, 증산 수출 건설'이란 판형이 걸림

00:49 문화공보부 건물 앞 화단에 '문화공보부개청기념식수' 안내판 앞에서 정부관계자 두 명이 삽으로 흙을 떠 식수가 심어진 표면을 덮음

00:53 관계자들이 문화공보부 건물 앞 화단의 조경에 삽으로 나무 주변의 흙을 고르는 모습

00:54 지상 5층의 문화공보부 건물의 외관과 건물 앞에 모여 있는 사람들과 주차된 차량들

연구해제

이 영상은 1968년 6월에 있었던 문화공보부 개청식 행사 이모저모를 담고 있다. 정일권 국무총리를 비롯한 각계 인사들이 행사에 참여하는 모습들을 기계적으로 보여주고 있는 별로 특별할 것 없는 영상이다. 그렇지만, 문화공보부가 1970년대 유신체제의 작동에 있어 중요한 역할을 했던 이데올로기적 기제들을 생산한 기구였다는 것을 고려하면 그 의미가 달라진다.

1960년대 문화 행정 체계와 관련된 가장 두드러진 특징은 '공보부가' 강화되었다는 점이다. 공보부는 1961년 6월 21일 정부조직법으로 신설되었는데, 기존의 공보실을 확대 개편한 조직이었다. 박정희 정권은 공보부를 적극 활용하여 정책을 홍보하고 국민여론을 점검하고자 하였다. 1960년대 공보정책의 기조는 '국민의 반공사상을 고양하면서 특히 무엇보다도 조국근대화를 지향하는 경제건설에 국민적 결의와 참여를 드높이는 것'으로 설정되었다. 경제개발의 중요성을 전면으로 내세우며 집권에 대한 정당성을 획득하려는 의도였다. 이처럼 1960년대 공보부는 경제개발5개년계획을 국민들에게 자세히 알려주고, 동시에 그 개발의 성과를 보여줌으로써 국민들에게 정권의 업적을 홍보하는 데 주력했다.

공보부의 대규모 국가 정책 홍보는, 1950년대까지 문교부 관할 업무를 이관 받음으로

가능해졌다. 영화, 연극, 음악, 연예, 정기간행물 업무와 국립극장, 국립국악원, 국립영화제작소 등이 공보부의 관할 행정으로 이관되었기 때문이다. 대신 문교부에는 '민족문화'의 창출이라는 새로운 업무가 부가되었다. 박정희 정부는 1961년 문교부 산하에 문화재 관리국을 설치하여 문화재 보호, 발굴, 복원을 담당하도록 했다. 국가가 주도하여 한국을 대표할 수 있는 우수한 민족문화를 주도적으로 발굴하고, 그것을 적극적으로 활용하여 민족적 감정과 정서를 적극적으로 동원하기 위함이었다. 그렇지만 이원적인 업무분장으로 인해 문교부에서는 '정적인 문예행정'을, 공보부에서는 '동적인 문예행정'을 관장한다는 세간의 비평을 불러일으키기도 했다.

1968년 7월 24일, 이번에는 공보부와 문교부가 통합되어 '문화공보부'가 신설된다. 문교부가 관할하던 예술부분과 전통부분의 관리업무가 공보부에 통합된 것이다. 문화공보부는 이후 박정희 체제의 전반적인 문화정책과 홍보정책을 총괄적으로 집행하는 기관으로 자리 잡았다. '민족적 우수성을 적극적으로 표방하고 홍보함으로써, 조국근대화를 위한 정부시책에 국민의 일관된 지지를 유도하기 위함'이었다. 이에 따라 1960년대 문교부에 의해서 진행되어왔던 민족 문화에 대한 정리 사업이 체계적이고 신속하게 처리되어갔다. 대규모의 예산, 인력 그리고 박정희 개인의 정책적 관심이 결합되어 무수한 문화재 보수, 전적지, 사적지 성역과, 조형물 등이 구축되었다. 또한 문예진흥정책을 추진하여, 전통예술의 계승과 보존만이 아니라, 국가와 민족에 봉사하는 민족주체성을 고양하도록 했다. 아울러 영화와 텔레비전의 내용을 검열하고, 정부정책 홍보에 효과적인 국책영화를 제작하고 상영할 수 있도록 장려하는 대중문화 통제정책을 펼치기도 한다.

참고문헌

권오헌. 『역사적 인물의 영웅화와 기념의 문화정치』, 고려대학교 박사학위논문, 2010.
김원, 「'한국적인 것'의 전유를 둘러싼 경쟁」, 『사회와 역사』 93, 2012.
정수진, 『무형문화재의 탄생』, 역사비평사, 2008.
허은, 『미국의 헤게모니와 한국 민주주의』, 고려대 민족문화연구원, 2008.

해당호 전체 정보

686-01 문화공보부 발족

상영시간 | 00분 57초

영상요약 | 문화공보부 개청 관련 영상이다. 먼저 정일권 국무총리를 포함한 많은 정부관계자, 문화공보부 소속 공무원들이 모여 개청식을 열었다. 다음으로 문화공보부 청사 앞에서 관계자들이 모여 제막식을 열었고 기념식수를 심었다.

686-02 수출이 늘어간다

상영시간 | 01분 42초

영상요약 | 제지원료 펄프의 자체 생산관련 영상이다. 삼양펄프 주식회사와 유한방직 등의 생산공장 현장을 통해 제작공정을 보여주었다. 이곳에서 제작된 상품들은 해외로 수출되었다.

686-03 토막 소식

상영시간 | 02분 53초

영상요약 | 정경계, 정경간담회 개최, 양지회의 교양잡지 제작 및 장병 위문품 전달, 제일약품산업의 결핵치료제 전달, 제1차 아시아 기독교 연합대회 개최, 대한자활개척단 합동결혼식, 인력개발연구소의 산학협동세미나 개최, 예술총연합회의 이동극장 무료 상연회 등을 모은 영상이다.

686-04 월남 소식

상영시간 | 00분 45초

영상요약 | 인천과 퀴논시의 자매결연이 맺어지고 인천시민의 성금, 맹호장병, 미군의 지원으로 퀴논시에 실내체육관이 개관하였다. 개관식에는 김해주 인천시장, 판민투 퀴논시장, 양국 관계자, 미군 관계자, 퀴논 시민들이 참석하였고 친선경기 및 체육대회 등이 열렸다.

686-05 : 여기 가뭄의 땅을

상영시간 | 03분 33초

영상요약 | 1968년 전라남도에 발생한 가뭄피해 소식과 이를 극복하기 위한 노력들을 알리는 영상이다. 가뭄피해의 심각성을 알리고, 정부의 한해 대책 및 한해민 구호를 위한 범국민운동을 보도하고 있다.

국내 최초의 무역박람회 (1968년 8월 24일)

제작정보			**영상정보**		
출　처	:	대한뉴스 689호	제공언어	:	한국어
제작사	:	국립영화제작소	컬　러	:	흑백
제작국가	:	대한민국	사운드	:	유

영상요약

구로동 수출공업단지에 세워지는 한국무역박람회장 공사현장 영상이다. 공사현장에서 작업복 차림을 한 강용옥 사무총장은 육성인터뷰를 통하여 박람회가 가지는 경제적 이익 등을 강조하였다.

내레이션

여기는 구로동 수출공업단지에 세워지는 한국무역박람회장입니다. 우리나라 역사상 처음으로 열리는 이번 박람회에는 우리나라 295개 업체와 미국, 일본 등 10개국에서 108개 업체가 출품하게 되는데 9월 9일 개관을 앞두고 준비공사를 바삐 서두르고 있습니다. 이번 박람회야 말로 우리의 산업경제를 일반 국민과 외국인에게 소개할 수 있는 좋은 기회가 될 것입니다. 그런데 박람회 준비에 바쁜 강용옥 사무총장은 (강용옥 사무총장 육성 인터뷰)

화면묘사

00:00 자막 '국내 최초의 무역 박람회'
00:04 구로동 수출공업단지에 세워지고 있는 한국무역박람회장 전경
00:16 공사현장에서 구조물이 세워지고 있음
00:19 공사가 진행중인 전시장 한 동
00:24 인부들이 기반을 세우는 작업 중
00:28 안전모를 착용한 한 공사인부가 목재 기둥을 망치로 두들김
00:30 공사현장 중에서 연결된 나무기둥의 모습
00:37 공사 인부 두 명이 공사자재를 현장에서 옮김
00:42 행사장 건물 외관
00:50 공사현장에서 작업복 차림을 한 강용옥 사무총장의 육성 인터뷰 "산업시설이 발달됐다고 하는 것을 세계 각 국에 과시하기 위해서 어 … 이런 기회를 마련했습니다. 우리나라의 수출상품이 에 … 해마다 40퍼센트 이상 아 … 신장되고

있는데 그것을 실지 에 … 우리나라의 상품을 한 마당에 … 모여놓고 이것을 세계각국에 소개를 하고자 하는 데서 그 뜻이 있습니다."

00:57 공사가 진행 중인 박람회장 내 구조물

01:04 행사장 외관 및 조형물

01:08 작업중인 인부들과 공사용 차량 등이 보이는 공사 현장 전경

01:12 박람회장 조감도

연구해제

무역박람회란 국제무역을 촉진하기 위해 개최하는 전시회적인 성격을 갖는 시장이다. 다종의 상품을 다양한 기획과 형태로 견본상품들을 전시하며 대부분 정기적으로 같은 장소, 같은 기간 동안 개최된다. 이 영상에서는 우리나라에서 처음 개최하는 무역박람회장의 건설현장을 보여주며 그것이 우리 경제에 미칠 영향에 대해 적극 홍보하고 있다.

해방 이후 한국의 무역전시는 1960년대 정부의 수출주도형 경제정책이 전개되면서 본격적으로 무역전시가 시작되었다. 1960년대 초 박정희 정부의 수출제일주의 정책이 본격적으로 전개되면서 품목별 및 지방순회 전시회 등 소규모의 전시회가 몇 차례 부정기적으로 개최되었다. 한편 해외수출을 위한 국제무역박람회에도 견본품을 전시했는데, 1963년도 시카고 국제무역박람회를 비롯해, 1964~1965년의 뉴욕 세계박람회 등 만국박람회(EXPO)에도 수차례 참가하였다. 이러한 경험을 토대로 하여 1968년 가을, 우리나라 최초로 서울 영등포구 구로동 수출공업단지에서 제1회 한국무역박람회(Korea Trade Fair)가 개최되었다.

이 영상에서 등장하는 준비공사를 마친 이후, 1968년 9월 9일 박람회가 개막했다. 오전에 열린 개막식에는 박정희 대통령 내외와 삼부요인들과 주한외교사절단 등 2,500여 명이 참석했다. 한국 최초의 이 국제규모 박람회에는 총 12억 원이 투입되었고, 52,000평 대지 위에 8,200평에 달하는 각종 전시관이 갖춰졌다. 국내 301개 업체를 비롯하여 미국과 일본 등 10개국에서 101개 업체가 수출상품을 내놓고 전시했다.

'내일을 위한 번영의 광장'이라는 캐치프레이를 내걸고 크게 선전하여 수많은 관람객들이 몰렸으나, 운영상의 각종 문제가 드러났음은 물론, 아직 중공업이 발달되지 않아

직물류가 대다수인 국산품과 대조적으로 외국상품은 자동차, 통신장치, 기계류 등의 첨단상품이 전시되어 외국상품 선전장 같다는 비판을 받기도 했다.

무역박람회는 42일 동안 개최되고 10월 20일 하오 폐막식을 끝으로 막을 내리고, 박람회 시설은 해체되었다. 박람회 기간 동안의 입장 인파는 180만 명을 기록했고, 외국 바이어들에 의해 2,000만 불의 수출계약이 이루어졌다고 한다.

이후에도 상품 전시회가 개최되었으나 이는 모두 부정기적으로 실시되었고, 점차 전문 전시장 건립의 필요성이 대두됨에 따라, 1976년에 한국무역협회 산하에 '종합전시장 건립추진위원회'를 설치하고 1979년 7월 3일 서울 강남구 삼성동에 한국 최초의 상설 전시시설인 한국종합전시장(현재의 COEX 별관)이 개관되기에 이른다.

참고문헌

「제1회 한국무역박람회 개막」, 『동아일보』, 1968년 9월 9일.
「허장성세 무역 박람회」, 『동아일보』, 1968년 9월 10일.
「질향상 없는 양의 성시–제1회 무역박람회 결산」, 『동아일보』, 1968년 10월 19일.
「무역박람회 폐막」, 『경향신문』, 1968년 10월 21일.
「한국종합전시장 개관」, 『동아일보』, 1979년 7월 3일.
국가기록원 홈페이지(무역박람회 관련 해설)(http://www.archives.go.kr/)

해당호 전체 정보

689-01 해외 소식

상영시간 | 01분 26초

영상요약 | 소련의 체코 프라하 진주에 대한 영상이다. 현지 상황을 간접적으로 알 수 있는 사진들과 관련 사실을 보도한 국내 신문의 지면 등을 보여준다.

689-02 땀 흘려 내일을 산다

상영시간 | 02분 21초

영상요약 | 농업협동조합의 우수 농민 시상, 선일흥업주식회사, 서귀포 포도당 공장 등을 모은 영상이다. 먼저 농업협동조합에서는 창립 7주년을 기념하여 우수농민에게 시상을 하였다. 시상자 중 안양환의 영농 활동을 보여주며 생산증진을 독려하고 있다. 다음으로는 제주도 서귀포시에 위치한 선일흥업주식회사의 포도당 공장 영상이다. 고구마를 통항 전분 및 기타 관련 생산제품의 공정을 보여주었다.

689-03 북양을 간다

상영시간 | 01분 23초

영상요약 | 베링 해협과 알래스카 일대로 조업을 나간 북양어업선단의 조업영상이다. 명태를 비롯한 상품가치가 높은 어종 획득을 목표로 하여 삼양수산에서 7척의 배와, 157명의 선원이 동원되었다.

689-04 국내 최초의 무역박람회

상영시간 | 01분 18초

영상요약 | 구로동 수출공업단지에 세워지는 한국무역박람회장 공사현장 영상이다. 공사현장에서 작업복 차림을 한 강용옥 사무총장은 육성인터뷰를 통하여 박람회가 가지는 경제적 이익 등을 강조하였다.

689-05 스포츠

상영시간 | 02분 01초

영상요약 | 박정희 대통령내외 태릉선수촌 방문, 한·일 친선 다이빙대회 등을 모은 영상이다. 멕시코 올림픽을 앞두고 훈련 중인 선수들을 격려차 박정희 대통령 내외와 민관식 대한체육회장, 정부 관계자들이 태릉선수촌을 방문하였다. 한편 한일 친선 다이빙대회가 열렸으며 남녀 선수들의 경기실황 영상이 이어졌다.

689-06 토막 소식

상영시간 | 01분 50초

영상요약 | 해양경찰대 경비정의 취역식, 한해민 돕기운동, 서울특별시의 시민홀 설치 등의 모음 영상이다. 먼저 해양경찰대에서는 새로 경비정 9대를 취역하여 시범 운행하였다. 다음으로 한해 지구의 산모들을 돕기 위해 대한적십자사, 불교적십자봉사대, 여학생, 노인들이 모여 산구와 산물을 제작했다. 마지막으로 서울특별시에서는 시민들의 민원 상담 처리의 효율성을 높이기 위해 시민홀을 설치하였다. 설치된 시민홀에는 많은 시민들이 방문하여 각종 민원 신고 및 상담을 하였다.

충무공의 얼 (1968년 8월 31일)

제작정보			영상정보		
출 처	:	대한뉴스 690호	제공언어	:	한국어
제 작 사	:	국립영화제작소	컬 러	:	흑백
제작국가	:	대한민국	사 운 드	:	유

영상요약

충무공 이순신에 대한 성역화 사업에 관한 영상이다. 충청남도 아산에 위치한 현충사에서 성역화 종합 사업의 일환으로 각종 미화사업이 진행되었다.

내레이션

여기는 충청남도 아산 현충사. 충무공 이순신 장군의 사당과 유적이 있는 곳 입니다. 이순신 장군의 위업을 길이 받들기 위해 약 11만 평에 이뤄지고 있는 현충사 성역화 종합사업은 10월 말 준공을 앞두고 거의 정리 단계에 들어가 경내 미화작업이 한창인데 박대통령은 현충사의 성역화 사업은 공장을 몇 개 짓는 것보다 더 중요하다고 큰 관심을 표명하고 있습니다. 현충사에는 충무공의 사당인 본전과 배당을 비롯해서 유물전시관 등 많은 유적이 남아 있는데 이곳을 찾는 사람들은 다시 한 번 장군의 위업을 우러러 추앙하게 될 것입니다.

화면묘사

00:00 자막 '충무공의 얼'
00:04 충청남도 아산에 위치한 현충사 전경
00:09 '충무문' 현판이 걸려있는 전통양식의 현충사 입구
00:11 '올라서지 마시요' 등 시설물 안내도가 적혀있는 현충사 조감도
00:14 성역화 사업의 일환으로 경내 미화작업을 하고 있는 사람들
00:18 큰 도랑이 파여있으며 기계를 동원해 미화작업을 하는 사람들의 모습
00:21 인부들이 돌과 흙을 삽으로 골라냄
00:27 깊고 크기가 큰 도랑에 사람들이 줄지어 서서 흙을 옮기는 등 각종 미화작업을 함
00:37 표면을 고르게 하는 미장작업 중인 인부들
00:44 '顯忠祠' 현판이 걸려있는 전통양식의 사당 외관
00:48 '顯忠祠' 현판 클로즈업
00:50 충무공 이순신의 초상화
00:55 현충사에 전시한 유물들 중 깃발이 걸려있는 창 2개
00:57 현충사 본당 외관
01:01 담이 둘러진 현충사 전경

연구해제

이 영상은 1968년 당시 진행되고 있었던 현충사 성역화 사업의 현장을 보여주고 있다. 현충사는 이순신을 모신 사당이다. 1706년 숙종이 아산 유생들의 상소를 받아들여 세웠는데, 1868년(고종 5년) 대원군의 서원 철폐령에 의해 철폐되어 퇴락하였다. 일제시대에 이순신의 묘소가 경매로 일본인에게 팔릴 위기에 처하자 충무공 유족보존회가 동아일보와 함께 성금을 모아 1932년 현충사를 중건하였고, 1960년대까지 보존되어 왔다.

박정희 정권은 집권 초기부터 현충사 정화 작업에 관심을 기울였다. 이광수의 『이순신전』에 심취해 있었던 박정희는 5·16쿠데타로 집권한 이후 1962년 최고회의 의장으로서 충청남도에 현충사를 정화하라는 명령을 내린바 있었는데 당시에는 사업이 현실화되지 않았던 것으로 보인다. 성역화 사업이 본격화 된 것은 1966년부터였다. 1966년 8월부터 본전, 정문 및 담장공사 등이 시작되었고, 이후에는 온양－현충사 간의 도로공사 및 현충사 경내의 도로공사도 진행되었다. 1967년에는 문화재 관리국이 현충사를 사적 155호로 지정했고, 4월 충무공 탄신일 기념행사와 관련된 의식을 제정했다. 1968년부터는 현충사 부지를 확보하기 위해 전답을 매입하고 경지를 정리하는 일 등이 이루어졌다.

박정희는 현충사 성역화 사업에 많은 의의를 두고 있었다. 그는 1968년 4월 충무공 탄신제전에 참석하여 "현충사 성역화 작업이야 말로 공장을 몇 십 개 세우는 것보다 더 큰 민족적 의미를 갖는다"는 내용의 발표를 했다. 또한 1년 뒤인 1969년의 탄신제전에는 "장군이 남긴 교훈을 받들어 조국의 현실을 타개하려는 우리의 결의와 노력을 다짐"하고, "오직 나라와 겨레를 위해 멸사봉공하는 참다운 애국자가 필요하다"고 역설했다. 이러한 언설에는 박정희 정권의 정치적 계산이 반영되어 있었다. 국가와 민족을 위해 헌신한 이순신의 정신을 강조함으로써 정권에 대한 비판세력을 배제하고, 멸사봉공의 국가관을 확립하여 국민을 통치하기 위한 논리로 이용하고자 했던 것이다.

박정희 정권의 의지는 1966년에서 1969년에 걸친 현충사 성역화 사업에 고스란히 이입되었다. 현충사 경내의 모든 민가들은 철거되었고, 넓은 공터는 고급 잔디와 나무들로 채워졌다. 경계선을 둘러 철조망 너머로 일반인이 통행하지 못하게 막고, 경내를 출입할 때에는 입장료를 받아 성역으로 보호하고자 했다. 성역화 사업이 끝난 이후에는 이순신 탄신 기념행사를 국가주도의 연례행사로 제정하여 전국의 각계각층의 인사와 각급 학생들이 계속 현충사에 참례하도록 했다. 현충사를 민족주체성이 발현되는 민족의 성전으로 위치 짓고 정치적으로 활용했던 것이라고 볼 수 있다. 현충사에 대해서 홍보하고 있는 이 영상의 제목도 '충무공의 얼'인데, 이 역시 멸사봉공의 충무공 정신을 국민들에게 알리고자 하는 정부의 의도가 반영된 결과라고 볼 수 있다.

참고문헌

은정태, 「박정희 시대 성역화사업의 추이와 성격」, 『역사문제연구』 15, 2005.

해당호 전체 정보

690-01 간첩단 체포

상영시간 | 01분 37초

영상요약 | 중앙정보부의 간첩단 체포 관련 영상이다. 김형욱 중앙정보부장은 기자들 앞에서 북한간첩단이 가칭 통일혁명당을 조직하여 간첩활동을 하였다고 밝혔다. 또한 노획된 각종 물품을 전시하였고 활동 및 단원의 신분을 파악할 수 있는 조직도, 사진, 이름, 나이 등을 공개전시했다.

690-02 한일 각료회담

상영시간 | 01분 17초

영상요약 | 제2회 한일 정기 각료회의 관련 영상이다. 양국 각료가 모인 가운데 한국대표로 박충훈 부총리, 최규하 외무부 장관 등이 참석하였다. 이 회의에서는 경제협조를 위한 각종 현안이 논의되었으며 일본 대표들은 회의가 끝난 후 박정희 대통령을 예방하였다.

690-03 충무공의 얼

상영시간 | 01분 17초

영상요약 | 충무공 이순신에 대한 성역화 사업에 관한 영상이다. 충청남도 아산에 위치한 현충사에서 성역화 종합 사업의 일환으로 각종 미화사업이 진행되었다.

690-04 양송이 재배

상영시간 | 01분 16초

영상요약 | 충청남도 부여군에 위치한 양송이 가공공장 관련 영상이다. 재배농가에서 수확된 양송이가 가공공정을 거쳐 통조림으로 제조되었다. 영상과 내레이션에서는 수요도가 높은 이 사업에 대한 전망을 긍정적으로 평가하였다.

690-05 토막 소식

상영시간 | 01분 10초

영상요약 | 소련의 체코 침공 범국민 궐기대회, 故(고) 이영일 경사 가족에게 금일봉 및 훈장 전달을 모은 영상이다. 먼저 국내 여러 단체들과 시민, 정부관계자 등이 모여 소련의 체코 침공에 대해 규탄하는 궐기대회를 서울에서 열었다. 이 자리에서 홍종철 문화공보부장관, 임영신 등이 규탄서를 읽었다. 다음으로 수재민을 구하다 순직한 경상남도 양산지구 소속 이영일 경사에 대해 정부가 금일봉과 훈장을 수여하였다. 박경원 내무부장관이 대신하여 이영일 경사의 부인과 아버지에게 이를 전달하고 위로 하였다.

690-06 월남 소식

상영시간 | 02분 22초

영상요약 | 주월 한국공보관의 사진 전시회 개최와 '속 팔도강산'의 베트남 로케이션을 모은 영상이다. 먼저 주월 한국공보관에서는 김신조 체포 사진, 한국 고적지 사진, 산업시설물 사진 등을 모아 전시회를 개최하였다. 다음으로 '속 팔도강산'이 베트남에 도착하여 영현 봉안소, 전초기지 등을 방문하여 장병들을 위문하였다. 또한 이들은 베트남 현지에서 영화 촬영을 하기도 하였다.

토막소식(전국 주민등록 발급) (1968년 11월 29일)

제작정보		영상정보	
출 처	대한뉴스 703호	제공언어	한국어
제 작 사	국립영화제작소	컬 러	흑백
제작국가	대한민국	사 운 드	유

영상요약

전국에 주민등록 발급 사무를 시작하게 되었음을 보도하는 영상이다. 박정희 대통령이 자하동 동사무소에서 직접 주민등록증을 발급받는 모습을 상세하게 보여주고 있다. 또한 김현옥 서울시장이 주민등록 발급 내용을 설명하는 장면과 시민들이 주민등록증을 발급받는 모습들을 함께 담고 있다. 다음으로는 서울 을지로에서 개최되었던 중소기업은행 신축 낙성식 영상이 이어진다. 박정희 대통령과 박충훈 부총리가 이 낙성식에 참여하여 테이프 커팅을 하는 장면을 보여주고 있다. 세 번째로는 반공연맹광장에 세워진 반공학생의거탑의 준공식 장면이 이어진다. 마지막으로 칠호 이춘성 화백의 동양화 개인전 개최 소식과 제1회 보험의 날 기념식 개최 소식을 보도하고 있다.

내레이션

11월 21일을 기해 전국적으로 주민등록증 발급 사무가 시작됐습니다. 박 대통령도 직접 동사무소에 나가 절차를 마친 후 주민등록증을 받아 들고 아담하게 잘 만들어졌다고 노고를 치하했습니다. 그런데 주민등록증은 본적지 조회가 끝나는 대로 12월 말까지 그 발급사무가 계속됩니다. 우리는 한 사람도 빠짐없이 정한 기일 안에 주민등록증을 발급받아야겠습니다. 중소기업은행이 서울 을지로에 신축돼서 낙성식과 함께 즉시 업무를 시작했습니다. 우리나라의 기업 구조를 보면은 대기업이 불과 2~3%를 차지하는 반면 중소기업은 98%를 점하고 있어 이 중소기업을 크게 기르는 것이 국가 경제 성장과 밀접한 관계를 가지고 있는 것입니다. 불행히도 과거에는 많은 중소기업이 자금난으로 운영을 못하는 수가 있었는데 중소기업은행은 자금 유통을 원활히 해서 우리의 중소기업을 육성하는데 큰 역할을 담당해오고 있습니다. 반공 제1선에서 꽃 같은 젊음을 바친 학생의거의 기념탑이 반공연맹광장에 세워졌습니다. 붉은 이리떼 총칼 앞에 쓰러져 조국과 자유의 재단에 피를 뿌린 그대들. 저 목메어 흐르는 압록강 물이 오늘도 내일도 길이길이 증언하리. 의롭다. 반공학생들의 꽃다운 넋이여. 여기 깃들어 통일의 원동력이 되라. 칠호 이춘성 화백의 동양화 개인전입니다. 이 작품들은 한국 여기자 구락부의 운영기금을 마련하기 위한 것인 것 육영수 여사도 한 점을 사서 더욱 성황을 이루었습니다. 제1회 보험의 날 기념행사입니다. 처음으로 열린 이 보험의 날 행사는 보험이란 우리 장래의 안전한 생활을 뒷받침해주는 이른바 사회보장제도의 한 가지라는 사실 등 온 국민이 보험에 대한 인식을 높이는데 그 목적을 두고 있습니다. 여섯 번째 열리는 국제주산 경기대회 실황입니다. 주산을 통한 국제 친선 도모에 목적을 둔 이 대회는 우리나라와 자유중국, 일본 3개국 대표 선수 20명이 참가했습니다. 한편 우리나라에서는 처음으로 계산자 기능검정시험이 실시됐습니다. 계산자의 이용범위는 전기공학, 토목, 기계공학, 금속공학 등에 널리 이용되는데 구라파 등지에서는 가정주부들까지 실생활에 계산자를 이용한다고 합니다. 문화홍보부에서는 청소년을 위한 우량도서를 선정해서 12월 말일까지 책 읽기 운동을 전개하고 있습니다. 우리나라 전기전집을 비롯해서 세계위인전, 그리고 유익한 만화책 등 모두 43가지, 277권의 도서가 이번에 우량도서로 선정됐습니다. 좋은 책을 가려서 읽는다는 것은 그만큼 정돈된 지식을 갖는데 꼭 필요한 요건이기도 합니다. 책은 무식한 사람을 유식하게 만들어주고 불행한 사람을 행복하게 만듭니다.

화면묘사

00:00 자막 "토막 소식"
00:04 "주민등록증용지수불대장 자하동"이라고 적힌 종이와 주민등록증의 모습
00:08 주민등록증을 나누어주기 위해 근무를 서고 있는 공무원의 모습
00:11 자하동 동사무소에 시찰을 나온 박정희 대통령
00:15 인장을 찍고 주민등록증을 발급받는 박정희 대통령
00:31 주민등록증을 발급받는 주민들
00:36 중소기업은행 건물의 전경
00:40 테이프커팅식을 하고 있는 박정희 대통령과 관계자들
00:47 업무를 보고 있는 은행직원들
00:51 직업들 앞으로 걸어와 직원에게 말을 건내는 박정희 대통령
01:03 손님을 상대로 업무를 보고 있는 직원들의 다양한 모습
01:20 반공학생의거탑 앞으로 모여든 인파
01:24 비석의 모습 클로즈업
01:27 동상 앞에서 제막하고 있는 정일권 총리와 관계자들
01:35 동상의 모습 클로즈업
01:39 탑에 새겨진 문구 클로즈업
01:46 탑과 주의 공원의 전경
01:50 "칠호 이춘성 개인전"이라고 적힌 안내판
01:53 테이프 커팅식을 하고 있는 홍종철 문화공보부장관과 관계자들

01:58　전시된 동양화들을 둘러보는 관계자들의 모습과 전시된 그림들

02:15　"경축 제1회 보험의 날 기념식"이라고 적힌 플랜카드 아래로 행사를 준비하는 관계자들

02:17　수상자들에게 상과 부상을 나누어 주는 관계자들의 모습

02:29　기념식장을 가득 메운 인파

02:34　주산대회에서 참석하여 주판을 두드리는 대회 참가자들

02:50　시계 클로즈업

02:54　계산자 기능검정시험장에서 계산자를 이용해서 행사를 진행하는 관계자

02:59　계산자를 이용해서 문제를 푸는 대회 참가자들

03:12　다양한 전기전집들이 쌓여있는 모습

03:35　전시된 책을 집어 읽어보는 사람

03:44　전시된 책들을 구경하는 사람들

연구해제

이 영상은 1968년 11월 전국에서 시행된 주민등록증 발급 사무 개시를 알리는 홍보영상이다. 이 영상에서 박정희 대통령은 직접 동사무소를 찾아 주민등록증을 발급받고 관계자들을 치하하였다. 마지막으로 내레이션에서는 "한사람도 빠짐없이 정한 기일 안에 주민등록증을 발급하라"고 강조한다. 주민등록증 발급대상자 1,574만여 명의 주민등록증 발급은 원래 계획대로라면 11월 말에 종료가 되어야 했다. 그러나 12월 17일 현재까지 전국적으로 약 30% 밖에 발급되지 않았다. 따라서 내무부는 신고 및 발급을 연말까지 마치려고 하였으나 1969년 2월 말까지 발급마감날짜를 늦춰야했다. 이밖에도 행정확인절차의 혼선과 늦은 호적, 병적조회 등으로 주민등록증 발급업무는 정부의 예상보다 늦은 속도로 진행되었다.

대한민국 최초의 주민증명서는 정부 수립의 물적 토대가 조성되면서 만들어졌다. 분단정부는 주민증명서 제도를 정치적으로 새롭게 활용하였고, 빨치산 토벌과정과 6 · 25 전쟁을 경과하면서 주민증 제도는 '간첩 색출'을 위한 것으로 성격이 굳어졌다. 전시에는 전국적으로 도 · 시민증 제도가 시행되었는데 이는 피난 등으로 사회적 유동성이 극대화된 상황에서 인력 · 물자 동원을 정확하게 하기 위해서였다. 또한 도 · 시민증의 미

소지자, 위조자, 도용자를 색출하기 위한 검열과 검문을 강화하여 국민들의 사상통제적 기능까지 갖추었다.

1960년 4·19 이후 반공체제 이완과 함께 주민증 제도는 유명무실화 되었지만 박정희 군사정권이 들어서면서 주민증 제도는 다시 강화되기 시작하였다. 박정희 정권은 1968년 1·21 청와대 기습사건과 1·23 푸에블루호 사건이 발생하자 이를 계기로 반공체제의 재정비에 나섰다. 이 과정에서 내무부는 1968년 2월 도·시민증의 제도 폐지 및 주민등록증 발급을 골자로 하는 개정법률안을 발표하였다. 주민등록증 발급에 관한 일부 문제제기가 있었지만 박정희 정권은 이를 강력하게 추진하였다. 1968년 연말부터 시행된 주민등록제도는 도·시민증의 제도를 계승하면서도 주민통제의 효율성을 강화한 것이었다. 주민등록제도는 간첩색출, 지문날인, 주민증의 항상적 소지를 의무화하였다. 또한 기존의 도·시민증이 조례로 제정되었다면 새로운 주민등록제도는 법률로 강제하여 제도의 위상과 강제력이 이전보다 더 강화되었다.

참고문헌

「주민등록증 발급」, 『동아일보』, 1968년 12월 17일.

김영미, 「해방 이후 주민등록제도의 변천과 그 성격 : 한국 주민등록증의 역사적 연원」, 『한국사연구』 136, 2007.

해당호 전체 정보

703-01 북괴의 흉계는 이렇다

상영시간 | 02분 19초

영상요약 | 생포된 무장간첩 정동춘, 고등운의 기자회견 실황 및 뉴욕에서 열린 반공 전시회 영상이다. 먼저 울진, 삼척 지역으로 침투한 간첩 중 생포된 정동춘, 고등운이 침투 목적, 과정 등을 기자회견을 통해 답했다. 다음으로 주미 한국 공보관이 뉴욕에서 반공 전시회를 열었다. 생포된 간첩, 폭파된 가옥, 압수된 군사 장비 등을 사진으로 찍어 전시한 것이다.

703-02 토막소식

상영시간 | 03분 48초

영상요약 | 전국에 주민등록 발급 사무를 시작하게 되었음을 보도하는 영상이다. 박정희 대통령이 자하동 동사무소에서 직접 주민등록증을 발급받는 모습을 상세하게 보여주고 있다. 또한 김현옥 서울시장이 주민등록 발급 내용을 설명하는 장면과 시민들이 주민등록증을 발급받는 모습들을 함께 담고 있다. 다음으로는 서울 을지로에서 개최되었던 중소기업은행 신축 낙성식 영상이 이어진다. 박정희 대통령과 박충훈 부총리가 이 낙성식에 참여하여 테이프 커팅을 하는 장면을 보여주고 있다. 세 번째로는 반공연맹광장에 세워진 반공학생의거탑의 준공식 장면이 이어진다. 마지막으로 칠호 이춘성 화백의 동양화 개인전 개최 소식과 제1회 보험의 날 기념식 개최 소식을 보도하고 있다.

703-03 월남소식

상영시간 | 01분 07초

영상요약 | 월남에 파병된 한국군 장병들의 승룡 5호 작전의 실황 영상이다. 이 작전을 통해 다수의 군사장비를 노획하고 400여 명의 적군을 사살, 24명의 포로를 생포하였다.

703-04 크리스마스 씰로 결핵을 없앱시다

상영시간 | 02분 25초

영상요약 | 결핵협회에서 발행하는 크리스마스 씰 구입 및 정부의 결핵퇴치 사업을 홍보하는 영상이다. 배우 남정임이 직접 출연하고 내레이션을 맡아 결핵 사업을 홍보하였다.

광화문 준공식 광경 (1968년 12월 13일)

제작정보		영상정보	
출 처	대한뉴스 705호	제공언어	한국어
제 작 사	국립영화제작소	컬 러	흑백
제작국가	대한민국	사 운 드	유

영상요약

광화문 복원공사가 마무리되어 제막식 행사를 가졌다. 박정희 대통령, 영부인 육영수, 홍종철 문화공보부장관, 박충훈 부총리 등이 참석하였다. 완공된 광화문을 보러 온 많은 사람들은 건물 상단 부분에 직접 올라보고 실내를 구경하였다.

내레이션

이씨 조선 500년과 성쇠를 같이해온 광화문이 41년 만에 다시 제 자리를 찾았습니다. 옛 조상들의 빛나는 얼과 슬기가 오늘 민족중흥의 역사적 사명을 띠고 있는 우리 후손들의 손으로 되살아 난 것 입니다. 박 대통령의 친필로 새겨진 한글 현판 광화문 이 현판 하나를 제외한다면은 새로 세워진 광화문에서 나무라고는 한 토막도 찾아볼 수 없으며 모든 자제가 돌, 시멘트 그리고 철근으로 되어 있습니다. 보시는 화면이 이조 말엽에 광화문 전경이며 이것이 후면의 모습입니다. 이것은 6·25때 불탄 광화문의 모습입니다. 복원된 광화문을 구경하려고 멀리서 올라왔다는 노인들은 광화문의 옛 모습을 다시 보게 되니 감개무량하다면서 옛일을 되새겼습니다. 이태조 때 세운 광화문은 임진왜란 때 불타 고종 때 다시 짓고 일제 침략으로 뜯어 옮겨지고 6·25때 불탄 것을 이번에 복원시켜 옛모습을 되찾은 것입니다. 정부가 이번에 광화문을 복원한 것은 그것이 역사 속에 흐르는 우리 얼에 찬란한 표상으로써 자립하는 국가 번영하는 민족에 상징이란 뜻에서 공사를 서둘렀던 것입니다. 지붕 마루에 신설될 전설의 동물 해태 이 모두 옛 자리를 찾은 것을 바로 우리나라가 번영의 위치를 찾았다는 것을 말해주고 있습니다. 광화문을 대견한 듯 바라보는 노인들은 (노인의 육성 인터뷰) 이 웃음 속에는 자기 민족의 긍지와 문화국민으로서의 슬기가 엉켜있지 않겠습니까?

화면묘사

00:00 자막 '광화문'

00:04 광화문 복원공사가 이뤄지고 있는 경복궁, 옛 조선총독부 건물 청사 앞 세종로 일대

00:14 복원 공사가 완료된 광화문

00:17 전통 제복을 입고 태평소, 대금, 북을 연주하는 악단

00:21 많은 당국 관계자 등이 지켜보는 가운데 한복을 입은 육영수, 박정희 대통령, 홍종철 문화공보부장관이 현판 제막을 하기 위해 줄을 당김

00:29 '광화문' 현판을 가린 천이 천천히 제막되고 있음

00:35 박정희 대통령 내외가 현판을 바라봄

00:39 복원된 광화문의 정면 모습으로 세종로에 운행중인 택시들이 있음. 광화문 뒤로 구 조선총독부건물 청사 일부가 보임
00:44 조선 후기 광화문과 지금의 세종로 일대의 사진
00:49 옛 광화문의 후면 사진
00:52 옛 광화문의 측면 사진
00:55 6·25전쟁 중 화재로 소실된 광화문의 사진
00:58 6·25전쟁 중 화재로 소실된 광화문의 후면 사진
01:00 복원이 완료되어 사람들이 오를 수 있게 된 광화문
01:04 두루마기, 중절모를 쓰고 광화문 복원을 구경하고 있는 노인들
01:09 복원이 완료된 광화문의 처마
01:16 광화문을 구경하기 위해 나온 노인
01:20 광화문에 올라 구경을 하는 사람들
01:24 복원된 광화문의 실내 계단
01:33 광화문 내부 단청과 기둥
01:40 차가 통행하는 세종로, 구 조선총독부 건물 앞에 놓인 광화문
01:44 광화문의 지붕 위에 원숭이 토기가 놓였고 계양 된 태극기가 보임
01:51 석재로 제작된 해태상
01:54 복원된 광화문을 구경온 사람들이 보이고 그중 노인들이 모여 광화문을 바라봄. 노인의 육성 인터뷰가 나오기 시작함 "저는 70년 만에 처음, 우리 다시 지어가지고 이제, 처음 구경합니다…. 참 잘 짓습니다."
02:02 완공된 광화문의 모습
02:07 구 조선총독부건물, 광화문, 세종로 일대 전경

연구해제

이 영상은 1968년 12월 11일에 열린 광화문 복원공사 준공식을 촬영한 것이다.

광화문은 조선왕조의 정궁인 경복궁의 정문으로 조선왕실의 권위와 위상을 보여주는 상징적 건축물이었다. 그러나 한일 병합 이후 일제에 의해 경복궁이 훼손되면서 광화문 역시 수난을 겪게 된다. 경복궁 내에 조선총독부 건물을 세우면서 광화문을 해체하고

이동시키는 것이 결정되었기 때문이다. 광화문은 조선총독부 신청사의 낙성식이 개최된 1926년 10월 1일 목재로 이루어진 상부가 철거되었으며, 1927년 4월 초순과 중순사이 하부 석조의 해체가 완료되어, 1927년 9월 중순에 건춘문 북편 담으로 옮겨졌다. 해방 이후까지도 광화문은 경복궁 동편에 석축만 남은 채 방치되어 있었다.

광화문 재건논의는 1961년 7월부터 시작된 문화재와 문화시설 보수사업의 일환으로 시작되었다. 이 공사에 대해서 문화재관리국과 서울시는 광화문 재건 방식에 대해 이견을 표출했다. 서울시는 1억2천만 원의 경비를 들여 철근과 콘크리트로 광화문을 세우겠다는 입장이었다. 반면 문화재 관리국은 3년의 공사 기간을 잡고 7천만 원을 들여 목재 광화문을 세워야 한다는 입장이었다. 그렇지만 양 쪽 모두 광화문을 본래 위치로 이건하겠다는 생각은 없었다. 일제가 옮긴 그 자리에 둔 채로 경복궁 내에 있는 박물관의 정문으로 사용하겠다는 것이었을 뿐으로, 엄격한 의미에서의 복원 계획은 아니었던 것이다.

1967년 11월 여러 논의 끝에 광화문 공사가 문화재 관리국에 일임되었다. 그렇지만 광화문 재건 계획의 구체적인 내용은 박정희의 지시에 따라 최종적으로 결정되었다. 일단 광화문을 총독부 건물의 남쪽에 세워 중앙청을 가린다는 방침이 내려졌다. 또한 현판만을 나무로 쓰고, 나머지 건축자재로 석재와 철근, 콘크리트를 사용하는 계획이 확정되었다. 산업화와 경제성장의 상징물이라고 할 수 있는 철근과 콘크리트로 광화문을 세우면서, 일제의 잔존물로 남아있는 총독부 건물과 대비되는 위용을 보여주겠다는 것이었다. 하지만, 이러한 방법은 정상적인 문화재 복원의 방법이 아니었다. 당시 신문 기사에서는 정부의 이러한 복원 계획에 반대하며 광화문은 원래의 모습에 가깝게 목재로 건립하여야 한다는 의견들이 심심치 않게 등장했다. 또한 광화문 설계안 검수를 담당한 위원들은 검수에 대한 서명을 거부하기도 했었다.

그럼에도 불구하고 박정희 정권은 광화문 공사를 강행하였는데, 그 이면에는 정치적인 목적이 내포되어 있었다. 군사 쿠데타로 집권하여 정당성을 찾지 못한 정부가 광화문과 세종로 일대를 조국근대화와 민족중흥의 이념을 상징하는 공간으로 탈바꿈시킴으로써, 정권에 대한 역사적 정통성을 이입시키고자 했던 것이다. 1968년에는 광화문의 앞쪽에 이순신 동상을 세워 민족주의적 자신감을 시각적으로 재현하기도 했으며, 준공식 때에는 박정희 스스로 군주만이 드나들던 어도를 걸어 나와 친필 편액을 내림으로써 권력자의 절대적 권위와 위엄을 드러내고자 했다. 결국 박정희 정권의 광화문 준공사업은 권력을 위해 역사를 동원했던 당대의 인식의 한계를 보여주는 사례가 되었다.

참고문헌

하상복, 「광화문의 정치학 : 예술과 권력의 재현」, 『한국정치학회보』 43-3, 2009.

해당호 전체 정보

705-01 광화문 준공식 광경

상영시간 | 02분 10초

영상요약 | 광화문 복원공사가 마무리되어 제막식 행사를 가졌다. 박정희 대통령, 영부인 육영수, 홍종철 문화공보부장관, 박충훈 부총리 등이 참석하였다. 완공된 광화문을 보러 온 많은 사람들은 건물 상단 부분에 직접 올라보고 실내를 구경하였다.

705-02 남침공비를 무찌른다 - 제3신 -

상영시간 | 03분 53초

영상요약 | 무장공비의 침입으로 사망한 향토예비군 정창교, 이석우, 주문하 일가의 영결식이 각각 열렸다. 분향소에는 당국 관계자를 비롯한 지역 주민들, 향토 예비군들이 찾아와 분향을 하였다. 합동 수색대는 도주한 무장공비들을 검거하기 위해 수색활동을 하고 있다. 사살, 생포된 무장공비의 사진과 사망한 민간인, 향토예비군, 노획품 등이 영상에서 보여졌다. 한편 판문점에서는 무장공비의 침투에 대해 항의하는 판문점 회의가 열렸으며 관련 사진이 공개 전시되었다.

705-03 보다 좋은 나라 살림을

상영시간 | 00분 43초

영상요약 | 제3회 지방장관회의가 중앙청에서 박정희 대통령이 참석한 가운데 열렸다. 이날 회의 에서는 농촌 발전, 재해대책 등과 관련한 행정 안건들이 논의되었다. 박정희 대통령은 교시를 통해 사업 추진을 적극적으로 하여 성과를 높일 것을 지시했다.

705-04 토막 소식

상영시간 | 02분 21초

영상요약 | 제2군 사령부 신축종합청사 무열대인 준공식, 예비군과 충북 청주시 남문로 1가 중대 자매결연, 미 제7함대 항공모함 핸코크호 공개 등의 모음 영상이다. 먼저

박정희 대통령이 참석한 가운데 제2군 사령부 신축종합청사 무열대인 준공식이 열렸다. 다음으로 예비군과 충북 청주시 남문로 1가 중대가 자매결연을 맺었다. 이들은 생업에 종사하면서 유격, 사격 훈련 등 각종 전투 훈련을 받고 있다. 마지막으로 미국 제7함대 항공모함 핸코크호가 동해안 일대에서 시범작전을 수행하였다. 정일권 국무총리 및 양국 관계자가 함대에 승선하였으며 제트기를 통한 공중작전의 시범이 열렸다.

705-05 월남 소식

상영시간 | 01분 11초

영상요약 | 국회 국방위원들의 월남 방문영상이다. 채명신 사령관, 신상철 대사 등이 마중나왔으며 바로 티우 대통령을 예방하였다. 이들은 청룡부대, 맹호 기갑연대 등을 시찰하고 현황 보고를 받았다. 한편 이들은 후송병동을 방문하여 후송병을 위로하기도 하였다.

푸에블로호 승무원 돌아오다 (1968년 12월 27일)

제작정보		영상정보	
출처	대한뉴스 707호	제공언어	한국어
제작사	국립영화제작소	컬러	흑백
제작국가	대한민국	사운드	유

영상요약

납북되었던 푸에블로호 승무원들이 판문점을 통해 송환되었다. 버스로 이송된 이들은 헌병대 및 미군 관계자들의 경호를 받으며 헬리콥터를 이용해 부평미군기지로 이동하였다.

내레이션

여기는 판문점. 이른바 돌아오지 않는 다리를 건너 푸에블로호 승무원 여든두 명이 돌아왔습니다. 68년 1월 23일 동해 공해상에서 북한괴뢰 강제로 납치 된지 만 11개월 만에 자유의 땅을 밟은 것 입니다. 전방기지에 닿은 승무원들은 아홉 대 헬리콥터에 나누어 타고 부평 미군기지에서 하룻밤을 지냈습니다. 미국은 푸에블로호 송환을 위해서 무던히 노력했으며 북한괴뢰는 그동안의 비인도적인 인질 외교를 어떤 수단으로도 위장할 수 없었고 결국 세계여론에 굴복했습니다. 그동안 가지가지의 악선전과 승무원들을 때리고 차는 등 갖은 야만적인 처사를 가했다는 것을 생각할 때 우리는 북한괴뢰의 잔악성을 다시 한 번 규탄에 마지않는 것입니다.

화면묘사

00:00 자막 '「푸」호 승무원 돌아오다'
00:03 판문점 전경
00:12 푸에블로호 승무원을 태운 버스가 남한 쪽으로 이동해오고 있음
00:18 군인들이 경계하고 있는 가운데 버스에서 승무원들이 내려 헬리콥터로 옮겨 탐
00:28 송환된 승무원들의 이송을 촬영하고 있는 취재진들
00:29 승무원들이 탑승한 여러 대의 헬리콥터들이 이륙하고 있음
00:38 헌병대들이 경계를 서고 있는 가운데 취재진들이 승무원의 이송 모습을 취재중
00:39 헬리콥터에서 내리는 승무원들과 이들 주변에서 경호를 하는 헌병대(배경음으로 헬리콥터 소음)
00:46 카메라 정면으로 'MP'가 적힌 철모를 쓴 군인들이 가까이 다가옴
00:50 헬리콥터에서 내린 승무원들이 헌병대의 경호를 받으며 차례로 이동하고 마중나온 미군관계자들과 악수를 함
01:07 계속해서 헬리콥터에서 내리고 있는 승무원들
01:16 헌병대의 경호 속에 승무원들이 부평미군기지로 이동하고 있고 배경으로 미군기지 내 건물들이 보임

연구해제

이 영상은 1968년 12월 23일 미국 함정 푸에블로호 승무원 82명이 북한에서 판문점을 통해 남한으로 돌아오는 모습을 담고 있다. 북한은 1968년 1월 23일 동해에서 푸에블로호를 나포하였다. 송환교섭을 위해 북한과 미국은 28차에 걸친 협상을 벌여 이날 송환을 하게 되었다.

1968년 한반도에서는 3건의 심각한 무장충돌 사태가 발생했다. 1·21사태, 푸에블로호 나포 사건, 울진삼척지구 대규모 무장간첩 남파 등 모두 심각한 사건들이었다. 이 중에서 특히 위기를 불러온 것은 푸에블로호 사건이었다. 1·21사태는 비록 미수에 그쳤지만 북이 남한의 최고지도자를 살해하려 한 중대한 사건이었고, 울진삼척 사건도 100명이 넘는 무장요원을 침투시킨 대형 사건이었다. 사상자도 푸에블로호사건 보다는 두 사건이 훨씬 많았다. 그럼에도 미국과 직접적으로 연관이 있었던 푸에블로호 사건은 전쟁을 우려할 정도의 큰 위기를 초래했다. 그 이유는 냉전시기 한반도에서 전쟁과 평화의 문제는 남북한에 의해서만 결정되는 것이 아니었기 때문이다.

푸에블로호사건이 일어났을 때 미국정부는 경악했다. 미국정부는 무력행사와 협상이라는 두 가지 가능성 모두를 가늠하면서 일단 한반도에 군사력을 대대적으로 증강하였다. 이는 군사적 해결을 위해서도 필요하지만, 상대방을 협상에 끌어내기 위해서도 필요했다. 미국은 먼저 소련과 접촉해 푸에블로호사태를 논의하였다. 그러나 소련은 이 사건은 자기 나라와 무관하다면 발을 뺐다.

미국 항공모함 3척이 동해에 진주하는 등 한반도가 극도의 긴장상태에 있던 1968년 1월 27일, 푸에블로호사건 발생 나흘 만에 북한이 판문점을 통해 신호를 보내왔다. 군사정전위원회 공산 측 수석대표인 인민군 소장 박중국이 체코와 폴란드 중립국감독위원회 대표를 개성으로 불러 미국 쪽에 보내는 공식 메시지와 비공식 메시지를 스위스, 스웨덴 대표들에게 전달해 달라고 부탁하였다. 공식 메시지의 내용은 미국이 무력을 사용한다면 북도 무력으로 대항할 것이고, 그렇게 되면 승무원들의 생명을 보장할 수 없다는 위협과 함께 “미국이 포로들을 돌려받는 통상적인 협상을 할 용의가 있다면 이 사건을 해결할 수 있을 것이다”라는 내용이었다. 협박도 했지만 협상의 의사를 밝힌 것이다. 그리고 비공식 메시지에는 선원들의 건강상태는 양호하며, 부상당한 선원들은 치료를 받고 있고, 사망한 1명의 시체는 잘 보관 중이라고 했다.

이에 대해 미국정부 내에서는 무력보복 주장이 제기되기도 했지만 협상을 통해 문제를 풀어가려고 했다. 첫 번째 이유는 한반도와 같이 양측이 첨예하게 대치하고, 강대국의 이해관계도 미묘하게 교차하는 지역에서 제한적인 차원이나마 무력보복을 하는 것은 쉽지 않은 일이라는데 있었다. 자칫 전면전쟁으로 비화될 가능성을 그 누구도 배제하기 어렵기 때문이었다.

두 번째는 1960년대 말 북한의 대남 군사공세 의도에 대한 미국의 분석과도 밀접한 관련이 있었다. 미국 관리들은 한반도 문제를 한반도에 한정하지 않고 자신들이 주도하고 있는 전 세계적인 냉전대립 차원에서 사고하고 있었다. 그러다보니 청와대 습격이나 푸에블로호 나포 등 북한의 무력공세 동기를 베트남전쟁과 관련지어 사고할 수밖에 없었다. 당시 CIA 국장은 푸에블로호사건 발생 직후 북한의 동기에 대해, 첫째 국군이 베트남에 가는 것을 방해하고, 둘째 미국이 베트남전을 수행하는 것을 방해하기 위해서라고 분석했다. 미국 관리들은 북한의 의도를 이처럼 베트남전쟁에 대한 지원과 관련지어 파악하였다. 따라서 군사적 보복행동을 하여 사태를 키우는 것은 북한의 의도에 말려들어가는 것이라 보았다.

1968년 2월 15일 6차 회담부터 선원 송환문제가 본격적으로 거론되었지만, 양자의 입장 차이는 컸다. 북한은 푸에블로호가 단순한 정보수집선이 아니라 첩보활동도 하는 배로 북한의 영해를 6차례 이상 침범했고, 북한 영해에서 나포되었다고 주장했다. 북한은 미국에게 이를 인정하고 사과하라고 요구했다. 미국은 당연히 이러한 주장을 인정할 수 없었다.

교착상태에 있던 푸에블로호 협상은 1968년 11월 미국의 대통령선거가 공화당 후보 닉슨의 승리로 끝나면서 타결점을 찾기 시작했다. 마침내 1968년 12월 23일 마지막 29차 북미회담이 열렸다. 이날 유엔군 측 수석대표 우드워드(Gilbert H. Woodward) 소장은 북한 측이 작성해온 문서의 내용을 인정하는 것은 아니지만 선원들을 위해 인도적 견지에서 불가피하게 서명한다고 구두로 언급하고, 북한이 작성해온 문서에 서명했다. 이 문서에는 미국이 선원들의 고백내용을 인정하며 영해 침범을 시인하고, 다시는 이러한 사태가 재발되지 않도록 하겠다고 다짐하는 내용까지 들어 있었다.

참고문헌

홍석률, 『분단의 히스테리』, 창비, 2012.

해당호 전체 정보

707-01 서울과 인천간의 고속도로 개통

상영시간 | 01분 43초

영상요약 | 서울－인천, 서울－수원 간 고속도로가 부분 개통되었다. 박정희 대통령 내외는 개통식에 참석하여 테이프 커팅을 하고 시범 주행을 하기도 하였다. 내레이션에서는 고속도로 개통으로 교통, 운송의 경제적 이익에 증대효과를 기대하는 내용이 강조되고 있다.

707-02 푸에블로호 승무원 돌아오다

상영시간 | 01분 18초

영상요약 | 납북되었던 푸에블로호 승무원들이 판문점을 통해 송환되었다. 버스로 이송된 이들은 헌병대 및 미군 관계자들의 경호를 받으며 헬리콥터를 이용해 부평 미군기지로 이동하였다.

707-03 토막소식

상영시간 | 04분 07초

영상요약 | 무장공비, 기자회견, 향토예비군 유공자환영대회, 백령도 실업학교 준공, 기능공들의 기능검정시험, 새한현상소 자동인화기계 설치, 섬유산업의 수출증대, 미스 각선미 선발대회 등의 모음 영상이다. 먼저 자수, 생포된 무장공비들이 기자회견을 하는 영상으로 수많은 취재자들이 참석하였다. 이들은 회견을 통해 북한 당국의 공비 남파 계획 등이 계속될 것을 발표하고 취재진으로부터 질의를 받기도 했다. 한편 무장공비 소탕전에 공로가 인정된 향토예비군들에 대한 보국훈장이 수여되었다. 정일권 국무총리는 직접 훈장을 수여하고 이들의 공로를 치하하였다. 서해안 백령도에 실업학교가 준공되었다. 새로 신축된 교사, 교육 시설물들이 영상으로 보여졌다. 한편 기능공들을 대상으로 하는 기능검정시험이 열렸다. 기능공들은 각자의 기능 기술을 겨루었다. 또한 새한현상소에서는 자동인화기계를 설치하여 시범작동을 외국인 관계자들에게 보였다. 자동기계로 사진이 인화되는 일부 과정이 영상으로 보여졌다. 섬유산업

의 수출증대에 정부당국이 기대를 걸고 있는 가운데 대흥 섬유 공장에서 스웨터 및 각종 편물 생산 과정이 보여졌다. 제작이 끝난 제품들은 상점에 전시 판매되고 있다. 마지막으로 미스 각선미 선발대회가 열렸다. 참가자들은 수영복을 입고 심사를 받았으며 우승자 3인에게는 각종 부상품이 수여되었다.

707-04 밝아오는 새농촌

상영시간 | 00분 46초

영상요약 | 양계사업을 권장하는 영상이다. 농한기를 이용하여 농촌의 부업으로 양계사업을 권장하고 있다. 정부의 사료값 평균화 지원을 통해 안정적인 수익을 올릴 수 있다고 강조하고 있다.

거짓 귀순한 간첩 이수근 (1969년 2월 14일)

제작정보		영상정보	
출 처	대한뉴스 713호	제공언어	한국어
제 작 사	국립영화제작소	컬 러	흑백
제작국가	대한민국	사 운 드	유

영상요약

이중간첩 조작사건인 이수근 사건 관련영상이다. 이 영상은 귀순한 이수근이 다시 북한으로 탈출하려다 압송되었다는 내용을 담았다. 귀순 당시의 기자회견 장면을 보여주었고 환대를 받았던 이수근이 변장을 하며 이중간첩활동을 했다고 설명한다. 또한 거리에 시민들이 모여 관련 기사를 읽으며 이수근을 비난하는 육성인터뷰를 삽입하였다.

내레이션

이수근은 간첩이었습니다. 선량한 우리를 악랄하게 속인 이수근은 붉은 이리떼의 앞잡이였습니다. 자유의 땅 조국 대한을 그리워하는 북한동포의 한 사람인줄 알고 설마 하던 국민의 눈을 속인 이수근은 간첩이었습니다. 붉은 야욕을 위해서는 수단과 방법을 가리지 않는 교묘한 침투 그중 가장 저주할 수단으로 이 땅에 잠입한 간첩, 이수근. 전 국민의 환영을 받던 때도 그 놈은 간첩이었습니다. 결혼행진곡의 축복 속에서도 그 놈은 간첩이었습니다. 그러나 대머리를 가발로 덮고 코 밑에 수염을 달고 여권을 변조해서 북으로 빽소니 치려던 반역자는 잡히고 말았습니다. 악마의 탈을 쓴 민족 반역자인 줄도 모르고 그를 환영했던 선량한 시민들은 이번엔 모두가 격분했습니다. (거리에서 시민의 육성 인터뷰)

화면묘사

00:00 자막, '간첩 이수근'

00:04 '李穗根(이수근) 사이곤서 체포 押送(압송)' 제목으로 이수근의 사진과 압송모습이 찍힌 사진이 실린 신문기사

00:07 이수근 사진 클로즈업되며 영상 오른편에 '지난 六七年三月十二日(67년 3월)… * 李穗根(이수근)(四五)(45)이 다시 祖國(조국)을 탈출…' 기사 내용이 보임

00:09 '李穗根(이수근) 사이곤서 체포 押送(압송), 東亞日報(동아일보)' '李穗根(이수근) 은 間諜(간첩)이었다, 京鄕新聞(경향신문)' '李穗根(이수근)은 위장 간첩이었다, 서울신문' 제목을 한 기사들이 실린 신문들

00:12 '음흉한 手法(수법) … 北傀(북괴) 스파이' '배반자 李穗根(이수근) 엄단을 한결같이 치가 떨린다' 등의 제목과 부제가 적힌 신문기사

00:13 신문기사를 보는 남성의 얼굴 클로즈업

00:16 '극형에 처해도 시원치 않다' 제목이 달린 신문 기사

00:19 놀란 표정으로 기사를 보고 있는 남성의 눈

00:22 판문점 일대 전경
00:27 판문점 안에서 군관계자들이 업무를 보고 있음
00:31 군관계자들의 호위를 받으며 판문점 앞에서 차량에 탄 이수근의 귀순 당시 사진
00:34 귀순 당시 기자회견을 하고 있는 이수근
00:38 귀순 당시 기자회견장에서 회견 후 한 여성이 꽃목걸이를 이수근에게 걸어줌
00:45 이수근의 남한 여성과의 결혼식 장면으로 이수근이 웨딩드레스를 입은 신부와 함께 행진하고 있고 하객들이 기립하여 이 모습을 바라봄
00:52 가발, 안경과 콧수염을 한 이수근의 사진
00:57 취재진이 모여서 사진을 찍고 있는 가운데 이수근이 군 및 안보 관계자들에 의해 연행되어 차량에 태워짐
01:13 거리에 모여 이수근의 압송 관련 기사가 실린 신문을 들고 보고 있는 사람들
01:19 사람들이 모여있고 그 앞에서 신문을 든 한 남성의 육성 "아, 그 놈이 그럴 수가 있어요? 글쎄? 그 멀쩡한 놈을 온 국민 앞에서. 저 광화문 네거리다 내놓고 공개 총살 시키도 마땅합니다, 그건"

연구해제

이 영상은 소위 '이수근 이중간첩 사건'에 관한 것이다. 영상은 판문점을 통해 귀순한 이수근이 다시 북한으로 탈출하려다 압송되었다는 내용과 함께, 이수근이 사이공 공항에서 체포되었다는 사실을 전하는 신문기사들, 시민들이 신문기사를 보고 놀라는 모습, 판문점에서의 남북회담 장면, 이수근이 판문점을 탈출했을 때의 사진, 귀순이후 환영을 받는 이수근의 모습, 이수근의 결혼식 장면, 압송되어 비행기에서 내리는 모습 등을 담고 있다.

1967년 3월 22일 판문점 군사정정위원회가 열리던 날, 북한 조선중앙통신사 부사장 이수근은 유엔사의 한국계 직원 제임스 리(이문항)에게 귀순 의사를 밝히고 우여곡절 끝에 유엔군 장성의 차를 타고 남쪽으로 내려왔다. 이수근은 귀순 이후 막대한 축하금과 정착금 등과 함께 거국적인 환영을 받았고 남한에서 결혼까지 했다.

그러나 1969년 1월 27일 배경옥(이수근의 처조카)과 여권을 위조하여 홍콩으로 출국,

캄보디아로 향하다가 1월 31일 사이공 공항 기내에서 중앙정보부 요원에게 체포되어 국내로 압송되었다. 이후 이수근은 5월 10일 국가보안법 및 반공법위반으로 사형을 선고받고 항소 포기로 형이 확정되어 7월 2일 사형이 집행되었다. 배경옥은 간첩방조 혐의로 1심에서 사형을 선고받고 항소하여 항소심에서 무기징역, 대법원에서 같은 형이 확정되어 복역하던 중 20년 형으로 감형되어 1989년 12월 22일 출소하였다.

이들에 대한 재판은 최종심도 거치지 않았고, 공범이 고등법원에 항소한 상태에서 주범이 신속하게 처형되었다. 당시 신문들은 이수근이 체포될 때 권총을 빼들고 저항했다고 했으나 구체적인 증거는 없었고, 그가 소지하고 있던 물품은 영어사전, 한영사전, 기초영문법, 중국어 교재 등이었다.

그런데 왜 그는 남한을 몰래 탈출하려고 했을까? 기록에 의하면 그는 베트남을 경유해 캄보디아로 가려고 했는데, 그의 최종적인 정착지는 스위스 같은 중립국이었다. 그는 탈출직전 지인에게 "북쪽이 싫어 남쪽에 왔는데, 이곳도 자유가 없다. 차라리 스위스 같은 중립국에서 살면서 남북 양쪽에서 체험한 이야기를 책으로 발간해 돈을 벌고 싶다"고 했다고 한다. 그는 사실 탈출 직전에 『장막을 헤치고』라는 제목의 수기를 썼다. 이 수기에는 김형욱 중앙정보부장의 추천사가 포함되었고, 영부인 육영수가 직접 출판사로 전화해 좋은 책이라고 격려할 정도로 호평을 받았다. 그러나 '일부 내용' 때문에 판매 중지를 당했으며 소각되었다. 그 '일부 내용'이란 "남한 정치는 정보정치이며 박 대통령은 독재정치를 한다"는 김일성의 발언을 인용한 부분이었다. 고위층에서는 그 책이 공개되면 임박한 대통령 선거에 방해가 된다고 판단했다.

중앙정보부는 이수근에게 충실한 '반공전사'가 될 것을 요구했다. 그러나 그는 툭하면 반공강연회에서 정해진 원고를 무시하고 자신의 생각을 표현하려 했다. 이수근과 정보당국과의 갈등은 심했다. 이수근은 주위 사람들에게 "내가 남북 실정을 서로 비교해서 강연해야 되는데, 남한만 무조건 좋다고 말할 수 있느냐"라는 불만을 털어놓고는 했다.

이중간첩 이수근의 '일그러진 반공 신화'는 시간이 흐르면서 조금씩 무너져 갔다. 1989년 3월 조갑제는 『월간조선』을 통해 이수근사건을 심층 보도했다. 귀순 이후 탈출까지 이수근을 옆에서 지켜본 사람들을 찾아내서 인터뷰를 했고, 반공시대에 가려진 실체적 진실을 보도했다. 그 뒤로 이수근 미스터리와 관련된 후속 보도들이 줄을 이었다. 그리고 마침내 2007년 1월 '진실화해를 위한 과거사 위원회'는 이 사건을 "당시 남북한 체제 경쟁으로 개인의 생명권이 박탈당한 대표적인 비인도적 반민주적 인권유린 사건"

으로 결론을 내렸다. 그리고 국가는 피해자와 유가족에게 사과하고 피해 구제와 명예회복을 위해 재심 등 적절한 조치를 취할 것을 권고했다.

참고문헌

김연철, 『냉전의 추억』, 후마니타스, 2009.
진실화해를위한과거사정리위원회, 『진실화해위원회 종합보고서』 Ⅳ, 2010.

해당호 전체 정보

713-01 거짓 귀순한 간첩 이수근

상영시간 | 01분 26초

영상요약 | 이중간첩 조작사건인 이수근 사건 관련영상이다. 이 영상은 귀순한 이수근이 다시 북한으로 탈출하려다 압송되었다는 내용을 담았다. 귀순 당시의 기자회견 장면을 보여주었고 환대를 받았던 이수근이 변장을 하며 이중간첩활동을 했다고 설명한다. 또한 거리에 시민들이 모여 관련 기사를 읽으며 이수근을 비난하는 육성인터뷰를 삽입하였다.

713-02 하나로 뭉쳐 조국을 지킨다

상영시간 | 01분 12초

영상요약 | 육군사관학교에서 행정부 관계자들을 대동한 박정희 대통령이 전국 예비군 회의를 열었다. 박정희 대통령은 유시를 통해 군사훈련 및 전투력 강화를 당부했다. 다음으로 모범 예비군을 표창하고 직접 시상자로 나서 우승컵, 부상, 훈장 등을 수여하였다.

713-03 새해 지방살림 - 제2신 -

상영시간 | 02분 48초

영상요약 | 박정희 대통령의 지방행정 시찰 및 도정보고현장 모습이다. 먼저 박정희 대통령은 전라북도 도청에서 도정보고를 받았다. 전주공업단지의 조속한 완공 및 농어민 소득증대를 위한 토지개발 사업 등을 지시하였고 공장을 시찰하였다. 이어 박정희 대통령은 전라남도 도청에서 도정보고를 받았으며 한해대책사업의 단계적 시행을 지시하였다. 지하수개발 현장을 시찰하며 현장 관계자로부터 진행상황을 보고 받았다.

713-04 토막소식

상영시간 | 01분 54초

영상요약 | 군인복지회 장병들에게 국수제공, 리틀엔젤스 귀국, 홍역예방 등을 모은 영상

이다. 먼저 영부인 육영수, 육군장병 부인들이 휴가를 가는 장병들에게 국수를 제공 했다. 다음으로 선화무용단(리틀엔젤스)이 부채춤, 장고춤 등 민속 공연을 중심으로 한 해외공연을 마치고 귀국하는 영상이다. 홍종철 문화공보부 장관은 비행장으로 단원들을 마중 나갔으며 단원들에게 감사패를 전달하였다. 마지막으로 어린이 홍역예방은 위해 신양약품이 시립보육원 어린이들에게 예방주사를 무료로 지원하였다.

713-05 기계류 국산화 밝은 전망

상영시간 | 01분 19초

영상요약 | 정부에서 기계공업 육성자금으로 182억 원을 지원하게 된다. 철도차량, 자동차, 농기구의 국산생산을 위해 사용될 예정이다. 영상에서는 각 노동자들이 생산 현장에서 작업중인 모습을 주로 담았다.

713-06 싸우며 건설하자

상영시간 | 00분 56초

영상요약 | 싸우며 건설하자 노래가 배경음악으로 나오고 영상배경에 노래 가사가 자막으로 나온다. 고속도로, 건설현장, 각종 군사훈련 등의 모습이 배경으로 등장한다.

남산에 지하터널 (1969년 3월 22일)

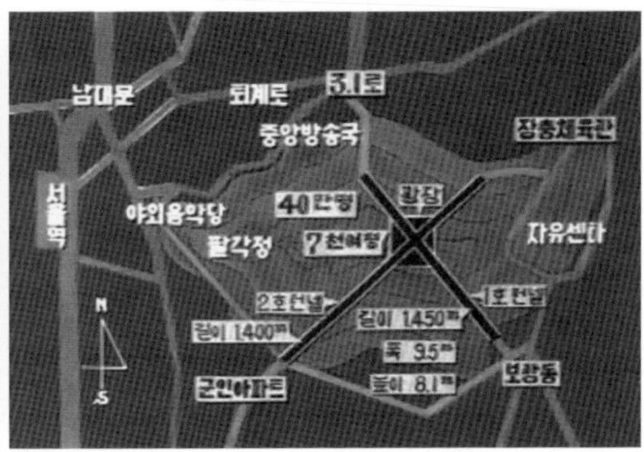

제작정보		**영상정보**	
출 처	대한뉴스 718호	제공언어	한국어
제 작 사	국립영화제작소	컬 러	흑백
제작국가	대한민국	사 운 드	유

영상요약

남산터널 공사 관련 영상이다. 먼저 김현옥 서울시장과 정주영 회장이 참석한 가운데 남산터널 1호 기공식이 열렸다. 이 터널은 삼일로와 보광동을 잇게 되고 곧이어 공사가 진행될 남산터널 2호의 경우 장충체육관과 용산 군인아파트를 잇게 된다. 내레이션에는 이 터널공사가 완공되면 교통 혼잡 및 유류비 절감에 효과를 기대할 수 있다고 강조한다.

내레이션

서울의 남산을 남북으로 꿰뚫을 남산터널 1호가 10여억 원의 공사비를 들여 한국신탁은행이 처음으로 부동산설비신탁의 계획아래 착공됐습니다. 제1호선 터널이 뚫려 있는 길을 그림으로 보면은 삼일로를 잇는 이 지점에서 보광동 이 지점까지 길이 1,450미터, 폭 9.5미터, 높이 8.1미터의 지하도를 연해서 경부고속도로에 제3한강교와 연결하게 돼있습니다. 또 4월 9일에 착공될 제2호선 터널을 그림으로 보면은 장충체육관 앞에서부터 용산 군인아파트까지 1,400미터가 뚫리게 되는데 그 중간 1호터널과 교차하게 되는 이 교차점이 7,000여 평의 입지 로터리가 마련돼서 400,000명을 대피시킬 수 있는 지하광장을 마련하게 됩니다. 이 터널이 완공되면은 한강로, 약수동 거리가 3킬로미터 단축되며 연간 4억 원의 유류절약과 15분 이상의 교통시간이 단축된다고 합니다.

화면묘사

00:00 자막 '남산에 지하 턴넬'

00:04 김현옥 서울시장 현대그룹 정주영 회장 등이 기공식 스위치를 누름

00:07 기공식 스위치를 누르는 손

00:08 차량이 통행중인 도로와 그 뒤로 터널공사가 진행될 1일대

00:18 '남대문, 퇴계로, 중앙방송국, 서울역, 야외음악당, 팔각정, 자유센타'등이 그려져 있는 남산일대 지도가 나타남

00:19 지도 위에 '3.1로' 표시가 나타남

00:29 3.1로 표시가 나타난 다음에 이어서 '1호 턴넬' 표식과 터널이 시공될 부분에 굵은 선이 그어지고 선의 끝에 '보광동'이 나타남. 굵은 선 아래에는 '길이 1,450m', '폭 9.54m', '높이 8.1m' 표식이 그려짐

00:43 같은 지도 오른쪽 상단에 '장축체육관' 표식이 나타남

00:47 장충체육관 표시가 나타난 다음에 이어서 '2호 턴넬' 표식과 터널이 시공될 부분에 굵은 선이 그어지고 선의 끝에 '군인아파트'가 나타남. 굵은 선 옆에는 '길이 1,400m' 표식이 나타남

00:54 같은 지도에 터널을 상징하는 굵은 선이 교차하고 있는 지점에 '광장' 표식이

나타나고 '7천여평' 표식도 이어짐
01:02 터널과 터널 주변 지역을 모형으로 만든 조감도

연구해제

이 대한뉴스 영상에서 기공식 장면을 보여주며 설명해 주듯 남산 1호 터널과 곧이어 건설되는 2호 터널은 남산 요새화계획이란 군사적 이유에서 추진되었다는 점에서 특기할 만하다. 남산 1호 터널의 건설 계기는 1여 년 전인 1968년 1월 21일 북한 특수부대원 31명이 휴전선에서부터 청와대 뒷산까지 침입해 온 소위 '김신조 사건' 때문이었다. 수도방위체계의 허점을 여실히 알려준 이 사건으로 인해 서울시 경찰국의 전투경찰대 및 향토예비군이 창설되었고, 청와대 주변 방위체제에 대한 재정비 목적 아래 청와대 뒷산을 확 트이게 만든 9,000m의 북악스카이웨이가 1968년 9월 28일 개통된다. 1968년 11월 2일 울진·삼척 지방에 무장공비 100여 명이 나타난 사건은 안보위기를 더욱 고조시켰다.

이에 1969년 1월 1일 신년사에서 박정희 대통령은 1969년을 '싸우면서 건설하는 해'로 발표했고, 이에 발맞춰 그 엿새 후인 1월 7일 김현옥 서울시장은 '서울시 요새화 계획'을 발표했다. 북한의 남침이나 간첩침투에 대비하여 서울시 전체를 요새화하겠다는 것이었다. 그 일환으로 계획한 것이 평화 시에는 교통수단으로 쓰고 전시에는 30~40만 명을 수용할 수 있는 대피소로 사용될 남산 1·2호 터널 건설이었다.

이 영상에서 등장하는 남산 1호 터널 기공식은 김현옥 서울시장, 전신용 한국신탁은행 행장 등이 참여한 가운데, 1969년 3월 13일 오전에 거행되었다. 3·1로에서 보광동에 이르는 길이 1,530m, 너비 9m, 높이 4.5m의 남산 1호 터널은 1970년 8월 15일에 개통되었고, 공사비로는 약 16억 원이 소요되었다. 이어서 용산구 이태원동과 중구 국립극장 옆을 이어주는 길이 1.5km, 너비 9.6m, 높이 8.1m의 남산 2호 터널 기공식이 1969년 4월 21일 거행되었고, 개통은 1970년 7월 8일에 개통되었다.

한편 이 영상에 등장하지는 않지만, 남산 1·2호 터널이 군사적인 이유에서 건설된 것과 달리 1976년 5월 14일 착공되어 1978년 5월 1일 개통된 남산 3호 터널은 강남과 강북의 원활한 교통망 연결을 위해 추진되었다는 점에서 차이를 지닌다. 한편 이 남산 1·2·3호 터널의 건설과 운영은 모두 남산의 생태계를 크게 훼손했다는 평가를 받고 있다.

참고문헌

손정목, 『서울 도시계획 이야기』 5, 한울, 2003.

해당호 전체 정보

718-01 악랄한 북괴도발

상영시간 | 02분 11초

영상요약 | 강원도 명주군 주문진 일대를 침입한 무장공비 관련 영상이다. 무장공비 출현 이후 향토예비군들의 이 일대 해안경비가 더욱 강화되었다. 또한 상점 및 가옥을 군,경 관계자들이 일일이 확인하며 신원을 확인하고 있다. 한편 이번 무장공비 침입으로 인해 방위태세 강화를 논의하기 위한 전국 각 시도 경찰국장 회의가 열렸다. 회의장에는 무장공비로부터 압수한 물품이 전시되었다. 또한 이번 무장공비 소탕작전에 공훈이 인정된 이들에 대한 1계급 특진 및 훈장이 수여되었다. 박정희 대통령은 이들에게 직접 훈장을 수여하고 공훈을 치하하였다.

718-02 한·미 대공수작전

상영시간 | 02분 25초

영상요약 | 경기도 여주에서 실시된 한미 연학 대공수작전 실황영상이다. 이 작전은 박정희 대통령, 이주일 감사원장, 김성은 국방부장관, 김형욱 중앙정보부장 등 한국의 주요 정부 관계자와 미군 측 관계자들이 다수 참관한 가운데 열렸다. 군용 비행기에서 지상으로 낙하한 한미 공수부대원들의 실탄 사격, 포격 등과 같은 실전 상황과 유사한 군사작전이 실시되었다. '포커스, 레티너' 작전이라 불리우는 작전을 실행하여 한미 공수부대원들이 모의 우방국을 방위하였다.

718-03 우리손으로 잘 사는 농촌을

상영시간 | 00분 55초

영상요약 | 제14회 4-H 중앙 경진 대회 영상이다. 전국의 4-H구락부 부원중 대회에 참석한 사람들은 대나무를 이용해 만든 각종 공예품, 소품, 손 뜨개질 기술들을 겨루었다. 강원도 팀이 대통령상을 수여하였으며 이들에게는 대통령기, 우승 트로피 등의 부상이 수여되었다.

718-04 남산에 지하터널

상영시간 | 01분 14초

영상요약 | 남산터널 공사 관련 영상이다. 먼저 김현옥 서울시장과 정주영 회장이 참석한 가운데 남산터널 1호 기공식이 열렸다. 이 터널은 3.1로와 보광동을 잇게 되고 곧이어 공사가 진행될 남산터널 2호의 경우 장충체육관과 용산 군인아파트를 잇게 된다. 내레이션에는 이 터널공사가 완공되면 교통혼잡 및 유류비 절감에 효과를 기대할 수 있다고 강조한다.

718-05 토막소식

상영시간 | 01분 41초

영상요약 | 영부인 육영수의 죽세품 바자회 및 적십자봉사활동, 대한보증보험주식회사 개업, 외국인 남녀 한국어 웅변대회 등의 모음 영상이다. 죽세품 지도사업 기금을 마련하기 위하여 대학생 농촌지도원 학생들이 제작한 죽세품 바자회가 열렸다. 영부인 육영수는 바자회가 열린 고려대학교 강당을 찾았으며 농촌지도원 학생에게 죽세품에 대한 설명을 들었다. 한편 영부인 육영수는 주한외교사절단 부인들과 함께 적십자회 봉사활동에 나섰다. 이들은 함께 모여 붕대를 접는 등의 봉사활동을 하였다. 다음은 정부가 지원하는 각종 보증업무를 시행할 보증보험회사가 개업하였다. 대한보증보험회사의 개업으로 각종 보증업무처리의 전담하게 되었다. 마지막으로는 대한공론사 주최 외국인 남녀 한국어 웅변대회가 열렸다. 많은 외국인 남녀가 참석한 가운데 매클로이 씨가 대통령상을 수상하였다. 영상에서는 매클로이의 웅변 실황 일부를 보여주었다.

718-06 소득 올리는 목축

상영시간 | 01분 50초

영상요약 | 낙농업 및 우유 생산에 대한 홍보 영상이다. 목장에서 채취한 원유는 가공공장에서 살균 과정을 거쳐 우유와 분유로 생산된다. 전용 용기인 유리병인 기기를 통해 살균되고 가공된 우유가 담겨 밀봉된다. 가공이 완료된 우유는 전용 수송차량을 통해 각 지역으로 이동한다. 정부는 낙농을 통한 농가소득 증대를 위해 추가로 젖소를 농가에 지원하는 등의 지원책을 실시할 것이라고 밝히고 있다.

문화재를 크게 보수 (1969년 3월 26일)

제작정보		영상정보	
출 처	대한뉴스 719호	제공언어	한국어
제 작 사	국립영화제작소	컬 러	흑백
제작국가	대한민국	사 운 드	유

영상요약

문화재 보수 5개년 계획에 따라 전국 각 지역의 문화재에 대한 보수공사가 실시된다. 창경원, 경복궁, 덕수궁, 종묘를 비롯해, 범어사 대웅전, 남한산성 남문 법주사 팔상전 등 많은 문화재들을 해체, 개·보수하게 된다. 이 작업에는 관련 학자들의 자문, 지원을 받아 이뤄지게 된다. 영상에서는 보수 대상 문화재들의 사진을 연속적으로 보여주었다.

내레이션

민족문화의 유산을 보호하기 위해 문화공보부에서는 문화재 보수 5개년 계획을 수립했습니다. 1차 년도인 올해 문화재 보수 내용을 살펴보면은 창경원, 경복궁, 덕수궁, 종묘 등의 기와를 갈거나 낡은 부분을 고치고 담장의 일부를 새로 쌓는 공사를 비롯해서 독립문의 환경을 정리하고 주위를 아름답게 만드는 공사 등이 포함되어 있습니다. 또 부산에 있는 범어사 대웅전을 비롯해서 경기도 양주에 있는 금곡릉, 고양군에 있는 서산릉, 수원에 있는 국문동적대, 광주에 있는 남한산성 남문, 충청북도 보은에 있는 법주사 팔상전, 중원에 있는 7층 석탑, 충남 부여에 있는 무량사 극락전, 전라북도 김제에 있는 무량사 극락전, 전라북도 김제에 있는 금산사 대적광전, 전라남도 구례에 화엄사 각황전, 해남 대웅사 북밀각의 여래좌상보호각, 경상북도 안동에 봉정사 극락전, 월성에 문무대왕릉 이견대, 영주의 부석사 무량수전 그리고 제주도 관덕정, 경주의 첨성대 등 우리의 자랑스런 유산들을 보수 또는 완전히 해체해서 복원하는 등 대규모의 공사를 모두 올 한해 끝냅니다. 이어서 문화공보부에서는 전국에 산재해 있는 민족문화유산 조사에 관계학술단체 저명한 학자들을 동원하기로 했습니다.

화면묘사

00:00 자막 '문화재를 크게 보수'
00:04 문화재 보수 현장의 모습으로 외관 공사가 진행되고 있음
00:08 보수를 위한 작업 환경을 조성하기 위해 건축 목재, 철골구조들이 외관에 설치
00:15 한 노동자가 기와가 놓여진 지붕에 올라 문화재의 지붕 공사를 하고 있는 모습
00:18 '昌慶苑(창경원)' 현판이 걸려있는 창경원 입구
00:27 경복궁의 후원

연구해제

박정희 정권은 민족주의 프로젝트를 통해 경제개발계획의 성공을 홍보함으로써 국민들에게 '잘 살 수 있다'는 희망을 심어주는 한편, '조상들의 빛나는 얼과 예지'를 강조함

으로써 민족적 자긍심(민족주체성의 확립)을 불어넣으려고 하였다. 이러한 사고를 구체화하기 위한 방법으로 식민사관을 극복한 주체적 한국사관의 정립, 유형 및 무형 문화재의 발굴, 복원 및 재건축, 한국사상 위인들의 신격화 등의 정책들을 추진하였다. 이러한 정책들은 국민들의 민족주의적 감정을 고양시켜 그들의 헌신을 이끌어 내려는 의도 외에도 개별 정책들 마다 또 다른 정치적 목표를 가지고 있었다.

박정희 정권은 1961년 문화재 관리 전문기구인 문화재관리국을 신설하여 문교부 산하에 두고, 1962년 문화재보호법을 제정하여 법적, 제도적 기틀을 마련하였다. 문화재보호법 제정 당시에는 문화재 관리와 소극적인 원형 보존, 단발적이고 산발적인 응급조치 차원에서의 보수, 정화만이 이루어졌다. 문화재 정책의 본격적인 제도적 변화는 1968년 문화공보부 발족에서 비롯되었다. 문공부는 기존의 공보부와 문교부로부터 문화재관리국과 국립박물관을 이관 받아 국가의 중추적 조직으로 자리 잡고, 1970년대부터는 문화유산에 대해 보다 종합적으로 계획적인 정책을 추진하게 된다. 문화재관리국은 문화재의 조사, 발굴활동, 전국민속종합조사사업, 전국명승조사사업, 전국유형문화재현황조사사업, 전국 지정 및 비지정 문화재 조사사업 등 다양한 사업을 실시하였고, 동시에 문화재개발5개년계획(1969~1974)과 제1차 문예중흥5개년계획(1974~1978) 등 장기적이고 계획적인 대규모 사업을 벌였다.

이 영상에서는 1969년부터 이루어진 문화재개발5개년계획 사업의 이모저모를 담고 있다. 전국 각지의 문화재 보수 장면들을 보여주는 점이 인상적이다. 영상은 서울에서는 창경원, 경복궁, 덕수궁, 종묘 기와 및 돌담 등을 보수하고, 독립문 환경을 정리한다고 소개하고 있으며, 지방에서는 부산의 범어사, 남한산성 남문, 법주사 팔상전, 무량사 극락전, 금산사 대적왕전, 화엄사 각황전, 봉정사 극락전, 부석사 무량수전, 제주의 관덕전, 경주 첨성대 등 전국 각지에 산재해 있는 민족문화 유산을 보수한다고 소개하고 있다. 모두 정부가 상정하고 있는 '민족문화의 우수성'을 보여주는 사례라고 볼 수 있으며, 이 중 일부는 1972년 정부가 오랜 기간 공을 들여 개관한 국립박물관 건축에 고스란히 재현되기도 했다. 박정희 정권은 이러한 문화재 정책을 홍보함으로써 스스로 민족문화 유산의 수호자임을 홍보했다. 이러한 복고적인 민족주의적 문화재정책은 1970년대에도 이어져 보다 적극적으로 민족전통문화, 호국선현, 국방유적 등을 정화하는 정책으로 발현된다.

참고문헌

전재호, 「동원된 민족주의와 전통문화정책」, 『박정희를 넘어서』, 푸른숲, 1998.

해당호 전체 정보

719-01 넓어지는 외교

상영시간 | 00분 41초

영상요약 | 신임 주한 벨기에 대사 프레드강 코겔스, 신임 주한 우루과이 대사 아우델리오 파스토리가 박정희 대통령에게 신임장을 전달하는 영상이다. 청와대로 대통령을 예방한 신임대사들은 신임장 전달 후 박정희 대통령과 최규하 외부무장관 등 한국 측 관계자들과 인사를 나누었다.

719-02 수출로써 나라 발전

상영시간 | 01분 25초

영상요약 | 박정희 대통령이 주재한 제3차 수출 진흥회의 및 생산 공장의 작업 현장을 담은 영상이다. 1969년도 수출목표를 달성하기 위한 각종 수출지원 방안들이 논의되었다. 박정희 대통령은 외국재보다 좋은 질의 상품을 생산할 것을 지시하였다. 한편 원단, 죽세품 등 각종 상품들이 제작되어 수출을 앞두고 있다.

719-03 우리는 건설한다

상영시간 | 02분 07초

영상요약 | 삼일 고가고속도로 개통 및 경부고속도로 영천공구 공사 현장이다. 용두동, 청계2가, 을지로 2가, 삼일로, 명동성당 입구를 연결하는 고가도로가 개통되었다. 박정희 대통령 내외와 김현옥 서울시장 등 당국 관계자들이 참석한 가운데 개통식이 열렸다. 이 고가도로의 건설로 인해 교통난 해소를 모색하고 유류비 감소 등을 기대할 수 있게 되었다. 다음으로 경부고속도로 영천공구의 공사현장이다. 도로 건설을 위한 발파작업, 측량작업, 구조물 세우기, 땅 고르기 등의 작업이 진행되고 있다.

719-04 문화재를 크게 보수

상영시간 | 01분 47초

영상요약 | 문화재 보수 5개년 계획에 따라 전국 각 지역의 문화재에 대한 보수공사가 실

시된다. 창경원, 경복궁, 덕수궁, 종묘를 비롯해, 범어사 대웅전, 남한산성 남문 법주사 팔상전 등 많은 문화재들을 해체, 개보수하게 된다. 이 작업에는 관련 학자들의 자문, 지원을 받아 이뤄지게 된다. 영상에서는 보수 대상 문화재들의 사진을 연속적으로 보여주었다.

719-05 토막소식

상영시간 | 01분 25초

영상요약 | 수도변호사회 창립, 경상북도 독도근해 어장개발, 전라북도 목초의 날 등의 모음 영상이다. 수도변호사회가 창립하여 첫 총회를 열었으며 이 자리에서 김준원 초대회장이 선출 되었다. 다음으로 경상북도에서는 독도근해어장개발을 위한 어선 진수식이 열렸다. 이 지역 공무원, 주민들과 양택식 경상북도지사가 참석하였으며 어선의 출항을 지켜보았다. 다음으로 전라북도에서는 제1회 목초의 날을 제정하였다. 이환의 전라북도 도지사가 참석하고 이 지역 공무원들이 모여 목초를 심었다. 내레이션에서는 토양의 질을 풍부하게 하기 위한 식수 심기를 통해 목야지 조성을 확대할 것임을 강조하였다.

719-06 월남소식

상영시간 | 01분 57초

영상요약 | 베트남에서의 맹호사단 기갑연대와 맹호 1연대의 독수리 번개 작전 실황과 식수 개선사업, 제4경비중대의 양돈 증정 영상이다. 무장한 한국군은 월맹군 섬멸을 위하여 밀림, 늪지대, 가옥들을 수색하였는데 이 작전은 맹호사단 기갑연대와 맹호 1연대가 합동하여 실시되었다. 다음은 베트남의 식수 사업을 개선하기 위해 한국군 병사들이 양수기를 통해 지하수를 끌어올리고 수도 파이프관을 설치하였다. 한편 제4경비중대는 월남자매부락 주민들에게 새끼 돼지를 전달하였다.

박정희 대통령 기자회견 (1969년 4월 26일)

제작정보		영상정보	
출 처	대한뉴스 723호	제공언어	한국어
제 작 사	국립영화제작소	컬 러	흑백
제작국가	대한민국	사 운 드	유

영상요약

행정부 관계자들이 참석한 가운데 열린 박정희 대통령의 기자회견 영상이다. 먼저 박정희 대통령은 회견을 통해 미국 정찰기 피격사건은 동해상에 피격된 것이므로 북한의 공격이라고 말했다. 이를 해적행위라고 규정하고 이번 사건에 대한 정부의 공식적 입장을 정리하였다. 다음은 소비억제를 통한 경제문제 해결, 월남 전후복구 사업을 통해 경제 재건을 지원할 것임을 차례로 밝혔다.

내레이션

박정희 대통령은 금년 들어 두 번째 공식 기자회견을 가졌습니다. 박 대통령은 특히 동해상에서의 미 정찰기 피격사건에 대하여 (박정희 대통령의 육성) 그리고 박 대통령은 경제문제 얘기 중에서 우리나라 경제는 금년 들어 92퍼센트의 자립도를 갖게 됐으며 우리가 좀 더 소비를 억제해서 구축해 나가면은 그 성과에 따라 완전한 자립경제를 이룰 수 있다고 강조 했습니다. 그리고 박 대통령은 월남문제에 대해 올 여름쯤 어떤 타협점이 발견될 것이라고 전망하면서 우리 경험에서 종전 후 한국이 월남의 전후 복구사업과 경제건설에 참여함이 크게 도움될 것으로 본다고 말했습니다.

화면묘사

00:00 자막 '대통령 기자회견'

00:05 기자회견장에 취재진들이 모여있고 병풍 앞에 마련된 회견석에 당국 관계자들과 박정희 대통령이 보임

00:11 회견중인 박정희 대통령

00:16 회견장 회견석 옆에 앉아있는 행정부 관계자들의 모습과 정면에 앉은 취재진들

00:24 필기구 등을 들고 있는 취재진들

00:28 착석해 있는 행정부 관계자들

00:30 박정희 대통령의 기자회견 모습으로 다음은 박정희 대통령의 육성 "지난 4월 15일 동해상공에서 격추당한 EC121 미국 정찰기는 그동안 우리가 확인된 모든 정보와 그동안 우리가 수집한 여러 가지 확실한 근거에 의할 것 같으면 다음과 같은 세 가지 이, 문제가 … 분명히 드러났습니다. 첫째는 이 비행기가 격추 당할 당시에 있던 위치는 분명히 동해 상공이었다는 점과 또 이 … EC121 정찰기가 그 당시에 북괴의 영공을 침범한 사실이 전혀 없다는 그럼에도 불구하고 이 비행기를 공격을 해서 격추를 시킨 자가 바로, 북한괴뢰 공군이었다는 이 세

가지 사실이 확인 됐습니다. 그렇다면 이번 사건은 이것은 틀림없는 국제법을 무시한 하나의 해적행위라고 우리는 단정하지 않을 수 없습니다.

00:40 박정희 대통령의 기자회견 육성이 계속 배경음으로 나오는 가운데 '미군정찰기 동해서 被擊(피격) 추락' 제목의 신문기사 등장

00:43 기자회견 중인 박정희 대통령

01:06 박정희 대통령 기자회견 육성이 계속 배경음으로 나오고 있고 EC121 미국 정찰기 사진이 나옴

00:43 계속해서 기자회견 중인 박정희 대통령의 모습

01:32 '緊張(긴장)조성은 北傀(북괴)책임' 제목의 신문기사

01:37 '東海(동해)의 緊張(긴장)' 제목의 신문기사

01:39 상공에서 촬영된 장면으로 바다 위의 진격 죽인 군함이 보임

01:43 군함에서 연기가 나오며 바다 위에서 전진

01:49 '512NK', 'NK'등의 글자가 적혀있는 전투기가 군함 위에 나란히 대기 중에 있고 상공의 헬기 한대

01:52 운항중인 군함

01:56 박정희 대통령의 육성 기자회견이 끝난 후 회견석의 박정희 대통령

02:02 박정희 대통령의 회견 내용을 취재진들이 기록

02:12 박정희 대통령의 회견내용을 녹음하고 있는 취재진들의 모습과 각종 녹음 장비가 탁자 위에 놓여 있음

02:16 'HLCK'가 적혀있는 방송용 카메라가 정면에 배치되어 있고 여러 명의 카메라 기사들이 방송용 카메라를 작동

02:19 회견중인 박정희 대통령

02:23 회견을 중개하는 방송 카메라 장비

02:25 회견석에 앉아있는 행정부 관계자들 가운에 가장 오른쪽에 앉은 최규하

02:29 'KBS-TV', 'HLCK'가 적혀있는 방송카메라 장비

02:32 회견중인 박정희 대통령과 이를 취재 중인 취재진들

연구해제

이 영상은 1969년 4월 25일 박정희 대통령이 청와대 접견실에서 미국 정찰기 피격사건에 관해 기자회견을 하는 내용이다. 박정희 대통령은 이 사건에 대해 "그동안 우리가 확인된 모든 정보와 우리가 수집한 확실한 근거에 의하면 다음과 같은 세 가지 사실이 분명해졌다. 첫째는 이 비행기가 격추당할 당시의 위치가 분명히 공해상이었다는 점, 둘째는 이 비행기가 그 당시 북괴영공을 침범한 사실이 전혀 없다는 점, 셋째는 그럼에도 불구하고 이 비행기를 공격해서 격추시킨 것은 북한괴뢰의 공군이었다는 점이다. 이번 사건은 국제법을 무시한 하나의 해정행위이고 야만행위이며 침략행위라고 우리는 단정할 수밖에 없다"고 말했다. 내레이션에 따르면, 이어서 박정희 대통령은 소비억제를 통한 경제문제 해결, 월남전 후 복구사업을 통해 경제재건을 지원할 것임을 차례로 밝혔다.

당일의 신문기사를 찾아보면 대통령 기자회견에서 언론의 관심은 온통 미 정찰기 피격이 아닌 개헌문제에 집중되어 있었다. 그러나 이날의 대한뉴스는 개헌문제가 아닌, 미 정찰기 피격사건을 통해 대통령이 직접 북괴의 소행을 고발하는 것으로만 편집이 되었다.

이 시기, 박정희 대통령은 3선을 계획하고 있었다. 그러나 제3공화국 헌법 제69조 3항은 "대통령은 1차에 한하여 중임할 수 있다"라고 규정하고 있었고, 박정희가 1971년 대통령 선거에 다시 출마하기 위해서는 이 조항을 고쳐야 했다. 그러기 위해서는 1967년 6·8선거에서 원내 2/3 이상의 의석을 확보해야 했다. 박정희 정권은 우선 대대적인 부정선거를 통해 개헌선을 확보했다. 본격적인 개헌을 위해 해결해야 할 장애들은 아직 많았다. 야당과 학생들은 물론이거니와 공화당 내의 반발도 만만치 않았다. 공화당 내 개헌반대파들은 1969년 4월 8일 신민당이 제출한 권오병 문교부장관 해임건의안에 찬성표를 던져 가결되도록 했다. 4·8항명이라 부르는 이 사건이 터지자 격노한 박정희는 주동자 색출을 엄명했고, 4월 15일 양순직, 예춘호, 김달수, 박종태 등 5명의 의원과 93명의 당원이 공화당에서 제명되었다.

따라서 이날의 기자회견은 이 문제에 관심이 집중되어 있었다. 박정희 대통령은 "헌법은 자주 고치지 않는 게 좋으나, 꼭 고칠 필요가 있다면 합법적 절차를 밟아 국민의 의사를 물어 결정할 것이지만 내 임기 중에는 개헌을 않았으면 하는 것이 솔직한 심경"

이라고 개헌문제에 대한 자신의 종전 입장을 거듭 천명했다. 그리고 "집권당은 개헌보다 더 중요한 당면문제가 많은 이때 이 문제로 귀중한 시간과 정력을 낭비하면 안 되므로 당에 대해선 개헌문제를 공식 거론치 말라고 지시했다"고 설명했다. 이어서 공화당원 제명조치에 대해서는 "창당 이래 고락을 같이해 온 동지들을 제명한 것은 이유야 어떻든 가슴 아픈 일이다" 면서 "그러나 당의 앞날을 위해서나 4년 임기의 집권정당으로서 국민들로부터 위임받은 막중한 책임을 완수하기 위해서는 당 지도체계를 절대 약화시킬 수 없을 뿐 아니라 당의 기강을 문란시키는 해당적 행위는 절대 용납할 수 없다는 소신에서 일부 당원들의 제명 조치를 단행했다"고 하였다.

그렇다면 이날의 대한뉴스는 개헌문제에 관한 국민의 관심을 우회시키는 역할을 충실히 반영하고 있다고 볼 수 있다.

참고문헌

「미기피격사건」, 『동아일보』, 1969년 4월 25일.
「박대통령 기자회견 개헌 내 임기 중엔 불원」, 『동아일보』, 1969년 4월 25일.
민주화운동기념사업회 연구소, 『한국민주화운동사』 1, 돌베개, 2008.

해당호 전체 정보

723-01 박정희 대통령 기자회견

상영시간 | 02분 37초

영상요약 | 행정부 관계자들이 참석한 가운데 열린 박정희 대통령의 기자회견 영상이다. 먼저 박정희 대통령은 회견을 통해 미국 정찰기 피격사건은 동해상에 피격된 것이므로 북한의 공격이라고 말했다. 이를 해적행위라고 규정하고 이번 사건에 대한 정부의 공식적 입장을 정리하였다. 다음은 소비억제를 통한 경제문제 해결, 월남 전후복구 사업을 통해 경제재건을 지원할 것임을 차례로 밝혔다.

723-02 우리는 건설한다

상영시간 | 01분 22초

영상요약 | 서대문의 금화 시민아파트 준공식 및 남산 2호 터널 기공식 영상이다. 박정희 대통령, 김현옥 서울시장, 이후락 비서실장은 무허가 건물을 철거한 후 시민아파트를 건설하였다. 철거 주민들이 우선으로 입주하게 되었으며 15년간 입주금을 분할 납부하게 된다. 한편 남산 2호 터널의 기공식이 열렸는데 박정희 대통령이 발파 스위치를 눌렀다. 이 터널은 기존의 남산 1호 터널과 교차되며 이태원의 군인아파트 방향으로 공사가 진행된다.

723-03 발전하는 우리 기술

상영시간 | 01분 20초

영상요약 | 원자력청의 2MW 원자로 기공식과 기능 검정대회 영상이다. 먼저 원자력연구소에서는 2MW 원자로를 세우게 되어 기존의 출력을 20배 이상으로 향상 시켰다. 윤일선 원장을 비롯한 당국 관계자들이 기공삽을 뜨고 기념사 발표하는 등의 기공식 행사가 진행되었다. 다음으로 1970년도 제19회 일본 기능 올림픽대회 대표선수 선발대회를 겸하는 기능 검정대회가 열렸다. 각 기능 분야에 참여한 남녀 기능공들의 작업 실황을 보여주었다.

723-04 자유언론 보호

상영시간 | 01분 02초

영상요약 | 신범식 문화공보부 장관의 취임 기자회견 및 제1회 매스콤 윤리 세미나 현장 영상이다. 많은 취재진들이 참석한 가운데 신범식 문화공보부 장관은 언론과 출판의 자유가 지향해야 하는 것은 국방건설이라고 밝혔다. 다음으로 윤리위원회에서 주최한 제1회 매스콤 윤리 세미나 현장 영상으로 언론인, 교수 등이 참석하여 발표와 토론의 시간을 가졌다.

723-05 토막소식

상영시간 | 02분 14초

영상요약 | 한국 감정원 개원, 강원도 여성회관 준공식, 서울 용두동 수산센터 개점 등의 영상이다. 먼저 감정평가를 전문으로 하는 한국감정원이 개원하여 개소식을 열었다. 장덕진 등이 참석하여 현판식, 기념사 등을 하였으며 앞으로 감정요원들이 배치되어 전문 업무를 담당하게 된다. 다음으로 영부인 육영수가 참석한 가운데 강원도 춘천에 여성회관이 준공되었다. 피아노를 기증한 영부인 육영수는 강의실과 실습실 시찰하기에 앞에서 치사를 하기도 하였다. 한편 서울 용두동에 수산센터가 개점하였다. 대형 냉동저장고를 비롯한 경매장 및 소점포가 운영되는 이 센터에서는 각종 생선류를 취급 판매하고 있다.

723-06 월남소식

상영시간 | 01분 10초

영상요약 | 월남에서 실시된 백마박쥐 21호작전 관련 영상이다. 합동작전으로 이뤄진 이 작전은 월맹군의 주요 포진된 지역으로 침투하였다. 무장한 한국군은 수색 및 곡사포 등을 발사하였으며 각종 무기를 노획하고 포로를 생포하였다.

간첩단 일망타진 (1969년 5월 17일)

제작정보		영상정보	
출처	대한뉴스 726호	제공언어	한국어
제작사	국립영화제작소	컬러	흑백
제작국가	대한민국	사운드	유

영상요약

김형욱 중앙정보부장의 대남간첩단사건 기자회견 영상이다. 수많은 취재진들 앞에서 김형욱 중앙정보부장은 간첩단 사건 발생과정과 경위를 설명하였다. 한편 압수한 여권, 편지, 서적 등을 비롯하여 간첩단으로 검거된 사람들의 사진이 공개되었다.

내레이션

김형욱 중앙정보부장은 구라파와 일본을 통한 북한괴뢰 대남 간첩단 사건에 전모를 발표했습니다. 이 사건에 관련된 자는 60명에 달하고 있는데 특히 현직 국회의원 김규남이란 자가 포함되어 있어 놀라움을 자아냈습니다. 이놈들이 우리 대한민국에 안녕 질서를 파괴코자 북한괴뢰 흉계를 쫓아 우리 사이에 숨어 날뛴 자들입니다. 이 기회에 우리는 공산당을 쳐 없애야겠다는 신념을 더욱 굳게 해야겠습니다.

화면묘사

00:00 자막 '간첩단 일망타진'

00:04 김형욱 중앙정보부장이 소파에 앉아있고 주변을 둘러싼 취재진들을 보며 기자회견을 함. 다음은 김형욱 중앙정보부장의 기자회견 육성 "거액의 공작금을 가지고 북괴에 지령에 따라 네 나라…"

00:09 김형욱 중앙정보중의 육성과 내레이션이 동시에 배경음으로 나오고 있고 취재진들이 착석한 상태로 회견내용을 기록

00:11 마이크가 설치되어 있는 탁자 앞에 앉아서 계속 회견을 하고 있는 김형욱 중앙정보부장

00:16 자리에 앉아있는 취재진들 가운데 담배를 피우거나, 기록을 하고 있는 여러 취재진들의 모습

00:18 회견중인 김형욱 중앙정보부장 앞에 놓인 탁자에는 회견내용을 담은 문서, 마이크 등이 놓여있음

00:20 회견중인 김형욱 중앙정보부장의 앞에 앉아 사진을 찍고 있는 취재진들과 그 뒤로 회견내용을 기록 중인 취재진들

00:23 앉아서 기자회견을 하고 있는 김형욱 중앙정보부장

00:26 김형욱 중앙정보부장의 기자회견 육성 "…민중을 선동 옹립케 할 것을.."이 나오고 배경으로 간첩단으로 검거된 사람들의 사진이 나타남. 명패를 가슴에 들고 찍은 사진으로 남성 6명과 여성 2명임

00:32 검거된 8명의 사진이 전환

00:38 압수한 여권을 비롯한 각종 문서, 기록, 사진자료 등이 전시
00:41 압수한 간첩단의 '北傀大使館(북괴대사관) 電語**(전어**)' 여권, 등이 놓여있음
00:43 각종 압수품으로 서적, 화폐, 여권, 앨범 등이 전시

연구해제

이 영상은 1969년 5월 14일 김형욱 중앙정보부장이 간첩단사건과 관련하여 기자회견을 하는 내용이다. 영상에는 수많은 취재진들 앞에서 김형욱 중앙정보부장이 간첩단 사건 발생과정과 경위를 설명하는 모습과 압수한 여권, 편지 서적 등을 비롯하여 검거된 사람들의 사진이 담겨 있다.

이날 중앙정보부는 공화당 소속 현직 국회의원을 포함한 관련자가 60여 명에 이르는 '유럽 및 일본을 통한 북괴 대남간첩단사건'의 전모를 발표했다. 김형욱 중앙정보부장은 "사건 관련자 60여 명 중 현직 국회의원 김규남 등 16명은 현재 구속 조사 중에 있다"고 밝히고, "수사선 상의 대부분 인물들이 국외에 있는 관계로 수사에 난점이 많으나 국가 안보를 위해 철저히 색출할 방침"이라고 말했다.

중앙정보부는 간첩단의 목적이 "4·19와 같은 혼란기가 도래하면 민중을 봉기케 할 목적으로 유럽과 일본 지역을 무대로 대규모적인 간첩단을 조직 암약케 한 것"이라고 발표했다. 특히 국회의원 김규남에 대해 "65년 영국에서 북괴 간첩 박대인(박노수)에게 포섭돼 66년 동베를린 소재 북괴대사관과 평양을 왕래, 북괴노동당에 입당한 후 남한에 침투, 잠복하면서 국회에 진출해 혁신세력의 부식과 반미 분위기 조성 등 간첩임무를 띠고 암약 중에 있었다"라고 발표했다. 또한 중앙정보부는 "지난 61년 도영, 케임브리지 대학에서 연수 중에 있다가 북괴간첩에 포섭된 박대인이 평양에 가서 북괴지령을 받고 간첩활동 중 69년 2월 18일에 입국, 서울에 잠입케 됨으로써 전면수사에 착수하게 된 것"이라고 수사경위를 발표했다.

소위 '유럽 간첩단 사건'이라 불린 이 사건은 1960년대 '동백림사건' 이후 터진 공안사건으로, 당시 진보적 경제학자로 영국 케임브리지 대학에 연구원으로 있던 박노수 교수를 도쿄대 동창이었던 공화당 김규남 의원이 동베를린을 찾아 북한과 접촉했다는 이유로 긴급 체포되어 간첩 혐의로 기소된 사건이다. 1970년 7월 대법원에서 사형이 확정된 박노수와 김규남은 재심을 청구했지만 1972년 7·4 남북공동성명으로 남북한 화해 분위

기가 무르익던 중 돌연 형이 집행되어 사망했다.

그러나 2009년 '진실화해를 위한 과거사정리위원회' 조사 결과, 당시 중앙정보부는 박노수 등을 영장 없이 불법연행하고서 구속영장이 발부될 때까지 1주일가량 불법으로 감금한 상태에서 각종 가혹행위와 강압조사를 벌여 자백을 받아냈다는 것이 밝혀졌다. 진실화해위원회는 "1960년대 유럽에 있던 이들이 동베를린과 평양 등을 방문했던 사실을 빌미로 고문을 통해 간첩 사건으로 확대 과장했다"며, "간첩이란 증거로 활용됐던 노동당 가입 문제는 법원에서도 무죄 판결이 났고, 자백 외에는 간첩이었음을 뒷받침할만한 뚜렷한 증거가 없었다"고 판단했다. 이후 2013년 10월 8일 서울고법 형사2부는 "피고인들이 수사기관에 영장 없이 체포돼 조사를 받으면서 고문과 협박에 의해 임의성 없는 진술을 했다"며 무죄를 선고했다.

참고문헌

「김규남의원(공화) 등 16명 구속」, 『동아일보』, 1969년 5월 14일.

진실화해를위한과거사정리위원회, 『진실화해위원회 종합보고서』 Ⅳ, 2010.

해당호 전체 정보

726-01 잘사는 내고장을

상영시간 | 01분 54초

영상요약 | 박정희 대통령의 지방시찰과 관련된 영상이다. 먼저 박정희 대통령은 울산공업단지 공사 현장에서 공사 현황을 보고 받았으며 현장을 시찰했다. 또한 관계자들에게 지시사항을 전달하기도 하였다. 다음으로 양산군 주진 낙농목장을 시찰하여 목초지, 젖소들의 상태를 확인하였다.

726-02 간첩단 일망타진

상영시간 | 00분 45초

영상요약 | 김형욱 중앙정보부장의 대남간첩단사건 기자회견 영상이다. 수많은 취재진들 앞에서 김형욱 중앙정보부장은 간첩단 사건 발생과정과 경위를 설명하였다. 한편 압수한 여권, 편지, 서적 등을 비롯하여 간첩단으로 검거된 사람들의 사진이 공개되었다.

726-03 자립경제의 문턱에서

상영시간 | 02분 45초

영상요약 | 제6회 상공인의 날, 판문점, 국산품전시장 개점, 제9회 전국 우수상품 전시회, 제2회 한국공업상시상식, 동양정밀 공장 작업현장 등의 영상이다. 먼저 제6회 상공인의 날을 기념하여 정일권 국무총리가 참석하여 표창장을 수여하였다. 다음으로 문화공보부에서는 판문점 자유의 집에 국산품 상설전시관을 개점하였다. 신범식 문화공보부장관을 비롯한 군 및 정부 관계자들이 참석하여 전시관을 관람하였다. 또한 판문점에서 북한 지역을 관망하기도 하였다. 다음으로 제9회 전국 우수 상품 전시회가 서울에서 열렸다. 각종 농기구를 비롯, 타자기, 복사기, 만년필, 화장품 등이 전시되었으며 시범 작동도 이뤄졌다. 이어서 서울신문사에서는 제2회 한국 공업상 시상식을 열었다. 이 시상식에서는 기업대표를 포함하여 광부 등이 수상자가 되었다. 마지막으로는 제2회 한국 공업상 시상식에서 생산 진흥상 동양정밀(주) 대표 박상선의 공장 작업현장이다.

고환용 전화기를 만드는 공정 과정을 보여주었으며 분업화된 작업 과정을 통해 품질관리 및 생산강화 등을 강조하였다.

726-04 어머니 날에

상영시간 | 01분 12초

영상요약 | 제14회 어머니날 기념식 및 음악회와 제6회 장한 어머니상 시상 영상이다. 배경음으로 '어머님 은혜'가 나오는 가운데 어머니상을 수상한 여성들이 한복을 입고 상패와 부상품을 받았다.

726-05 표어 개선하자 기업체질 이겨내자 국제경쟁

상영시간 | 00분 02초

영상요약 | 공장에서 작업을 하고 있는 근로자들을 배경으로 표어, '개선하자 기업체질 이겨내자 국제경쟁'이 영상에 나타났다.

726-06 토막소식

상영시간 | 02분 10초

영상요약 | 제14회 전국토지개량조합장대회 및 미곡증산경려회, 학생 농어촌개발 봉사단의 봉사활동, 부산방송국 김해송신소 준공 및 개소 등의 영상이다. 먼저 농민 생산력 증대와 양곡증산을 장려하기 위한 기념대회가 열렸다. 이 자리에서 이 농림부장관은 공로가 인정되는 수상자들에게 메달, 표창장, 부상품을 전달했다. 다음으로 학생 농어촌개발 봉사단이 각 지역 농촌에서 봉사활동을 하고 있다. 무료진료, 학용품 및 출판물 전달, 반공교육, 아동교육 등이 이뤄졌다. 많은 지역주민들과 어린이들이 단원들을 맞이하여 이들의 활동에 참가하였다. 마지막으로 문화공보부에서는 대구, 김해, 마산 등지에 텔레비전 중계소와 라디오 송신소를 준공 및 개소하였다. 신범식 문화공보부장관을 비롯한 방송국 관계자 다수가 참가하여 기념사, 테이프 커팅을 하였다. 새로 준공된 중계소와 송신소에는 각종 송신 기기와 설비 장비가 설치되었으며 대형 송신탑도 세워졌다.

726-07 대한항공 국제선 확장

상영시간 I 01분 17초

영상요약 I 대한항공의 국제선 확장에 따른 여객기 충원에 관한 영상이다. 여객기에 탑승하여 실제 운항 모습을 영상으로 담았으며 스튜어디스의 기내서비스, 이착륙 모습 등이 보여졌다. 대한항공의 지상업무 및 후쿠오카공항 청사도 영상에 노출되었다.

한·미 정상회담(제1신) (1969년 8월 24일)

제작정보		영상정보	
출처	대한뉴스 740호	제공언어	한국어
제작사	국립영화제작소	컬러	흑백
제작국가	대한민국	사운드	유

영상요약

샌프란시스코에서 열린 한미 두 나라 대통령 간의 정상회담 소식을 전달하는 뉴스이다. 박정희 대통령의 샌프란시스코 도착과 환영식 장면을 보여주고 있으며, 닉슨 미국 대통령의 환영사와 박정희 대통령의 답사 내용을 소개하고 있다. 이어서 두 정상은 2회에 걸친 정상회담 후 공동성명을 발표하였다.

내레이션

격동하는 오늘의 국제정세 속에서 간악한 공산세력과 전쟁이라는 위험을 두고 맞서고 있는 아시아－태평양 지역의 여러 문제를 의논하기 위해 박정희 대통령과 닉슨 미국 대통령, 두 나라의 정상이 만나는 샌프란시스코는 세계의 모든 이목이 집중됐습니다. 샌프란시스코 현지 시각 8월 21일 오전 11시경 닉슨 미국 대통령과 주요 인사들은 박정희 대통령 내외분이 도착하기 오래 전부터 프레시교 환영식장에 나와 아시아의 힘있는 지도자에 대한 최고의 예우를 극진히 했습니다. 우정과 신의의 가교를 굳힌다는 외교적 범주를 훨씬 초월해서 수많은 미국의 언론들이 이르듯이 역사를 창조해 나가는 강직하고 실천적인 지도자, 박정희 대통령을 맞이해서 미국은 보기 드문 파격적 환영식을 베풀었습니다. 닉슨 대통령은 환영사를 통해 한국이 급속히 이룩한 경제발전을 축하한다고 말하고 이러한 성공이 북한 괴뢰로부터의 위협 아래 이룩됐다는 사실에 미 국민은 더욱 깊은 감명을 받았으며 고무되고 있다고 말했습니다. 또 닉슨 대통령은 한미 두 나라가 같이 해온 성공과 시련을 통해서 두 나라 국민 사이에는 특별한 유대감이 생겼다고 상기시키고, 우리는 서로를 걱정하고 상호간에 책임을 느낀다고 말했습니다. 박 대통령은 답사에서 닉슨 대통령이 월남전을 조속히 해결하고 월남의 평화를 되찾고자 노력하는 점에 대해 깊은 이해와 공명을 가진다고 전제하고, 그러나 공산주의자들에 있어서 진정한 의미의 평화는 존재하지 않으며 그들의 평화는 항상 보다 큰 침략을 준비하기 위한 가장된 평화에 불구하다고 말했습니다. 또 박 대통령은 아시아의 자체적 임무와 미국의 협조가 균형 잡힌 힘을 발휘할 때 아시아는 안정과 발전을 이룩할 것이라고 강조했습니다. 두 나라 대통령은 성 프란시스 호텔에서 두 차례에 걸친 정상회담을 갖고 이어 공동성명을 발표했는데, 한미 두 나라는 아시아 태평양 지역 안전보장에 대한 아시아 국가들의 역할을 강조하고, 주한미군의 계속 유지와 한미방위조약에 의한 미국의 '대한 방위공약'을 재확인하고, 또 미국은 대외 군사원조 감소 계획에서 한국을 제외하고 오히려 한국군의 장비개선과 향토예비군의 강화를 지원하는 것에 합의했으며, 또한 미국은 한국의 경제개발, 무역증진, 그리고 과학기술발전에 보다 더한 협력을 제공한다고 밝혔습니다.

화면묘사

00:00 "한 · 미 정상회담 –제1신–" 자막
00:04 비행 중인 전투기들
00:12 하늘에서 내려다 본 샌프란시스코로 추정되는 도시의 모습. 금문교의 모습도 보임
00:28 도시의 높은 빌딩들
00:32 멀리서 바라본 도시의 모습
00:36 유니언 스퀘어에 세워져 있는 승리의 여신 동상
00:39 닉슨 대통령을 비롯한 미국 관계자들이 나란히 서 있는 모습
00:43 카메라를 들고 촬영을 준비 중인 기자들
00:46 의전용 차량이 줄지어 들어서고, 그곳에서 박정희 대통령 부부가 내린 후 미국 관계자들의 인사를 받는 장면들
00:58 교포들로 추정되는 사람들이 작은 태극기를 흔들고 있음
01:02 닉슨 대통령 부부로 추정되는 인물들과 악수하는 박정희 대통령
01:08 거리에 나와 있는 환영 인파
01:11 박정희 대통령이 미군 의장대를 사열하고 있는 여러 장면들
01:26 미군 의장대 사열 장면을 촬영하고 있는 기자들
01:29 대열을 갖추고 서 있는 의장대 사이를 걸어가는 박정희 대통령
01:38 현수막과 박정희 대통령의 얼굴이 그려진 피켓, 태극기 등을 들고 있는 교포들
01:46 닉슨 대통령의 부인으로 추정되는 인물과 육영수 여사가 나란히 서 있음
01:48 단상에서 발언 중인 닉슨 대통령으로 추정되는 인물
01:56 줄지어 서 있는 관계자들
01:59 환영대회를 지켜보고 있는 참석자들
02:03 단상에서 발언 중인 박정희 대통령
02:12 환영 인파와 관계자들의 모습
02:21 많은 사람들이 모인 환영대회 전경과 단상 위에서 발언 중인 박정희 대통령의 모습
02:30 환영대회를 취재 중인 기자단

02:35 나란히 걸어가는 박정희 대통령 부부와 닉슨 대통령 부부

02:39 박정희 대통령을 환영한다는 내용의 현수막과 그 앞에 모인 환영인파의 모습. 사람들이 작은 태극기를 흔들고 있음

02:43 환영인파들 사이로 걸어가는 박정희 대통령

02:47 박정희 대통령의 얼굴이 그려진 피켓을 들고 있는 사람들과 작은 태극기와 성조기 등을 흔들고 있는 사람들

02:50 많은 사람들이 모인 거리와 세인트 프란시스 호텔의 모습

02:58 길가에 세워진 차량과 성조기와 태극기가 나란히 게양된 세인트 프란시스 호텔의 모습

03:05 나란히 앉아 있는 양국 정상의 모습. 닉슨 대통령이 박정희 대통령에게 무언가 이야기하고 있음

03:13 세인트 프란시스 호텔의 외벽에 게양되어 있는 태극기

03:17 많은 사람들이 지나다니고 있는 호텔 앞 거리

03:21 샌프란시스코의 여러 모습들

연구해제

이 영상은 1969년 8월 한미 정상회담을 위해 샌프란시스코를 방문한 박정희 대통령의 공항 환영식 장면을 담고 있는데, 닉슨 미국 대통령이 공항에 나와 환영사를 하는 모습과 박정희가 답사하는 모습을 보여준다. 그리고 내레이션으로는 닉슨의 환영사와 박정희 답사, 2차례 개최된 한미정상회담의 결과 발표된 공동성명의 내용을 전달하고 있다. 대한뉴스 '제741-01호 박정희 대통령 방미 제2신'에서도 박정희의 미국 방문 내용을 확인할 수 있다.

1969년 1월 출범한 닉슨행정부는 아시아에서 미국의 개입을 축소하는 정책을 실행했다. 아시아의 방위책임은 기본적으로 아시아인이 담당해야 한다는, 이른바 닉슨독트린으로 불리는 정책이다. 닉슨독트린은 1969년 7월 닉슨의 아시아순방 중 괌에서 처음 언명되고, 그 해 11월 3일 닉슨의 베트남전쟁 관련 연설에서 확인되었으며, 1970년 2월 대통령이 의회에 보낸 외교교서에서 정리되었다.

닉슨 대통령은 취임 이후 지속적으로 베트남 주둔 미군을 대폭 감축했다. 당연히 주

한미군도 감축되는 것 아니냐는 우려가 나올 수밖에 없었다. 그런데 닉슨독트린을 한국에 적용하는 데는 특수한 문제가 있었다. 한국은 베트남에 5만 병력을 파병한 나라였고, 북한의 대남 무력공세도 문제였다. 이에 1969년 8월 21일과 22일 미국 샌프란시스코에서 개최된 박정희와 닉슨 간의 두 차례 정상회담은 주한미군 철수와 한국의 안보 문제가 논의의 핵심이 되었다.

정상회담에서 박정희는 닉슨에게 북한의 계속적인 침략행위로 인한 안보문제를 강조했다. 닉슨도 박정희에게 미국정부는 한국을 예외적으로 취급할 것이라고 하면서 주한미군의 감축은 없을 것이라고 했다. 이에 두 나라 대통령은 대한민국 국군과 주한미군이 한미상호방위조약에 의거하여 강력한 경계태세를 지속해야 한다는 데 합의했다. 또한 새로 편성된 향토예비군이 한국의 안정에 이바지하고 있다는 점에도 동의했다.

그러나 닉슨행정부가 한국을 예외로 취급하는 것은 오래가지 못했다. 한미정상회담 후 3개월 만인 1969년 11월 24일 닉슨 대통령은 키신저에게 주한미군 감축을 지시했고, 한국 측과 아무런 사전협의 없이 미국정부는 12월 말경 김동조 주미대사에게 주한미군의 단계적 철수계획을 알려왔다. 그리고 1970년 3월 27일 포터 주한 미국대사는 박정희를 만나 주한미군 철군 계획을 공식 통보했다.

사전 동의 또는 협의를 구하거나 협상을 하지 않은 채 일방적으로 전달된 주한미군의 철군 계획에 박정희 정부는 반발했고, 이를 둘러싼 한미 갈등은 1970년대 내내 지속되었다. 결국 1971년 초 여러 논란 끝에 주한 미군 2만 병력을 감축하고, 그 대신 한국군 현대화를 위해 5년간 15만 달러의 군사원조를 해주는 것으로 결론이 났다. 1971년 2월 6일 한미 양국은 마침내 주한미군 감축에 대한 공동성명을 공식적으로 발표했다. 그러나 1970년대 한미 관계는 한일 국교 정상화와 베트남 파병으로 긴밀했던 1960년대와 다를 수밖에 없었다.

참고문헌

박태균, 『우방과 제국, 한미관계의 두 신화』, 창비, 2006.
한국학중앙연구원 편, 『박정희시대 한미관계』, 백산서당, 2009.
홍석률, 『분단의 히스테리』, 창비, 2012.

놀라운 전력 개발 (1969년 8월 24일)

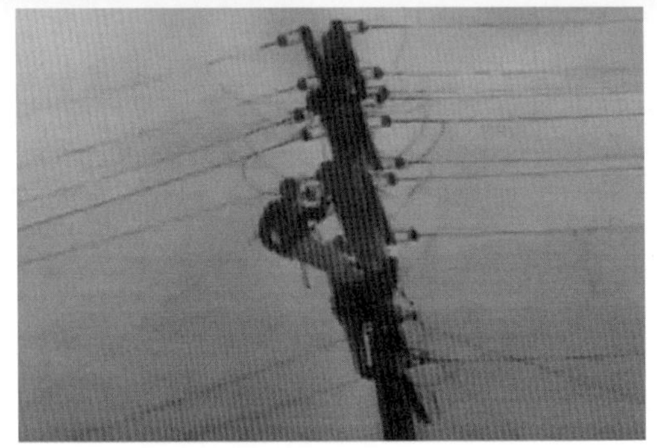

제작정보		영상정보	
출 처	대한뉴스 740호	제공언어	한국어
제 작 사	국립영화제작소	컬 러	흑백
제작국가	대한민국	사 운 드	유

영상요약

전기 에너지의 생산과 관련한 소식을 영상과 함께 전달하는 뉴스이다. 전력은 모든 공업 발전의 원동력이며, 문명과 문화를 향상시키는 지름길이라고 그 중요성을 설명하고 있으며, 후진성을 벗어나기 위한 것으로 설명되고 있다. 현재까지 전력 생산량이 증가하고 있으며, 수요량을 넘어 섰음을 그림을 통해 설명하고 있으며, 일상생활에서 사용하는 여러 전기기구들의 예시를 보여줌으로써 그 중요도를 강조하고 있다. 또한 농촌전화사업을 통해 농촌에도 전기가 들어가고 있음을 보여주고 있다.

내레이션

누구나 다 아는 얘기지만은 전력은 모든 공업 발전의 원동력이며, 문명과 문화를 향상시키는 지름길입니다. 전력 에너지의 확보가 그토록 중요하다는 것을 오래 전부터 알아왔으면서도, 고양이 목에 방울을 달지 못했던 서생원의 고민이 바로 우리의 공업을 후진 속에 묶어 놓았던 무력과 침체의 지난날이었습니다. 이 침체와 후진을 박차고 건설의 망치를 들고 일어난 것이 바로 1962년부터 두 차례에 걸쳐 추진해 온 경제개발5개년계획이었습니다. 우리나라의 전력사정을 보면은 1961년도까지는 불과 37만 킬로와트였는데, 62년도에는 부산부두화력 등 세 개의 발전소 증설로 43만 킬로와트, 63년도에는 삼척화력 등 두 개의 발전소 증설로 47만여 킬로와트, 64년도에는 부산화력 증설로 60만 킬로와트, 65년도에는 영월화력 등 두 개 발전소 증설로 77만여 킬로와트, 67년도에는 울산 개스터빈 등 네 개 발전소 증설로 92만여 킬로와트, 68년도에는 군산화력 등 다섯 개 발전소 증설로 127만 킬로와트, 69년도에는 서울화력과 부산화력 증설로 163만 킬로와트의 전력을 생산, 금년도 수요량 112만 킬로와트를 돌파하고 있으며, 70년도에는 330만 킬로와트를 생산하고, 71년도에는 417만 킬로와트를 생산케 됩니다. 숱하게 들어선 공장들에 기계를 돌리는 것이 전기라는 것을 덮어두더라도 한 여름에 더위를 씻어주는 선풍기, 에어컨, 쥬서, 믹서, 귀를 부드럽게 해주는 스테레오, 눈을 즐겁게 하는 스크린, 몸을 편케 하는 세탁기, 이 모두가 전기 없이는 생각도 못 할 생활의 반려자가 돼서 이러한 전기기구를 사용하는 가정의 수는 나날이 늘어가고 있습니다. 전등이 없어 어두운 밤을 보내야 했던 두메산골에도 농촌전화사업에 따라서 전기가 들어가고 있습니다.

농촌의 구석구석까지 형광등이 달리고, 텔레비전 안테나가 들어설 날이 눈앞에 다가오고 있습니다.

화면묘사

00:00 "놀라운 전력개발" 자막
00:03 강의 모습과 그 위를 가로지르는 다리의 모습
00:07 댐 위에 설치된 수력발전소
00:13 강물이 세차게 흐르는 여러 장면들. 댐에서 방류되어 나오는 강물의 모습도 보여주고 있음
00:34 산기슭에 설치된 높은 송전탑과 그 아래에 설치된 변전소의 모습
00:38 변전소 내부로 추정되는 곳에 놓여 있는 기계장치
00:40 수력발전소의 외관
00:43 변전소의 밖에 설치된 기계장치들의 모습
00:46 발전소 내부의 커다란 기계장치
00:48 발전소를 시찰 중인 것으로 보이는 박정희 대통령
00:51 발전소 내부의 기계장치와 외부의 모습
00:57 "전력상황"이라는 제목 아래에 61년부터 69년까지의 전력 생산량 증가 현황을 그림으로 설명하고 있음. "금년도 수요량 112만KW", "'70년도 330만KW"라는 현재 상황과 내년도 예측을 함께 보여줌
01:53 작은 선풍기가 돌아가고 있는 모습
01:56 냉장고의 문을 열고 닫는 장면
02:00 다리미로 옷을 다리고 있는 모습
02:04 레코드 판이 놓여 있는 스테레오 전축
02:07 주방에서 일을 하던 한 여성이 냉장고로 다가가 냉장고 문을 여는 장면
02:11 한 여성이 거울을 보며 헤어 드라이기를 이용하여 머리에 빗질을 하고 있음
02:13 텔레비전의 모습. 화면에는 야구경기가 나오고 있음
02:16 텔레비전을 보는 사람들. 텔레비전 옆에는 작은 선풍기가 돌아가고 있음
02:20 변전소의 모습과 변전소에서 전선으로 연결되어 있는 송전탑

02:23 전봇대 위에 올라가 작업을 하고 있는 사람들의 여러 모습들

02:37 전봇대 아래에 있는 농촌의 가정집을 보여줌

02:40 처마 밑에 달린 두꺼비집

02:42 불이 켜진 형광등

02:45 전봇대가 세워진 농촌 마을의 풍경

연구해제

한국의 전력산업은 1960년대 초반까지 만성적인 공급능력 부족상태를 벗어나지 못했다. 그러던 중 1962년부터 시작한 경제개발계획의 실시와 더불어 추진된 제1차 전원개발계획에 의해 개발사업이 본격화하였고, 전력설비가 대폭 확장됨에 따라 1964년부터는 최초의 무제한 송전을 실시할 수 있었다.

그러나 공업시설의 급격한 확대로 인해 1967년 초 들어 전력수요가 예상외로 급증하여 보유설비 용량을 초과하는 현상이 재현되었다. 이에 따라 그 응급책으로 부분적인 제한송전이 불가피해졌는데, 정부는 그 타개책으로 1967년부터 시작되는 제2차 전원개발계획을 세우고 설비투자계획을 대폭 확장하는 한편, 그 촉진책의 하나로 민간자본에 의한 발전사업 참여를 적극 권장하는 시책을 썼다.

그 결과 발전설비의 전례 없는 대규모 증설이 단시일 내에 이루어져 전력부족상태가 발생한 지 2년만인 1969년 초에는 전력난이 해소되었고, 수요의 급증추세에도 불구하고 1969년 중순에는 20% 이상의 예비발전 용량을 보유할 수 있었다. 이 영상은 이러한 정부의 성공적인 전력공급 전략과 실태를 홍보하는 내용으로 구성되어 있다.

이를 구체적 수치로 살펴보면, 1961년에 36만 7,000KW에 불과했던 발전설비용량은 1970년 10월 현재 2백 11만KW에 이르러 약 6배로 확충되었으며 발전량도 같은 기간 중 약 5배의 증가를 보였다. 이 발전설비의 대폭적 확충 과정에는 두 가지 특징이 있다. 우선 발전설비 개발이 수력자원의 제한성 때문에 화력중심으로 이루어져 화주수종(火主水從)의 구조가 뚜렷해진 것인데, 이는 발전원가에서 연료비 비중을 높이는 요인으로 작용했다. 또 다른 특징은 설비규모가 대형화함에 따라 개발자금 규모도 거대해지고, 소요자금 대부분을 국내외 차입에 의존하여 전력산업의 차입금 규모가 팽창하였다는 점이다. 특히 총차입금의 약 절반을 외국차관이 차지하고 있었다. 이에 따라 전력산업

의 운용비용에 대한 부담을 경감시켜야 한다는 필요성이 대두하기 시작했다.

한편 그동안 발전설비가 절대적으로 부족해 이에 최우선적으로 투자하다보니 송배전 설비의 확충에는 큰 진전을 보지 못해 농어촌 지역의 전기 보급율은 매우 낮은 수준에 머물렀다. 1964년 전국의 전기보급 상황은 도시가 51.3%였는데 반해 농어촌은 12.0%에 불과했다. 이에 정부는 1965년부터 농어촌전화사업을 추진하였고, 1969년까지 총 52억 5,000만 원이 투입되어 1969년 말 현재 농어촌 전기배급율은 20.9%로 어느 정도 향상될 수 있었다.

참고문헌

한국은행조사부, 『한국의 산업－1971년판 상권』, 1970.

해당호 전체 정보

740-01 한·미 정상회담(제1신)

상영시간 | 03분 31초

영상요약 | 샌프란시스코에서 열린 한·미 두 나라 대통령 간의 정상회담 소식을 전달하는 뉴스이다. 박정희 대통령의 샌프란시스코 도착과 환영식 장면을 보여주고 있으며, 닉슨 미국 대통령의 환영사와 박정희 대통령의 답사 내용을 소개하고 있다. 이어서 두 정상은 2회에 걸친 정상회담 후 공동성명을 발표하였다.

740-02 간첩단 일망타진

상영시간 | 00분 50초

영상요약 | 육군 보안사령부에서 무장간첩단을 체포한 내용을 발표하는 소식을 전달하는 뉴스이다. 간첩 체포 소식과 함께 간첩들의 소지품, 생김새 등을 영상을 통해 보여주고 있으며, 반공 방첩 사상 앙양을 주문하고 있다.

740-03 밝아오는 농촌

상영시간 | 01분 42초

영상요약 | 농촌 근대화와 관련하여 농촌의 변화하는 모습을 전달하고 있는 뉴스이다. 먼저 농협에서 진행한 새 농민상 시상식 소식을 전하고 있으며, 특히 유일한 여성 수상자였던 양보선 여사의 이야기를 부각시키며 새 농민상을 전파하고 있다. 이어서 전라북도에서 있었던 퇴비증산 풀베기 대회 소식을 관련 영상과 함께 전하고 있다.

740-04 놀라운 전력 개발

상영시간 | 02분 47초

영상요약 | 전기에너지의 생산과 관련한 소식을 영상과 함께 전달하는 뉴스이다. 전력은 모든 공업 발전의 원동력이며, 문명과 문화를 향상시키는 지름길이라고 그 중요성을 설명하고 있으며, 후진성을 벗어나기 위한 것으로 설명되고 있다. 현재까지 전력 생산량이 증가하고 있으며, 수요량을 넘어 섰음을 그림을 통해

설명하고 있으며, 일상생활에서 사용하는 여러 전기기구들의 예시를 보여줌으로써 그 중요도를 강조하고 있다. 또한 농촌전화사업을 통해 농촌에도 전기가 들어가고 있음을 보여주고 있다.

목초의 날 (1969년 9월 13일)

제작정보		**영상정보**	
출　　처	대한뉴스 743호	제공언어	한국어
제 작 사	국립영화제작소	컬　　러	흑백
제작국가	대한민국	사 운 드	유

영상요약

제1회 목초의 날 기념행사 소식과 박정희 대통령의 국립종축장 시찰 소식을 전달하는 뉴스이다. 기념행사에서 박정희 대통령은 축산진흥으로 농업한국을 이루자고 당부했으며, 뉴스에서는 우리는 자손들에게 국토를 개발한 조상으로서의 정성을 남기도록 산의 수목을 개량해야겠다고 주장하고 있다.

내레이션

박정희 대통령은 충청남도 국립종축장에서 있은 제1회 목초의 날 기념행사에 참석했습니다. 이날 박 대통령은 종축장 골밭을 돌아보면서 우리나라 전 국토의 7할을 차지하고 있는 산악 가운데 골밭 적지를 개발하고, 골풀을 심어 가꾸어 축산진흥으로 농업한국을 이루자고 당부했습니다. 또한 박 대통령은 우리 농민들이 풀과 나무를 심는 습관을 길러 좁은 땅이라도 조금씩 목장으로 바꿔 나가야 하며 정부는 농민들의 훌륭한 개발 구상을 힘껏 도와줄 것이라고 약속했습니다. 우리는 자손들에게 국토를 개발한 조상으로서의 정성을 남기도록 산의 수목을 개량해야겠습니다.

화면묘사

00:00 "목초의 날" 자막
00:03 "제1회 목초의 날"이라는 간판이 달린 단상의 모습과 줄지어 서 있는 사람들이 보이는 기념행사장 모습
00:07 단상에 서서 발언 중인 박정희 대통령
00:12 기념행사에 참석한 사람들. 모두 열중쉬어 자세를 취하고 있음
00:16 왼쪽 팔에 완장을 차고 같은 모자와 복장을 한 사람들
00:19 내빈석에 앉아 있는 참석자들
00:22 기념행사 참석자들의 모습
00:24 기념행사에 참석한 인파. 각자의 소속이 적힌 것으로 보이는 팻말 뒤에 줄 지어 서 있는 사람들
00:30 "국립종축장"이라는 표지판과 그 옆에 세워져 있는 "국립종축장 조감도"
00:34 넓은 들판과 거기에 방목되어 있는 젖소들의 모습
00:41 국립종축장을 시찰 중인 박정희 대통령과 일행들. 손짓으로 무언가를 가리키며 이야기 중인 박정희 대통령
00:47 작은 봉투를 들고 무언가 이야기를 하고 있는 박정희 대통령
00:51 종축장의 젖소들이 모여 있는 모습
00:55 주변 사람들에게 작은 손짓과 함께 이야기 중인 박정희 대통령

00:59 젖소의 모습과 국립종축장의 들판 전경

연구해제

이 영상은 1969년 9월 5일 '제1회 목초의 날' 기념식을 담은 영상이다. 영상에는 기념식에 참석한 박정희 대통령과 정일권 총리 및 삼부요인들이 등장하고 있으며, 목초지를 둘러보는 모습이 담겨져 있다.

목초의 날은 농림부령 제389호로 제정되었는데, 온 국민에게 목초의 중요성을 인식시키고 축산업에 대한 참여의식을 고무시킬 것을 목적으로 하고 있다. 박정희 대통령은 목초의 날을 선포하기 이전부터 산림청 조림사업비의 일부를 떼어서라도 협업축산단지를 중심으로 목초지를 조성할 것을 지시하는 등 목초지 조성을 강조하였다. 이는 농가소득 증대를 위한 방안 중 하나로, 젖소 사육을 통한 낙농업 육성과 관련이 있었다. 1968년 9월 박정희 대통령은 뉴질랜드를 방문하여 평택 목장 설치 및 운영을 위해 4년동안 26만 달러 상당의 원조를 받기로 협의하였다. 뉴질랜드 정부가 평택의 낙농가축농장 운영비 및 종자, 그리고 한국기술자훈련비용을 원조하기로 한 것이다. 이와 더불어 한국정부는 추경예산에 5,300만 원을 계상, 뉴질랜드가 부담하기로 된 것 이외의 모든 소요품을 충당하고 필요한 인원과 목초지 개척에 필요한 토지 및 기타시설에 충당할 것을 결의했다. 목초지 조성은 이처럼 낙농업육성 계획을 실행하기 위한 기반마련의 성격을 갖고 있는 것이었다.

목초지 조성은 증산과 농가소득을 목적으로 전개되었던 개간사업의 일환으로, 1969년도 예산에서 확보된 사방사업기초조사비 1억 원 전액이 투입 될 만큼 정부가 강조하였던 사업이었다. 박정희 대통령은 목초지 조성을 강조하며 '농업한국'으로 나아갈 것을 제시하기도 했다. 농림부는 목초의 날 제정을 맞아 국립종축장 472정보에 목초 씨앗을 뿌리고 각 도별로 100정보 단위의 초지를 만들도록 했다. 목초심기와 더불어 국립종축장엔 전시장을 마련, 시범목장의 청사진과 목초 8종, 아초 7종 등 모두 15품종의 사료작물이 전시되기도 했다.

정부는 목초의 날 제정 이듬해인 1970년, 농업개발 촉진을 위한 재정차관 중 IDA자금 980만 달러를 경기 및 호남지역 850ha의 목초지 조성 및 우유 5,100두 및 우유 가공시설을 도입하는데 사용할 것을 계획하기도 하였다.

참고문헌

「목초지조성도」, 『동아일보』, 1969년 5월 7일.

「평택에 낙농목장 각의 의결」, 『매일경제』, 1969년 5월 17일.

「목초지 본격 조성」, 『동아일보』, 1969년 6월 18일.

「수종개량, 산야개발」, 『경향신문』, 1969년 9월 5일.

「1회 목초의 날 기념 박대통령 등 천여 명 참석」, 『동아일보』, 1969년 9월 5일.

「목초심기 등 행사 다채」, 『매일경제』, 1969년 9월 5일.

「농업개발 본격추진」, 『경향신문』, 1970년 9월 2일.

해당호 전체 정보

743-01 목초의 날

상영시간 | 01분 06초

영상요약 | 제1회 목초의 날 기념행사 소식과 박정희 대통령의 국립종축장 시찰 소식을 전달하는 뉴스이다. 기념행사에서 박정희 대통령은 축산진흥으로 농업한국을 이루자고 당부했으며, 뉴스에서는 우리는 자손들에게 국토를 개발한 조상으로서의 정성을 남기도록 산의 수목을 개량해야겠다고 주장하고 있다.

743-02 전염병을 막자

상영시간 | 01분 16초

영상요약 | 전라북도에서 발생한 신종 콜레라라 불리는 괴질에 관한 소식을 전달하고 있으며, 예방을 강조하고 있는 뉴스이다. 무서운 치명률을 자랑하지만 예방법만 익히면 퇴치할 수 있다고 설명하고 있으며, 그 예방법으로 여러 가지 방법들을 함께 제시해 주고 있다. 또한 방역활동과 예방주사를 맞는 장면 등을 통해 현재 예방대책이 이루어지고 있다는 사실을 보여주고 있다.

743-03 이런일 저런일

상영시간 | 05분 00초

영상요약 | 국내의 여러 가지 소식들을 전달하는 뉴스이다. 먼저 서울지구 우수 예비군 선발 경연대회가 열린 소식을 전달하고 있으며, 각종 시험 장면들을 함께 보여주고 있다. 이어서 마닐라에서 개최된 1969년도 막사이사이상 시상식에서 김형서가 공익사업부문상을 수상한 소식을 전하고 있다. 또 서울 남대문로에 KAL빌딩이 준공되었다는 소식과 해군에서 낙도 이동홍보선을 마련한 소식을 전하고, 충청남도 대덕군의 무의촌 이동치과 진료현장을 소개하고 있다. 끝으로 농협중앙회의 제4회 특수조합 업적 경진대회 개최 소식을 전하고, 여군 창설 19주년을 기념하여 여군들의 활동 모습과 모범여군선발대회 장면을 함께 전하고 있다.

743-04 월남소식

상영시간 | 01분 16초

영상요약 | 베트남에 파병된 국군들의 여러 가지 소식들을 전달하는 뉴스이다. 먼저 맹호부대에 의해 재구촌이라는 이름의 마을이 준공된 소식을 전하고 있으며, 연립주택과 태권도장 등의 모습을 보여주고 있다. 이어서 번개7호 작전을 통해 월맹 정규군의 요새를 파괴하고 커다란 전과를 올린 소식을 전하고 있다.

743-05 스포츠

상영시간 | 01분 21초

영상요약 | 장충체육관에서 열린 일본 난쟁이 프로레슬링 경기 소식을 경기 영상과 함께 전달하는 뉴스이다. 한국 레슬링 경기 사상 처음이었던 이 경기에서 레슬러들은 일본 난쟁이 특유의 코믹한 제스처와 묘기를 보여 사람들의 박수갈채와 귀여움을 받았다고 전하고 있다.

KAL기 탑승원의 송환을 위한 궐기대회 (1970년 2월 5일)

제작정보		**영상정보**	
출처	대한뉴스 762호	제공언어	한국어
제작사	국립영화제작소	컬러	흑백
제작국가	대한민국	사운드	유

영상요약

일본상사로부터 전략물자인 세균을 사 들여 세균전을 획책하고, 대한항공(KAL)기를 납치한 북한에 대한 규탄과 궐기대회 모습을 전달하는 뉴스이다. 정일권 국무총리 주재로 관계수뇌회의가 소집되었으며, 많은 수의 서울시민들이 모여 북한규탄 궐기대회를 가진 소식을 전하고 있다. 각 단체에서 현수막과 피켓 등을 들고 나와 구호를 외치는 등의 궐기대회 모습을 보여주면서 북한의 음모와 이를 도운 일본상사를 규탄해야 할 것을 주장하고 있다.

내레이션

힘으로 맞서기 어려우니 이제는 무서운 전염병 세균을 사다가 우리에게 뿌리려는 북한괴뢰의 악마와 같이 잔인한 세균전 음모. 북한괴뢰가 일본상사에게 전염병의 세균을 발췌해서 세균전을 획책한다는 보도에 온 국민은 분노에 치를 떨었습니다. 박정희 대통령은 관계수뇌회의를 소집, 국가안보와 인도적 견지에서 그 대책을 세우라고 강력히 지시해서 정일권 국무총리 주재로 국가안보회의가 열려 그 대책을 협의했습니다. 동포를 세균으로 몰살하려는 괴수 김일성 도당을 소탕하자. KAL기의 탑승원과 기체를 즉각 송환하라. 분노의 함성이 하늘을 뒤흔든 300만 서울시민의 궐기대회 실황입니다. 북한괴뢰가 그들과 간첩장비를 밀무역해 오던 일본상사에게 콜레라, 페스트 등 무서운 전염병 세균을 발췌한 사실에 우리는 음흉한 그들이 지난날 수없이 저지른 만행으로 미루어 보아 가공할 병균이 이미 북한괴뢰에 입수됐으리라 짐작됩니다. 세계의 인명을 위협하는 북한괴뢰의 음모. 비인도적인 흉계를 도와준 일부 몰지각한 일본상사에 대해서도 인간의 양심과 인도주의의 이름으로 우리는 크게 규탄해야 할 것입니다.

화면묘사

00:00 "북괴 만행 규탄" 자막. 배경으로는 궐기대회 모습

00:04 어지러이 놓여 있는 "韓日(한일) 관계에 큰 파문" 등의 표제가 보이는 신문 1면들

00:07 "日商(일상), 戰略物資(전략물자) 北傀(북괴)에 密送(밀송)", "昨年(작년) 콜레라 北傀(북괴)서 投入(투입) 한 듯", "日本(일본)의 細菌基地(세균기지)", "일본정부 책임 철저히 규명", "日商(일상), 北傀(북괴)에 戰略物資(전략물자) 밀수", "Choi Urges Japanese Gov't To Prevent Further Secret Trade With N.Korea Reds"라는 표제의 신문기사들

00:21 관계관 수뇌회의 모습

00:25 의장석에 앉아 있는 정일권 국무총리

00:28 수뇌회의에 참석한 국무위원을 비롯한 관계관들의 모습

00:33 자리에서 일어서 발언 중인 관계자

00:36 서울시민 궐기대회 전경(구호 소리: 김일성을 타도하자)

00:40 "세균전 획책규탄 및 납북승객 송환촉구 만행규탄 시민궐기"라는 제목이 위에 걸려 있는 궐기대회 단상

00:43 "규탄하자! 세균전 획책하는 북괴음모 대한상공회의소" 등의 문구가 쓰인 현수막들

00:45 영화배우 신영균으로 추정되는 인물이 연단에서 발언 중인 모습. 마이크에는 "MBC", "KBS TV" 등의 표시가 붙어 있음

00:47 발언 중인 김현옥 서울시장으로 추정되는 인물

00:50 "세균 만행 규탄!!"이라고 쓰인 피켓

00:51 "북괴의 세균전 획책을 규탄한다" 등의 피켓을 들고 "한국부인회" 현수막 아래에 모여 있는 여성 참가자들

00:53 여러 문구가 쓰인 현수막과 피켓을 들고 궐기대회에 참가한 많은 사람들

01:02 단상 위의 내빈석으로 추정되는 곳에 앉아 있는 참가자들

01:04 "동포를 세균으로 *살하려는 야수같은 김일성 도당을 소탕하자 대한항공" 등의 문구가 쓰인 현수막들

01:06 발언 중인 여성 참가자

01:09 눈을 질끈 감으며 소리치는 남성 참가자

01:13 구호를 외치고 있는 참가자들

01:15 여러 종류의 현수막들

01:18 혈서를 쓰고 있는 참가자

01:21 단상에서 발언 중인 참가자와 그 모습을 바라보는 참가자들. 많은 현수막들이 보임

01:24 많은 사람들이 모인 궐기대회 전경(구호 소리)

연구해제

이 영상은 1970년 2월 5일 서울 남산 야외음악당에서 열린 북한 세균전 획책 규탄 및 납북승객 송환 촉구 범시민궐기대회 장면이다. 영상에는 정일권 국무총리 주재로 열린 국가안보회의 장면과 규탄대회 장면들이 담겨 있다. 이날 대회는 시민, 학생, 공무원, 사회단체, 각 기업에 직원 등 40여만 명이 참석한 가운데 개최되었다. 한국반공연맹 서울시지부가 주최한 이날 대회는 연맹지부장 허백의 대회사에 이어 한국노총 이찬혁 위원장의 규탄사, 김현옥 서울시장의 격려사, 유엔 사무총장에게 보내는 메시지, 세계보건기구 본부와 국제적십자사에 보내는 메시지, 납북승객의 자녀 권승호 군의 일기가 낭독되었다.

이날 연사들은 "북괴가 가공할 세균전을 획책, 전 세계 자유와 평화를 애호하는 민주시민들의 분노를 사고 있다"고 규탄하고, "비인도적이고 악랄한 만행을 즉각 중지하라"고 외쳤다. 결의문에서는 "북괴 김일성 도당의 흡혈귀적 살인마들의 세균전 획책은 인류 전체의 분노를 자아내는 흉계"라고 규탄했다. 납북승객의 자녀인 권승호 군은 "김일성은 우리 어린 4남매에게 무슨 원한이 있어 부모와의 생이별을 강요하느냐"면서 "꿈속에서 찾아 헤매는 부모를 돌려 달라"고 촉구했다.

이 대회의 첫 번째 의제는 세균전 문제였다. 1970년 1월 31일 일본 고베 경찰이 오사까의 무역상사 야나기다(楊田)와의 전자부품 밀수출 사건을 수사하던 중 북한의 주문서에 콜레라 균 등 전염병 세균을 밀수하려 했음이 밝혀졌다. 그 사용목적 등에 대해서는 일본경찰이 수사 중에 있다고 했으나, 1969년 9월 한국의 서해안 일대에서 발생했던 콜레라가 혹시 북한의 세균전에 의한 것이 아니냐는 주장이 나오면서 이 사건은 반공 이데올로기의 일환으로 확대되었다. 영상에서 보듯 수많은 시민들이 참여한 궐기대회가 일어났으나, 일본 외무성 대변인 담화로, 일본상사가 발주는 받았지만 보냈다는 증거는 없으며 한국에서의 콜레라와 일본상사가 주문받았던 것은 다른 종류의 균이라고 밝혔다.

두 번째 의제는 KAL기 납북과 관련된 것이었다. 1969년 12월 11일 강릉을 떠나 서울로 오던 KAL 소속 YS11기가 4명의 승무원과 승객 47명을 태운 채 납북되어 북한의 선덕공항에 강제 착륙했다. 승객을 가장한 북한 고정간첩 조창희의 범행으로 밝혀진 이 사건은 영상에서 보는 궐기대회가 있은 10일 후인 1970년 2월 14일 탑승자 51명 가운데 39명이 판문점을 통해 납북 65일 만에 돌아오면서 막을 내렸다. 돌아오지 않은 사람은 강릉에서 의료업을 경영하던 채헌덕과 주조종사 유병하, 부조종사 최석만, 2명의 스튜어디스 등 총 12명이었다.

당시 납북되었던 스튜어디스 중 한 명인 성경희는 2001년 2월 제3차 이산가족상봉을 통해 금강산에서 남한의 어머니와 상봉을 하기도 하였다.

참고문헌

「북괴, 일본에 세균발주」, 『동아일보』, 1970년 2월 2일.

「피랍승객 인수에 만전」, 『동아일보』, 1970년 2월 5일.

「한국 콜레라 북회의 세균전 혐의」, 『경향신문』, 1970년 2월 12일.

「세균, 북괴발송 않아」, 『경향신문』, 1970년 2월 14일.

「KAL 승객 39명 귀환」, 『동아일보』, 1970년 2월 14일.

해당호 전체 정보

762-01 밝아오는 농촌

상영시간 | 01분 49초

영상요약 | 농촌의 여러 가지 혁신되는 모습들을 전달하는 뉴스이다. 먼저 1970년 농협과 수협의 확인행정에 나선 박정희 대통령 소식을 영상과 함께 전하고 있다. 이어서 경기도 장호원에 농협연쇄점이 개점한 소식을 연쇄점의 모습을 담은 영상과 함께 전하고 있는데, 농협에서는 연쇄점 1,500개를 세울 계획을 가지고 있다고 설명하고 있다. 마지막으로 농촌진흥청에서 개량품종 된 벼의 연구와 생산을 진행하고 있다는 소식을 전하고 있다.

762-02 KAL기 탑승원의 송환을 위한 궐기대회

상영시간 | 01분 29초

영상요약 | 일본상사로부터 전략물자인 세균을 사들여 세균전을 획책하고, 대한항공(KAL)기를 납치한 북한에 대한 규탄과 궐기대회 모습을 전달하는 뉴스이다. 정일권 국무총리 주재로 관계수뇌회의가 소집되었으며, 많은 수의 서울시민들이 모여 북한규탄 궐기대회를 가진 소식을 전하고 있다. 각 단체에서 현수막과 피켓 등을 들고 나와 구호를 외치는 등의 궐기대회 모습을 보여주면서 북한의 음모와 이를 도운 일본상사를 규탄해야 할 것을 주장하고 있다.

762-03 전후방이 한데 뭉쳐

상영시간 | 02분 19초

영상요약 | 해군에서 진행된 1969년도 우수함 표창식 소식과 국회의원들의 전방부대 방문 소식을 전달하는 뉴스이다. 먼저 우수함 표창식 소식을 전함과 동시에 해군 UDT대원들의 훈련모습을 함께 보여주고 있다. 이어서 국회 국방위원들이 백령도를 방문하여 위문품을 전달한 소식과 차지철 국회 외무위원장이 중부전선의 장병들을 위문방문 한 소식을 전하고 있다.

762-04 이런일 저런일

상영시간 | 03분 39초

영상요약 | 국내의 여러 가지 소식들을 전달하는 뉴스이다. 제1회 전국 자동차 운수업자 대회 개최 소식 및 청와대 비서관을 중심으로 한 개미회의 불우소년 돕기 활동 소식을 가장 먼저 전하고 있다. 이이서 경기도 연천군의 반공 전투기지 건설 소식과 경기도 화성군 오산읍의 황소 목축 소식을 전하고 있다. 마지막으로 제6회 한국 연극.영화상 시상식 소식을 전하고 있는데, 수상한 배우들의 이름을 하나 하나 전하고 있으며, 배우들의 수상 장면을 보여주고 있다.

762-05 표어

상영시간 | 00분 06초

영상요약 | 표어 "북괴의 세균전 음모를 규탄하자."

행정부에 전자계산기 등장 (1970년 2월 28일)

제작정보

출　　처 : 대한뉴스 765호
제 작 사 : 국립영화제작소
제작국가 : 대한민국

영상정보

제공언어 : 한국어
컬　　러 : 흑백
사 운 드 : 유

영상요약

행정부에 컴퓨터가 도입이 되어 사용하고 있다는 소식을 전달하는 뉴스이다. 이와 관련하여 김주남 경제기획원 예산국장의 인터뷰 내용을 소개하고 있으며, 여러 종류의 관련 장비들의 모습도 보여주고 있다. 한편 문화공보부에서는 컴퓨터 이용교육을 관리층에 있는 공무원들에게 실시하고 있다.

내레이션

컴퓨터. 새롭고 귀에 익은 낱말입니다. 우리나라에도 이 전자계산기가 등장, 정부를 비롯한 여러 회사 등에서 사람의 머리를 대신해서 까다로운 사무를 처리해주게 된 것입니다. 전자계산기가 행정부에 등장한 것과 관련해서 김주남 경제기획원 예산국장은(김주남 예산국장 육성). 한편 문화공보부에서는 전자계산기를 공부하는 모임을 가져, 특히 관리층에 있는 공무원들에게 먼저 그것의 이용법을 배우게 했습니다.

화면묘사

00:00 "행정부에 전자계산기 등장" 자막. 배경으로 컴퓨터의 모습

00:04 컴퓨터 기계장비가 들어가 있는 방안의 모습

00:08 "IBM"이라고 쓰인 컴퓨터 기계의 모습과 자판을 치고 있는 관계자

00:13 기계의 버튼을 누르고 기계가 움직이는 장면을 보여주고 있음

00:20 김주남 경제기획원 예산국장의 인터뷰 장면(김주남 예산국장 육성 : 전자계산기를 활용함으로써 사업의 내용과 비용 및 책임을 명백히 하고, 정확하고 빠른 정보를 토대로 하여 정당한 의사결정을 하도록 하는데 있습니다. 그러나 전자계산기를 정부업무에 도입하는데 있어서는 신중한 사전검토와 준비가 필요하고 관계 공무원들의 훈련 등이 필요한 것입니다.)

00:26 테이프가 돌아가고 있는 기계장치. 위에 "자기테프장치"라는 이름과 관련 정보가 쓰인 팻말이 놓여 있음

00:31 긴 종이가 말려 올라가고 있는 기계장치의 모습

00:34 "정부자산 대한뉴우스"라고 쓰인 팻말이 달려 있는 녹음기
00:37 김주남 예산국장의 인터뷰 장면
00:41 공무원들을 대상으로 컴퓨터 사용교육을 하고 있는 장면들
00:48 종이카드를 살피고 있는 교육 참가자들
00:53 칠판에 판서한 것을 설명하고 있는 강사
00:56 교육 참석자가 들고 있는 작은 종이카드
00:58 컴퓨터 이용교육을 받고 있는 공무원들의 모습들

연구해제

컴퓨터가 한국에 첫 도입된 것은 1967년, 한국전자계산소가 한국생산성본부 산하기관으로 설립되면서부터였다. 1945년 제2차 세계대전 중 탄도 계산을 위해 미국에서 최초 제작되었던 컴퓨터는 그 후 꾸준히 발전을 거듭했다. 특히 기업 규모의 증대 및 업무의 복잡화가 진척됨에 따라 컴퓨터는 행정효율화와 경영합리화의 수단으로 정부 인사들과 최고 경영자들의 집중적 관심을 받기 시작했다. 이 영상은 그러한 현상을 잘 알 수 있게 해주는 것이라 하겠다.

1969년 당시 세계에 있는 컴퓨터 대수는 약 8만대였는데, 이 중 6만여 대가 미국에 집중되어 있었다. 한국에는 1970년 기준으로 경제기획원, 한국전자계산소(KCC), 서강대와 육군본부, 건설부, 한양공대, KIST, 보사부 등에 약 30여대가 들어와 있었다. 그 외에 국영기업체를 비롯한 여러 기관에서도 추가적인 도입을 추진 중이었고, 1972년에 총 65대, 1975년까지 총 100대를 도입하는 것을 계획했다. 그 사전 준비작업으로 한국전자계산소가 경영층과 실무자급의 컴퓨터 교육을 맡아 진행하였다. 정부는 생산성 향상과 경영합리화를 위해 통계요원 등 공무원들에 대한 교육을 위탁실시하였다.

1967~1969년까지 한국전자계산소에서 컴퓨터 교육을 받은 사람 수는 공공기관 266명, 국영기업체 102명, 일반기업체 100명, 금융기관 116명, 학교 220명, 기타 786명, 도합 1,590여 명이 전부였다. 훈련과정은 기초 · 고급 · 특수과정의 3종류가 있는데 공공기관 교육은 대부분이 정부로부터의 위탁교육이었다.

우수한 컴퓨터를 도입한다고 해서 정보처리가 되는 것이 아니며, 가장 필요한 것은 컴퓨터를 구사하는 지식이었다. 그러나 1970년 초까지 대학에서 정보처리의 전문학과

강좌를 개설한 곳은 2개교에 지나지 않았으며, 시스템 · 엔지니어 등 전문기술자의 양성 기관도 없었다. 더욱이 당시 컴퓨터의 이용 상황은 계산이나 집계 등 아직 저차원의 이용이 80%를 점하고 계획이나 예측 같은 고차원의 이용은 아직 미미한 단계에 놓여있었다.

참고문헌

「늘어나는 '컴퓨터 이용업체' 경영합리화에 새 국면」, 『매일경제』, 1969년 8월 28일.
「정보화 시대와 이에 대비할 제문제」, 『경향신문』, 1970년 3월 30일.

해당호 전체 정보

765-01　10억불의 수출을 위하여

상영시간 | 02분 09초

영상요약 | 수출진흥을 위한 정부와 기업들의 여러 가지 활동 소식을 전달하는 뉴스이다. 수출진흥확대회의에서 박정희 대통령은 모든 산업을 수출주도형 산업형태로 육성하라고 지시했으며, 정부의 수출진흥정책에 따라 민간기업체에서 수출상품의 연구개발이 활기를 띠고 있다고 전하고 있다. 그 예로 신흥제분에서 인삼액을 추출해 신흥인삼차를 수출하고 있다는 소식과 한국도자기에서 40여 종류의 도자기를 수출하고 있다는 소식을 각 공장에서 작업 중인 장면을 보여주면서 설명하고 있다.

765-02　자유민의 분노

상영시간 | 00분 56초

영상요약 | 서울 남산에서 열린 KAL기 납북자 귀환보고 및 미귀환자 송환촉구 궐기대회 소식을 전달하는 뉴스이다. 궐기대회의 전경과 참석자들의 발언 모습, 현수막과 피켓 등을 보여주면서 궐기대회의 분위기를 전하고 있다. 이날 궐기대회에서는 북한괴뢰의 만행과 비인도성을 규탄하는 함성으로 가득했었다고 설명하고 있다.

765-03　행정부에 전자계산기 등장

상영시간 | 01분 08초

영상요약 | 행정부에 컴퓨터가 도입이 되어 사용하고 있다는 소식을 전달하는 뉴스이다. 이와 관련하여 김주남 경제기획원 예산국장의 인터뷰 내용을 소개하고 있으며, 여러 종류의 관련 장비들의 모습도 보여주고 있다. 한편 문화공보부에서는 컴퓨터 이용교육을 관리층에 있는 공무원들에게 실시하고 있다.

765-04　쉬지않는 농촌

상영시간 | 01분 38초

영상요약 | 농촌의 여러 가지 소식들을 전달하는 뉴스이다. 먼저 경기도 평택에 위치한 한·뉴시범목장에 주한뉴질랜드대사가 시찰을 온 소식을 전하고 있으며, 이 시범목장에는 102마리의 젖소와 낙농훈련센터가 있다는 사실을 전하고 있다. 이어서 전라남도 구례군의 앙고라 마을에서 농가부업으로 앙고라를 사육하고 있다는 소식을 전하고 있다. 앙고라 털의 우수성을 설명하고 있으며, 농협에서 사육기술지도와 자본금 지원에 힘씀으로써 농민들의 생산의욕이 높아져 가고 있다고 설명하고 있다.

765-05 이런일 저런일

상영시간 | 03분 47초

영상요약 | 국내의 여러 가지 소식들을 전달하는 뉴스이다. 먼저 서울지구 학훈단 임관식 소식을 임관식 장면과 함께 전하고 있으며, 김재원 국립박물관장의 퇴임 소식도 전하고 있다. 이어서 국제 가족계획 평가 워크샵 특별 강연회가 우리나라에 열린 소식과 양지회에서 16번째로 서울 세곡동에 어린이 도서실을 만든 소식을 전하고 있다. 서울 신문회관에서는 서상린 유화전이 열려 많은 관객들이 전시를 관람했으며, 영풍전자공업에서는 전자 오르간을 완전 국산화하였다.

765-06 표어

상영시간 | 00분 05초

영상요약 | 표어 "수출상품 확대하여 민간외교 더 넓히자."

행정능률 향상 (1970년 3월 7일)

제작정보		영상정보	
출 처	대한뉴스 766호	제공언어	한국어
제 작 사	국립영화제작소	컬 러	흑백
제작국가	대한민국	사 운 드	유

영상요약

정부의 한글전용과 행정능률 향상의 일원책으로 감사원에서 한글타자 실습을 행하고 있다는 소식을 전달하는 뉴스이다. 타자 실습수업 모습과 타자기를 치고 있는 공무원들의 모습 등을 보여주고 있으며, 최경호 감사원 총무과장의 인터뷰 내용을 소개하고 있다.

내레이션

정부의 한글전용과 행정능률 향상의 일원책으로 감사원에서는 일과 후에 한글타자실습을 지난 2월 16일부터 12월 16일까지 8단계로 나누어 실시하고 있습니다. 이에 대해 감사원 총무과장 최경호 씨는 사무처 전원 사백 아홉 명이 최소한 4급 정도의 능력을 구비할 목표로 일과가 끝난 이후 타자 기술 교육을 습득해서 자기가 기안한 공문서는 적어도 자기 손으로 신속히 처리함으로써 예산과 시간을 절약하며 업무의 능률을 증진할 수 있도록 노력하고 있다고 말했습니다.

화면묘사

00:00 "행정능율향상" 자막
00:04 감사원에서 실시하고 있는 한글타자실습 수업 장면
00:07 칠판에 타자 칠 때의 손가락 위치와 모양 등의 그림을 그려 놓고 설명 중인 강사
00:11 책상 위에 타자기를 올려 두고 수업을 듣고 있는 공무원들
00:21 최경호 감사원 총무과장으로 추정되는 인물의 인터뷰 장면
00:27 타자기를 치고 있는 공무원들의 모습들
00:38 타자기의 자판을 누르고 있는 손모습을 클로즈업해서 보여주고 있음
00:45 각자 책상 위에 놓인 타자기를 치고 있는 공무원들

연구해제

우선 정부의 한글전용정책을 살펴보면, 국내에는 이미 1948년 10월에 제정된 '한글전용법'이 있었으나, 1960년대까지는 편의상 한자교육이며 한자 병용이 이뤄지고 있었다. 그러나 일부 어문정책자들에 의해 한글전용과 한자폐지 문제가 강력히 제기되었고, 1967년 10월 9일 서울대 · 고려대 · 연세대 일부 학생들이 한글전용법에서 "다만 얼마동안 필요한 때는 한자를 병용할 수 있다"는 단서를 빼달라는 '대통령께 드리는 건의문'을 발표한 것을 계기로 사태는 급변했다. 1968년 5월 박정희 대통령은 내각에 1973년을 목

표로 한 '한글전용5개년계획'을 수립하라고 지시했고, 그 직후 '한글전용5개년계획 지침'이 국무회의에서 의결되었다. 같은 해 10월 7일에는 목표연도를 1970년으로 3년 앞당기게 하는 등 강력한 '한글 전용 촉진 7개항'을 발표했다. 그중 제6항의 경우는 각급 학교 교과서에서 한자를 없애는 것이었다. 이후 이에 관련한 훈령 및 기본방침이 연이어 발표되었다.

특히 정부는 1970년 1월 1일부터 본격적인 한글전용을 단행하여, 정부의 각종 공문서 및 호적 · 등기문서 등을 모두 한글로 쓰게 했다. 정부의 한글화계획에 따라 총무처 · 법제처 · 법원행정처 등은 한글전용을 위한 각종 서식의 정리, 법령용어정비를 마쳐야 했고, 한글타자기 자판 및 규격통일안이 과학기술처에 의해 마련되어 대량생산에 들어갔다. 이러한 한글타자기의 보급과 함께 1970년 초부터 일어난 행정능률 향상 캠페인이 결합하며 본 대한뉴스 영상의 중심 내용을 이루게 된 것이다.

한글타자기의 경우는 1950년대 들어 보급되기 시작했으나, 그 체제나 모양이 다종다양하여 업무상 여러 가지 혼란을 야기하였다. 이러한 실정에 과학기술처를 비롯한 관계당국은 한글전용정책과 발맞추어 타자기자판 일원화계획을 수립하고 정부표준자판을 제정, 69년 7월 국무총리훈령으로 그 통일을 기하였다. 하지만 이후에도 한글 타자기의 글자판을 놓고 정부측의 표준판이 타자기의 생명인 속도와 능률을 등한시한 것이라는 민간 업계 반발이 이어졌고, 한글타자기 표준자판을 정하는 논란은 십여 년 이상 지속되었다.

참고문헌

「한글전용 본격적으로」, 『경향신문』, 1970년 1월 1일.

「'기계화'에 전기 타자기 수급현황과 생산계획」, 『매일경제』, 1970년 10월 6일.

「한글 기계화 시비 10년 타자기 글자판」, 『동아일보』, 1978년 10월 9일.

김창진, 「정치적으로 전개돼 온 한글전용 운동」, 『국제어문학회 학술대회 자료집』, 2009.

박진수, 「한국의 한문폐지 논쟁의 사적 고찰」, 『동방한문학』 47, 2011.

해당호 전체 정보

766-01 제51회 3·1절

상영시간 | 01분 27초

영상요약 | 제51회 3·1절 기념행사의 장면들과 동상 및 기념탑의 여러 모습들을 겹쳐서 보여주면서 삼일절 노래를 들려주고 있는 뉴스이다.

766-02 형설의 공

상영시간 | 02분 03초

영상요약 | 각 대학교에서 실시된 졸업식 및 학위수여식 소식을 관련 영상과 함께 전달하는 뉴스이다. 뉴스에서는 서울대학교, 고려대학교, 중앙대학교, 한국외국어대학교의 졸업식 소식을 전하고 있으며, 각 학교의 졸업식에서 있었던 특이한 소식들도 함께 전하고 있다. 또한 서울대학교 졸업식에 참석한 박정희 대통령은 졸업생들에게 목표를 향한 전진의 대열에 선도적 일꾼이 되어줄 것을 당부하였다.

766-03 행정 능률향상

상영시간 | 00분 49초

영상요약 | 정부의 한글전용과 행정능률 향상의 일원책으로 감사원에서 한글타자 실습을 행하고 있다는 소식을 전달하는 뉴스이다. 타자 실습수업 모습과 타자기를 치고 있는 공무원들의 모습 등을 보여주고 있으며, 최경호 감사원 총무과장의 인터뷰 내용을 소개하고 있다. 최경호는 예산과 시간을 절약하여 업무의 능률을 증진할 수 있도록 노력하고 있다고 말하였다.

766-04 쉬지않는 농촌

상영시간 | 00분 55초

영상요약 | 경상북도 금릉군의 각 마을에서 실시하고 있는 농가부업 및 미곡증산을 위한 객토작업 실시 소식을 전달하는 뉴스이다. 신용동에서는 가마니 짜기, 구야동에서는 완초벽지를 농가부업으로 실시해 수익을 올리고 있다는 소식을 전하

고 있으며, 양천동에서 객토작업을 실시한 소식을 영상과 함께 전하고 있다.

766-05 이런일 저런일

상영시간 | 03분 37초

영상요약 | 국내의 여러 가지 소식들을 전달하는 뉴스이다. 먼저 제4회 세금의 날 기념식이 열린 소식을 전하고 있는데, 이 자리에서 박정희 대통령은 세금은 경제건설의 원동력이 되고 조국 근대화의 근본이 된다고 강조하였다. 이어서 창간 50주년을 맞이한 조선일보사에서 개최한 세계신문전시회 및 농협 전국대의원 정기총회 소식을 전하고 있다. 또 향토예비군 종로경찰서에서 실내사격장을 건설한 소식과 양지회 회원들이 경기도 강화군의 향토예비군 화동중대를 위문방문한 소식을 관련 영상과 함께 전하고 있다. 끝으로 여성 디자이너들이 주최한 70년대 국민의상 발표회 소식을 패션쇼 영상과 함께 보여주고 있다.

766-06 스포츠

상영시간 | 01분 03초

영상요약 | 제51회 전국체전 동계스키대회 관련 소식을 경기 영상과 함께 전달하는 뉴스이다. 총 23개 팀, 167명의 선수들이 참가한 이 대회에서 예년보다 많은 수의 여자선수들이 참가하여 이채를 띠었다고 설명하고 있다.

766-07 표어

상영시간 | 00분 04초

영상요약 | 표어 "3·1정신 이어받아 민족중흥 이룩하자."

알뜰한 주부상 (1970년 3월 14일)

제작정보		
출 처	:	대한뉴스 767호
제 작 사	:	국립영화제작소
제작국가	:	대한민국

영상정보		
제공언어	:	한국어
컬 러	:	흑백
사 운 드	:	유

영상요약

저축을 잘하는 모범주부들의 청와대 방문 소식 및 알뜰한 주부상 시상식 소식을 전달하는 뉴스이다. 영부인 육영수는 12명의 모범주부들을 청와대로 초청해 환담을 나누고, 광목 한 필씩을 선사하였다. 여성저축생활중앙회에서는 모범주부 표창을 하였는데, 이 소식을 시상식 장면과 함께 전하고 있다.

내레이션

살림 잘하는 모범주부들이 여기 있습니다. 대통령 부인 육영수 여사는 알뜰하게 살림 잘하는 숨은 모범주부들을 청와대로 초대했습니다. 이 자리에서 육영수 여사는 모범된 이들 열 두 사람의 살림 이야기를 자상하게 묻고 들어 그 노고를 높이 찬양하고 광목 한 필씩을 선사했습니다. 이 알뜰한 주부들은 여성저축생활중앙회에서 세 번째로 뽑은 알뜰한 주부상에서 상을 받은 사람들입니다. '한 주부 한 통장 갖기 운동'을 벌이고 있는 여성저축생활중앙회에서는 매년 전국에서 숨은 모범주부들을 찾아내 표창을 하게 되는데, 이날 영예의 특상을 받아 많은 주부들의 선망의 눈길을 모은 은덕기 주부는 숫자에 근거를 둔 합리적인 가계운영으로 30년이라는 장기생활설계를 치밀하게 꾸려나가고 있습니다.

화면묘사

00:00 "알뜰한 주부상" 자막
00:03 꽃다발과 트로피를 들고 있는 한복을 입은 여성들이 서 있음
00:09 트로피를 들고 있는 여성들과 악수를 나누는 영부인 육영수의 모습들
00:17 트로피를 들고 서 있는 여성들
00:19 여성들을 향해 이야기를 하고 있는 육영수의 모습
00:26 "경축 제3회 알뜰한 주부 시상식"이라고 쓰인 현수막이 걸린 무대와 참석자들이 보이는 시상식장
00:30 단상에서 발언 중인 관계자

00:34 자리에 앉아 있는 여성 참석자들
00:43 수상자들에게 트로피와 상장 등을 수여하는 장면들. 트로피와 상장을 받은 여성들은 인사를 한 후 물러나고 있음
00:57 박수를 치고 있는 여성 참석자들

연구해제

이 영상은 1968년에 제1회 시상식을 거행한 이후 5회를 맞이하는 '알뜰한 주부상' 시상식 장면을 담고 있다. 아직 소비가 미덕이던 시절, 주부들의 근검절약을 장려하고 칭송하기 위한 정책의 일환인데, 당시 여성에 대한 의식 또한 엿볼 수 있는 영상이다.

1970년 3월 10일 개최된 알뜰한 주부상 시상식은 신문회관 강당에서 여성저축생활중앙회 회장 현기순의 주최로 재무차관 김원기, 한국은행 부총재 배수곤을 비롯하여 350여 명의 각계 여성들이 참석한 가운데 진행되었다. 우수상 7명에게는 육영수 여사가 기증한 트로피와 상금, 상장이 수여되었다. 알뜰한 주부상은 가계부기록을 성실히 기입함으로써 살림 잘하는 주부라고 인정된 자를 공모, 선발한 것이었다.

알뜰한 주부로 뽑힌 세 명의 주부는 각각 특상 저축상과 모범상 내핍상, 성실한 기록상을 수상하였다. 수상자 심사경과보고를 한 윤태엽은 "무조건 아끼고 절약하는 소극적인 방법보다 수익증가를 위해 부업에 종사하는 주부가 많아졌음은 퍽 발전적인 현상"이라고 말했다. 이어서 "한 사람 수입에만 의존하여 적은 돈에서 아껴 쓰는 데에만 그치는 것보다는 적극적이고 활동적으로 수입원에 접근하여 절약과 동시에 수입을 늘려나가야 한다"고 했다. 하지만 "대부분의 응모자들이 식생활을 지나치게 절약하여 가족의 영양을 소홀히 하는 경향이 있고, 부조금의 지출이 많으며, 가계부가 기록에만 치중하여 수입과 지출의 균형을 맞추는데 기준이 되지 않는다"고 하여 가계경제운영의 균형을 강조했다.

이날 행사에서는 가계부적기운동에 참여해온 전국가계부기입 지도학교 중에서 지도자가 우수한 학교 7개교와 기록이 우수한 학생 5명에 대한 표창식도 거행되었다. 이후 같은 해 5월 한국주부교실중앙회에서도 알뜰한 주부상 시상식이 진행되었고 지역 시부녀회에서도 알뜰한 주부상 시상식이 이뤄지는 등 가정경제에서 여성의 역할을 강조하는 행사는 계속 확대되어갔다.

이처럼 가정에서 여성의 역할이 강조되었던 것은 국가가 국내에서 자본조달의 방법으로 가정의 저축을 요구했기 때문이다. 당시 가정은 국가 생산재화의 약 60% 이상을 소비하고 있었기에 여성의 가계운영 방향이 중요한 문제였음을 알 수 있다.

참고문헌

「家計簿적기운동展開에 '알뜰한 主婦賞'마련」, 『매일경제』, 1967년 11월 14일.
「알뜰한 主婦賞 應募者를 모집」, 『매일경제』, 1972년 1월 21일.
「알뜰한 主婦賞 결정 特賞 貯蓄賞에 조병숙女史」, 『동아일보』, 1972년 3월 10일.
「'알뜰한 主婦賞' 施賞」, 『매일경제』, 1972년 3월 10일.
「"사는 재미는 貯蓄에" 알뜰한 主婦賞受賞者를 통해 본 살림」, 『매일경제』, 1972년 3월 11일.
「한국主婦教室 네 명 뽑아 표창. 검소·봉사의 主婦賞」, 『동아일보』, 1972년 5월 10일.
「貯蓄으로 資本蓄積」, 『매일경제』, 1972년 8월 28일.

해당호 전체 정보

767-01 제12회 근로자의 날

상영시간 | 01분 11초

영상요약 | 서울에서 거행된 제12회 근로자의 날 기념식 소식을 전달하는 뉴스이다. 기념식 행사장의 영상과 함께 노동자들의 여러 작업 장면을 함께 보여주고 있으며, 기념식에서 박정희 대통령은 근로자들의 꾸준한 노력이 중단 없는 경제건설과 수출목표 달성을 좌우한다고 말하고, 인내와 용기로써 계속 분발해 줄 것을 당부하였다.

767-02 알뜰한 주부상

상영시간 | 00분 59초

영상요약 | 저축을 잘하는 모범주부들의 청와대 방문 소식 및 알뜰한 주부상 시상식 소식을 전달하는 뉴스이다. 육영수 여사는 12명의 모범주부들을 청와대로 초청해 환담을 나누고, 광목 한 필씩을 선사하였다. 여성저축생활중앙회에서는 모범주부 표창을 하였는데, 이 소식을 시상식 장면과 함께 전하고 있다.

767-03 우리는 건설한다

상영시간 | 02분 19초

영상요약 | 여러 가지 건축과 관계된 소식들을 전달하는 뉴스이다. 먼저 서울 마포와 여의도를 잇는 한강대교가 준공단계에 들어섰다는 소식을 공사현장의 모습들을 보여주며 전하고 있다. 한강대교가 준공되면 차량소통이 한결 완화될 것이라고 전망하고 있다. 이어서 경기도 화성군에서 진행 중인 간척공사 소식을 전하고 있다. 갯벌을 막아 농토를 만드는 간척작업의 소식과 그 결과로 얻게 될 이득을 소개하면서 주어진 환경을 더욱 보람되게 개척정신을 발휘해서 한 치의 땅이라도 더 개척하는데 힘을 모아야겠다고 강조하고 있다.

767-04　쉬지않는 농촌

상영시간 | 01분 16초

영상요약 | 농촌에서 실시하고 있는 여러 가지 소득증대 사업들을 소개하는 뉴스이다. 경기도 파주군 다율리에서는 농가부업으로 포장용 가마니와 새끼를 생산하고 있으며, 반공시범부락으로 많은 표창을 받은 바도 있다고 소개하고 있다. 이어서 천안시 불당동에서는 비닐하우스를 만들어서 채소들을 재배하여 농가소득을 올리고 있다고 전하고 있다. 정부는 농어민 소득증대사업에 있어서 경제작물에 32억 원의 돈을 투자할 것이라고 전하고 있다.

767-05　이런일 저런일

상영시간 | 03분 32초

영상요약 | 국내의 여러 가지 소식들을 전달하는 뉴스이다. 먼저 강원도민 전진대회와 경상남도 읍·면장 교육실습 소식을 행사 영상과 함께 전하고 있다. 대한손해보험협회에 의해 배연수차와 굴절식 사다리차가 내무부에 기증되었으며, 이상향 장학회 주선으로 불우 청소년들이 서울 흥성실업고등공민학교에서 배움의 길을 걸을 수 있게 되었다. 국립현대미술관에서는 프랑스 루브르 미술관에 소장된 현대 프랑스 명화들이 전시되었으며, 영상을 통해 전시회의 모습을 볼 수 있다. 끝으로 제7회 청룡영화상 시상식 소식을 시상식 장면과 함께 전하고 있다.

767-06　월남 소식

상영시간 | 00분 50초

영상요약 | 베트남에 파병된 백마 29연대에서 실시한 백마 박쥐23호 작전 소식을 전달하는 뉴스이다. 군인들이 총을 쏘거나 이동하는 모습 등을 보여주고 있으며, 근래에 보기 드문 큰 전과를 올린 작전이었다고 전하고 있다.

767-07　표어

상영시간 | 00분 04초

영상요약 | 표어 "노사협조 다짐해서 자립경제 이룩하자."

발전하는 자동차공업 (1970년 3월 28일)

제작정보			**영상정보**		
출 처	:	대한뉴스 769호	제공언어	:	한국어
제 작 사	:	국립영화제작소	컬 러	:	흑백
제작국가	:	대한민국	사 운 드	:	유

영상요약

정부의 자동차공업 육성정책을 소개하면서 현대자동차 울산공장의 모습을 함께 보여주고 있는 뉴스이다. 울산공장에서 자동차를 생산하고 있는 여러 과정의 모습들을 볼 수 있으며, 현대자동차의 상황과 생산현황 등을 설명하고 있다. 정부는 1972년까지 자동차 완전 국산화 계획을 세우고 자동차공업 계열화를 집중보조 하게 되었다고 전하고 있다.

내레이션

70년대의 번영을 향한 교통수단인 국산자동차의 생산은 정부의 자동차공업 육성책에 따라 활발히 움직이고 있습니다. 여기는 우리나라 자동차공장 중에 하나인 현대자동차 울산공장으로 158,000여 평의 대지에 2,500여 명의 우리 기술진이 승용차를 비롯한 각종 자동차를 연간 30,000여 대씩 생산해 내고 있습니다. 현재 국내 보유 차량의 절반 이상이 15년 이상이나 노후한 차량으로, 이들의 운행은 국민보건을 해칠 뿐만 아니라 부속품, 유류 등의 낭비로 신제품 대체가 불가피한 실정입니다. 정부의 자동차공업 육성책에 따라 현대자동차공업에서는 종합자동차공장의 체제를 갖추고, 국내 기존 부분품 공장을 계열화해서 설비의 현대화는 물론 품질향상을 위한 각종 시험기구를 확보해서 고급승용차를 비롯한 *** 등 승용차를 연간 19,000대, 화물트럭 6,000대, 덤프트럭 1,500대, 버스 2,500대를 생산하고 있습니다. 그런데 정부는 72년도까지 자동차 완전 국산화 계획을 세우고, 올해 57,000여 대의 각종 차량 신제품에 따르는 기계공업 육성자금을 자동차공업 계열화에 집중보조 하게 됩니다.

화면묘사

00:00 "발전하는 자동차 공업" 자막

00:04 광장에 소형차와 버스들이 세워져 있고, 3층짜리 건물이 보이는 현대자동차 울산공장의 전경

00:14 "現代自動車株式會社(현대자동차주식회사) 蔚山工場(울산공장) HYUNDAI MOTOR COMPANY ULSAN PLANT"라고 쓰인 표지판

00:16 노동자들이 공장 내에서 자동차 생산을 하고 있는 여러 장면들
00:48 노동자들이 외관이 거의 완성된 버스와 승용차를 손질하고 있는 장면들
01:06 도장 작업 중인 모습
01:09 거의 완성된 모습의 승용차가 터널형태의 장비에서 빠져 나오고 있음
01:15 "포드20M"이라는 표지판을 달고 있는 완성된 승용차
01:18 완성된 승용차들이 길게 옆으로 늘어서 있는 모습
01:21 완성된 트럭들이 늘어서 있는 모습

연구해제

이 영상은 정부의 자동차공업 육성정책을 소개하면서 현대자동차 울산공장의 모습을 함께 보여주고 있는 뉴스이다. 한국의 자동차 산업은 6·25전쟁 이후 1955년 UN군용 폐차를 재생해 만든 '시발' 자동차로 시작 되었다. 1962년에는 자동차공업 육성계획에 따라 일본 닛산의 '블루버드' 승용차의 분해품 조립공장이 들어서 '새나라'라는 이름으로 시판되었다. 새나라 자동차는 초기에 외국인 관광용이라는 명목으로 도입되었으나 일반택시와 자가용으로 둔갑해 운행되어, 면세특혜에 외화낭비라는 비판에서 자유롭지 못했고, 군사정부 시기의 4대 의혹사건의 하나로 꼽히기도 했다. 한편 소, 중, 대형 자동차 제조업체로 인가를 받은 신진자동차(주)는 1966년 일본 도요타사와 기술제휴로 부평공장에서 '코로나' 승용차의 생산을 시작했다. 1965년에 설립된 아시아자동차공업(주)도 광주에 공장을 준공하고 이탈리아의 피아트사와 기술제휴로 1970년 1200cc급 '피아트-124'를 생산했다. 1967년 12월에는 현대자동차(주)가 울산에 설립되어 영국의 포드사와 기술, 조립에 대한 계약을 체결하고 1968년 초 첫 상품으로 '코티나'를 시장에 내놓으며 영업을 시작했다. 이로서 국내 승용차 시장은 신진, 아시아, 현대 등 3사가 각축을 벌이게 되며 승용차 대중화시대로 접어들게 되었다.

특히 영상에 등장하는 현대자동차의 경우, '뉴코티나'라는 자동차 모델로 1970년대 중반까지 승용차 시장의 80%를 차지하였다. 이탈리아 디자이너의 도움으로 1975년 한국형 승용차 '포니'의 개발에 성공, 국산차 고유모델 시대를 개막시켰다.

참고문헌

전국경제인연합회, 『한국의 자동차산업』, 1996.

해당호 전체 정보

769-01 우리는 건설한다

상영시간 | 01분 04초

영상요약 | 제주화력발전소 준공 소식을 준공식 및 발전소의 여러 모습들을 보여주며 전달하고 있는 뉴스이다. 준공식에서 박정희 대통령은 자조정신을 갖고 그 지방 주민이 할 수 있는 일에 스스로 노력하는 지방부터 지원해 주겠다고 말하였다.

769-02 이런일 저런일

상영시간 | 02분 09초

영상요약 | 국내의 여러 가지 소식들을 전달하는 뉴스이다. 먼저 많은 순이익을 올린 한국비료공업주식회사에 표창과 훈장을 수여한 소식을 전하고 있으며, 한비공장이 출근부 없는 직장으로 널리 알려져 있다는 설명을 덧붙이고 있다. 이어서 미국에서 열리는 동양의 바다 행사 홍보를 위해 방한한 호수의 여왕 아네트 테니스가 신범식 문화공보부장관을 예방한 소식을 전하고 있고, 마지막으로 무장공비를 물리친 장병들에게 훈장을 수여한 소식을 전하고 있다. 공비의 침투는 전후방이 없다는 말로써 사람들의 경계를 촉구하고 있다.

769-03 발전하는 자동차공업

상영시간 | 01분 23초

영상요약 | 정부의 자동차공업 육성정책을 소개하면서 현대자동차 울산공장의 모습을 함께 보여주고 있는 뉴스이다. 울산공장에서 자동차를 생산하고 있는 여러 과정의 모습들을 볼 수 있으며, 현대자동차의 상황과 생산현황 등을 설명하고 있다. 정부에서는 72년도까지 자동차 완전 국산화 계획을 세우고 자동차공업 계열화를 집중보조 하게 되었다고 전하고 있다.

769-04 스포츠

상영시간 | 04분 11초

영상요약 | 여러 가지 스포츠 소식들을 전달하는 뉴스이다. 국내 최초의 전천후 실내 수

영장인 태릉 국제수영장 개장 소식을 가장 먼저 전하고 있으며, 개관식 장면 및 수영장 내부의 여러 모습들을 보여주고 있다. 이어서 제41회 국제 동아마라톤대회 소식을 경기 장면과 함께 전하고 있는데, 우리나라 김차환 선수가 우승을 차지하였다. 또 고려대학과 연세대학 사이의 제5회 고연전 올스타 농구전이 열렸는데, 첫째 날과 둘째 날 모두 연세대학이 승리하였다. 끝으로 대한축구협회에서는 브라질의 플라멩고 팀을 초청하여 백호 팀과 경기를 가졌는데, 첫날 경기에서는 1 대 1 무승부를 기록하였다는 소식을 경기 장면과 함께 전하고 있다.

769-05 월남소식

상영시간 | 00분 48초

영상요약 | 베트남에 파병 중인 청룡부대에서 경로잔치를 베푼 소식을 전달하는 뉴스이다. 공연단의 공연 모습과 현지 노인들의 모습 등을 볼 수 있다. 가수 남진이 청룡부대 복무 중이라고 한다.

769-06 표어

상영시간 | 00분 04초

영상요약 | 표어 "스스로 노력하는 자조정신 더 높이자."

영친왕 서거 (1970년 5월 15일)

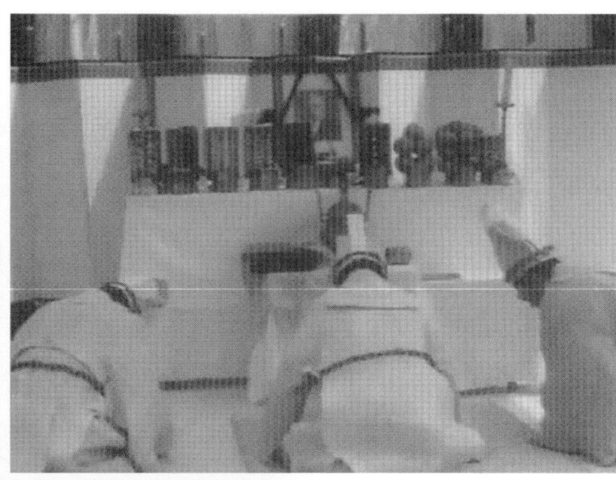

제작정보		영상정보	
출처	대한뉴스 776호	제공언어	한국어
제작사	국립영화제작소	컬러	흑백
제작국가	대한민국	사운드	유

영상요약

조선의 마지막 황태자였던 영친왕의 서거 소식과 장례식 장면을 전달하는 뉴스이다. 장례식에는 유족을 비롯한 일본황실 대표단 등 많은 사람들이 참석했으며, 영친왕은 부왕 고종의 묘소 곁에 안장되었다.

내레이션

이조 마지막 황태자 영친왕의 장례식 실황입니다. 지난 1963년 병든 몸으로 그리던 고국 땅에 왔으나, 계속 병석에 머물던 중 지난 5월 1일 운명하고 만 비운의 황태자 영친왕. 이날 장례식에는 일본 천황의 아우 다카마쓰 부처 일행 등 일본황실 대표도 참석했습니다. 열 한 살의 어린 나이로 일본국의 볼모가 돼 고국을 떠난 지 56년 만에 돌아왔지만은 흙을 밟아보지 못하고 끝내 조국을 불러보지 못한 그의 생애. 나도 자유의 몸이 됐으면 우리 농민을 위하여 일하고 싶다. 쓰라린 역사의 상처 속에서도 영친왕의 충심을 전해 듣고 애끊어 했던 수많은 동포들은 영구를 전송하면서 새삼 숙연해졌습니다. 황태자 영친왕은 부왕 고종 묘소 곁인 영원에 조용히 안장됐습니다.

화면묘사

00:00 "영친왕 서거" 자막
00:03 많은 사람들이 모여 있는 영친왕 장례식장인 낙선재
00:07 영정 사진이 놓여 있는 제단과 그 앞에서 절을 하고 있는 상복을 입은 사람들
00:11 하얀 한복을 입은 장례식 참석자들
00:14 상복을 입은 사람들이 제단 앞에서 절을 하고 있음
00:18 "일본국 황실대표"라고 쓰인 팻말 뒤에 앉아 있는 일본황실 대표단
00:21 향로에 향을 뿌리고 있는 참석자
00:24 상복을 입고 서 있는 유족들
00:28 장례식에 참석한 많은 사람들
00:31 제단과 참석자들이 보이는 장례식장 모습

00:35 장례행렬의 앞에 서 있는 만장과 영친왕의 영정을 들고 있는 유족
00:43 유족과 참석자들이 장례행렬을 이루어 걸어가고 있음
00:48 많은 사람들이 한 자리에 모여 있는 장면
00:51 커다란 태극기와 많은 만장을 세우고 거리를 지나가는 장례행렬
00:56 커다란 상여가 이동하는 장면들

연구해제

이 영상은 1970년 10월에 거행된 대한제국의 마지막 황태자 영친왕의 장례장면을 실황으로 보여주고 있다. 영상을 통해 창덕궁 낙선재 앞에 모셔진 영친왕의 빈소 주변에 모인 시민들과 해외에서 참석한 인사들, 상복을 입은 구황실가족의 모습을 볼 수 있다. 특이한 것은 일본 천황의 아우 다가마쯔 부처가 참석했다는 점이다. 일본 황실과 맺은 인연과 오랜 일본생활에 따른 것으로 보인다. 서거 후 이튿날까지 영친왕 빈소에는 정구영 의원, 극작가 이서구, 공화당의장 윤치영, 정일권 국무총리 등이 방문했다. 박정희 대통령, 윤보선 전대통령, 유진산 신민당당수 등 20여 명이 조화를, 가나야마 주한일본대사 등 70여 명은 꽃바구니를 보내왔다.

영친왕 이은은 1895년 을미사변으로 아관파천 했던 고종이 덕수궁에 환궁한 이후인 1897년 9월 25일 출생했다. 이은은 11세 되던 해인 1908년 일본에 볼모로 끌려갔는데, 한일합병을 위한 준비절차를 밟고 있던 일본이 1907년 그를 총애하던 고종을 강제 퇴위시키고 순종을 등극케 한 이듬해였다. 그는 어린 나이에 볼모가 되어 강제로 고국을 떠난 후 고종과 순종의 서거, 덕혜옹주의 대마도 종주와 강제결혼과 그에 따른 불행 등을 보면서 이씨 왕조의 몰락과 망국의 한을 느껴야 했다. 그러나 해방 이후에도 이승만의 원인 모를 거부로 환국하지 못하고 있다가 1963년 11월이 되어서야 귀국할 수 있었다. 이후 6년여 동안 성모병원에서 투병생활을 지속했는데, 일본에서 세 번째 뇌혈전증이 발병할 때 동반한 실어증을 회복하지 못하고 73세로 생을 마감했다.

이 영상은 장례장면 실황이라는 것과 겉으로 직접적으로 들어나지는 않지만 조선황실에 대한 한국 정부의 입장을 살펴볼 수 있다는 점에서 의미가 있다.

참고문헌

「최후의 皇太子 悲運의 一生 (上) 出生에서 볼모가 되기까지」, 『경향신문』, 1970년 5월 1일.

「英親王 李垠씨의 別世」, 『경향신문』, 1970년 5월 2일.

「낙선재 빈소 各界 人士들 弔文 잇따라」, 『동아일보』, 1970년 5월 2일.

「최후의 皇太子 悲運의 一生 (下) 王家破滅의 悲哀속에 永生하기까지」, 『경향신문』, 1970년 5월 4일.

해당호 전체 정보

776-01 청와대 소식

상영시간 | 01분 11초

영상요약 | 청와대의 여러 가지 소식을 전달하는 뉴스이다. 먼저 말레이시아 투왈쿠자파드 주왕이 청와대로 박정희 대통령을 예방한 소식을 전하고 있으며, 향군의 날 19주년을 맞아 전국에서 선발된 모범재향군인 36명도 청와대를 방문하였다. 또한 포터 주한미국대사가 닉슨 미국 대통령이 보낸 달 암석 기념패를 박정희 대통령에게 전달한 소식을 전하고 있다.

776-02 국회가 열리다

상영시간 | 01분 04초

영상요약 | 한 동안 휴회했던 국회가 다시 소집된 소식을 전달하는 뉴스이다. 국회로 등원하는 국회의원들과 회의장 안에서 진행되는 회의 모습 등을 보여주고 있다. 여야는 총무회담을 통해 이번 국회 회기를 30일로 하고, 대정부질의, 상임위원회별 특별국정감사, 추가경정예산안 심의, 일반안건 처리 등을 하기로 합의하였다.

776-03 영친왕 서거

상영시간 | 01분 05초

영상요약 | 조선의 마지막 황태자였던 영친왕의 서거 소식과 장례식 장면을 전달하는 뉴스이다. 장례식에는 유족을 비롯한 일본황실 대표단 등 많은 사람들이 참석했으며, 영친왕은 부왕 고종의 묘소 곁에 영원히 안장되었다.

776-04 이런 일 저런 일

상영시간 | 03분 42초

영상요약 | 국내의 여러 가지 소식들을 전달하는 뉴스이다. 문화공보부에서는 제9회 향토문화상 시상식을 가져 농어민들에게 자주, 자립정신으로 향토 개발 의욕을 고취시켰으며, 양지회에서는 재해민 구호를 위한 사랑의 열매 가두 모금을 벌였

다. 경기도에서는 청평대교가 준공되었으며, 독립운동가인 이명균 선생의 순국기념비 제막식이 진행되어 영상과 함께 그 소식을 전하고 있다. 전라북도에서는 농어민 소득 증대 특별사업의 하나로 양송이 재배가 한창이며, 신문회관에서는 해봉 서예 전시회가 열리고, 국립공보관에서는 젊은 작가들의 70년 A.G전이 열렸다.

776-05 어머니날에

상영시간 | 01분 02초

영상요약 | 어머니 마음 노래를 배경음악으로 해서 장한 어머니 시상식 영상을 보여주고 있는 뉴스이다. 시상식 장면과 함께 어린 아이들과 함께 하는 어머니의 모습, 학생이 되어 학교에서 생활을 하고 있는 아이들의 모습 등을 찍은 영상이 함께 겹쳐져서 나오고 있다.

776-06 스포츠

상영시간 | 01분 24초

영상요약 | 브라질 프로축구팀인 오라리아 팀과 한국대표 팀 간의 친선경기 소식을 전달하는 뉴스이다. 오라리아 팀과 청룡 팀 간의 경기 장면들을 보여주고 있으며, 청룡 팀이 전반에 한 골, 오라리아 팀이 후반에 한 골 씩을 넣어 1 대 1 무승부로 경기가 끝났음을 전하고 있다.

776-07 표어

상영시간 | 00분 04초

영상요약 | 표어 "어머니 은혜 생각해서 착실하게 자라자."

방직기계 국산화 (1970년 7월 18일)

제작정보

출　　처 : 대한뉴스 785호
제 작 사 : 국립영화제작소
제작국가 : 대한민국

영상정보

제공언어 : 한국어
컬　　러 : 흑백
사 운 드 : 유

영상요약

충청북도 옥천에 방직기계 제작공장이 준공되었다는 소식을 전달하는 뉴스이다. 박정희 대통령은 방직기계 생산은 섬유공업 발전과 정밀기계의 설치로 군수산업의 일익을 담당하게 되는 것이라고 중요성을 강조하고 있다. 외국 수입에 의존하던 방직기계 국산화를 통해 수입량의 감소와 해외수출도 가능하게 됐다고 설명하고 있다.

내레이션

충청북도 옥천에 방직기계 제작공장이 준공됐습니다. 준공식에 참석한 박정희 대통령은 우리나라에서의 방직기계 생산은 섬유공업 발전에 일대 전개를 가져옴은 물론 기계공업 육성에 크게 공헌할 것이라고 말하고, 이와 같은 정밀기계의 설치로 유사시에는 방직기계뿐만 아니라 총포류도 만들 수 있는 군수산업의 일익을 담당할 수 있게 될 것이라고 말했습니다. 착공 5년 만에 20만 평방미터의 부지에다 준공을 보게 된 이 공장에는 완전 자동의 주물시설과 공작기계시설을 갖추어 지금까지 외국 수입에만 의존해왔던 방직기계를 국산화함으로써 외국으로부터의 수입량을 줄이고 해외수출도 할 수 있게 됐습니다.

화면묘사

00:00 “방직기계 국산화” 자막
00:04 낮은 건물 여러 채가 세워져 있는 공장의 모습
00:08 “축 배창방기공업주식회사 옥천공장 준공”이라는 글이 쓰여 있는 단상
00:11 태극기를 들고 있는 사람들을 비롯한 노동자들이 줄지어 서 있음
00:13 단상에서 발언 중인 박정희 대통령
00:19 하얀 제복을 맞춰 입은 참가 여성들
00:22 공장을 둘러보며 이동하는 박정희 대통령 부부를 비롯한 일행
00:28 공장 건물의 입구 부분
00:31 박정희 대통령 부부의 테이프 커팅

00:34 관계자의 설명을 들으며 공장 내부를 둘러보는 박정희 대통령 부부
00:38 공장 내 시설물의 모습
00:43 허리를 숙여 무언가를 살펴보고 있는 박정희 대통령
00:45 자동화 벨트를 통해 무언가가 이동되고 있는 장면
00:49 관계자의 설명을 들으며 공장의 시설을 둘러보고 있는 박정희 대통령 부부
00:53 노동자가 기계를 다루고 있는 모습을 지켜보고 있는 박정희 대통령 부부
00:59 공장 내에서 노동자들 작업 중인 여러 장면들

연구해제

이 영상은 국내 최초로 충북 옥천에 방직기계를 배창방기공업주식회사가 설립되었다는 것을 홍보하는데, 그 준공식에 대통령 부부가 참석하여 치사를 할 정도로 정부의 관심이 지대했다는 것을 알 수 있게 해준다.

아직 중공업이 발달하기 이전, 남한에서의 섬유산업은 1950년대부터 공업의 근간을 이루는 분야였다. 하지만 섬유 생산에 가장 중요한 도구인 대규모 면방직 기계, 모방직 기계, 견직 기계 등은 거의 전부가 차관이나 외국에서 수입하여 설치한 것이었다. 이는 한국 기계공업의 전반적 낙후성을 반영하는 것으로 이 분야도 예외가 아니었음을 보여준다.

그런 와중에도 중소형 섬유기계가 국내생산을 개시한 것은 1961년부터였다. 당시 기계의 성능은 조잡하여 수요자로부터 큰 환영을 받지 못하였으나 1960년대 중반부터 점차 기술이 향상되어, 1960년대 후반부터는 부분품 40%를 수입하고 60% 이상의 국산원자재를 사용한 직기류를 생산하여 국내 시장의 새로운 상품으로 각광받기 시작하였다.

당시 국내 직기제조 회사에는 배창공업과 승리기계공업이 있었다. 특히 이 대한뉴스 영상에 등장하는 배창공업의 경우 주로 견직기를 생산하며, 베트남을 비롯한 동남아 제국에까지 수출도 하는 성과를 올렸다. 이를 발판으로 배창공업 정순조 사장은 아직 국내에서 국산화하지 못한 방직기 제작공장 설립을 추진했다. 그 성과로 1965년 12월 서독으로부터 장기산업차관에 의한 시설도입계약 체결에 성공하였고, 외자 3억 9,560만 원과 내자 8억 7,200만 원을 재원으로 방직기계 공장을 착공했다.

그 결과는 이 대한뉴스 영상의 준공식 소식에 등장하듯, 배창방기공업주식회사라는

명칭으로 충남 옥천에 1만 평 규모의 방직기계 공장을 신설한 것이었다. 공장의 시설은 연간 스핀돌 6만개, 돕암 2만 4,000개, 조방기 60개, 정방기 60개 등 많은 방직기계 생산이 가능한 규모였다. 또한 영상 속 박정희 대통령의 준공식 치사에서도 드러나듯 2차 경제개발계획의 주요목표인 기계공업 육성의 일환으로는 물론, 1960년대 후반부터 추진케 된 방위산업 육성의 차원에서도 기대를 한 몸에 받았다. 무엇보다 외국 수입에 의존하던 방직기계 국산화를 통해 해당기계 수입량의 감소와 해외수출도 가능하게 된 점이 높게 평가받았다.

하지만 서독의 차관자금으로 지어진 이 공장은 얼마 못가 경영부실과 운영자금 부족으로 차관 이자와 대금을 제대로 갚지 못하는 지경에 이르렀다. 1970년 11월부터 배창방기는 대표적인 대불 발생 차관기업체로 신문지상에 이름을 올렸다. 결국 배창방기는 1972년 7월 정부의 23개 부실기업정리대상으로 선정되었고, 그 결과 공매처분 및 경영주 교체를 강제당하며, 농수산물 수출입 및 사료제조판매 업체인 원풍산업(대표 이상순)에 인수되었다.

이 영상 속의 배창방기공업주식회사는 원대한 계획과 관심 속에 출발했던 주요 차관기업체들이 부실기업으로 전락하고 이후 정리되는 과정을 보여주는 대표적인 사례인 것이다.

참고문헌

「국산화비율 실태(4) 섬유기계」, 『매일경제』, 1969년 9월 25일.
「박대통령 "유사시엔 총포생산"」, 『경향신문』, 1970년 7월 4일.
「차관업체 대불 16억」, 『매일경제』, 1970년 11월 19일.

해당호 전체 정보

785-01 방직기계 국산화

상영시간 | 01분 10초

영상요약 | 충청북도 옥천에 방직기계 제작공장이 준공되었다는 소식을 전달하는 뉴스이다. 박정희 대통령은 방직기계 생산은 섬유공업 발전과 정밀기계의 설치로 군수산업의 일익을 담당하게 되는 것이라고 중요성을 강조하고 있다. 외국 수입에 의존하던 방직기계 국산화를 통해 수입량의 감소와 해외수출도 가능하게 됐다고 설명하고 있다.

785-02 잘사는 농촌을

상영시간 | 02분 12초

영상요약 | 잘 사는 농촌을 만들기 위해 노력하고 있는 사례들을 소개하는 뉴스이다. 먼저 온 가족이 분업화 한 영농을 함으로써 많은 수익을 올리고 있는 강원도 춘천의 한도령 가정을 소개하고 있다. 이어서 경상북도 박하협동조합에서 수세미 벽지를 생산하여 수출을 하고 있는 소식과 병충해를 예방하여 미곡 증산을 계획하고 있는 전라남도의 소식을 전하고 있다.

785-03 이런일 저런일

상영시간 | 03분 57초

영상요약 | 국내의 여러 가지 소식들을 전달하는 뉴스이다. 먼저 톨버트 리베리아 부통령의 청와대 예방 소식과 제1회 중앙행정기관 대항 타자 경연대회 소식을 관련 영상과 함께 전하고 있다. 서울 원자력연구소에서는 부인암 검진 이동사업반이 시무식을 가졌는데, 정부의 암 조기진단사업계획으로 실시된 이동검진차는 국민보건향상을 돕게 된다고 설명하고 있다. 이어서 YWCA에서 버들캠프장을 마련한 소식과 미국의 섬유류 수입제한 법안을 반대하는 전국 섬유산업인 궐기대회 소식을 전하고 있으며, 곽계정 창작공예전 소식도 전시회 영상과 함께 전하고 있다. 끝으로 대한방직협회에서 주최하는 면직물 패션쇼 소식을 패션쇼 영상과 함께 전하고 있는데, 면제품 수입을 통해 많은 외화를 획득하

고 있다고 설명하고 있다.

785-04 월남소식

상영시간 | 01분 38초

영상요약 | 여러 가지 해외소식을 전달하는 뉴스이다. 베트남에서는 참전국 외상회의가 열렸으며, 공산권의 위협에 공동 대응하기로 합의를 하였다. 또 캄보디아에 한국 대표부가 설치되었다는 소식도 함께 전하고 있다.

785-05 스포츠

상영시간 | 01분 01초

영상요약 | 제25회 전국 남녀종별 농구선수권대회 소식을 전달하는 뉴스이다. 남자 고등부 결승전인 경복고와 대경상고 간의 경기 장면을 보여주고 있으며, 이 경기에는 경복고등학교가 승리하여 우승을 차지했다.

785-06 표어

상영시간 | 00분 04초

영상요약 | 표어 "파리 모기 잡아서 전염병을 예방하자."

잘사는 농촌을 (1970년 7월 25일)

제작정보		영상정보	
출 처	대한뉴스 786호	제공언어	한국어
제 작 사	국립영화제작소	컬 러	흑백
제작국가	대한민국	사 운 드	유

영상요약

여러 농촌에서 잘 살기 위해 노력하는 모습들을 소개하는 뉴스이다. 대학생 봉사활동연합회는 여름방학을 맞아 농촌 봉사활동을 벌이고 있으며, 건국대학교 학생들의 봉사활동 모습을 통해 여러 가지 활동을 벌이고 있음을 소개하고 있다. 경기도 이천군 나래국민학교에서는 어린이들 스스로 특수작물을 재배하여 많은 수익을 올려 무상교육은 물론, 시설면의 발전에도 도움이 되고 있다고 전하고 있다.

내레이션

금년도에 처음으로 결성된 대학생 봉사활동연합회에서는 여름방학을 이용해서 전국 농촌에 봉사활동을 벌이고 있습니다. 건국대학교 봉사대원 338명은 경상북도 월성지구 아홉 개 부락을 찾아다니며 10일간의 봉사활동을 시작했습니다. 이들 대원들은 근로봉사반, 교육봉사반, 수해복구반 등으로 나뉘어 일손이 모자라는 농민을 돕는가 하면은, 농촌 깊숙이 찾아 들어 문패가 없는 집을 찾아다니며 문패를 달아주고, 우편번호 가정법도 가르쳐주어 많은 농촌사람들의 찬사를 받았습니다.

여기는 또 경기도 이천군에 있는 나래국민학교. 국민학교 어린이들이 창의와 협동정신으로 학교 주변에 수익성이 높은 특수작물을 재배, 잡부금은 물론 육성회비를 내지 않고도 공부할 수 있는 자주정신을 기르고 있습니다. 나래국민학교는 박윤술 교장선생을 비롯한 여덟 명의 직원과 382명의 어린 학생들이 3년 전부터 향나무, 화양목, 관상목을 가꾸기 시작, 이제 시가 1,000,000원 어치에 달하는 관상목을 가꾸고 있습니다. 71년부터 연간 2,000,000원의 수익을 올리게 되므로 학생들의 완전 무상교육은 물론 시설면에도 많은 도움이 돼 전국 교육계에 크게 화제가 되고 있습니다.

화면묘사

00:00 "잘 사는 농촌을…" 자막
00:04 지게를 지고, 포대를 이용해 흙을 나르고 있는 봉사대원들의 모습들
00:17 돌을 나르고 땅을 다지는 작업 장면들
00:22 "건국대학교 (…)"라고 쓰인 현수막이 걸린 동사무소 건물 앞에 모여 있는 사람들
00:25 발언 중인 관계자
00:26 문패를 달아주는 봉사대원들과 문패가 달려진 모습
00:36 문패와 공구를 들고 다음 집으로 들어가는 봉사대원들
00:41 많은 어린이들이 학교로 걸어가고 있는 모습. 교복으로 보이는 같은 모자와 옷을 입고 있음

00:45 "나래국민학교"라고 쓰인 팻말

00:47 교실에서의 수업 장면. 선생님의 설명을 듣고 무언가를 만들고 있음

00:55 "어린이 협동조합"이라고 쓰인 건물로 어린이들이 들어가고 있음

00:59 우리 속의 토끼에게 먹이를 주고 있는 어린이

01:04 "2호 묘포장"이라고 쓰인 표지판과 그곳에서 작물을 돌보고 있는 어린이들의 여러 모습들

01:31 땅에 심겨진 작물들

연구해제

1970년 문교부는 전국대학생 연합봉사단을 조직했다. 하계 및 동계 방학기간을 이용하여 대학별로 산만하게 이루어지던 대학생들의 방학 중 봉사활동을 보다 능률적이며 효과적으로 수행할 수 있도록 대학 연합 조직을 구성한 것이다. 이 봉사단은 "전국 대학생 연합체 활동으로 봉사활동을 효율적으로 실시하며 지도교수 책임하에 1교 1군을 계속 개발하도록 하는 동시에 군, 관, 민의 연계 개발사업으로 추진하고 문제점의 발굴 및 해결을 도모 한다"는 기본 방침 아래 각 대학이 윤번제로 회장단이 되어 주관 시행하도록 하였다. 연합 봉사단의 총장은 해당 년도의 회장교의 총장이 맡았으며, 회장이 지정하는 사람이 사무국장이 되었다. 또한 각 대학의 교수들을 모아 중앙지도위원회를 구성하였으며, 여기에서 결정된 사항들을 연합 봉사단이 집행하도록 하였다.

이 영상에서 볼 수 있는 1970년도 제1회 전국 대학생 연합 봉사활동은 건국대학교가 연합회장교가 되어 추진되었으며, 총 119교 10,202명이 참가하였다. 이들은 1,271만 1,500원의 국고 지원을 포함하여 총 4,203만 8,500원의 자금을 가지고 각종 봉사활동을 전개하였다. 문교부는 대학생 봉사대원들에게 철도 50% 할인, 의약품 기증수납, 현지 교통편의, 활동자재 등을 지원해 주었으며, 문교부의 산하기관에서 봉사대원의 안전관리 등을 담당해주었다. 또한 봉사대원들은 일반근로봉사활동, 의료봉사, 현장교육봉사활동, 기술봉사활동, 근로청소년 학교 봉사활동 등의 활동을 하였다. 가장 많은 인원이 동원되었던 것은 일반근로봉사활동 부문이었고, 현지 주민들에게 가장 많은 환영을 받았던 것은 의료봉사와 교육봉사 부문이었다.

영상 속 학생들은 수로를 만들고 문패를 달아주는 일을 하고 있다. 정부에서는 대학

생들이 이러한 농촌 봉사활동을 통해서 향토 개발의 의욕을 고취하기를 기대했고, 또한 봉사활동을 통해 전국의 취역지구의 개발을 촉진 시킬 수 있을 것을 기대했다. 그렇지만 현실 속 대학생 봉사활동은 농촌 지역에서 전적으로 환영받지는 못했다. 대학생들의 농업 기술력이 부족하여 농사일에 차질을 주는 일도 빈번했으며, 농민들을 고압적인 태도로 계몽하려 하여 빈축을 사기도 했기 때문이다. 이러한 부분들은 영상에서 보여주지 못하는 그 시대의 단면일 것이다.

참고문헌

박호근,『한국 교육정책과 그 유형에 관한 연구(1945~1979)』, 고려대학교 박사학위논문, 2000.

奉仕活動10年史編纂委員會,『大學生奉仕活動十年史』, 1982.

해당호 전체 정보

786-01　한 · 일 각료회담

상영시간 | 01분 08초

영상요약 | 서울 조선호텔에서 열린 제4차 한 · 일 정기 각료회의 소식을 전달하는 뉴스이다. 연 3일 동안 두 나라 대표는 더욱 협력할 것을 다짐하고, 한국의 경제개발을 지원한다는 내용의 28개 항으로 된 공동성명을 발표하였다.

786-02　제주도 소식

상영시간 | 01분 23초

영상요약 | 제주도의 수자원 부족 문제 해결을 위한 활동들이 이루어지고 있는 소식을 전달하는 뉴스이다. 박정희 대통령이 손수 그렸다는 식수문제 해결을 위한 구상도의 모습을 볼 수 있으며, 저수지와 수원지, 수로 등을 만든 모습도 볼 수 있다. 이런 시설들이 완성되면 생활용수와 산업용수를 해결할 수 있으며, 그전까지 제주도는 특수한 지질과 불리한 지형관계로 수자원이 극히 부족했다고 설명하고 있다.

786-03　잘사는 농촌을

상영시간 | 01분 34초

영상요약 | 여러 농촌에서 잘 살기 위해 노력하는 모습들을 소개하는 뉴스이다. 대학생봉사활동연합회는 여름방학을 맞아 농촌 봉사활동을 벌이고 있으며, 건국대학교 학생들의 봉사활동 모습을 통해 여러 가지 활동을 벌이고 있음을 소개하고 있다. 경기도 이천군 나래국민학교에서는 어린이들 스스로 특수작물을 재배하여 많은 수익을 올려 무상교육은 물론, 시설면의 발전에도 도움이 되고 있다고 전하고 있다.

786-04　이런 일 저런 일

상영시간 | 02분 45초

영상요약 | 국내의 여러 가지 소식들을 전달하는 뉴스이다. 먼저 제15회 학 · 예술원상 시

상식 소식을 시상식 장면과 함께 전하고 있으며, 문화공보부에서 주최한 생활문화 세미나 소식도 전하고 있는데, 세미나 주제는 생활문화의 향상은 생활의 합리화에 있다는 것이었다. 대구에서는 영남 텔레비전 방송국이 새롭게 개국했으며, 문화공보부에서는 미 제7사단에서 한국을 올바르게 인식시키기 위한 간담회를 진행하였다. 또 서울 YMCA 다락원 캠프장에서는 제1회 동북아시아 CA 대학생 캠프가 열렸으며, 한국구화학교에서는 제9회 개교기념예술제가 열려, 학생들의 다양한 공연 모습들을 보여주고 있다.

786-05 어린이도 저축을

상영시간 | 01분 19초

영상요약 | 어린이들의 저축을 장려하고 있는 내용의 뉴스이다. 은행창구에 몰려 저축을 하고 있는 많은 어린이들의 여러 모습들을 보여주고 있으며, 많은 금액을 저축한 어린이의 예도 소개하고 있다. 귀여운 자녀들에게 저축하는 마음부터 가르쳐야겠다고 권유하고 있다.

786-06 월남소식

상영시간 | 01분 06초

영상요약 | 베트남에서의 소식들을 전달하는 뉴스이다. 다낭시에 세워진 기술훈련소에서는 5기생 입소식을 가졌으며, 3개월 마다 60여 명의 기술자를 양성하고 있다. 또 비둘기부대가 준공한 한국인교포가옥 입주식 소식을 전하고 있으며, 우리 교포들이 자립해 살 수 있는 보금자리를 마련해 주었다고 설명하고 있다.

786-07 표어

상영시간 | 00분 03초

영상요약 | 표어 "수해대책 지원하여 국토를 보존하자."

어린이회관 준공 (1970년 8월 1일)

제작정보		영상정보	
출　　처	대한뉴스 787호	제공언어	한국어
제 작 사	국립영화제작소	컬　　러	흑백
제작국가	대한민국	사 운 드	유

영상요약

어린이회관 개관 소식을 전달하는 뉴스이다. 서울 남산에 세워진 어린이 회관의 내외부 모습들을 보여주고 있으며, 전시물들의 모습, 농구경기, 수영대회 장면 등을 보여주고 있다. 또 꼭대기의 원형 전망대는 1시간에 1바퀴씩 회전을 하며, 서울을 내려다 볼 수 있다고 설명하고 있다.

내레이션

자라나는 새싹들의 꿈과 희망의 전당, 어린이회관이 1970년 7월 25일 개관됐습니다. 69년 어린이날을 기해 육영재단이 서울 남산 중턱에 지하 1층 지상 18층으로 착공, 1년 2개월 만에 연 건평 3,700평에다 먼 옛날 우리 조상들이 남긴 값진 문화재 모형에서부터 발전하는 조국의 참모습들을 한 눈으로 볼 수 있도록 전시한 종합전시실을 비롯해서 각종 운동경기를 할 수 있는 실내체육관과 실내수영장, 그리고 과학실, 음악실, 극장 등 여러 가지 시설을 마련하기까지 대통령 부인 육영수 여사는 기회 있을 때마다 공사장에 나와 시설물 하나 하나에 이르기까지 마음을 쓰셨습니다. 한꺼번에 3,000여 명을 수용할 수 있는 이 어린이 회관이 개관하던 날, 1, 2, 3층에 자리 잡고 있는 체육관에서는 농구를 비롯한 체육대회가, 그리고 수영장에서는 수영대회가 있었고, 예능잔치는 4, 5층에 있는 무지개 극장에서 베풀어져 뻗어가는 한국 어린이들의 씩씩한 기상을 마음껏 펼쳐 보였습니다. 그런데 17층 꼭대기에 있는 회전식 원형 전망대는 한 시간마다 한 바퀴씩 주기적으로 돌게 돼, 서울의 전경을 한 자리에서 볼 수 있게 돼 있습니다.

화면묘사

00:00 "어린이회관 준공" 자막
00:04 완공된 어린이 회관의 모습
00:09 꼭대기에 둥근 전망대가 있는 어린이 회관 건물. 그 앞에는 "어린이 회관 개관"이라 쓰인 조형물들이 세워져 있고, 개관식에 참석한 사람들이 모여 있음
00:17 영부인 육영수를 비롯한 관계자들의 비석 제막
00:24 육영수의 테이프 커팅
00:29 어린이 회관 내부를 둘러보는 육영수
00:34 어린이 회관에 전시된 거북선 모형
00:36 관계자의 이야기를 듣고 있는 박정희 대통령
00:39 이순신 장군 상, 불국사 모형 등의 전시물들

00:48 벽에 달린 버튼을 눌러보는 박정희 대통령
00:51 계단을 걸어 내려가는 박정희 대통령 부부와 일행
00:58 실내체육관으로 입장하는 박정희 대통령 부부
01:02 어린이 선수들의 입장
01:06 육영수 여사가 공을 던지고, 농구경기를 시작하는 어린이 선수들
01:10 박수를 치며 경기를 관람하는 사람들
01:15 어린이들의 농구경기 장면들
01:21 육영수 여사의 신호로 시작하는 수영경기 장면들
01:30 수영경기를 지켜보는 박정희 대통령 부부
01:41 전망대를 통해 서울 시내를 보고 있는 박정희 대통령과 서울 시내의 모습

연구해제

1970년 7월 25일 개관한 어린이회관에 관한 영상이다. 남산에 자리 잡은 어린이회관은 지하 1층에서 지상 18층까지 있는 대형 건물로, 체육관과 실내수영장, 어린이극장, 종합전시실, 천체과학실 등의 첨단시설을 갖추었으며, 당시에는 아시아 최대 규모를 자랑하였다. 재단법인 육영재단에서 1969년 어린이날을 기해 공사를 시작해, 600평의 대지에 총 연건평 3,700평, 공사비 6억 원을 들여 완공했다. 규모가 큰 만큼 한꺼번에 3,000명을 수용할 수 있을 정도의 규모였다.

어린이 교육에 필요한 여러 시설들을 갖춘 어린이회관에 대해 당시 『동아일보』에서는 "어른들의 무관심 속에서 오랫동안 버려진 채 마구 자라던 한국의 어린이"들이 "마음껏 뛰놀고 공부할 수 있는 시설과 환경이 마련되었다"고 긍정적인 평가를 내리고 있다. 당시 정부는 서울을 중심으로 한 어린이들에게만 특혜가 주어지는 것을 감안하여 지방 어린이들을 위한 계획도 밝혔으며, 이후 1974년 이후부터는 부산, 대구, 춘천 등지에 어린이회관이 개설된다.

남산의 어린이회관은 개관한 이래 1973년 말까지의 3년 반 동안 328만 9,845명의 어린이가 방문한 것으로 집계되었다. 하루 평균 3,000명 이상의 학생들이 방문한 셈이다. 행정적인 통계로 환산했을 때 상당한 성과를 거두었다고 볼 수 있다. 그렇지만, 이러한 어린이회관을 지었다고 하여 어린이들이 갑자기 존중을 받고 행복하게 성장할 수 있는 것

은 아니다. 어린이회관을 상용할 수 있는 학생들은 극히 일부에 그쳤을 뿐이며, 대부분은 한번 구경하는 정도에 지나지 않았다. 또한 박정희 정권의 교육정책은 아동에 대한 정책 없이 그저 충과 효를 강조하며 국가에 충성을 다할 수 있는 어린이로 자라기를 요청하는 것뿐이었다. 화려한 어린이회관보다 더 절실한, 집이나 학교 근처에서 절대 다수의 어린이들이 즐길 수 있는 시설은 턱없이 부족했다.

막대한 예산을 투입하여 건축한 남산의 어린이회관은 1974년 7월 15일까지만 운영되고, 이후 국립도서관에 이양되었다. 어린이회관은 1975년 10월 서울시 능동의 어린이대공원 옆에 새 건물을 마련하여 다시 개관하였다.

참고문헌

「동심의 전당 어린이 회관 25일 개관」, 『동아일보』, 1970년 7월 24일.
「동심의 낙원 어린이회관을 방방곳곳에」, 『경향신문』, 1970년 8월 5일.
「돈만 삼킨 어린이회관 오락기구」, 『동아일보』, 1973년 11월 28일.
권형진, 「박정희 정권의 아동정책 '읽어내기'」, 『입법정책』 2-2, 2008.

해당호 전체 정보

787-01 어린이회관 준공

상영시간 | 01분 50초

영상요약 | 어린이회관 개관 소식을 전달하는 뉴스이다. 서울 남산에 세워진 어린이회관의 내외부 모습들을 보여주고, 전시물들의 모습, 농구경기, 수영대회 장면 등을 보여주고 있다. 또 꼭대기의 원형 전망대는 1시간에 1바퀴씩 회전을 하며, 서울을 내려다 볼 수 있다고 설명하고 있다.

787-02 이런 일 저런 일

상영시간 | 05분 08초

영상요약 | 국내의 여러 가지 소식들을 전달하는 뉴스이다. 먼저 1970년도 국방대학원 및 합동참모대학 졸업식 소식을 전하고 있는데, 박정희 대통령은 졸업식에서 자주적 역량의 구축과 주체의식의 확립이 선행될 것을 당부하였다. 대성목재 월미도 합판공장이 준공되어 생산량과 수출이 매년 증가하고 있다는 소식과 서울시 경찰국의 의용소방대 단합대회 소식을 관련 영상과 함께 전하고 있다. 또 과학세계사에서 개최한 제1회 전자기기 조립 및 수리 경연대회 소식과 종로경찰서에서 진행한 모범고등학생 일일학생경찰관 임명 소식, 전라북도 도내 취약지구 행정전화 가설 소식도 전하고 있다. 끝으로 숙명여자대학교와 전국 대학생 연합 봉사활동반의 봉사활동 소식을 관련 영상과 함께 전하고 있다.

787-03 월남소식

상영시간 | 00분 47초

영상요약 | 새한칼라 김종양 사장 등 3명이 베트남 정부로부터 훈장을 받은 소식을 전달하는 뉴스이다. 새한칼라는 많은 베트남인 사진기사를 양성하고 외화도 많이 벌어들이고 있다고 설명하고 있다.

787-04 스포츠

상영시간 | 00분 59초

영상요약 | 한국, 일본, 브라질 3개국 여자배구대회 소식이다. 동일방직 팀과 파우리스타 팀 간의 경기장면을 보여주고 있으며, 동일방직이 3 대 1로 승리, 국세청이 일본 후지 팀을 3 대 0으로 이겼다는 소식을 전하고 있다.

787-05 표어

상영시간 | 00분 04초

영상요약 | 표어 "산을 가꾸어 수해를 예방하자."

10월 1일은 인구 및 주택조사 (1970년 9월 19일)

제작정보		영상정보	
출처	대한뉴스 794호	제공언어	한국어
제작사	국립영화제작소	컬러	흑백
제작국가	대한민국	사운드	유

영상요약

당시 1970년 10월 1일로 예정되었던 총인구 및 주택조사를 홍보하는 영상이다. 거리를 분주히 오가는 인구와 도시 및 농촌의 주택가, 총인구 및 주택조사를 홍보하는 거리 현수막과 포스터, 통계 관련 기관에서 전자기기를 이용하여 통계수치를 입력하고 처리하는 모습, 통계조사원이 가정을 방문하여 조사를 수행하는 장면 등을 보여주고 있다.

내레이션

정부에서는 10월 1일을 기해 전국적으로 일제히 총인구와 주택조사를 실시하게 됐습니다. 우리나라에 상주하는 사람과 주택에 대한 이 조사는 1960년에 이어 10년 만에 실시되는데 인구에 대해서는 성별, 연령, 교육 정도, 거주이동 상태, 경제활동 상태 등 열일곱 개 항목으로 국민 한 사람 한 사람씩 조사하게 되고 주택상으로는 주택의 구조, 규모, 소유관계, 문화시설 등을 조사하게 됩니다. 이 조사에서 과거 10년간에 인구와 주택의 변동추세를 전국 시, 도, 구, 군, 동, 읍, 면 단위로 명확히 파악하게 되고 번영의 70년대를 향한 새로운 이정표를 설정하기 위한 국가의 정치, 경제, 사회, 문화, 교육, 보건, 후생 등 제반 정책수립에 필요한 기초자료를 얻는 중요한 기본 통계조삽니다. 이러한 나라살림의 기초자료를 마련하기 위한 총인구 및 주택조사는 통계목적 이외의 사용은 통계법에 강력히 금지되어 있습니다. 조사원이 가정에 대해서 질문하는 사항에 대해서는 안심하고 거짓 없이 답변하여 국민 여러분의 특별한 관심과 협조가 있어야 하겠습니다.

화면묘사

00:00 자막 "10월 1일은 인구 및 주택조사"
00:03 많은 남녀 시민들이 거리를 오가는 장면
00:11 많은 단독주택이 들어선 주택가를 여러 화면으로 보여줌
00:17 거리를 가득 메운 많은 남녀 시민들
00:23 여러 초가집들로 구성된 농촌의 마을을 다양한 각도에서 촬영함

00:28 여러 시민들이 거리를 지나다님

00:33 몇몇 주민들과 차량이 오가는 한적한 주택가 골목

00:37 여러 빌딩들이 들어선 서울 시가지의 전경

00:48 많은 차량들이 오가는 도심의 거리 위 육교에 걸린 현수막 "10월 1일 총인구 및 주택조사"

00:51 통계 관련기관으로 보이는 사무실에서 많은 수의 여직원들이 타자기를 이용하여 통계수치를 입력하는 다양한 모습들

00:55 타자기로 통계수치를 입력하고 있는 여직원의 얼굴 클로즈업

00:59 통계수치를 입력하고 있는 여직원들의 여러 근무 장면들

01:08 많은 불빛이 점멸하는 통계 관련 기기를 쳐다보는 여직원

01:13 도트 프린터에서 인쇄물이 출력됨

01:16 자기 테이프가 돌아가는 모습

01:20 두 명의 직원들이 통계 관련 기기들이 설치된 실내에서 근무하고 있음

01:23 총인구 및 주택조사와 관련된 2장의 포스터. 두 포스터 모두 "총인구 및 주택조사 1970. 10. 1 경제기획원"이라는 문구와 함께 인구 혹은 주택을 상징하는 삽화가 그려져 있음

01:26 통계조사원이 한옥의 대문을 열고 들어와 한복을 입은 여주인과 인사함

01:38 통계조사원이 여주인과 대화하며 노트에 질문사항을 기록하는 여러 가지 모습들

01:55 거리를 분주히 오가는 차량과 시민들

연구해제

1970년도 10월 1일 실시되는 인구 및 주택조사에 대한 홍보영상이다. 영상에는 거리의 인파와 농촌, 도시 주택 · 빌딩에 대한 모습과 도심 육교의 "10월 1일 총인구 및 주택조사"라고 쓰여 있는 홍보물이 부탁되어 있는 모습, 통계청 공무원들이 인구자료를 입력하는 장면, 인구 및 주택조사에 대한 경제기획원 홍보포스터, 인구조사원이 가정을 방문하여 자료를 조사하는 장면이 포함되어 있다. 내레이션을 통해 이 조사 자료는 통계목적 이외 사용을 금지함과 동시에 조사에 대한 국민의 관심과 협조를 요청하고 있다.

1970년에 실시된 전국 총인구 및 주택조사는 1960년 국세조사에 이어 10년 만에 실시

되는 조사였다. 이 조사는 1960년을 결산하고 1970년대의 한국의 미래상을 설계하기 위한 기본 데이터로 사용되었다. 구체적으로 조사 방법을 보면, 전국을 8만 구역으로 나누어 1구역 당 약 70가구에 1명씩의 조사원을 배치하여 31개 항목을 조사하였다. 아울러 시군 단위가 아니라 읍·면·동 단위로 집계로 세분화하고, 가구 구성에서는 핵가족화 과정을 분석할 수 있게 하였다. 특히 인구이동과 경제인구를 파악하기 위한 출생지 이외의 거주지 상황, 경제활동상태에 중점이 주어졌다. 이를 통해 인구 증가율, 인구의 과밀 내지 과소상태, 주택, 교통, 산업, 후생, 보건, 문화, 교육 등 모든 분야에 걸쳐 그 현황을 파악할 수 있도록 진행되었다.

박정희 대통령은 9월 14일, 전국적으로 실시되는 총인구 및 주택조사에 관한 국민의 관심과 협조를 요청하는 담화를 발표했다. 이 영상 또한 그러한 일환에서 제작되었을 것이다. 이 조사를 통해 얻어지는 인구 가구 및 주택의 동태와 사회적 경제적 실정이 국정에 새로운 수립할 정책의 근거로 활용될 것이기 때문이다.

실제로 1970년 조사결과를 통해 도시인구 집중현상과 농촌의 과소현상이 명확하게 파악되었고, 이것은 이후 도시계획 및 지역개발계획에 활용되었다. 당시 서울은 4년 동안 무려 45.6%의 인구증가율을 보였는데, 이 조사를 통해 기존 도시개발정책에 문제점을 확인할 수 있었다. 이 조사결과는 도시계획뿐만 아니라 지난 가족계획사업과 주택정책을 평가하는 자료로 활용되었다.

참고문헌

「朴대통령, 70년대의 새里程標설정」, 『경향신문』, 1970년 9월 14일.
「由來 및 他國例 百餘國이 同時실시」, 『동아일보』, 1970년 9월 28일.
「用途와 特徵 項目다채·細分化」, 『동아일보』, 1970년 9월 28일.
「總人口·住宅調査의 意義」, 『경향신문』, 1970년 9월 29일.
「「都市비대증」 加速化 市邑面센서스로 밝혀진 人口動態」, 『동아일보』, 1971년 7월 20일.

해당호 전체 정보

794-01 청와대 소식

상영시간 | 01분 13초

영상요약 | 각국 인사들의 청와대 방한소식을 전달하는 뉴스이다. 카마라 감비아 외상은 방한을 통해 한국의 발전상을 보고, 아프리카 우방국가들에 대해서도 한국을 인식시키고 지지하도록 권고하겠다고 말하였다. 이어서 비바리오 벨기에 통합참모총장의 방한소식도 전하고 있는데, 그는 한국이 전쟁 후 발전한 모습에 놀랐다고 말하였다.

794-02 좋은 상품과 나쁜 상품

상영시간 | 01분 34초

영상요약 | 국립공보관에 마련된 불량상품과 우량상품의 비교 전시회 소식을 전달하는 뉴스이다. 전시회장 내에 전시된 여러 상품들의 모습을 보여주고 있으며, 각 상품마다 불량상품과 우량상품의 표시가 되어 있음을 볼 수 있다. 불량상품의 적발은 소비자 보호 문제뿐 아니라 경제성장의 장애 요인을 제거하는 데에도 큰 도움이 된다고 말하며, 값싼 물건을 찾기 전에 품질표시를 꼭 확인해야 한다고 당부하고 있다.

794-03 이런 일 저런 일

상영시간 | 04분 21초

영상요약 | 다양한 단신들을 보여주는 영상이다. 정일권 국무총리가 참석한 제2회 한미민간경제위원회 합동회의, 신범식 문화공보부장관이 주최한 주한 외국인 초청 추석축제, 수원지확장사업 기공식, 준공된 한강맨션아파트의 모습과 연세맨션아파트의 상량식, 그리고 한국킥복싱챔피언쟁탈전 경기 실황 등을 보여주고 있다.

794-04　10월 1일은 인구 및 주택 조사

상영시간 | 02분 02초

영상요약 | 당시 1970년 10월 1일로 예정되었던 총인구 및 주택조사를 홍보하는 영상이다. 거리를 분주히 오가는 인구와 도시 및 농촌의 주택가, 총인구 및 주택조사를 홍보하는 거리 현수막과 포스터, 통계 관련 기관에서 전자기기를 이용하여 통계수치를 입력하고 처리하는 모습, 통계조사원이 가정을 방문하여 조사를 수행하는 장면 등을 보여주고 있다.

4.27 대통령 선거 (1971년 5월 1일)

제작정보		**영상정보**	
출 처	대한뉴스 825호	제공언어	한국어
제 작 사	국립영화제작소	컬 러	흑백
제작국가	대한민국	사 운 드	유

영상요약

1971년 4월 27일 열린 제7대 대통령선거를 알리는 영상이다. 선거유세장에 모인 시민들의 인파를 비추며 시작한 영상은 시가지에 세워진 선거 관련 홍보물, 박정희 대통령과 육영수 여사 및 여러 투표자들이 투표소에서 투표를 하는 장면, 선거관리위원들이 개표장에서 선서를 하고 개표 작업을 하는 광경, 개표 결과가 합동중계방송반에 전달되어 시내 상황판에 게시되는 모습, 박정희 대통령 당선을 알리는 신문기사 등을 차례로 보여주고 있다.

내레이션

제7대 대통령선거가 1971년 4월 27일로 다가오자 온 국민의 관심이 여기에 집중됐습니다. 35일간의 열띤 선거 운동을 통해 여당과 야당은 진지한 정책 대결로써 국민들의 지지를 호소했습니다. 선거는 명랑하게 투표는 자유롭게. 드디어 4 · 27 대통령 선거의 날, 15,552,236명의 선거인 가운데에서 79.9퍼센트를 헤아리는 12,387,278명이 투표에 참가해서 저마다 한 표의 주권을 행사했습니다. 투표소에서는 여야 참관인들이 지켜보는 가운데 국민을 위한 대통령, 국민에 의한 참된 대통령을 뽑기 위해 깨끗한 한 표 한 표가 던져졌습니다. 이날 아침 서울 종로구 신교궁정투표소에서는 박정희 대통령 내외분의 투표하는 모습도 보였습니다. 신성한 주권의 행사를 위해 등산객들도 아예 투표를 마치고 산으로 향했는가 하면은 주부의 알뜰한 한 표, 농민들의 소박한 한 표도 자유롭고 질서 있게 던져졌습니다. 올해 처음으로 선거권을 가진 여학생도 한 표, 할머니도 한 표를 던졌는데 이 모든 한 표가 민주주의는 내 손으로라는 알뜰한 한 표 한 표였습니다. 이날 오후 여섯 시에 투표가 끝나고 투표함이 속속 개표장으로 운반됐습니다. 선거관리위원들의 선서가 있은 다음 시작된 개표 광경을 여당과 야당의 참관인들이 눈여겨 지켜보았습니다. 주권행사의 행방을 가늠하는 개표장에는 한국통일부위원단 선거시찰단과 국내외 기자, 카메라맨들도 한국의 민주 선거를 기록, 보도하기에 바빴습니다. 그런데 뉴욕타임즈와 ABC 방송 등 해외 주요 신문 · 방송도 이번 대한민국의 제7대 대통령선거는 한국의 23년 선거사상 가장 조용하고 질서 있는 선거였다고 보도함으로써 우리의 민주역량이 공명선거로 해서 더욱 두드러지게 나타났습니다. 한편 국내 보도진도 개표 상황을 시시각각으로 보도하기에 바빴는데 국 · 민영 합동중계방송반은 전국의 방송망을 통해 가장 신속하게 개표 실황을 방송했습니다. 원래 일곱 명의 대통령 후보 가운데 두 사람이 후보를 사퇴하고 나머지 다섯 명의 후보가 경쟁을 벌였는데 공화당의 박정희 대통령 후보는 총 투표수 12,387,278표 가운데 6,342,828표를 얻어 5,395,900표를 얻은 신민당의 김대중 후보를 946,900여 표차로 눌러 제7대 대통령에 당선됐습니다.

화면묘사

00:00 자막 "4 · 27 대통령선거"

00:04 수많은 시민들이 인파를 이루어 선거유세장에 모이는 모습을 여러 화면으로 보여줌

00:24 육교에 설치된 "주민등록 지참하여 너도 나도 투표하자" 간판

00:27 도로에 세워진 "선거는 명랑하게 투표는 자유롭게" 구조물

00:31 한 농촌의 투표자들이 투표소에 모여 줄을 서서 차례를 기다려 입장하는 장면들

00:41 어느 도시의 투표소 앞에 줄을 서서 입장하는 투표자들

00:44 선거관리인들이 투표소에 입장한 투표자들의 신원을 확인하고 "UNITED NATIONS" 완장을 찬 외국인 참관인이 이를 지켜보는 장면

00:49 투표함에 표를 넣는 투표자들

00:54 박정희 대통령과 육영수 여사가 투표소에 입장하여 신원 확인을 받고 사진기자들이 이를 촬영하는 모습을 차례로 보여줌

01:03 박정희 대통령과 육영수 여사가 투표함에 표를 집어넣고 정부 관계자로 추정되는 인물들과 악수함

01:12 투표자들이 투표소에서 신원 확인을 받고 투표하는 다양한 장면들

01:49 "大統領選擧投票函(대통령선거투표함)" 표시가 붙은 투표함들

01:53 투표함을 나르는 선거관리인들

01:56 기자들과 일반관람인들 앞에서 선거관리위원들이 오른손을 들고 선서식을 하는 장면들

02:06 일반관람인들이 지켜보는 가운데 선거관리위원들이 투표함을 개봉하여 개표 집계를 하고 촬영기자가 개표장을 촬영하는 모습을 여러 각도에서 촬영함

02:40 기자로 추정되는 인물들이 책상에서 의논을 하는 모습

02:44 합동중계방송반 직원들이 전화로 연락을 하고 집계 기록을 작성하는 장면들

03:04 "보고접수반(報告接受班)" 표시판이 걸린 실내에서 직원들이 상황표에 득표수를 기입하는 여러 가지 모습들

03:18 야간에 전등으로 밝힌 상황표를 바라보는 참관인들

03:22 시민들이 우산을 들고 거리에 게시된 "시도별개표상황(市道別開票狀況)" 표를 바라보는 장면들

03:31 "박정희 후보 압도적 승리" 표제를 단 서울신문 일간지가 인쇄되어 나오는 장면들

03:41 박정희 대통령 당선을 알리는 여러 신문기사의 표제들

03:47 육영수 여사와 함께 서서 손을 흔드는 박정희 대통령의 모습

연구해제

이 영상은 1971년 4월 27일에 열린 제7대 대통령선거의 유세, 투표, 개표, 당선소식 등 선거의 전반적인 모습을 보여주고 있다. 구체적으로는 선거유세장에 모인 시민들의 인파, 시가지에 세워져 있는 선거관련 홍보물, 박정희 대통령 내외를 비롯한 유권자들의 투표 모습, 선거관리위원들의 선서와 개표작업 모습, 개표결과가 수합되어 상황판에 게시되는 모습, 박정희 대통령의 당선을 알리는 신문기사 등이 영상의 내용을 이룬다.

1971년 4월 27일의 대선은 3선개헌 이후 처음 치르는 대통령선거로서 박정희 정권의 큰 전환점이었다. 야당에서는 40대 기수론을 내세운 김영삼과 김대중이 부각되었다. 40대 기수론은 1960년대 야당이 지니고 있던 정체된 이미지를 극복하는 계기였다. 1970년대 젊고 참신한 40대 기수들이 등장한 것은 박정희 정권에 대한 저항세력이 점차 국민적 호소력을 얻고 있었음을 말해준다.

1971년 대선에서 김대중은 "논도 갈고 밭도 갈고 대통령도 갈아 보자", "10년 세도 썩은 정치, 못살겠다 갈아 보자" 등의 구호로 대중의 변화 심리를 촉발시켰다. 또한 예비군 폐지, 4대국 안전보장, 언론과 체육인의 남북교류 등 파격적이면서도 참신한 공약을 내걸었다. 반면에 박정희는 또다시 개발계획과 경제적 혜택 제공이라는 공약을 제시했다. 부산지역의 대대적인 개발, 서울시내 무허가 건물 1/3의 양성화, 농가 부채에 대한 연체료 축소, 대대적인 어린이공원 건설 등을 공약으로 쏟아냈다.

1971년 대선에서 박정희 정권은 당시 국가 예산의 10%에 해당하는 600~700억 원을 썼다. 또한 3선개헌에 대한 의구심을 무마하기 위해 이번이 마지막 출마임을 강조했다. 그것은 김대중이 4월 17일의 전주 유세에서 "박 정권이 종신 총통제를 획책하고 있다"라고 폭로한 것에 대한 대응이기도 했다. 선거를 이틀 앞둔 4월 25일의 서울 유세에서 박

정희는 눈물까지 흘리면서 "더 이상 여러분에게 표를 달라고 하지 않겠다"라고 호소했다.

1967년 선거에서도 어느 정도의 지역감정은 있었지만, 1971년 선거 때 박정희 정권은 영남에서 훨씬 노골적으로 지역감정을 부추겼다. 박정희 정권은 "김대중 후보가 정권을 잡으면 경상도 전역에 피의 보복이 있을 것이다"라며 공포심을 조장했다. 중앙정보부는 역 유언비어 전략을 쓰기도 했는데, 예컨대 대구에서 "호남인이여 단결하라"라는 호남향후회 명의의 전단지를 돌리기도 했다.

개표 결과 공화당의 박정희 후보가 634만 2,828표(53.2%), 신민당의 김대중 후보가 539만 5,900표(45.3%)를 차지했다. 호남에서는 박정희가 78만 8,587표, 김대중이 141만 493표를 얻은 반면에, 영남에서는 박정희가 222만 4,170표, 김대중이 72만 1,711표를 얻었다. 박정희가 영남에서 무려 150만 2,459표를 더 얻은 것이다. 이는 단기적으로 영남 지역의 표밭을 싹쓸이하는 효과를 가져다주기는 했으나, 장기적으로는 정권의 정국적인 지지기반을 허무는 동시에 호남지역을 결집하게 만드는 역작용을 낳기도 했다.

참고문헌

조희연, 『박정희와 개발독재시대』, 역사비평사, 2007.

해당호 전체 정보

825-01　4.27 대통령 선거

상영시간 | 03분 52초

영상요약 | 1971년 4월 27일 열린 제7대 대통령선거를 알리는 영상이다. 선거유세장에 모인 시민들의 인파를 비추며 시작한 영상은 시가지에 세워진 선거 관련 홍보물, 박정희 대통령과 육영수 여사 및 여러 투표자들이 투표소에서 투표를 하는 장면, 선거관리위원들이 개표장에서 선서를 하고 개표 작업을 하는 광경, 개표 결과가 합동중계방송반에 전달되어 시내 상황판에 게시되는 모습, 박정희 대통령 당선을 알리는 신문기사 등을 차례로 보여주고 있다.

825-02　이 충무공 제426회 탄신 기념

상영시간 | 01분 04초

영상요약 | 제426회 충무공탄신일을 맞아 박정희 대통령 내외가 현충사를 참배하는 모습을 보여주는 영상이다.

825-03　이런 일 저런 일

상영시간 | 04분 50초

영상요약 | 다양한 단신들을 전하는 영상이다. 제9회 대한민국체육상 시상식, 조선대학교 부속병원 개원식, 대구 남북소통 지하도 개통식, 충북은행 개점식 및 업무 광경, 제5칠보산호 준공식, 제1회 기생충예방강조주간 기념식, 제1회 전국우량아 선발대회 제1회 영화인체육제전 등의 다양한 행사들을 보여주고 있다.

권농일 (1971년 6월 5일)

제작정보		**영상정보**	
출처	대한뉴스 830호	제공언어	한국어
제작사	국립영화제작소	컬러	흑백
제작국가	대한민국	사운드	유

영상요약

권농일 관련 행사들을 보여주는 영상이다. 박정희 대통령이 충북 청원 벼 집단재배 단지에서 권농일 기념식사를 하고 모내기를 하는 모습, 그리고 충북 옥산의 경부고속도로 변 농산물집하장 개장식에 참석하여 농산물집하장을 둘러보는 장면 등을 보여주고 있다.

내레이션

올해부터는 6월 1일이 권농일입니다. 제23회 권농일 행사가 충청북도 청원군 벼 집단재배 단지에서 베풀어졌는데 이날 박정희 대통령은 치사를 통해 쌀의 증산과 함께 쌀의 절약도 중요하다고 강조했습니다. 또한 박 대통령은 정부의 계속적인 벼 품종 개량과 영농 방법의 개선, 그리고 일반 소비자의 절약으로 쌀의 자급자족을 이룩해야 한다고 말했습니다. 기념식을 마친 박 대통령은 농민들과 나란히 기적의 볍씨 IR667의 모를 손수 심었습니다. 그런데 통일볍씨로도 일컬어지는 이 IR667은 짧은 키의 큰 이삭 품종으로 재래종 볍씨보다도 병충해에 강하고 4할 이상의 소출을 더 많이 낼 수 있는 것이 특징입니다. 앞으로 이 볍씨가 전국 농토에 골고루 심어지면은 우리의 오랜 소망이던 쌀의 자급자족이 이루어지게 될 것입니다. 이어서 농림·수산부문 시책을 한 눈에 볼 수 있는 열두 개 항목의 화판이 전시돼서 많은 사람들의 관심을 모았습니다. 또한 대동공업에서 제작한 동력경운기, 분무기 등 새로운 농기구의 시범 연시도 있었는데 농업기계화의 꿈이 실현되고 있음을 실감할 수 있었습니다. 고속도로 주변에 새로 농산물집하장이 건설됐습니다. 박정희 대통령은 권농일 행사를 마치고 버스 편으로 돌아오는 길에 충청북도 옥산에 들러 이 농산물집하장 개장식에서 테이프를 끊었습니다. 지난번 박 대통령 지시에 따라 농민들이 고속도로를 잘 활용해서 농가소득에 이바지할 수 있게 하기 위해서 농업협동조합중앙회가 마련한 이 농산물집하장에서는 농산물의 위탁판매를 주로 맡아보게 됩니다. 뿐만 아니라 전국 농산물 시세를 그때그때 농민들에게 알려주고 판매 예상가격의 절반까지는 미리 내어주는 등 농민들에게 여간 큰 도움을 주지 않습니다. 그런데 이날 개장된 농산물집하장은 서울-부산 간 고속도로 정류장에 네 군데, 호남고속도로에 두 군데로 모두 여섯 군데입니다.

화면묘사

00:00 자막 "권농일"

00:03 권농일 행사장에 도열해 있는 농민들

00:07 "증산 권농의날" 간판이 붙은 권농일 행사장 단상

00:11 단상에서 연설하는 박정희 대통령

00:16 부동자세로 박정희 대통령의 연설을 듣는 "농업진흥공사" 관계자
00:20 통일벼 모종이 놓여 있는 논의 풍경
00:23 논을 바라보는 박정희 대통령과 농업진흥공사 관계자들
00:27 카메라를 들고 박정희 대통령을 취재하는 기자들
00:30 박정희 대통령이 작업복 차림으로 농업진흥공사 관계자 및 농민들과 함께 통일벼 모내기를 하는 모습을 여러 가지 화면으로 보여줌
01:21 박정희 대통령이 "인력수포 이앙기"에 대해 농업진흥공사 관계자의 설명을 듣는 다양한 장면들
01:28 "인력수포 이앙기"의 특징을 설명하는 차트와 실물, 그리고 "파종기" 등 부분들을 전시해 놓은 모습을 여러 각도에서 촬영함
01:33 농업진흥공사 관계자가 논에서 농기계 작동을 시연함
01:46 박정희 대통령이 "한남고속" 고속버스를 타고 농산물집하장 개장식에 도착하여 관계자와 악수함
02:09 "농업협동조합중앙회 서울농산물공판장 옥산집하장" 현판
02:12 농협중앙회 관련 인사와 함께 개장 테이프를 끊는 박정희 대통령
02:20 농산물집하장에 쌓여 있는 배추
02:23 박정희 대통령이 정부 인사들과 함께 농산물집하장에 진열된 각종 농산물들을 둘러봄
02:29 농산물집하장의 각종 농산물들
02:32 진열대 위의 수박을 살펴보는 박정희 대통령
02:38 진열대 위에 놓인 수박과 상추, 오이 등의 다양한 모습들
02:46 "고속도로변 농산물 집하장 조감도" 그림
02:50 옥산 농산물집하장의 실제 모습

연구해제

권농일은 1936년 제정되었으며 '농민데이'라고 불리기도 했다. 영상에서 제시되고 있는 1971년 제24회 권농일은 종전 6월 10일로 시행되던 것이 6월 1일로 변경되었다는 점이 특징이다. 이는 도작기술의 향상으로 모심기 철의 조기화가 일반화됨에 따른 것으로

알려졌다. 영상에서는 박정희 대통령이 권농일 행사에 참석하여 치사하는 모습과 모내기 시범을 보이는 모습이 담겨져 있다. 박정희 대통령의 기념사 내용에서 주목할 만한 부분은 쌀의 자급자족을 위해 증산정책인 품종개량, 영농방법 개선과 더불어 쌀의 소비 절약을 강조했다는 점이다. 1966~70년 사이 정부미에서 수입 양곡이 차지하는 비율은 지속적으로 증가하여 그 비율이 52.9%, 금액으로는 2억 달러가 소요되고 있었다. 박정희 정부는 이 같은 규모의 금액소비가 공업화의 발목을 잡을 수 있다고 인식하고, 1971년부터 증산과 함께 소비 절약을 강조하게 된 것이라 볼 수 있다.

이날 권농일 행사에서 박정희 대통령이 모심기를 선보였던 것은 IR667, 이른바 '통일벼'의 재배를 선전하기 위한 것이었다. 통일벼는 1960년대 말 허문회에 의해 도입되어 1971년부터 본격적인 재배가 시작되었는데, 병충해에 강하고 기존의 품종보다 4할 이상의 소출을 낼 수 있다고 하여 정부시책으로 재배가 강요되었다. 이른바 '녹색혁명'으로 일컬어진 쌀의 자급자족을 위한 노력은 1960년대 말부터 심화되어, 이를 달성하기 위한 정책 및 연구들이 본격적으로 제시되기 시작하였다. 통일벼는 녹색혁명을 성취하는 데에 큰 기여를 할 수 있을 것이라 기대되었다. 실제로 1971년부터 7년 동안 통일벼 재배면적을 점차 늘려 나간 결과, 1977년에는 1960년대 말에 비해 쌀의 총 수확량과 단위면적당 수확량이 모두 30%이상 급증했다. 통일벼의 재배 면적이 확대를 거듭했던 약 7년(1971~1977) 사이에 한국의 벼 생산량은 50% 가까이 늘어났고, 농촌의 가구당 명목소득은 도시를 앞지르기도 했다. 그러나 품종이 한국인의 취향과 맞지 않는다는 불만과 가격이 낮게 책정되었다는 점이 문제로 지적되었다. 이와 함께 1978년부터 80년까지 도열병과 냉해로 잇따라 피해를 입자 농민들은 재배 강요 정부 정책에 본격적으로 반발하기 시작하였고, 결국 1979년 유신체제가 종식되고 난 뒤, 전두환 정부에 의해 통일벼의 확대 보급이 중단되었다.

박정희 정부의 증산정책에 있어서 강조되었던 다른 한 가지는 농업기계화였다. 영상에서도 등장하듯이 동력 경운기, 분무기 등 새로운 농업기계의 개발 및 보급은 증산을 위한 기반으로 인식되었다. 특히 1971년에는 농업기계화 5개년계획이 수립되었고, 국산품 수급 원칙하에 장기 저리의 정부 융자로 농업기계가 대량으로 공급되기 시작하였다.

이 영상의 말미에서는 충청북도 옥산의 농산물 집하장 개장식에 참석하는 박정희 대통령 일행의 모습을 보여주고 있다. 농산물 집하장은 농산물 유통의 기반 시설이고, 농산물의 유통은 농업 재생산과정에 있어서 중요한 경로였다. 아무리 증산이 되었더라도 유통과정이 제대로 뒷받침되지 않으면 농가소득으로 이어지지 때문이다. 농산물 집하장은 고속도로를 유통경로로 활용하며 세워져, 1971년 당시 경부고속도로에 4곳, 호남고속도로에 2곳이 설립되었으며 농산물 위탁판매 및 농산물 시세 공시의 역할을 했다. 또한 정부는 농산물 시세에 따라 예산의 절반을 미리 내주는 정책을 전개하기도 했다. 그러나 농산물 유통구조의 문제는 해결되지 않았고, 시장원리에 따라 농산물 가격상승으로 이어졌다. 여기에 개방농정이란 슬로건하에 외국 농산물이 대량으로 수입되면서 1970년대 말에 들어서 농업문제는 더욱 심각해졌다.

참고문헌

「全域에 사모친 祈雨聲 解渴에도 猶不足」, 『동아일보』, 1936년 6월 16일.
「권농일에 생각한다」, 『경향신문』, 1971년 6월 1일.
김태호, 「"통일벼"와 1970년대 쌀 증산체제의 형성」, 서울대학교 박사학위논문, 2009.
황병주, 「새마을 운동을 통한 농업 생산과정의 변화와 농민 포섭」, 『사회와 역사』, 2011.

해당호 전체 정보

830-01 새로운 내각

상영시간 I 01분 17초

영상요약 I 김종필 국무총리를 비롯한 새 국무위원 임명을 알리는 영상이다. 박정희 대통령이 여러 국무위원들에게 임명장을 주고 선서를 받는 모습, 김종필 국무총리가 주재하는 국무회의에 참석한 각 국무위원들의 모습 등을 보여주고 있다.

830-02 권농일

상영시간 I 02분 54초

영상요약 I 권농일 관련 행사들을 보여주는 영상이다. 박정희 대통령이 충북 청원 벼 집단재배 단지에서 권농일 기념식사를 하고 모내기를 하는 모습, 그리고 충북 옥산의 경부고속도로변 농산물집하장 개장식에 참석하여 농산물집하장을 둘러보는 장면 등을 보여주고 있다.

830-03 북괴 만행 폭로

상영시간 I 00분 31초

영상요약 I 귀순자 박순국과 이승근의 기자회견을 알리는 영상이다. 두 귀순자의 발언 및 이를 취재하는 기자들과 방송장비 등을 보여주고 있다.

830-04 이런 일 저런 일

상영시간 I 02분 08초

영상요약 I 다양한 단신들을 전하는 영상이다. 제5차 아시아-호주지역대회, 제4회 집배원의 날 기념식 및 집배원들의 업무광경, 서울 성동경찰서가 주최한 청소년 보호와 선도를 위한 오락회, 제3회 전국아동미술실기대회 시상식, 제11회 전국아동극경연대회의 아동극 공연 장면, 덕수궁에서 열린 제1회 시민과 함께 노래 부르기 대회에서 노래를 부르는 합창단과 시민 관객들, 창경원 동물원에 전시된 다양한 동물들, 그리고 수입 황소개구리의 모습 등을 보여주고 있다.

830-05 표어

상영시간 | 00분 05초

영상요약 | 표어 “겨레 위해 바친 몸 동포애로 보살피자.”

제7대 박정희 대통령 취임 (1971년 7월 3일)

제작정보		영상정보	
출 처	대한뉴스 834호	제공언어	한국어
제 작 사	국립영화제작소	컬 러	흑백
제작국가	대한민국	사 운 드	유

영상요약

제7대 대통령 취임식 행사들을 알리는 영상이다. 국내외 여러 내빈들이 참석한 취임식장에서 박정희 대통령이 선서와 취임사 낭독을 하는 장면, 박정희 대통령과 영부인 육영수가 여러 외국인 사절들을 만나 환담하는 모습, 대통령 취임식 날 새벽에 청와대에서 태어난 새끼 사슴의 모습, 경회루에서 열린 경축환영연회, 그리고 서울시민회관에서 열린 경축예술제 등을 보여주고 있다.

내레이션

역사적인 박정희 대통령의 제7대 대통령 취임식이 1971년 7월 1일 중앙청 광장에서 장엄하게 베풀어졌습니다. 박 대통령 내외분이 식장에 도착하자 국내 각계각층 인사들은 물론 이 자리에 참석한 우방 예순 나라의 경축사절들은 일제히 일어나 태극기를 흔들며 환영했습니다. 먼저 김종필 국무총리는 식사에서 박정희 대통령 각하야말로 이 나라 역사상 가장 창연하고도 장엄한 기록을 남기시는 영도자이심을 확인하면서 국민 여러분의 절대한 신임과 지지가 변함없고 끊임없이 우리 대통령 각하에게 모아지기를 빈다고 말했습니다. 이어 박정희 대통령은 전 국민 앞에 제7대 대통령의 취임 선서를 했습니다. 취임 선서가 있은 다음 박 대통령은 취임사를 통해 오늘 우리는 인류의 이상인 평화와 번영을 다짐하는 새 시대 문턱에 들어섰다고 말하면서 오늘날의 세계정세를 분석한 박 대통령은 이 시기야말로 우리 한국 국민에게는 조국근대화의 굳건한 터를 위해서 국토 분단을 끝내야 할 통일의 연대가 돼야 한다고 지적했습니다. 박 대통령은 또 3차 5개년계획의 추진으로 우리나라의 경제를 곧 중진국 상위권에 올려놓겠다고 강조했습니다. 이어서 박 대통령은 (박정희 대통령 육성 연설) 그리고 박 대통령은 나라의 살림을 앉아서 구경하는 방관자가 되지 말고 여기에 발 벗고 뛰어들어 함께 걱정하고 서로 힘써 나가는 참여자의 긍지를 갖자고 말하면서 나 자신이 가난한 농촌의 아들로 태어나 동족상잔의 비극적인 시대에 살면서 자나 깨나 가난을 몰아내고 통일조국의 실현을 간절히 바라왔다고 말했습니다. 끝으로 박 대통령은 또한 금수강산 이 땅에서 오천만 겨레가 자유와 번영과 평화를 함께 누리기 위해 피땀 어린 자주적 노력을 기울이자고 강조했습니다. 그리고 취임식에 앞서 박 대통령은 제7대 대통령 취임 축하사절로 우리나라에 온 미국, 일본, 자유중국, 월남 등 여러 나라의 특사들로부터 신임장을 받았습니다. 그런데 이번 박정희 대통령의 7대 대통령 취임식 경축 사절로는 세계 예순 나라에서 185명이 왔습니다. 또한 박 대통령은 경축 사절로 우리나라에 온 애그뉴 미국 부통령을 맞아 회담을 가졌습니다. 이어 박정희 대통령은 경축 사절로 우리나라에 온 사토 일본 수상을 맞아 청와대에서 한일 정상회담을 가졌습니다. 이와 때를 같이해서 육영수 여사는 우리나라에 온 경축사절 부인들의 예방을 받고 의견을 나누었습니다. 월남의 키엠 수상 부인과 일본의 시나 중의원 부인을 비롯해서 각국의 경축 사절 부인들은 우리나라의 발전상과 남편을 돕는 아내 역할 등 많은 얘기를 나누었습니다. 한편 박 대통령의 취임식 날 새벽 다섯 시경에 청와대 뒤뜰에 기르는 꽃사슴이 새끼를 낳았는데 이 소식이 전해지자 일반 시민들은 길조라고 흐뭇해했으며 박 대통령은 이 아기사슴에 칠일오라는 이름을 지어주었습니다. 취임식이 베풀어진 이날 저녁에는 김종필 국무총리가 주최한 경축환영연회가 경복궁 경회루에서 베풀어졌습니다. 이날 여야 정치인과 삼부요인 그리고 자유 우방의 경축사절과 수많은 축하객들이 연회장으로 들어설 때 김종필 국무총리 내외는 이들과 일일이 악수를 나누면서 마중했습니다. 이어서 이날에 초대된 박정희 대통령 내외분이 연회장에 도착하자 장내의 축하 분위기도 그 절정을 이루었습니다. 이날 축하객들은 국적과 여야를 떠나 우리나라를 극동의 한국에서 세계 속의 한국으로 등장케 한 박정희 대통령의 7대 대통령 취임을 마음껏 축하했습니다. 한편 이날 밤 10시부터는 문화공보부가 마련한 경축예술제가 서울시민회관에서 열렸습니다. 윤주영 문화공보부 장관의 안내로 입장한 박 대통령은 예술제의 막이 오르자 3,000여 명의 국내외 인사들과 함께 박수를 보냈습니다. 그런데 이날 경축예술제에는 서울대학교 합창단을 비롯해서 국립국악원생, 국악예술학교 학생, 한국민속예술단, 선명회 어린이 합창단, 대한어린이무용단원 등 700여 명이 출연해서 우리나라 고유의 예술을 펴 보였습니다. 이 예술제로 해서 박 대통령의 7대 대통령 취임에 따른 이날의 경축 행사는 절정을 이루었습니다. 이날 밤 9시부터는 남산 팔각정 광장에서 불꽃놀이가 벌어져 박 대통령의 7대 대통령 취임을 온 국민이 함께 경축했습니다.

화면묘사

00:00 자막 "제7대 대통령취임 특집"

00:08 현수막이 걸려 있는 중앙청의 전경

00:21 취임식장 앞에 모여 태극기를 흔드는 참석자들

00:25 내빈들이 서서 태극기를 흔들다가 박정희와 육영수가 등장하여 좌석에 앉자 함께 착석하는 장면

00:52 공중에 떠 있는 태극기 애드벌룬

00:57 "경축 제7대 박정희 대통령 각하 취임" 현수막과 태극기, 봉황 장식 등이 보이는 중앙청 앞 취임식장 단상

01:02 단상에서 발언하는 사회자

01:09 단상 좌석에 앉아 있는 박정희

01:14 취임식장 단상을 촬영하는 카메라

01:17 박정희가 연단에서 오른손을 들고 선서문을 낭독함 (육성 : 선서 나는 국헌을 준수하고 국가를 보위하며 국민의 자유와 복리의 증진에 노력하여 대통령으로서의 직책을 성실히 수행할 것을 국민 앞에 엄숙히 선서합니다. 1971년 7월 1일 대통령 박정희)

01:43 김종필 국무총리, 박영옥 국무총리 부인 등의 여러 정부 인사와 내빈들이 내빈석에 앉아 있는 모습을 여러 화면으로 보여줌

01:54 박정희가 연단에서 취임연설을 하는 장면들

02:06 연설 중인 박정희를 촬영하는 기자들

02:09 취임연설을 하는 박정희

02:14 박정희의 연설을 듣는 사토 수상 등의 외국인 내빈들

02:17 김홍일 신민당 당수 등의 내빈들이 연설을 듣는 모습

02:20 박정희의 연설을 듣는 외국인 내빈들을 여러 화면으로 보여줌

02:28 박정희의 육성연설 장면과 여러 내빈들이 참석한 취임식장의 모습을 다양한 각도에서 촬영함 (육성 : 나는 통일과 중흥이 반드시 우리 시대에 이루어질 수 있다는, 있다고 자신하며, 이를 성취하는 열쇠는 오로지 우리의 힘, 즉 국력을 기르는데 있다는 것을 거듭 강조하지 않을 수 없습니다. 따라서 70년대의 중엽을 통일을 위한 국력 확보의 시기로 내다보고 모든 분야에서 우리의 수준을 높이고 국력을 기르는 데 나의 모든 것을 아낌없이 바칠 것입니다. 제3차 경제개발 5개년계획은 민주 발전의 자양소이며 민주 사회의 성장, 통일기지의 확보인 것

입니다. 나는 앞으로 중화학공업시대의 막을 올리고 한강변의 기적을 4대강에 재현시킬 것이며 수출입국의 물결을 5대양에 일으키고 농어촌을 근대화하여 우리나라를 곧 중진국 상위권에 올려놓고야 말 것입니다. 도시와 농촌의 발전을 균형화하고 소득의 상대적 격차를 서서히 그러나 착실하게 해소해나갈 것입니다. 특히 건설과 생산에 피땀 어린 노고를 한 우리 농민과 근로 역군들에게 충분한 보상이 돌아가도록 할 것입니다. 또한 슬기로운 민족의 자질이 새로이 개발될 것을 확신하면서 나는 선대의 빛나는 전통과 문화를 계승 발전시키고 문예와 학술의 적극적인 창달로 문화한국 중흥에 각별한 관심과 지원을 다할 것입니다. 그리하여 해를 거듭하면서 국민 생활이 보다 품위 있고 더욱 윤택해질 때 민주주의의 토양은 더욱 기름지고 자연과 협동에 뿌리 내린 개발사회의 건실한 기풍은 우리에게 복지문화사회를 구현시킬 것으로 확신합니다. 한편 나는 산업화와 민주화 초기 과정에 따르는 사회 일부의 부조리 현상을 새로운 결의로 시정해 나갈 것을 명백히 밝힙니다.)

05:44 세종로에 세워진 "경축 제7대 박정희 대통령 각하 취임" 구조물

05:48 박정희가 집무실에서 각국 특사들의 신임장을 차례로 받고 악수하는 다양한 장면들

06:13 박정희와 미국 애그뉴 부통령이 환담하는 모습을 여러 화면으로 보여줌

06:27 박정희가 일본 사토 수상과 수행원들을 맞아 악수하고 테이블에 앉음

06:58 육영수가 키엠 수상 부인으로 추정되는 인사를 접견하는 장면들

07:15 육영수와 시나 중의원의원 부인이 대화하는 모습을 여러 각도에서 촬영함

07:24 청와대 뒤뜰에서 뛰어다니는 사슴의 모습을 다양한 화면으로 보여줌

07:43 "경축 제7대 박정희 대통령 각하 취임" 현수막이 붙은 경회루 앞 도로에 차량들이 줄을 서서 진입함

07:49 국내외 내빈들이 한 줄로 경회루에 입장하면서 김종필 국무총리 부부와 악수를 하는 장면들

08:19 박정희 대통령이 김종필 국무총리 부부와 육영수 및 가족과 여러 정부 인사들을 대동하고 경회루에 입장하여 외국인 내빈들과 인사하는 장면들

08:47 대화하는 외국인 내빈들의 모습

08:51 연회장에 참석하여 음료를 마시거나 대화를 하는 내빈들

08:55 여러 개의 전등들로 장식된 세종로의 "경축 제7대 박정희 대통령 각하 취임" 구조물

09:01 박정희와 육영수가 관용차에서 내려 윤주영 문화공보부장관 부부와 악수하고 서울시민회관으로 입장함

09:12 청중들의 박수를 받으며 공연장에 입장한 박정희 대통령과 육영수 여사가 손을 흔들어 답례함

09:20 박정희, 육영수, 여러 외국인 내빈들이 지켜보는 가운데 무대에서 무용수들이 부채춤 등 여러 전통무용 공연을 하는 장면들

10:01 밤하늘에 다양한 폭죽이 터지는 불꽃놀이 광경

연구해제

이 영상은 1971년 제7대 대통령 취임식 장면을 담고 있다. 대한민국의 제7대 대통령을 선출하는 4 · 27대통령선거와 이어진 5 · 25총선은 박정희 정권과 공화당이 유신으로 가는 마지막 길목에서 치른 선거로 승리는 했지만 많은 위기감을 느낀 선거였다는 점에서 특기할만하다.

제7대 대통령선거가 다가왔을 때 대부분의 사람들은 박정희 대통령이 큰 무리 없이 승리할 것이라고 예측하였다. 박정희 정권은 1960년대 후반 안보위기 속에서도 급속한 경제성장을 달성하였고, 당시 야당의 사정을 보았을 때 선거에서 선전하리라 기대하기도 어려웠기 때문이었다. 그러나 신민당 경선 과정에서 "40대 기수론"이 제창되고, 의외로 김대중이라는 젊은 정치인이 후보로 당선되자 상황이 달라졌다.

김대중은 후보로 지명된 직후부터 강연회를 명목으로 전국을 순회하며 실질적인 선거유세를 시작했다. 당시로서는 혁신적인 신문기자, 스포츠 팀, 서신교환 등의 남북교류를 공약으로 주장했고, 미 · 소 · 일 · 중이 한국에서 전쟁을 일으키지 않겠다는 공동보장을 하도록 노력할 것을 주장했다. 경제문제에 대해서는 이른바 '대중경제론'을 피력하면서, 중소기업을 육성하고 자립적 경제의 토대를 구축하며, 빈부격차를 완화시키는 정책을 주장하였다. 그 외에도 예비군제도 개편 등 당시로서는 참신한 공약을 내세우며 선거열기를 고양시켰다.

반면 박정희 후보는 별로 새로울 것 없는 '제3차 경제개발5개년계획 완수 및 부정부

패 척결', '중단 없는 전진'을 내세웠는데, 선거 국면이 심상치 않자 1971년 3월 3선개헌으로 소원해졌던 김종필을 공화당 부총재로 재등장시키며 선거정책을 수정하였다. 박정희 대통령은 확실한 승리를 보장받기 위해 가장 큰 약점이었던 장기집권 의혹에 대해 해명할 필요에 직면했고, 이에 따라 이번이 자신의 마지막 대통령 출마가 될 것임을 선거 유세과정에서 수차 강조하였다. 또한 야당은 집권준비가 되어 있지 않으며, 김대중이 당선되면 혼란과 무질서가 초래될 것이라는 공공연한 위협발언을 서슴지 않았다.

그 결과 1971년 4월 17일 거행된 대선에서는 여촌야도 현상을 짙게 드러내며 박 대통령이 90만 표 차이로 승리할 수 있었지만, 한 달 후에 실시된 5월 25일 총선 결과는 공화당에게 큰 위기감을 안겨주었다. 선거에서 공화당은 112석을, 신민당은 89석을 확보하여 공화당이 과반수를 넘겼지만 개헌 가능한 의석을 확보하지 못했고, 전국적으로 공화당은 47.8%를 득표했지만 신민당의 득표율은 43.5%로 그 격차가 현저히 좁아졌다. 특히 서울의 경우 공화당은 신민당에 비해 현저히 뒤졌다. 부산 역시 비슷한 양상이었고, 이는 집권당에 대해 민심이 떠나가는 추세를 반영하고 있었음은 물론, 박 대통령이 1975년 임기 이후 재집권하는 것은 3선개헌 때와 마찬가지로 합법적 절차 내에서는 완전히 불가능하다는 것을 보여주는 것이었다.

참고문헌

「박정희대통령의 3선」, 『매일경제』, 1971년 4월 29일.
홍석률, 「유신체제의 형성」, 『유신과 반유신』, 민주화운동기념사업회, 2005.

해당호 전체 정보

834-01 제7대 박정희 대통령 취임

상영시간 | 10분 16초

영상요약 | 제7대 대통령 취임식 행사들을 알리는 영상이다. 국내외 여러 내빈들이 참석한 취임식장에서 박정희 대통령이 선서와 취임사 낭독을 하는 장면, 박정희 대통령과 영부인 육영수가 여러 외국인 사절들을 만나 환담하는 모습, 대통령 취임식 날 새벽에 청와대에서 태어난 새끼 사슴의 모습, 경회루에서 열린 경축환영연회, 그리고 서울시민회관에서 열린 경축예술제 등을 보여주고 있다.

인도적 남북회담 제의 (1971년 8월 14일)

제작정보		영상정보	
출 처	대한뉴스 840호	제공언어	한국어
제 작 사	국립영화제작소	컬 러	흑백
제작국가	대한민국	사 운 드	유

영상요약

대한적십자사 측의 남북 간 가족 찾기 운동 제의를 알리는 영상이다. 최두선 대한적십자사총재와 윤주영 문화공보부장관이 각각 기자회견을 열고 담화하는 모습, 여러 일간지에 게재된 관련 기사의 표제, 여러 시민들이 거리를 지나다니는 모습 등을 보여주고 있다.

내레이션

이미 여러분이 아시는 바와 같이 8월 12일에 최두선 대한적십자사총재는 남북 간 가족찾기 운동을 제의하고 북한의 적극적인 참여를 촉구했습니다. 이날 기자회견을 통해서 인도적인 견지에서 이와 같은 운동을 제창한 최두선 총재는 북한적십자사에 대해 첫째, 남북한 가족찾기 운동을 위해 가까운 시일 안에 남북한 적십자 대표가 회의를 열 것, 둘째, 이 회담의 절차 문제를 논의하기 위해 오는 10월 안으로 제네바에서 예비회담을 열 것 등을 제의했습니다. 최두선 총재는 이와 같은 우리의 제의에 대해 북한적십자사가 방송, 통신망, 또는 국제적십자사를 통해서나 이 밖에 다른 가능한 방법으로 그 의사를 우리에게 전달해줄 것을 희망했습니다. 한편 정부대변인 윤주영 문화공보부장관은 대한적십자사의 남북 간 가족찾기 운동 제의를 환영하는 담화를 발표하고 이러한 제의가 실현될 수 있도록 정부는 모든 뒷받침을 다할 용의와 준비를 갖추고 있다고 밝히고 북한 적십자사는 순수한 인도적인 견지에서 이 제의를 받아들이기 바란다고 말했습니다.

화면묘사

00:00 자막 "인도적 남북회담제의"

00:04 적십자 국기가 게양된 대한적십자사 건물 전경

00:09 "대한적십자사 HEADQUARTERS THE REPUBLIC OF KOREA NATIONAL RED CROSS" 문구와 적십자 마크가 새겨진 간판

00:11 연설 중인 최두선 대한적십자사총재와 그 주변에 모여 취재하는 기자들의 모습을 다양한 화면으로 보여줌

00:53 거리를 걷는 많은 시민들

00:59 발언 중인 윤주영 문화공보부장관과 이를 취재하는 기자들

01:05 거리의 여러 시민들

01:11 "남 · 북 가족 찾기 적십자 회담 열자", "…十字社 南北韓 가족찾기 運動 제의(…십자사 남북한 가족찾기 운동 제의)", "南北赤十字代表會談열자(남북적십자대표회담열자)" 등의 표제를 단 여러 신문들을 보여줌

01:15 남북한 가족찾기 운동 제의와 관련된 신문 게시물을 읽는 시민들의 여러 가지 모습들

연구해제

이 영상은 1971년 8월 12일 남북적십자회담을 제의하는 최두선 대한적십자사 총재의 기자회견 장면과 이와 관련된 신문기사를 읽는 시민들의 모습을 담고 있으며, 내레이션으로 기자회견 내용을 설명하고 있다. 한 주 뒤에 제작된 '대한뉴스 제841-02호 남북적십자사 대표 첫 대면'에서는 8월 20일에 있었던 남과 북의 적십자사 파견원들의 첫 접촉 모습을 볼 수 있다. 분단 26년 만에 처음 행해진 남북 간의 이러한 데탕트 무드는 남북 국민들을 상당히 고무시키는 사건으로 많은 관심을 받았다.

1971년 대선 직후인 5월 초부터 박정희 정권 내부에서는 대북정책의 재정립을 본격 준비하기 시작하였다. 그 결과는 8월 12일 대한적십자사의 남북적십자회담 제의로 나타났다. 이 과정에는 중앙정보부가 전적으로 관여하였다. 중앙정보부가 작성한 「70년대 한국의 새로운 전략」이라는 보고서에서는 남북 간의 접촉과 교류의 개시에 대한 구체적인 내용이 담겨 있었다. 이 안건은 이후 박정희의 재가를 얻어 8월 12일 남북적십자회담 제안으로 이어졌다.

이 제안은 본래 1971년 8월 15일 박정희의 광복절 경축사를 통해 발표할 예정이었다. 그러나 일본 요미우리신문에서 남북적십자회담 제안 계획의 일부를 먼저 기사화하는 바람에 발표시점이 8월 12일로 앞당겨졌다. 그리고 발표자도 대통령이 아닌 대한적십자사 최두선 총재로 바뀌었다. 최두선은 분단으로 흩어진 이산가족들의 현황을 확인하고 소식을 알려주며 재회를 알선하는 가족찾기운동을 하자고 제창하였다. 그리고 그 구체적인 방안의 협의를 위해 10월 안에 제네바에서 남북 적십자사 예비회담을 열자고 제안하였다.

그리고 이틀 뒤인 8월 14일, 북한 적십자회 중앙위원회 손성필 위원장이 평양방송과 중앙방송을 통해 최두선의 회담 개최 제안에 찬성하며, 8월 20일 12시에 2명의 파견원을 판문점에 보내 서신을 전달하겠다고 밝혔다. 이에 따라 8월 20일 정오, 판문점 중립국감독위원회 회의실에서 역사적인 남북 적십자사 간의 첫 파견원 접촉이 이루어졌다.

남북적십자 예비회담 첫 회의는 1971년 9월 20일 판문점 중립국감독위원회 회의실에서 열렸다. 이후 양측은 예비회담과 실무회담을 통해 서로의 입장 차를 조정하였고, 그 결과 1972년 8월 11일 제25차 예비회담 마지막 날에 '본회담 기타 진행절차와 본회담 일시에 관한 합의'가 채택, 확정되었다. 이에 따라 남북적십자사 제1차 본회담은 1972년 8월

30일 평양에서, 제2차 본회담은 1972년 9월 13일 오전 10시 서울에서 개최하기로 했다.

1972년 8월부터 1973년 8월까지 모두 일곱 차례에 걸쳐 진행된 남북적십자 본회담은 그 진행과정에서 남북 간에 이산가족과 친척 찾기 방법, 가족, 친척의 범위와 대상 등 여러 가지 쟁점이 발생해 충돌하였다. 이는 이산가족 상봉이라는 문제를 계기로 남측은 인도주의적 사안의 남북 교류라는 측면으로 접근한 반면, 북측은 이를 통해 장차 남북 간의 전면 개방과 교류국면을 이끌려는 입장을 추구했기 때문이었다.

참고문헌

김지형, 『데탕트와 남북관계』, 선인, 2008.

해당호 전체 정보

840-01 자조하는 마을을… - 경제동향 보고에서 -

상영시간 | 01분 29초

영상요약 | 월례경제동향보고 소식과 함께 시범부락을 소개하는 영상이다. 월례경제동향보고에 참석한 박정희 대통령이 박준무 영일군수와 문성동 농촌지도자 홍성표에게 훈장을 수여하는 장면, 그리고 문성동 주민들이 농로 확장, 양계 등 다양한 새마을사업을 수행하는 모습을 보여주고 있다.

840-02 미국 하원의장 내한

상영시간 | 01분 42초

영상요약 | 앨버트(Carl Albert) 하원의장을 비롯한 미국 하원의원단 일행의 내한 소식을 알리는 영상이다. 앨버트 하원의장이 비행기에서 내려 백두진 국회의장과 만나는 모습, 박정희 대통령과 앨버트 하원의장이 청와대 집무실에서 환담하는 장면, 청와대 대접견실에서 베풀어진 다과회, 그리고 앨버트 하원의장의 한국 국회 연설 장면 등을 보여주고 있다.

840-03 국민과의 대화

상영시간 | 00분 53초

영상요약 | 김종필 국무총리의 방송 출연을 알리는 영상이다. 김종필 국무총리가 중앙방송국에서 "총리와의 대화" 프로그램을 녹화하는 장면, 그리고 가정에서 "총리와의 대화"를 시청하는 가족들의 모습 등을 보여주고 있다.

840-04 인도적 남북회담 제의

상영시간 | 00분 53초

영상요약 | 대한적십자사 측의 남북 간 가족 찾기 운동 제의를 알리는 영상이다. 최두선 대한적십자사총재와 윤주영 문화공보부장관이 각각 기자회견을 열고 담화하는 모습, 여러 일간지에 게재된 관련 기사의 표제, 여러 시민들이 거리를 지나다니는 모습 등을 보여주고 있다.

840-05 이런 일 저런 일

상영시간 | 01분 49초

영상요약 | 다양한 단신들을 전하는 영상이다. 서울 목동의 도시가스남부공장 기공식장에서 양택식 서울시장을 비롯한 인사들이 기공식의 첫 삽을 뜨는 모습, 대전 충무체육관에서 열린 민족복음화운동요원강습회에서 김준곤 목사의 설교를 듣는 신도들, 한국경제일보사가 주최한 제1회 한국상품대상 시상 장면, 그리고 매스게임 강습회에서 여러 무용교사들이 매스게임 연습을 하는 모습 등을 보여주고 있다.

840-06 보람 있는 여름방학을

상영시간 | 01분 27초

영상요약 | 여름방학 중 학생들의 다양한 활동을 보여주는 영상이다. 이화여자대학교 하계봉사반원들이 농촌에서 다양한 봉사활동을 하는 장면, 제2회 동북아시아대학생야영대회에 참가한 각국 대학생들, 그리고 경기도 가평 여학생 수영교실에서 물놀이를 즐기는 여학생들의 모습 등을 보여주고 있다.

840-07 여름철의 건강을

상영시간 | 01분 30초

영상요약 | 여름철의 전염병 예방법을 알리는 영상이다. 사이렌을 울리며 성심병원 입구로 들어서는 앰뷸런스를 보여주며 영상이 시작한다. 이어서 환자를 진찰하던 김종숙 박사의 육성으로 여름철 전염병 예방법을 알려주면서 부엌에서 음식물을 끓이는 모습, 어린이를 목욕시키는 가정주부, 길거리에서 음식물을 사먹는 시민들, 마을 주민들의 예방접종 장면, 가정에서 살충제와 모기장 등으로 해충을 막는 모습 등을 영상으로 보여주고 있다.

가족계획 10년 (1971년 11월 20일)

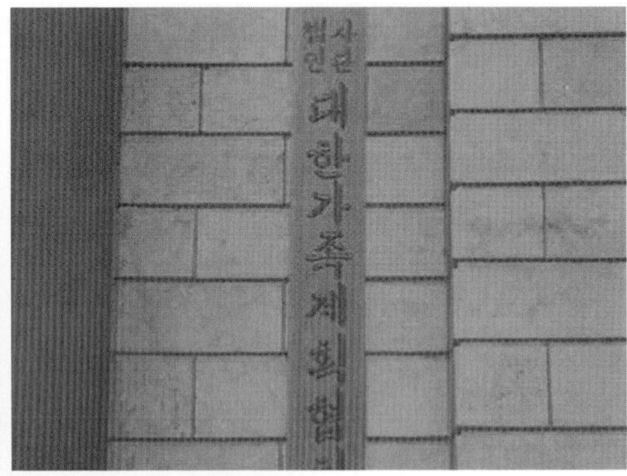

제작정보		영상정보	
출처	대한뉴스 854호	제공언어	한국어
제작사	국립영화제작소	컬러	흑백
제작국가	대한민국	사운드	유

영상요약

가족계획사업 10주년을 알리는 영상이다. 한국가족계획사업 10주년 기념식에서 여러 유공자들이 표창을 받는 모습으로 시작한 영상은 대한가족계획협회 건물, 가족계획사업 관련 발행물, 어머니와 자녀들의 모습, 가족계획 관련 상담 장면, 가족계획사업을 설명하는 애니메이션 등 다양한 화면을 보여주고 있다.

내레이션

이 땅에서 가족계획사업을 벌인 지 10주년이 되는 날인 11월 10일, 그 기념식이 서울에서 거행됐습니다. 이날 가족계획사업에 공이 큰 춘천시 가족계획지도원 이선녀 씨 등 서른네 명이 국무총리 표창과 보건사회부장관 포창을, 그리고 삼백여든세 명의 유공자들이 감사장을 각각 받았습니다. 그런데 이 사업의 모체인 대한가족계획협회는 우리나라 인구를 알맞게 조절하기 위해 앞장서 왔습니다. 정기간행물을 원하는 가정에 무료로 우송해서 가족계획에 관한 새로운 지식을 보급하는 일, 전국 곳곳에 보건소와 가족계획 시범진료소를 설치해서 친절한 자문과 무료로 피임 시술을 실시하는 등 보람된 일이 많았습니다. 우리 국민들 가운데는 흔히들 제 먹을 것은 제가 타고나온다는 그릇된 관념 때문에 아이를 너무 많이 낳아서 가난을 면치 못하는 사람들이 많습니다. 우리는 딸이건 아들이건 알맞게 낳아서 성실하게 기르는 일이야말로 내일을 내다보는 현명한 부모의 자세가 아닐까 합니다.

화면묘사

00:00 자막 "가족계획 10년"

00:03 "한국가족계획사업 10주년 기념식 및 평가회" 현수막이 걸린 기념식장의 전경

00:08 간호복 차림의 여성들이 기념식에 참석하여 앉아 있음

00:12 이선녀 가족계획지도원이 김학렬 경제부총리로부터 표창장을 수여받고 있는 모습

00:15 박수를 치는 청중

00:18 이경호 보건사회부장관으로 추정되는 인물이 한 유공자에게 표창함
00:23 청중들이 박수를 치며 축하함
00:25 표창을 받은 유공자들
00:30 대한가족계획협회 건물의 전경
00:36 "사단법인 대한가족계획협회" 현판
00:38 가족계획사업과 관련된 발행물들을 여러 화면으로 보여줌
00:44 어머니가 자녀를 안고 있는 다양한 장면들
00:50 주부들이 가족계획상담을 받는 모습을 여러 각도에서 촬영함
01:00 자녀들이 많은 대가족을 표현한 애니메이션
01:05 "가족계획" 문구와 함께 적은 자녀들 옆에서 십자수를 뜨는 어머니를 그린 애니메이션
01:11 웃는 얼굴로 회전목마를 타는 어머니와 자식들을 다양한 화면으로 보여줌

연구해제

이 영상은 1971년 11월 10일 서울 종로구 경운동 수운회관에서 개최된 "한국가족계획사업 10주년 기념식 및 평가회" 행사 장면을 담고 있다. 1960~80년대 인구 증가를 억제하기 위한 정책이었던 가족계획사업이 한창 진행 중이던 1971년, 지난 10년을 되돌아보면서 그동안의 성과를 살펴보는 내용이다. 행사장에는 조산원으로 보이는 간호사복장을 한 여성들이 참석해있고 가족계획사업의 유공자에게 김학렬 기획원장관이 충남 공주군 가족계획지도원 김정숙, 춘천시 가족계획지도원 이선녀 등 383명에게 표창장을 수여했다. 이어지는 영상은 대한가족계획협회 활동을 소개하는 내용으로 가족계획협회 건물, 정기간행물인 『가정의 벗』, 『생활의 지혜』, 『즐거운 우리집』 등을 보여주고 있다. 그리고 가족계획지원의 상담을 받는 여성, 창경원에서 즐거운 시간을 보내는 아이와 어머니의 모습 등도 자료영상으로 포함되어 있다.

가족계획사업은 박정희 정권의 경제개발5개년계획의 일환으로 실시되었다. 이 사업은 경제성장의 장애요인으로 규정된 인구성장을 미리 억제함으로써 '조국 근대화'를 앞당기기 위한 수단적 의미를 띠었지만, 개발을 위한 외국원조와 지원을 끌어들이는 역할도 했다. 정부는 이 사업을 '인구억제'라는 국가적 목표를 달성하기 위해 목표치를 할당

하고 독려하는 방식으로 실시했는데, 실제 사업의 추진은 가족계획어머니회 등의 민간 단체를 통해 주로 진행되었다.

사업의 주요활동은 대국민계몽과 홍보활동이었다. 1960년대는 전체국민을 대상으로 사업 자체에 대한 알리기의 성격이었다면, 1970년대에는 가임부부를 주된 대상으로 피임과 중절 등 의료기술 전파를 통해 사업의 목표 실현에 주력했다. 이 사업은 크게 성공적이어서 사업 초기에는 이상적인 자녀수를 다섯으로 여기고 남아선호 사상이 강하던 국민 인식을, 자녀는 하나나 둘이면 족하고 아들 딸 상관없다는 것으로 바꿔놓는데 크게 기여하였다.

하지만 국가의 목표 실현을 위해 진행된 가족계획사업은 여성에게 재생산의 권리를 보장하는 방향으로 진행되지 못했고, 충분한 임상실험을 거치지 않은 무리한 피임법의 강요 등으로 여성의 자율성과 신체적 안정은 보장되지 않는 방향으로 출산조정을 요구했다. 이것은 여성 스스로가 출산조절을 실천하기 위한 수단과 정보에 제한적으로 접근할 수 없었기 때문인데, 출산조절이 개인의 권리와 자유가 아닌, 강요된 국민의 의무로서 사고되었기 때문이었다.

참고문헌

「가족계획사업에 유공」, 『동아일보』, 1971년 11월 11일.

김홍주, 「한국 사회의 근대화 기획과 가족정치: 가족계획사업을 중심으로」, 『한국인구학』 25-1, 한국인구학회, 2002.

배은경, 「가족계획사업과 여성의 몸－1960~70년대 출산조절보급과정을 통해본 여성과 '근대'」, 『사회와 역사』 67, 2005.

해당호 전체 정보

854-01 가족계획 10년

상영시간 | 01분 27초

영상요약 | 가족계획사업 10주년을 알리는 영상이다. 한국가족계획사업 10주년 기념식에서 여러 유공자들이 표창을 받는 모습으로 시작한 영상은 대한가족계획협회 건물, 가족계획사업 관련 발행물, 어머니와 자녀들의 모습, 가족계획 관련 상담 장면, 가족계획사업을 설명하는 애니메이션 등 다양한 화면을 보여주고 있다.

854-02 농업교육으로 농촌발전을

상영시간 | 01분 11초

영상요약 | 수원농림고등학교의 활동을 소개하는 영상이다. 수원농림고등학교 학생들이 교실과 실습실에서 수업을 받는 모습과 함께 축사에서 우유를 짜고 밭에서 농사를 짓는 등 여러 실습을 하는 장면을 보여주고 있다.

854-03 이런 일 저런 일

상영시간 | 04분 02초

영상요약 | 다양한 단신들을 전하는 영상이다. 준공된 녹십자 혈액분획제제공장의 모습, 한일식품 공장 가동 광경, 국회 내무위원회 소속 의원들의 서울지하철 1호선 공사현장 시찰, 서울 세종로에 개관한 국세상담소의 업무 장면, 이세정의 국민훈장 무궁화장 수여식, 윤주영 문화공보부장관의 기자회견, 진주에서 열린 제22회 개천예술제 시가행진 장면, 그리고 유제두 선수와 스티븐 스미스 선수의 권투경기 실황 등을 보여주고 있다.

854-04 불조심

상영시간 | 01분 15초

영상요약 | 불조심을 홍보하는 영상이다. 출동하는 소방차와 다양한 화재현장의 모습을 비추며 시작한 영상은 정부종합청사에서 실시된 합동소방훈련에 참가한 소방

대원들이 화재를 진압하는 장면, 화재를 야기할 수 있는 다양한 난방기구와 발열기구 등을 보여주고 있다.

국가 비상사태 선언 (1971년 12월 4일)

제작정보

출　　처 : 대한뉴스 856호
제 작 사 : 국립영화제작소
제작국가 : 대한민국

영상정보

제공언어 : 한국어
컬　　러 : 흑백
사 운 드 : 유

영상요약

국가비상사태 선언을 알리는 영상이다. 윤주영 문화부장관이 기자회견을 열고 박정희 대통령의 국가비상사태 선언을 낭독하는 장면과 김성진 청와대대변인이 특별담화문을 대독하는 모습, 문화공보부 관계자가 외신기자들 앞에서 국가비상사태 선언을 발표하는 화면 등을 비추면서 여섯 조항의 각 항목을 자막으로 삽입해 함께 보여주고 있다.

내레이션

박정희 대통령은 1971년 12월 6일, 정부대변인 윤주영 문화공보부장관을 통해 국가비상사태를 선언했습니다. 이 선언에서 박 대통령은 최근 중공의 유엔 가입을 비롯한 모든 국제정세의 급변과 이에 한반도에 미치는 영향, 그리고 북한괴뢰의 남침 준비에 광분하고 있는 제양상들을 정부는 예의주시, 검토해본 결과 현재 대한민국은 안전보장상 중대한 차원의 시점에 처해있다고 말하고 따라서 정부는 국민과 혼연일체가 돼 이 비상사태를 극복할 결의를 새로이 하기 위해 국가비상사태를 선언한다고 말했습니다. 첫째, 정부의 시책은 국가안보를 최우선으로 하고 조속히 만전의 안보태세를 확립한다. 둘째, 안보상 취약점이 될 일체의 사회불안을 용납하지 않으며 또 불안요소를 배제한다. 셋째, 언론은 무책임한 안보 논의를 삼가야 한다. 넷째, 모든 국민은 안보상 책무 수행에 자진 성실해야 한다. 다섯째, 모든 국민은 안보 위주의 새 가치관을 확립해야 한다. 여섯째, 최악의 경우 우리가 향유하고 있는 자유의 일부도 유보할 결의를 가져야 한다. 또한 박 대통령은 김성진 청와대 대변인을 통해 특별담화문을 발표하고 국민 여러분의 이해와 협조를 당부했습니다. 이어서 문화공보부에서는 주한 외신기자들에게도 우리나라 비상사태선언에 관한 사항이 발표, 전달됐습니다.

화면묘사

00:00 자막 "국가비상사태 선언"

00:04 윤주영 문화공보부장관이 기자회견장에서 문건을 읽고 기자들이 이를 속기하는 다양한 장면들

00:45 자막 “정부의 시책은 국가안보를 최우선으로 하고 조속히 만전의 안보태세를 확립한다”

00:54 자막 “안보상 취약점이 될 일체의 사회불안을 용납하지 않으며 또 불안요소를 배제한다”

01:02 자막 “언론은 무책임한 안보 논의를 삼가해야한다”

01:07 자막 “모든 국민은 안보상 책무수행에 자진성실하여야 한다”

01:12 자막 “모든 국민은 안보위주의 새 가치관을 확립하여야 한다” 기자회견 장면을 영상으로 촬영하는 KBS 카메라

01:16 김성진 청와대대변인이 특별담화문을 발표하는 모습을 여러 화면으로 보여줌

01:17 자막 “최악의 경우 우리가 향유하고 있는 자유의 일부도 유보할 결의를 가져야 한다”

01:27 특별담화문 발표를 영상으로 촬영하는 카메라들

01:31 외신기자들의 문화공보부 관계자의 담화를 듣고 기록하는 모습을 다양한 각도에서 촬영함

연구해제

이 영상은 1971년 12월 6일 박정희 정부가 국가비상사태를 선언하는 장면을 담고 있다. 대통령에 의한 국가비상사태 선포는 법적 근거도 없는, 대한민국 헌정사상 최초의 사건이었다. 굳이 근거를 찾자면 1963년 12월 17일자로 발효된 제3공화국 헌법의 제75조 1항에서 “대통령은 전시 · 사변 또는 이에 준하는 국가비상사태에 있어서 병력으로써 군사상의 필요 또는 공공의 안녕질서를 유지할 필요가 있을 때에는 법률이 정하는 바에 의하여 계엄을 선포할 수 있다”라는 규정이 있을 뿐이었다.

국가비상사태를 선포하면서 박정희 대통령은 현재 대한민국은 안전보장 상 중대한 시점에 처해 있다며 중공의 ‘유엔’ 가입을 비롯한 제 국제정세의 급변과 그 틈을 탄 북한의 남침 위협을 이유로 들었다. 그리고 이에 따라 국가안보를 최우선시하고 일체의 사회불안을 용납치 않으며, 최악의 경우 국민 자유의 일부도 유보하겠다는 등 6개 항의 특별조치를 발표했다. 하지만 미국조차도 북의 남침 위협이 비상사태 선포의 이유라는 주장은 타당성이 없다고 반대했다. 박정희가 주장하는 이유와 다르게 당시 비상사태 선

포의 실질적 배경이 학생들의 교련반대 투쟁 및 부정부패 척결시위 등 대정부 투쟁의 고조였다는 것은 굳이 말하지 않아도 다 아는 사실이었다.

이러한 상황에서 국가비상사태 선포의 법적 근거를 마련해야했던 공화당은 대통령에게 비상대권을 부여하는 '국가보위에 관한 특별법'을 12월 21일 국회에 제출하였다. 이 법안은 경제질서에 대한 강력한 통제권한과 언론 · 출판, 집회 · 시위 단체교섭 등 국민의 기본권을 대통령이 독자적으로 제약할 수 있도록 하는 내용을 담고 있었다. 또한 노동자들의 기본권리인 단체교섭권과 단체행동권을 주무 관청의 허가를 받아야만 행사할 수 있도록 만들어 사실상 두 기본권을 봉쇄해 버렸다. 신민당의 특별법 저지투쟁에도 불구하고 공화당 의원들은 일부 무소속의원들과 함께 12월 27일 새벽 3시 국회 4별관에서 특별법안을 처리 · 통과시켰다.

국가비상사태 선포와 국가보위에 관한 특별법 통과의 결과로 대통령 1인 권력은 더욱 강화되었고, 이는 결국 1972년 10월 유신체제 수립의 기반이 되었다. 국가비상사태는 1979년 12월의 대통령 시해사건, 1980년 5월 광주민주화운동 때의 비상계엄 확대시기에 또 다시 선포되었고, 그 이후에는 선포된 사례가 없다.

참고문헌

김상겸, 「계엄법에 관한 연구」, 『헌법학연구』 11-4, 2005.

허은, 「학원병영화반대투쟁과 민주수호투쟁」, 서중석 외, 『한국민주화운동사』 1, 돌베개, 2008.

홍석률, 「유신체제에의 형성」, 안병욱 외, 『유신과 반유신』, 민주화운동기념사업회, 2005.

해당호 전체 정보

856-01 국가 비상사태 선언

상영시간 | 01분 42초

영상요약 | 국가비상사태 선언을 알리는 영상이다. 윤주영 문화부장관이 기자회견을 열고 박정희 대통령의 국가비상사태 선언을 낭독하는 장면과 김성진 청와대대변인이 특별담화문을 대독하는 모습, 문화공보부 관계자가 외신기자들 앞에서 국가비상사태 선언을 발표하는 화면 등을 비추면서 여섯 조항의 각 항목을 자막으로 삽입해 함께 보여주고 있다.

856-02 영동고속도로 개통

상영시간 | 01분 07초

영상요약 | 영동고속도로 서울-원주 구간의 개통을 알리는 영상이다. 박정희 대통령이 개통 테이프를 끊은 후 관용차로 영동고속도로를 통해 원주인터체인지의 개통식장으로 이동하여 건설유공자에게 포상을 수여하는 장면을 보여주고 있다.

856-03 수출진흥

상영시간 | 01분 37초

영상요약 | 박정희 대통령이 월례수출진흥확대회의에서 김종길 대표에게 표창하는 모습, 제8회 수출의 날 기념식에서 김종필 국무총리가 대통령 치사를 대독하고 수출유공자에게 표창하는 장면, 그리고 수출최고상을 받은 동명목재 공장의 작업광경 등을 보여주는 영상이다.

856-04 72년도 예산안 통과

상영시간 | 01분 21초

영상요약 | 1972년도 예산안 통과를 알리는 영상이다. 국회 예산결산위원회의 회의 장면에 이어서 국회 본회의장에서 국회의원들과 정부 인사들 간의 정책질의 후 기립표결로 예산안이 통과되는 과정을 영상으로 보여주고 있다.

856-05 이런 일 저런 일

상영시간 | 01분 59초

영상요약 | 다양한 단신들을 알리는 영상이다. 제3회 대한민국문화예술상 시상식, 대한태권도협회 중앙도장 기공식, 설산 장덕수 선생 24주기 추도식, 제15회 지방행정연수대회에서의 시상식, 그리고 새싹회의 소파상 시상식 등을 보여주고 있다.

856-06 어린이 무용단 영국왕실공연

상영시간 | 02분 33초

영상요약 | 리틀엔젤스 어린이 무용단이 영국왕실을 방문하여 엘리자베스 여왕과 앤 공주, 영국의 국회의원 앞에서 부채춤, 장고춤, 농악놀이를 선보이며 박수갈채를 받는 모습.

통일로 개통 (1971년 12월 23일)

제작정보			**영상정보**		
출처	:	대한뉴스 859호	제공언어	:	한국어
제작사	:	국립영화제작소	컬러	:	흑백
제작국가	:	대한민국	사운드	:	유

영상요약

1917년 12월에 있었던 서울과 문산을 잇는 '통일로' 개통식을 보여주고 있는 뉴스이다. 박정희 대통령이 개통식에 참석하여 시범주행을 함으로써, 통일로 명칭에 대한 의미 부여를 하고 있다.

내레이션

서울과 문산 사이를 잇는 통일로가 개통되었습니다. 50킬로미터의 이 고속화도로 개통식에 참석한 박정희 대통령은 겨레 통일염원을 나타내기 위해 이 도로를 통일로로 이름 지었습니다. 조국의 평화적 통일을 염원하는 우리는 최근 강대국끼리의 힘의 균형 때문에 인도와 파키스탄 정부와 같은 국지전이 이 땅에서도 빚어질 가능성이 충분하다는 사실을 똑바로 인식하고 국민총화로써 자주국방의 임전태세를 더욱 잘 갖추어 나가야 하겠습니다.

화면묘사

00:00 자막 "통일로 개통"

00:03 도로 옆에 "통일로"라는 문구가 새겨진 큰 바위가 보임

00:10 박정희 대통령을 비롯해 10여 명의 국회의원들이 테이프 커팅식을 진행함

00:21 세 대의 차량이 도로를 달리는 모습

00:27 차 안에서 영상을 찍고 있는 화면으로 도로를 달리는 모습이 보임

00:39 큰 규모의 다리가 보임

00:42 군인 장교, 국회의원들과 이야기를 나누고 주변을 둘러보는 박정희 대통령의 모습

00:51 "신의주 456Km 평양 221Km 개성 23.5Km"라고 쓴 이정표가 보임

00:57 한 남성의 설명을 듣고 손가락으로 주변을 가리키며 무엇인가를 지시하는 박정희 대통령의 모습

01:06 큰 규모의 다리가 보임

01:08 도로를 달리는 자동차의 모습들이 보임

연구해제

이 영상은 1971년 12월 18일의 서울과 문산을 잇는 '통일로'의 개통식을 보여주고 있다. '통일로'라는 명칭은 남북적십자 회담을 위해 파견된 대표들이 오가는 길로써, 우리 국민의 통일에 대한 염원과 의지를 집약시킨다는 취지로 박정희 대통령에 의해 명명된 것이다.

53km의 '통일로'는 서울-판문점 간 종합개발계획의 하나로 추진되었으며, 남북적십자 회담의 개최로 인해 공사가 가속화됐다. 노폭 16m에 포장폭 14m의 길로, 17억4,700만 원의 공사비가 투여되었고, 기존의 문산-판문점 간의 20km 도로도 포장·재정비하여 2차선으로 만들었다.

개통식이 열린 1971년 12월 18일에는 박정희 대통령이 경기도 고양군 신도면 구파발에서 서울-문산 간 고속화도로인 '통일로'의 개통 테이프를 끊고 자유의 다리까지 시주(試走)했다. 본 영상에서 보여지는 통일로를 달리는 차량은 이러한 박정희 대통령의 시주 장면일 가능성이 높다. 이날 박 대통령은 통일로의 종점인 임진강변 '자유의 다리'에서 차를 세워 약 10분간 머물며 "국민들의 평화통일 의지를 집약시켜 통일로로 부르기로 했다"고 말하고, 김태경 당시 경기도지사에게 자유의 다리 입구에 망향대를 세워 이북에 고향을 가진 사람들이 북쪽에 두고 온 선영에 절이라도 할 수 있도록 하라고 지시했다.

이후 통일로를 이용해 자유의 다리를 찾는 실향민과 관광객은 늘어났고, 1972년 12월 자유의 다리 앞에 임진각이 세워졌다.

참고문헌

「판문점까지 훤히-10일 개통」, 『경향신문』, 1971년 12월 8일.
「박대통령 통일로 시주」, 『경향신문』, 1971년 12월 18일.
「북녘 그리는 망향의 집」, 『경향신문』, 1972년 12월 28일.

해당호 전체 정보

859-01 굳건한 방위 태세

상영시간 | 02분 13초

영상요약 | 박정희 대통령이 국가비상사태가 내려진 상황에서 수도권에서 이루어진 방위 훈련을 시찰하였다. 김종필 국무총리가 서해안 전투경찰대를 방문하여 위문품을 전달하고 장병들의 사기를 북돋아 주었다.

859-02 통일로 개통

상영시간 | 01분 13초

영상요약 | 1917년 12월에 있었던 서울과 문산을 잇는 '통일로' 개통식을 보여주고 있는 뉴스이다. 박정희 대통령이 개통식에 참석하여 시범주행을 함으로써, 통일로 명칭에 대한 의미 부여를 하고 있다.

859-03 나라위한 정성으로

상영시간 | 02분 09초

영상요약 | 서부전선 최전방 애기봉에 큰 규모의 트리가 설치되었다. 함경북도 어머니회 합창단과 함북 민속단원들은 부대를 방문하고 위문공연을 했다. 향군부녀회에서는 현충원 비석들 앞에 꽃병을 심고, 대한종합식품에서는 비상식량과 통조림을 기증했다.

859-04 이런 일 저런 일

상영시간 | 02분 53초

영상요약 | 모범 공무원 표창식이 열려 모범 공무원들은 금정훈장, 금정포장, 대통령표창 및 국무총리 표창을 받았다. 경상북도 달성고령지구에서는 국회의원 보궐선거에서 박준규 후보가 당선되었다. 마산 수출자유지역에 표준공장과 세관 검역소 등이 준공되고, 중앙대학교 부속 한강성심병원이 세워졌다. 제8회 한국미술 교육상 시상식이 열렸다.

859-05 스포츠

상영시간 | 01분 48초

영상요약 | 태릉 국제 빙상경기장에서 열린 빙상경기에서 신기록이 쏟아졌다. 삿포로 올림픽에 출전하기 위한 피겨 스케이트 선수 선발대회에서 장명수 선수가 우승하였다. 제26회 전국 남녀 농구 종합선수권대회에서 남자부에서는 한국은행이, 여성부에서는 조흥은행이 우승했다.

859-06 표어

상영시간 | 00분 05초

영상요약 | 표어 "연말연시를 조용히 보냅시다."

우리 농촌에 새마을을 (1972년 2월 5일)

제작정보		영상정보	
출처	대한뉴스 865호	제공언어	한국어
제작사	국립영화제작소	컬러	흑백
제작국가	대한민국	사운드	유

영상요약

박정희 대통령이 경기도, 강원도, 충청북도 지역을 각각 순시하였다. 농촌 새마을운동이 펼쳐지는 모습이 보인다.

내레이션

새해 지방 순시에 나선 박정희 대통령은 먼저 강원도와 경기도, 충청북도를 각각 순시했습니다. 박 대통령은 지방 순시를 통해 비상체제 아래서의 총력안보는 행동과 직결되어야 하며 생산과 관련되는 교육을 펴라고 지시했습니다. 박 대통령은 특히 올해부터 시작되는 제3차 경제개발5개년계획 동안 농촌을 중점 개발할 것이라고 밝히고 새마을 가꾸기 운동의 적극추진을 당부했습니다. 박 대통령은 새마을 가꾸기 운동은 전시적이고 형식적인 데에 치우치지 말고 생산과 소득증대에 직결되는 방향에서 추진하라고 지시하고 농촌 근대화는 정부의 투자만으로 되는 것이 아니라 농어민의 자주, 자립, 협동 정신이 발휘돼야 이룩된다고 강조했습니다.

화면묘사

00:00 자막 “우리 농촌에 새마을을”
00:04 눈길을 달리는 자동차들의 모습
00:10 건물이 보임
00:12 자리에 착석하는 국회의원들과 박정희 대통령
00:18 보고를 진행하는 사람의 모습
00:21 건물의 입구가 보임
00:25 “총력안보의 해 도정시책보고 경기도”라고 써있는 종이가 보임
00:28 보고를 진행하고 있고 건물이 보이며 또 다시 보고를 진행하는 모습
00:38 농촌 주택가의 모습
00:42 삽으로 땅을 파서 수레에 싣고 있는 주민들의 모습
00:52 수레를 옮기는 모습
00:56 돌을 쌓고 있는 모습

연구해제

이 영상은 박정희 대통령의 1972년 연두순시의 다양한 모습과 강조사항을 전달하고

있다. 박정희 대통령은 연두순시에서 비상체제 아래에서 총력안보의 구현방식과 새마을운동을 통한 농촌개발을 가장 중요하게 언급하였다. 연두순시에서 강조된 비상체제하 총력안보와 새마을운동의 전개는 박정희 정권의 안보담론 내에서 서로 긴밀하게 연결되어 있다. 박정희 정권은 급속한 산업화를 통해 '집단살림'과 같은 자본주의적 국민경제를 구축하고자 하였다. 박정희 정권이 구상하는 '집단살림'은 곧 정치적 공동체의 기초이자 국민형성의 토대였다. 따라서 박정희 정권의 궁극적 필연성인 '안보담론'은 외부로는 북한과의 체제대결을 지향하지만 내부적으로는 극단적인 단결과 조화를 강제하였다. 안보담론은 1960년대 중반 이후 안보위기를 계기로 핵심담론의 위치로 전화되었는데, 이항대립으로 구성되었으며 극단의 정치를 실천하는 방향으로 전개되었다. 또한 전쟁 모델을 통해 외부 위협에 대항한 내적 통합을 추구하였기 때문에 내부-외부의 명확한 경계 없이 연결되는 특징을 가졌다.

1972년 연두순시에서는 박정희 대통령의 안보담론, 즉 내부-외부의 경계를 통합시키는 통치전략이 잘 드러난다. 박정희 대통령은 총력안보를 강조하면서 이 대열에서 단 한명의 국민이라도 이탈해서는 안 된다고 당부하였고, 다른 한편으로는 이러한 단결이 새마을운동으로 이어져 생산과 소득증대에 이바지하여야 한다고 강조했다. 이 같은 안보담론은 1972년 10월 유신체제 선포 이후 "새마을운동은 유신의 실천도장"이라는 슬로건으로 자연스럽게 연결되었다.

참고문헌

「박대통령, 지방관서 순시 총평」, 『경향신문』, 1972년 2월 7일.

황병주, 「1970년대 유신체제의 안보국가 담론」, 『역사문제연구』 27, 2012.

해당호 전체 정보

865-01 우리 농촌에 새마을을

상영시간 | 01분 11초

영상요약 | 박정희 대통령이 경기도, 강원도, 충청북도 지역을 각각 순시하고, 농촌 새마을운동이 펼쳐지는 모습을 보여주는 영상.

865-02 간첩단 검거

상영시간 | 00분 44초

영상요약 | 육군보안사령부는 스물세명의 간첩을 서울, 대구 등지에서 검거했다는 소식을 전하는 영상. 이들 간첩들은 현 정권을 전복하고 비상사태하에서 유언비어를 퍼뜨려 사회혼란을 꾀하였다고 한다.

865-03 이런 일 저런 일

상영시간 | 03분 32초

영상요약 | 다양한 소식을 전하는 영상이다. 공무원 창안제도에 대한 시상식, 1972년 서울특별시 시정대회 등을 보여주고, 부산 광복동에서 차 없는 거리가 처음으로 실시된 소식, 창경원 동물 탈출 시범훈련, 괌에서 2차 대전 이후 혼자 도피생활을 하던 일본군 상사 요꼬이 쇼이찌가 원주민에 의해 동굴에서 발견되었다는 소식을 전한다.

865-04 삿포로 소식

상영시간 | 01분 52초

영상요약 | 삿포로에서 개막된 제23회 눈의 잔치를 보여주는 영상이다. 한국 선수단 환영대회가 삿포로 시민회관에서 열리고, 재일 한국인들이 참석했다. 한국 민속예술단 공연이 삿포로 시민회관에서 베풀어져서 가야금 연주, 농악놀이, 장구춤을 공연했다.

865-05 스포츠

상영시간 | 01분 03초

영상요약 | 장충체육관에서 열린 동양 주니어 페더급 챔피언 장규철 선수의 타이틀 방어전과 부산 구덕체육관에서 열린 동양 미들급 챔피언 유제두 선수 타이틀 방어전을 보여주는 영상.

865-06 교통 질서

상영시간 | 01분 18초

영상요약 | 교통질서가 지켜지지 않는 모습을 보여주면서 교통질서를 지킬 것을 당부하는 영상.

미국 대통령 중공 방문 (1972년 2월 26일)

제작정보		영상정보	
출처	대한뉴스 868호	제공언어	한국어
제작사	국립영화제작소	컬러	흑백
제작국가	대한민국	사운드	유

영상요약

미국 닉슨(Richard Nixon) 대통령이 중국을 방문해서 모택동 주석과 정상회담을 가진 것을 알리는 영상. 현직 미국 대통령으로는 처음으로 중국을 방문해서, 중국 수상 주은래의 영접을 받았다.

내레이션

닉슨 미국 대통령은 2월 21일 북경공항에 도착. 현직 미국 대통령으로서는 처음으로 중공을 방문했습니다. 오랫동안 얼어붙었던 미-중공관계를 정상화시키기 위해 중국 대륙을 밟은 닉슨 대통령은 공항에서 중공 수상 주은래 영접을 받았습니다. 이날 닉슨 대통령은 예정보다 앞당겨 중국 당 주석 모택동과 정상회담을 가졌습니다.

화면묘사

00:00 자막 "미국 대통령 중공 방문"
00:03 비행기가 착륙을 진행하고 있고 그 옆으로 서있는 중국 고위 관계자들과 사람들의 모습이 보임
00:11 비행기에서 내려오는 닉슨 대통령 내외의 모습
00:21 중국 수상 주은래와 악수를 하는 닉슨 대통령의 모습
00:28 닉슨 대통령을 맞이하는 중국 관계자들
00:32 국기가 휘날리고 있음
00:35 닉슨 대통령과 모택동 주석이 인사를 나누는 모습의 사진이 보임
00:38 회담을 진행하는 닉슨 대통령과 모택동 주석의 모습

연구해제

이 영상은 1972년 2월 중국을 방문한 닉슨 미국 대통령의 베이징공항 도착 모습과 마오쩌둥 중국 주석과 회담하는 사진 2장을 담고 있다. 그동안 자본주의와 사회주의(공산주의)로 나뉘어 전 세계를 이분법적인 냉전구도 속으로 끌고간 장본인격인 미국과 중국의 이러한 데탕트 무드는 냉전시기를 종식시키는 상징성을 가지는 것으로 전세계의 이목을 집중시키는 대대적인 사건이었다.

1949년 10월 장개석 군대가 타이완으로 패주하고 중국 본토에 중화인민공화국이 출범한 후 6·25전쟁을 거치며 미국과 중국은 적대적 관계로 고착되었다. 이와 같은 미중관계에 개선의 조짐이 보인 것은 닉슨행정부가 출범한 1969년부터였다. 1969년 11월부

터 1970년 2월까지 세계의 여러 도시에서 미중 외교관의 비밀 접촉이 10번 정도 이루어졌다. 이후 미중은 파키스탄의 야히야 칸 대통령을 메신저로 삼아 비밀접촉 채널을 구축하는데 성공했다.

닉슨 행정부는 공개적으로 중국과의 관계 개선 의지를 표명했고, 이어 미 국무부는 중국 여행 제한을 모두 폐지한다고 발표했다. 그리고 1971년 4월에는 미국 탁구선수단이 베이징을 방문하여 중국 대표팀과 친선경기를 가졌다. 마침내 1971년 4월 27일 닉슨의 베이징 방문을 환영한다는 중국의 비망록이 백악관에 전달되었고, 닉슨은 5월 10일 특별보좌관 키신저(Henry A. Kissinger)를 특사로 보내겠다는 회신을 중국에 보냈다. 키신저는 1971년 7월 9일부터 11일까지 베이징을 방문해서 저우언라이와 회담을 가졌다.

양국의 만남은 서로의 이해관계가 맞물리면서 가능했다. 미국은 중국과의 관계를 활용해서 소련으로 하여금 미국에 좀 더 타협적으로 나오게 만든다는 차원에서 중국에 접근했다. 그리고 미국은 중국과의 관계 개선을 베트남전쟁의 조속한 종결을 위해 활용하려 했다. 중국은 소련으로부터 공격받을 가능성이라는 긴급성 때문에 미국에 접근한 측면이 있다. 또한 중국은 미국과의 관계 개선을 통해 대만은 중국의 일부라는 '하나의 중국' 원칙을 확실하게 인정받으려 했다.

키신저의 베이징 방문 후인 1971년 7월 15일, 닉슨 대통령은 키신저의 베이징 비밀방문 사실을 알리고 1972년 5월 이전에 자신이 직접 베이징을 방문할 계획이라고 선언했다. 닉슨의 베이징 방문은 1970년대 초 전 세계적으로 조성된 자본주의 진영과 공산주의 진영의 데탕트(긴장 완화)를 상징하는 사건이었다.

1971년 10월 20일부터 26일까지 키신저는 두 번째로 베이징을 방문했다. 이 기간 중에 닉슨의 중국방문 때 발표할 미중 공동성명서 초안에 대한 합의가 이루어졌다. 마침내 1972년 2월 21일 닉슨은 상하이를 거쳐 베이징에 도착했다. 닉슨은 방문 직후 마오쩌둥과 1시간여의 회담을 가졌다. 이후 미중간의 실질적인 토의는 닉슨과 저우언라이 총리 사이에 이루어졌고, 2월 27일 양국은 상하이 공동성명을 발표해서 국교 정상화에 합의했음을 발표했다. 이후 실제로 국교 수립은 1979년에 이루어졌다.

미중의 관계 개선은 한반도 분단 정부들의 상대방에 대한 정책 변경의 한 계기가 되었다. 미국과 중국은 관계 개선 과정에서 한반도 문제를 논의했고, 동북아시아의 긴장 완화를 위해 한반도의 안정과 남북 양 정권의 타협이 필요하다는 데 의견을 같이했다. 한편 남북의 두 정부도 데탕트와 미중 관계 개선이라는 국제 질서의 거센 변동 속에서 남북 간에 일정한 대화 채널을 구축하는 것이 불가피하다는 것을 인식하기 시작했다. 그 결과 남북적십자사 회담과 7·4남북공동성명 등 일련의 남북만남이 진행되었다.

참고문헌

홍석률,『분단의 히스테리』, 창비, 2012.

해당호 전체 정보

868-01 총력안보의 길은

상영시간 | 02분 11초

영상요약 | 박정희 대통령이 지난 2월 18일에 청와대 국무회의에서 7개의 항으로 구성되어 있는 총력안보 지도요강을 채택하고 발표했다는 소식을 알리는 영상이다.

868-02 수출은 국력의 총화

상영시간 | 01분 50초

영상요약 | 박정희 대통령이 수출진흥회의에서 수출에 공이 많은 사람들을 표창하였음을 알리는 영상이다.

868-03 미국 대통령 중공 방문

상영시간 | 00분 42초

영상요약 | 미국 닉슨 대통령이 중국을 방문해서 모택동 주석과 정상회담을 가졌음을 알리는 영상이다. 현직 미국 대통령으로는 처음으로 중국을 방문해서, 중국 수상 주은래의 영접을 받았다.

868-04 이런 일 저런 일

상영시간 | 03분 16초

영상요약 | 1972년 ROTC 10기 임관식, 여고 교련교사 질서훈련 강습, 월남 실향민 통일기원탑 기공식, 6·25로 헤어진 자매의 상봉 소식, 국가 비상사태하에서 여성 옷차림에 대해서 규정하는 소식 등 다양한 소식을 전하는 영상이다.

868-05 스포츠 소식

상영시간 | 01분 29초

영상요약 | 제53회 전국 체육대회 동계 스키대회가 대관령에서 개최되었다는 소식과 서울에서 열린 한미 농구 올스타전 소식을 전하는 영상이다.

868-06 표어

상영시간 | 00분 03초

영상요약 | 표어 "계승하자 3·1정신 이룩하자 국민총회."

땀 흘린 보람 (1972년 3월 11일)

제작정보		**영상정보**	
출 처	대한뉴스 870호	제공언어	한국어
제 작 사	국립영화제작소	컬 러	흑백
제작국가	대한민국	사 운 드	유

영상요약

박정희 대통령이 월간 경제동향을 보고받는 자리에서 새마을운동에 지대한 공을 세운 경기도 이천 농업협동조합 장호원지소 이재영에게 국민훈장을 수여했다는 소식을 전하는 영상이다.

내레이션

박정희 대통령은 월간 경제동향을 보고받는 자리에서 새마을운동에 공임하는 경기도 이천군 농업협동조합 장호원지소 이재영 씨에게 국민훈장을 달아주었습니다. 이재영 씨는 지난 1963년 농업개척원으로 농업에 투신한 이래 자립농가육성에 있는 정열을 불태워왔습니다. 이재영 씨는 그동안의 땀 흘린 결과를 이렇게 말했습니다. (이재영의 육성인터뷰: 지도를 담당한 장호원은 그 당시 13개 이동단위로 조합이 조직되어 있었습니다. 이 조합들은 정부가 양성해서 농민의 소득증대를 위한 농협 본연의 사업을 할 수가 없었습니다. 그러나 영세한 13개 이동조합에 경제권 중심으로 한 대규모 통합된 지금은 조합의 경제사업과 신용사업 등을 통하여 간접소득을 증가하는 한편 조합원들의 협동적인 생산활동을 적극 지원하게 되어 71년도에는 장호원 조합 간 내 농가호당 소득 평균은 전국 농가호당 소득 평균 286,000원보다 40프로나 높은 39만 9,000원에 이르렀습니다. 농민의 소득이 이렇게 증가되자 전화사업을 비롯하여 지붕개량, 농노확장, 하수구 개선 등에 생활개선사업에 적극 추진되게 되었습니다. 정부가 강력하게 추진하고 있는 새마을 극기사업은 농민 스스로의 사업으로 소화하여 이를 적극 추진하고 있습니다.

화면묘사

00:00 자막 "땀 흘린 보람"
00:03 박정희 대통령이 이재영에게 국민훈장을 수여하고 있음
00:31 박정희 대통령이 수여한 표창증과 국민훈장
00:34 이재영이 밭을 바라보며 인터뷰를 하고 있음
00:40 기계로 밭을 갈고 있는 농민들의 모습
00:46 모내기를 하고 있는 농민들의 모습
00:49 장호원 농협연쇄점의 외경
00:52 바지를 둘러보는 손님과 직원의 모습이 보이고 상점의 풍경이 보임
01:02 비료계, 대부계 등으로 나뉘어 있는 농협의 모습
01:08 출납계의 직원이 손님에게 돈을 전달하고 있음
01:14 양계장 닭들의 모습과 계란을 수거하는 사람의 모습

01:21 "장호원리동조합구판장"의 입구 표지판의 모습
01:24 포장된 계란을 옮기는 두 명의 남성
01:27 쌀을 나르는 사람들의 모습
01:34 농촌의 풍경

연구해제

이 영상은 1972년 새마을운동 유공자 이재영 이천농협 장호원지소 지도계장이 박정희 대통령에게 직접 훈장을 수여 받는 모습을 담고 있다. 영상 후반부에는 이재영이 직접 육성으로 경기도 이천 장호원의 새마을운동 성공사례를 전달하고 있다. 이재영은 정부에서 농촌 새마을가꾸기사업을 범국민적 새마을운동으로 전환하던 1972년을 대표하는 '새마을지도자'이다. 그는 이처럼 대한뉴스와 언론을 통해 전 국민에게 이른바 '새마을운동의 기수'로 알려졌고, 한 달 간 일본과 대만의 농촌시찰단으로 파견되었다. 이후에는 『새마을로 가는 길 2집』을 발간하여 1970년대 농촌 새마을운동에 헌신하였다.

이재영은 1936년 생으로 경복고 재학시절부터 농촌운동에 투신한 의지적 인물이다. 졸업 후에는 애향청년회를 조직하여 이상촌 건설운동에 매진하였고, 1960년대에는 농협 개척원으로 활동하였다. 그러나 이 과정에서 이재영은 농협의 관료적, 반(反)농민적 태도에 크게 실망하여 자신의 동지들과 함께 진정한 농협건설을 위한 이중전략을 취하였다. 즉 농협의 소속원으로 농협의 업무를 진행하면서도 주변 농민들의 이해를 실현하는 조직을 별도로 조직한 것이다. 이 같은 활동의 연장선상에서 1969년에는 조합원대표 329명을 모아 조합을 운영하면서 호당 5만 원의 소득증대를 이뤘으며 1972년 현재 예탁금 6,059만 원의 건실한 농촌협동조합을 운영하고 있었다. 1970년대 '새마을운동의 기수'로 상징되는 이재영의 사례는 농촌 활동가들이 구축한 자생적 성공결과물을 국가가 전유하여 '새마을운동'의 활력으로 활용하는 과정을 잘 보여준다.

참고문헌

「국민훈장 받은 새마을운동 기수」, 『경향신문』, 1972년 3월 6일.
김영미, 「어느 농촌운동가의 생애와 1950~1960년대 농촌근대화운동」, 『한국민족운동사연구』 51, 2007.

해당호 전체 정보

870-01　거국적인 새마을운동을

상영시간 | 02분 37초

영상요약 | 박정희 대통령이 1972년 지방장관회의에서 도시에서도 새마을운동을 전개하라고 지시하고, 새마을 정신이 우수한 농촌지역에 대해서 소개하며, 상록수 공무원 표창식을 보여주는 등 새마을운동에 대한 다양한 소식을 전하는 영상이다.

870-02　땀 흘린 보람

상영시간 | 01분 41초

영상요약 | 박정희 대통령이 월간 경제동향을 보고받는 자리에서 경기도 이천 농업협동조합 장호원지소 이재영에게 국민훈장을 수여했다는 것을 알리는 영상이다.

870-03　이런 일 저런 일

상영시간 | 03분 14초

영상요약 | 제6회 세금의 날 기념식에서 김종필 총리가 대한석유공사 대표 박원석 등을 표창하고, 서울시 경찰국 330수사대 발대식이 열렸으며, 서울동대문광장시장 부인회가 청룡부대를 위문했음을 알리는 영상. 더불어 서울에서 열린 제5회 전국 양재기술 경기대회, 제9회 청룡영화상 시상식, 국립 현대 미술관에서 열린 현대 독일 미술 전시회, 대한노인회 서울시지부 연합회의 노인회관 건립 자축제전 등을 알리고 있다.

870-04　스포츠

상영시간 | 01분 10초

영상요약 | 축구 국가대표 상비군이 청소년 팀과의 평가전 대결에서 2:0으로 승리하였음을 알리는 영상이다.

870-05 결혼식은 간소하게

상영시간 | 01분 22초

영상요약 | 호화로운 결혼식을 여는 것 보다는 진정한 가정의례준칙에 의거하여 실속이 있고 장래성이 높은 결혼식을 할 것을 당부하는 영상이다.

870-06 표어

상영시간 | 00분 05초

영상요약 | 표어 "등록하자 문화재 빛내보자 우리문화."

상례는 간소하게 (1972년 3월 18일)

제작정보		영상정보	
출 처	대한뉴스 871호	제공언어	한국어
제 작 사	국립영화제작소	컬 러	흑백
제작국가	대한민국	사 운 드	유

영상요약

지나치게 경비지출이 심한 상례의 폐해를 지적하면서 적절한 수준의 간소한 상례를 치룰 것을 당부하는 영상이다.

내레이션

사람이 세상을 떠나면은 마지막 가는 길이나마 좀 더 의의 있게 보내기 위해서 적절한 예를 치루게 됩니다. 그러나 지금까지의 경우를 보면은 예가 지나쳐서 허례가 된 경우가 적지 않습니다. 큰소리로 호곡한다던지 굴관제복 등 번거로운 상복으로 어렵게 상례를 치루는 경우가 많습니다. 조상을 모시는 것은 이와 같은 형식에 있는 것이 아니며 경건한 마음가짐에 있는 것입니다. 정부가 1963년에 제정한 가정의례준칙에는 상제복장은 한복일 경우 흰옷, 흰 두루마기에 두건을 쓰거나 상장을 가슴에 달게 돼있으며 평상복을 입어도 이에 어긋나는 것은 아닙니다. 또한 조객에게 음식대접을 하지 않고 조객도 조화를 보내지 않음으로써 간소한 상례를 치르도록 권장하고 있습니다. 지나친 경비지출로 패가망신하는 경우를 봐서라도 우리 모두 상례를 간소하게 치뤄야 하겠습니다.

화면묘사

00:00 자막 "상례는 간소하게"
00:05 상여를 들고 움직이는 사람들의 모습
00:29 상례를 치루는 다양한 모습들
00:33 조문객의 절을 받는 유가족들의 모습
00:43 흰옷의 상복을 입고 왼쪽 가슴에 상장을 달고 있는 상복차림
00:46 검정색 양복 왼쪽 가슴에 상장을 달고 있는 차림
00:49 여러 상복 차림의 모습과 상례의 다양한 모습

연구해제

이 영상은 1969년 3월 15일 발포된 '가정의례준칙'에 대해 설명하는 내용을 담고 있다. 가정의례준칙은 1968년 박정희 정권의 제2경제 실천운동의 일환에서 국민의 정신자세를 규정하는 가운데 주목을 받아 이후 가정의례 개정으로 이어진 것이다. 제정의 첫 번째 이유는 관혼상제를 유난히 중요하게 생각하여 가계 부담을 안고도 크게 치루는 국민적 정서를 바꾸고 가정의례절차를 간소화시켜 경제적 부담을 줄이자는 것이었다. 두 번

째 이유는 전통적 가정의례를 서양식으로 표준화, 근대화하여 범국민적 생활규범으로 정착시키려는 것이었다. 따라서 관혼상제 의식절차에 관한 기준과 양식을 상세하게 규정하였다.

하지만 가정의례준칙이 공포되고 3년이 지난 1972년에도 이 제도가 생활화되지 않고 있다는 지적이 나왔다. 일례로 1972년 3월 6일 보건사회부 집계에 따르면 민간단체, 정부기관 등에서 매년 500건에 달하는 부고를 싣고 있다는 발표가 있었다. 그러자 가정의례준칙이 가정의례 실정법령의 규제를 받는 영역에 포함되었지만, 강제규정은 없기 때문이라는 평가가 나왔다. 따라서 1973년에는 위반 시 처벌규정을 포함한 가정의례에 관한 법률을 제정하였다. 3단계 실천계획을 설정하여 1969~73년 5년간을 계몽기간, 1974~76년 3년간을 실천단계, 1977년 이후를 생활화단계로 둔 것을 변경하여 국가가 가정의례를 법제화 · 강제화한 것이었다.

이 영상은 1973년 강제조항이 적용되기 이전인 1972년 가정의례준칙이 실제 적용되지 않는다는 문제의식에서 국민계몽을 목적으로 만들어졌을 것이다.

참고문헌

「'家庭儀禮준칙' 宣布」, 『동아일보』, 1969년 3월 5일.

「내년부터 强力실시 儀禮준칙公布 3돌…生活化 안 돼」, 『경향신문』, 1972년 3월 6일.

김시덕, 「가정의례준칙이 현행 상례에 미친 영향」, 『역사민속학』 12, 2001.

고원, 「박정희정권 시기 가정의례준칙과 근대화의 변용에 관한 연구」, 『담론 201』 9, 2006.

해당호 전체 정보

871-01 요원의 불길처럼

상영시간 | 02분 29초

영상요약 | 새마을운동이 전국적으로 실시되어, 경상북도 봉화군에서 객토작업, 도로확장 공사, 지붕개량 등이 이루어지고, 수원 농림고등학교에서도 학생들에 의해 다양한 새마을운동이 전개되고 있음을 알리는 영상이다.

871-02 알뜰한 주부

상영시간 | 01분 11초

영상요약 | 제5회 알뜰주부상 시상식 소식을 알리는 영상. 강원도 춘천시 조양동 조병숙 등 열여섯 명과, 경기도 용인군의 이이열이 공무원 남편의 수입으로 알뜰한 가계를 꾸려 상을 받았다.

871-03 청동 의기 발견

상영시간 | 00분 49초

영상요약 | 대전에서 당시 사회상을 알 수 있는 그림이 그려져 있는 선사시대 청동 의기가 발견되었음을 알리는 영상과, 조선시대 중기에 입던 의복이 발견됨을 알리는 영상이다.

871-04 이런일 저런일

상영시간 | 02분 48초

영상요약 | 제14회 노동절 기념식 소식과 서울에서 열린 도서의 해 선언식, 수도권 방위 임무를 맡게 된 청룡부대의 부대기 이양식, 워커힐에서 잠실교 사이를 잇는 서울 변두리 기간도로 확장공사가 기공소식, 남서울지구 토지구획정리사업 소식, 전국 상도의 날 기념식과 소록도 고사목 뿌리 공예 전시회가 서울에서 열렸다는 소식을 전하는 영상이다.

871-05 스포츠

상영시간 | 01분 37초

영상요약 | 72년도 동계 유니버시아드 대회에 참가한 선수단의 귀국 소식, 서울에서 개최된 실업농구 제1차 코리언 리그 소식, 제10회 전국여자 실업농구 리그 겸 박정희 장군배 쟁탈 여자 농구대회 참가팀 선발경기 소식 등을 전하는 영상이다.

871-06 상례는 간소하게

상영시간 | 01분 07초

영상요약 | 지나치게 경비지출이 심한 상례의 폐해를 지적하면서 적절한 수준의 간소한 상례를 치룰 것을 당부하는 영상.

새마을 소득증대 촉진대회 (1972년 5월 20일)

제작정보		영상정보	
출 처	대한뉴스 880호	제공언어	한국어
제 작 사	국립영화제작소	컬 러	흑백
제작국가	대한민국	사 운 드	유

영상요약

전라남도 광주에서 열린 새마을 소득증대 촉진대회를 알리는 영상. 박정희 대통령은 새마을에 공을 세운 농어민과 공무원들에게 표창을 했고, 김종필 국무총리는 전라남도 새마을 사업장을 둘러보면서 농민들의 소득증대 의욕을 격려했다. 전라북도 완주군 상관면에서 새마을운동 시범 전진대회가 개최되었으며, 부산에서는 부산대학교 학생들이 새마을 사업에 힘쓰고 있음도 보여준다.

내레이션

전라남도 광주에서는 새마을 소득증대 촉진대회가 열려 협동, 단결하는 농어민이 돼서 살기 좋은 새마을 건설과 소득증대 사업에 정성을 다할 것을 다짐했습니다. 이 대회에서 박정희 대통령은 새마을 운동은 반드시 생산에 이바지 하고 소득증대에 직결되어야 한다고 말하고 도시와 농촌 남녀노소, 직장과 신분의 구분이 없이 온 국민이 이 운동에 참여할 것을 촉구했습니다. 또한 박 대통령은 새마을에 기적을 이룩한 농어촌역군과 이를 뒷받침한 공무원들에게 훈장과 표창장을 주었습니다. 새마을 운동은 곧 농촌의 잘살기 운동입니다. 뽕밭을 가꾸어 누에치기로 소득을 올리는 전라남도 무안군 화설당 마을입니다. 김종필 국무총리는 전라남도 새마을 사업장을 둘러보면서 농민들의 소득증대 의욕을 격려했습니다. 전라북도 완주군 상관면에서는 소득배가 전라북도 새마을 운동 시범 전진대회가 열려 한 치의 땅, 한 뼘의 뒤안길도 놀리지 말자고 다짐했습니다. 이곳은 산간벽지로 이름난 전라북도 무주군. 보다 잘살아 보자는 새마을 운동은 이제까지 이룩한 새마을 가꾸기에서 생산과 소득증대 운동으로 추진되고 있습니다. 부산에서는 부산대학교 학생 천오백 명이 한길 확장공사를 벌임으로써 배움에 열중하고 있는 지성들도 새마을 사업에 자진 참여하고 있는 흐뭇한 모습을 보여주었습니다.

화면묘사

00:00 자막 "새마을 소득증대 촉진 대회"
00:04 새마을 소득증대 촉진대회가 열리고 있는 모습
00:10 촉진대회가 열리고 있는 무대의 모습
00:13 연설을 하고 있는 박정희 대통령의 모습
00:19 경청하는 참석자들의 모습
00:35 박수를 치는 참석자들의 모습
00:38 농어촌역군과 공무원들에게 표창을 하는 박정희 대통령의 모습

00:54 박수를 치는 참석자들의 모습

00:57 전남 무안군 화설당 마을의 밭이 보임

01:01 일을 하고 있는 여성들의 모습

01:05 농촌을 시찰하고 있는 김종필 국무총리의 모습

01:09 짚을 엮고 있는 여성이 보임

01:13 농촌을 시찰하고 있는 김종필 국무총리의 모습과 농촌의 풍경

01:24 전라북도 완주군 상관면에서 전라북도 새마을 운동 시범 전진대회가 열리고 있는 모습

01:33 땅을 고르는 농민들의 모습

01:35 논두렁 이라고 쓰여진 표지판이 보임

01:36 땅을 살피는 농민들의 모습

01:41 농민들의 모습과 밭의 모습이 보임

01:45 무주군 주민들이 땅을 고르고 하천 등지 에서 돌을 옮기고 있음

02:06 부산대학교 학생들이 땅을 파고 있음

02:16 돌을 옮기는 학생들의 모습

02:21 땅을 파고 있는 모습

연구해제

이 영상은 1972년 5월 전남 광주체육관에서 열린 '새마을 소득증대 촉진대회' 모습을 스케치하고 있다. 대회에는 박정희 대통령, 태완선 부총리 및 정부각료, 시·도지사, 군수, 전국 새마을지도자 및 농어민을 포함하여 4,500여 명이 참석하였다. 이날 대회에서 박정희 대통령은 새마을운동이 반드시 생산에 이바지하고 소득증대로 이어져야 한다고 강조하였다. 또한 새마을운동의 참여계층은 농민뿐만 아니라 학교, 지역, 직장 등으로 확산되어야 한다고 말하였다. 박정희 대통령은 이날 대회에서 소득증대 사업에 이바지한 모범농민, 모범공무원에게 훈포장을 직접 수여하였다.

새마을운동은 모범의 창출→교육·홍보체제의 구축 및 동원체제 확립→결과에 대한 차별적 보상으로 이루어지는 일련의 과정으로 전개되었다. 이 같은 과정을 집약적으로 보여주는 것이 각종 '전진대회, 촉진대회' 등의 행사였다. 이 같은 행사의 훈포장 수여는

'모범의 창출'을 상징하였고, 대규모 인원을 동원하여 새마을운동의 시각적 효과를 배가시켰다. 그리고 각종 언론과 대한뉴스는 대회소식을 전달하면서 교육, 홍보의 책임을 맡았다.

'새마을운동은 잘 살기 운동'이라는 슬로건처럼 새마을운동에서 소득증대 사업은 매우 중요한 비중을 차지하였다. 소득증대 사업은 농업정책인 동시에 새마을운동으로 전개되었으며, 농업관련기관뿐만 아니라 정부기구, 언론매체, 교육기관 등이 총동원되었다는 특징을 가졌다. 농업구조의 구조조정이나 장기적 경영농 육성보다는 개별농가 소득향상에 중점을 두어 추진되었기 때문에 농업소득 증대(통일벼 재배, 경제작물 재배, 축산 등)와 농외소득 증대(새마을공장 등 겸업)가 핵심적인 내용이었다. 소득증대 사업은 실제로 농민들의 소득을 일시적으로 증가시켜 현금자산의 보유를 늘렸다. 그럼에도 소득증대 사업은 산업화로 인한 농촌사회의 붕괴를 막기에는 역부족이었다. 또한 장기적 관점에서 농업의 구조조정, 경영농 육성까지 이어지지 못했다는 한계를 가지도 있다.

참고문헌

「광주서 새마을 소득증대 촉진대회」, 『경향신문』, 1972년 5월 18일.
이환병, 「새마을운동시기 소득증대사업의 전개양상」, 『동국사학』 55, 2013.

해당호 전체 정보

880-01 5 · 16 민족상

상영시간 | 01분 20초

영상요약 | 5 · 16혁명 11주년 기념 제7회 5 · 16민족상 시상식을 보여주는 영상. 산업부문에서 임종국이, 교육부문에서는 박태휘와 전수가 장려상을 받았고, 사회부문에서는 정태영과 박종세가, 안전부문에서는 김내지, 홍영근, 신원배가 장려상을 받았다. 박정희 대통령은 5 · 16혁명은 국민의 의지를 대변한 국민혁명이었다고 말했다.

880-02 새마을 소득증진 촉진대회

상영시간 | 02분 23초

영상요약 | 전라남도 광주에서 열린 새마을 소득증대 촉진대회를 알리는 영상. 박정희 대통령은 새마을에 공을 세운 농어민과 공무원들을 표창하고, 김종필 국무총리는 전라남도 새마을 사업장을 둘러보면서 농민들의 소득증대 의욕을 격려했다. 전라북도 완주군 상관면에서 새마을운동 시범 전진대회가 개최되고, 부산에서는 부산대학교 학생들이 새마을 사업에 힘쓰고 있다는 소식도 전한다.

880-03 남해안에 큰 굴 공장

상영시간 | 01분 20초

영상요약 | 남해안 충무 앞바다에 우리나라 최초로 시도한 굴 뗏목양식이 큰 성과를 올리고 있음을 전하는 영상. 굴 뗏목양식은 재래식 방법보다 위생적이고 품질이 우수한 굴을 대량으로 생산하는 것이 가능해, 굴 수출로 연간 260만 달러를 벌어들일 계획을 세우고 있다.

880-04 이런 일 저런 일

상영시간 | 01분 52초

영상요약 | 대형 실험용 원자로가 준공되어, 방사선동위원소의 대량생산과 원자력관계 기술요원 양성에 기여하게 될 것이라는 소식, 컬럼비아 의원단이 우리나라를

방문했다는 소식, 김대건 신부의 동상이 한강 천주교 성당 앞에 세워졌다는 소식, 전국 우수상품 전람회가 서울 장춘단공원 광장에서 열렸다는 소식, 시인 박목월이 올해 스승의 날 고마우신 선생님으로 뽑혔다는 소식 등을 전하는 영상이다.

880-05 이범석 장군 서거

상영시간 | 00분 45초

영상요약 | 청산리 전투로 유명한 이범석 장군의 국민장 영결식 소식을 전하는 영상. 이범석 장군은 우리나라 초대 국무총리와 국방부 장관을 역임했고, 향년 72세 나이로 별세했다.

880-06 스포츠 소식

상영시간 | 01분 24초

영상요약 | 193개교가 참가한 21회 서울시 학도 체육대회 겸 제1회 전국 스포츠 소년대회 서울예선이 효창구장에서 열렸고, 제2회 서울 어머니 체전대회가 열렸음을 소개하는 영상이다.

880-07 표어

상영시간 | 00분 05초

영상요약 | 표어 "5 · 16정신 계승하여 새마을운동 성취하자."

남북 공동성명 (1972년 7월 8일)

제작정보			영상정보		
출 처	:	대한뉴스 887호	제공언어	:	한국어
제 작 사	:	국립영화제작소	컬 러	:	흑백
제작국가	:	대한민국	사 운 드	:	유

영상요약

1972년 7월 4일 이후락 중앙정보부장이 우리나라의 자주적인 평화통일을 추구하는 7개항의 공동성명이 서울과 평양에서 동시에 발표되었다는 소식을 기자들에게 발표하는 영상이다.

내레이션

사반세기 동안 막혔던 남과 북 사이에 대화의 길이 트이기 시작했습니다. 우리나라의 자주적인 평화통일을 추구하는 7개 항의 공동성명이 칠월 사일 서울과 평양에서 동시에 발표되었습니다. 이후락 중앙정보부장과 북한의 당 지도부장 김영주가 같이 서명한 이 공동성명은 우리나라의 자주적인 평화통일 원칙과 남북 조절위원회 구상, 군사적인 충돌의 방지, 그리고 서울 평양 간 직통전화의 설치 운용 등 7개 항에 합의했다고 발표했습니다. 이후락 중앙정보부장은 이와 같은 성명은 평화적 통일의 길을 오래 전부터 모색해 온 박정희 대통령의 뜻에 따라서 북한 측과 논의한 끝에 이루어 진 것이며, 박정희 대통령의 자신의 역량을 바탕으로 한 지도자로써의 타고난 영단으로 남북대화의 길이 트이게 된 것이라고 말했습니다. 이로써 남북한은 27년간의 대화 없는 대결의 시대에서 대화 있는 대결의 시대로 접어들게 되었습니다.

화면묘사

00:00 자막 "남 · 북 공동성명"
00:03 기자회견장으로 가기 위해 사진을 찍는 기자들 사이로 걸어 들어가는 이후락 중앙정보부장과 뒤따르는 관계자들
00:09 착석한 기자들 앞 연단에서 기자회견을 진행하는 이후락 중앙정보부장
00:16 발표하는 이후락 중앙정보부장 클로즈업
00:22 발표내용을 받아 적고 있는 기자들
00:25 사진찍는 기자들 앞에서 발표 중인 이후락 부장
00:36 발표하는 이후락 부장 상반신 클로즈업
00:43 발표내용을 받아 적고 있는 기자들의 분주한 모습
00:44 착석한 기자들 사이에서 일어서서 질문하는 기자의 모습
00:46 답변하는 이후락 부장
00:51 답변 내용을 듣거나 받아 적는 기자들
00:53 답변하는 이후락 부장
00:59 받아 적는 기자들의 모습

01:01 카메라 옆에서 발표하는 이후락 부장의 모습을 찍고 있는 사진 기자들과 그 뒤로 일어서서 질문하는 기자
01:07 착석한 상태에서 발표를 듣는 기자들

연구해제

이 영상은 1972년 7월 4일 분단 이후 처음으로 남북이 합의한 7개 항의 '7 · 4남북공동성명'을 발표하는 이후락 중앙정보부장의 기자회견 모습을 담고 있다.

1971년 판문점에서 진행되고 있던 남북적십자 예비회담 과정에서 남북은 적십자회담과는 별개의 남북 간 정치적 대화 통로를 마련하기 위한 비밀접촉을 가지게 되었다. 11월 20일 남한 적십자사의 정홍진과 북한 적십자위원회 김덕현 두 남북적십자 예비회담 대표의 첫 만남 이후 양자는 11차례 걸쳐 비밀접촉을 지속했다. 그 결과 이후락 중앙정보부장과 김영주 노동당 조직지도부장 양자 간 회담을 개최하는데 합의했다.

이에 따라 이후락은 1972년 5월 2일 극비리에 판문점을 경유, 평양 방문을 단행했다. 이후락은 평양에 체류하면서 김일성과 두 차례, 김영주와 두 차례 회담했다. 김일성과의 1차 회담에서 김일성은 1968년 1 · 21 청와대습격사건에 대해 유감을 표하고 통일 3원칙, 즉 자주, 평화, 민족대단결에 대해 이후락과 서로 합의하였다. 2차 회담에서는 박성철 제2부수상의 서울 방문을 약속하고 '남측은 미국 · 일본과 결탁하여 전쟁을 하려한다, 북측은 남침 적화통일을 하려한다'는 오해를 풀었다고 강조했고 남북조절위원회 구성을 제안하였다.

5월 29일에는 이후락의 평양 방문에서 약속된 대로 3박 4일의 일정으로 박성철이 비밀리에 서울을 방문했다. 박성철과 이후락의 2차례 회담에서는 통일의 3대원칙에 대해 재확인, 정치회담과 교류의 동시 진행 가능성 제시, 조절위원회의 위상 문제에 대한 논의, 남북대화의 공표문제에 대한 논의 등이 이루어졌고 그러한 논의점에 대해 박정희가 직접 확인을 했다.

남북은 이렇게 비밀접촉을 통해 합의된 내용을 성문화하기로 하고 수차례의 실무자 협의를 거쳐 '공동성명'을 발표하기로 했다. 이렇게 하여 1972년 7월 4일 오전 10시, 서울과 평양에서는 '외세의 간섭이 없는 자주통일', '무력의 사용을 배제하는 평화통일', '사상과 이념 제도의 차이를 초월한 민족의 단결 도모' 등 3개 항목이 남북통일의 기본

원칙으로 상호 인정하는 '7·4남북공동성명'이 발표되었다. 이산가족을 비롯한 국민 모두가 통일이 곧 다가올 것처럼 기뻐하며 환호하였다.

그러나 정작 남북적십자 본회담이 진행되는 가운데 남북은 다시금 서로의 입장 차이를 드러내기 시작했다. 가볍게는 대화에 대한 주도권 경쟁의식도 있었지만 7·4남북공동성명에 대한 해석에도 차이가 있어 남북은 갈등국면을 맞이하게 되었다. 특히 '외세의 간섭'에 대해 UN은 외세가 아니라고 주장한 이후락과 주한미군을 외세의 핵심으로 본 북한의 인식이 결정적이었다. 결국 1973년 8월 23일 북이 김대중 납치사건과 '6·23선언'을 비난하며 남북대화를 일방적으로 중단하는 성명서를 발표한 이후 남북 간의 대화는 또다시 긴 중단 상태에 들어가게 되었다.

7·4남북공동성명은 남북 당국 간에 긴장의 완화, 화해의 조성, 불신의 제거, 신뢰의 구축, 전쟁의 예방, 평화의 정착, 상호간 교류, 평화통일의 기본정신을 문서화한 최초의 합의였다는 점에 그 의의가 있다. 그러나 7·4남북공동성명은 남한의 유신체제 수립과 북한의 사회주의 헌법 채택에 따른 국가주석제 확립 등에서 보이듯 통일논의를 자신의 권력기반 강화에 이용하려는 남북한 권력자들의 정치적 의도로 인해 추진되었고, 민간 차원의 통일논의를 배제하면서 진행되었다는 한계를 지니고 있다.

참고문헌

김지형, 『데탕트와 남북관계』, 선인, 2008.

해당호 전체 정보

887-01 남북 공동성명

상영시간 | 01분 12초

영상요약 | 이후락 중앙정보부장이 우리나라의 자주적인 평화통일을 추구하는 7개 항의 공동성명이 서울과 평양에서 동시에 발표되었음을 기자들에게 발표하는 영상이다.

887-02 제82회 임시국회 개회

상영시간 | 01분 05초

영상요약 | 임시국회가 열려 여야 의원들이 국회의사당으로 들어가 회의를 준비하고, 뒤이어 김종필 국무총리가 남북공동성명에 대해 설명하는 영상이다.

887-03 건설의 메아리

상영시간 | 02분 18초

영상요약 | 잠실과 송파대교를 중심으로 강변 6로와 동부 5개 간선도로 일제히 완공 개통되어 박정희 대통령 내외와 양택식 서울시장이 테이프 커팅식을 갖고 개통된 다리를 시범통과하는 모습을 보여주는 영상이다.

887-04 이런 일 저런 일

상영시간 | 02분 51초

영상요약 | 한국개발연구원 개원식이 열려 박정희 대통령과 태완선 경제기획원장관이 시찰하는 모습을 보여주는 영상이다.

887-05 스포츠

상영시간 | 01분 41초

영상요약 | 제11회 박계조배 쟁탈 전국 남녀 배구대회 개최 소식을 전하는 영상이다.

887-06　표어

상영시간 ㅣ 00분 06초

영상요약 ㅣ 표어 “개발 건설 창조의 경쟁으로 자주 평화 통일 이룩하자.”

박정희 대통령 사채 동결 긴급재정 명령 (1972년 8월 5일)

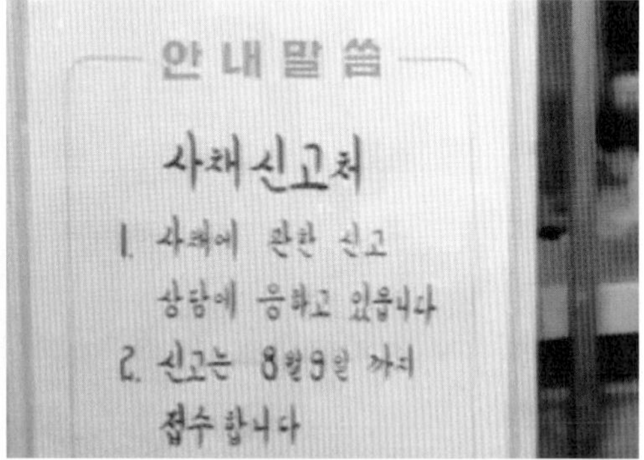

제작정보		영상정보	
출 처	대한뉴스 891호	제공언어	한국어
제 작 사	국립영화제작소	컬 러	흑백
제작국가	대한민국	사 운 드	유

영상요약

박정희 대통령이 김성진 청와대 대변인을 통해 경제안정과 성장에 대해서 헌법 제73조에 근거 대통령 긴급명령 15호를 발표했음을 전하는 영상. 모든 기업은 사채를 정부에 보고, 3년 거치 후 5년 분할상환 할 것과 2,000억 원 금융채권 발행, 대폭적인 금리인하와 물가안정 조치를 내각에 지시했다는 소식을 전한다. 이후 태완선 경제기획원장관과 이낙선 상공부장관의 기자회견과 각종 신문보도와 대한상공회의소 회장 박두병, 경제인 연합회 회장 김용환의 인터뷰에 이어 유한양행 대표 조권순과 시장에 나온 가정주부의 인터뷰가 이어진다.

내레이션

박정희 대통령은 8월 3일 0시를 기해 경제안정과 성장에 관한 긴급명령을 발포했습니다. 헌법 제73조에 근거를 둔 이번 대통령 긴급명령 15호는 사채에 허덕이는 기업을 도와 기업활동을 촉진시켜 경기를 회복시키려는 조치로서 모든 기업은 사채를 정부에 신고해서 3년 거치 후 5년에 나누어 갚도록 하고, 이를 뒷받침하기 위해 금융기관은 2천억 원의 금융채권을 발행하도록 했습니다. 박 대통령은 또 대폭적인 금리인하와 물가안정 등 관련조치를 내각에 지시했습니다. 한편 정부는 8월 중에 200억 원의 특별융자금을 방출해서 기업활동을 크게 돕고, 연간 도매물가상승률을 3% 선에서 억제키로 했으며, 대출금리를 연 15.5%로, 예금금리를 12%로 각각 내렸습니다.
그런데 이 긴급명령은 기업의 체질개선과 아울러 경제안정과 지속적인 성장에 크게 이바지함으로써 국민생활을 보다 높은 수준 향상시키려는데 그 목적이 있습니다. 이와 같은 조처가 실효를 거두려면 기업인들이 올바른 기업가 정신을 발휘하는 일이 중요합니다. 긴급명령이 내려지자 경제계를 비롯한 각계에서는 이를 환영했습니다. 대한상공회의소 회장 박두병 씨와 전국경제인연합회 회장 김용환 씨는 (박두병과 김용환 음성 삽입)
또한 유한양행 대표 조권순 씨는 (조권순 음성 삽입)
시장에 나온 가정주부 진나련 씨는 (가정주부 음성 삽입)

화면묘사

00:00 자막 “대통령 긴급명령 발포”
00:04 회의 테이블에서 회의 중인 사람들과 회의하는 장면을 찍는 기자들
00:37 기자회견장에서 발표 중인 김성진 청와대 대변인을 비롯한 관계자들과 사진을 찍거나 기사를 작성 중인 기자들

00:41 기자회견장 연단에서 발표를 하고 있는 김성진 대변인과 관계자들

00:45 발표를 듣고 기자를 작성 중인 기자들의 모습

00:48 발표 중인 김성진 대변인

00:52 발표 내용을 받아 적고 있는 기자의 손과 종이 클로즈업

00:54 받아 적고 있는 기자들의 모습

00:57 발표 중인 김성진 대변인과 관계자들

01:01 회견장에 앉아 있는 기자들의 모습

01:04 "朴大統領 緊急財政命令(박대통령 긴급재정명령) 발동"이라는 기사를 비롯해 해당 소식을 전하는 신문 클로즈업

01:09 "안내말씀 사채신고처 1. 사채에 관한 신고 상담에 응하고 있읍니다. 2. 신고는 8월 9일까지 접수합니다."라고 적힌 안내문 클로즈업

01:13 "대부"라고 쓰인 안내판 아래에서 손님에게 무엇인가 설명하는 은행직원

01:16 세무서 입구로 들어가는 사람들

01:24 세무서 창구에서 직원들의 안내를 받아 사채를 신고하고 있는 사람들

01:32 상공회의소 회장 박두병의 인터뷰 "경제안정과 성장에 대한 긴급명령을 가따덜랑 내리신데 대해서 우리업계로서는 이것을 전적으로 지지하는 바입니다. 그간 우리가 늘 말해오던 환율의 안정 또 금리의 인하, 게다 덧붙여설랑 사채정리까정 아울러 발표하시고 항상 또 중요하게 얘기하고 있던 산업합리화까정도 곁들여설랑 전부 발표하셨는데 이들은 모두 업계가 바라고 있던 바 입니다. 우리 기업에 사회상이나 혹은 여러가지 중요성을 생각해서 이 기회에 우리 기업인들은 모두 발분해서 이 나라 경제 발전에 최선을 다하겠다는 것을 다같이 다짐하길 부탁드리겠습니다."

02:19 경제인연합회 회장 김용환의 인터뷰 "긴급재정 명령을 발표한 것은 사채의 양성화 또는 금융의 증산화 물가 안정을 통해가지고 국제경쟁력을 강화하는데 그 목표가 있습니다. 우리 기업인들은 이 취지에 부합되도록 최대의 노력을 정재해가지고 이 경제안정을 기대해야하겠습니다."

02:40 유한양행 대표 조권순의 인터뷰 "…이번 특별명령은 대단히 적절한 조치라고 생각이 됩니다. 그러나 우수한 기업체들이 앞으로 이러한 그 사채유통을 억제당할 때 우리정부는 금융으로서 충분히 이거를 카바해줘야 한다고 생각을 하고

있으며, 또한 지금까지 일부 악성적인 이러한 …증대, 투자해서 일반 모든 업체들이 그 자금을 이용하도록 되야 이번 조치는 성공리에 성사되리라고 생각이 듭니다."

03:27 시장에 사람들이 모여 있는 모습

03:29 기자와 시장에서 인터뷰하는 한복을 입은 여성 "어제 박 대통령께서 재정 긴급 명령을 내리셨는데 이것을 계기로 해서 침체되었던 경기가 회복되고요. 또 상거래가 활발해져서 보다 더 나은 안정된 생활을 하기를 바랍니다."

03:46 은행의 내부 전경

연구해제

이 영상은 1972년 '경제의 안정과 성장에 관한 긴급명령', 소위 8·3조치의 발포와 그 내용을 담고 있다. 8·3조치는 당시 기업이 부담하고 있는 모든 사채를 신고하고, 신고된 사채는 3년 거치 5년 분할을 상환조건으로 하는 새로운 채권채무관계로 전환토록 하는 것이었다. 적용 이자율은 16.2%였고, 2,000억 원 내에서 단기 대출금 잔액의 30%를 연리 8%, 3년 거치 5년 분할 상환조건의 장기저리 대출방식이었다. 소요자금은 특별금융 채권을 발행하여 한국은행에 인수토록 하였다. 이와 함께 도매물가 상승률을 3%로 유지하고, 대출금리를 연 15.5%, 예금금리를 12%로 내렸다. 이 조치로 인해 신고 된 사채 총액은 3,256억 원으로 당시 통화량의 80%, 여신 잔액의 34%에 해당하는 규모였다. 소액의 누락분을 포함하면 5,000억 원 이상으로 추정되는데, 이는 전체 예금은행 여신 잔액의 1/2을 넘었다.

8·3조치의 배경으로는 1960년대 후반 이후 지속되어온 무분별한 차관도입과 그에 의한 과잉시설투자를 들 수 있다. 여기에 1960년대 말 세계경제가 침체되고, 원리금 상환기일이 도래하면서 기업의 부실화와 자금난을 가중시켰다. 국내에서는 경제개발계획 과정에서 은행이 장기설비자금을 공급하는 역할을 담당하면서 단기운용자금을 조달하는 시장의 공백으로 유동성 압박이 나타났다. 이에 급전이 필요한 기업이나 가계가 사금융시장을 찾게 되자 사금융시장이 급팽창하였다. 담보력이 부족한 영세상공업자뿐만 아니라 장기자금을 대출받은 기업도 단기운영자금은 사금융을 통해 조달하는 일이 적지 않았다. 취약한 자기자본하에서 단기자금을 높은 이자율로 부담해야 했던 기업의 재

무상태는 급격히 악화되기 시작했고, 여기에 외국에서 빌려온 자금의 상환기일이 닥치자 기업의 부실이 연쇄도산으로 이어질 것이라는 우려가 팽창하였던 것이다.

기업이 보유한 사채를 정부가 나서서 정리해 주는 조치는 농지개혁에 버금가는 "충격적인 조치"였다고 할 수 있다. 또한 규제의 손길이 미치지 않았던 사금융시장을 제도금융권으로 완전 흡수하겠다는 야심찬 조치이기도 했다. 그러나 그동안의 사금융시장이 제도금융권의 보완, 대체적 역할을 수행하면서 실질적인 금융시장의 기능을 담당해 왔기 때문에 금융시장의 마비가 일어나고 일시적으로 금융거래가 중단되는 혼란이 닥쳤다. 또한 8·3조치 이후 석유파동이 발생하면서 높은 이자율의 사금융시장이 복원되었다. 이후 금리현실화 기조는 중단되었고, 이전의 통제적인 저금리 기조로 복귀하였다.

한편 정부는 이 조치를 계기로 사금융 양성화 3법, 즉 단기금융업법, 상호신용금고법, 신용협동조합법을 제정하여 사금융시장을 제도금융권으로 흡수시키려 하였다. 그리고 기업의 재무구조를 개선하고, 금융비용 부담을 줄여 국제경쟁력을 강화하기 위한 목적에서 1972년 12월 기업공개촉진법을 제정, 기업공개를 적극적으로 유도하였다. 이처럼 8·3조치와 그에 뒤따른 제2금융권의 신설, 자본시장의 육성 등은 제2금융권에 대한 이자율 규제, 증권관리위원회와 증권감독원 설치(1977) 등 그에 대한 정부의 규제강화도 수반함으로써 금융전반에 대한 정부의 통제력을 강화시키는 계기가 되었다.

참고문헌

신태곤, 「1960년대 이후 재정 금융정책의 전개와 그 성격」, 『경영경제연구』 8, 1989.
이명휘, 「1950~80년 한국 금융시장의 위기와 대응」, 『사회과학연구논총』 22, 2009.

해당호 전체 정보

891-01 박정희 대통령 사채 동결 긴급재정 명령

상영시간 | 03분 47초

영상요약 | 박정희 대통령이 김성진 청와대 대변인을 통해 경제안정과 성장에 대해서 헌법 제73호에 근거 대통령 긴급명령 15호를 발표한 것을 알리는 영상. 모든 기업은 사채를 정부에 보고, 3년 거치 후 5년 분할상환 할 것과 2,000억 원 금융채권을 발행, 대폭적인 금리인하와 물가안정 조치를 내각에 지시했음을 알리고 있다. 이후 태완선 경제기획원장관과 이낙선 상공부장관의 기자회견과 각종 신문보도와 대한상공회의소 회장 박두병, 경제인 연합회 회장 김용환의 인터뷰에 이어 유한양행 대표 조권순과 시장에 나온 가정주부의 인터뷰가 이어진다.

891-02 한일 협력 위원회

상영시간 | 00분 55초

영상요약 | 7·4남북공동성명 이후 처음으로 열린 한일 협력위원회 합동 상임위원회에서 한국대표 정일권, 장기영과 일본 대표들이 모여 정치, 경제, 문화 등 현안문제를 논의하고 박정희 대통령을 예방, 회담한 후 김종필 총리를 만나서 대화를 나누었음을 전하는 영상이다.

891-03 이런 일 저런 일

상영시간 | 01분 20초

영상요약 | 부여군 은산면에서 외산면을 연결하는 '대은도로'와 남면에서 충화면을 연결하는 '희망의 길' 도로가 개통하여 개통식을 가졌음을 알리는 영상이다.

891-04 우리 배구 북한을 눌러

상영시간 | 04분 09초

영상요약 | 뮌헨 올림픽 남자 배구 아시아 예선전 한국과 북한의 경기에서 3:1로 한국이 승리하였음을 알리는 영상이다.

891-05 표어

상영시간 | 00분 05초

영상요약 | 표어 “경제안정과 성장을 위하여 기업의 사회적 책임을 다하자.”

국립중앙박물관 신축 개관 (1972년 9월 2일)

제작정보		영상정보	
출 처	대한뉴스 895호	제공언어	한국어
제 작 사	국립영화제작소	컬 러	흑백
제작국가	대한민국	사 운 드	유

영상요약

국립중앙박물관 신축 개관식을 알리는 영상. 박정희 대통령 내외가 테이프 커팅을 하고 유물이 진열된 전시장을 살펴보는 모습을 보여준다.

내레이션

자랑스런 우리 문화재를 보존하고 있는 국립중앙박물관에 웅장한 새 건물이 준공 개관되었습니다. 새 박물관의 외형은 우리나라의 고유한 건축양식을 본떴고 내부는 현대식으로 꾸며졌습니다. 개관식에 참석한 박정희 대통령 내외분은 3,500여 점의 고귀한 유물이 진열된 전시장을 두루 살폈습니다. 열한개의 진열실과 중앙홀, 도서실, 강당, 사무실을 갖춘 국립중앙박물관은 지하 일층 지상 삼층의 총건평 4,250평으로 6년 만에 준공되었습니다.

화면묘사

00:00 자막 "국립중앙박물관 신축 개관" (새로 개관된 국립중앙박물관의 외부 전경)
00:04 국립중앙박물관 외부의 모습
00:06 테이프 커팅식을 하고 있는 박정희 대통령 내외와 관계자들
00:10 내부에 전시된 유물들의 모습
00:13 고려상감청자의 모습
00:16 내부에 전시된 유물들을 둘러보는 박정희 대통령 내외와 관계자들
00:19 전시된 유물들의 모습
00:22 전시된 유물을 살펴보는 박정희 대통령 내외와 옆에서 설명하는 관계자
00:25 전시된 유물들의 모습
00:34 전시된 불상의 모습
00:35 불상을 살펴보는 박정희 대통령 내외와 관계자들
00:40 전시된 유물들의 모습
00:45 국립중앙박물관의 외관

연구해제

1972년 8월 25일 신축 개관한 국립중앙박물관을 소개하는 내용의 영상이다.

우리의 국립중앙박물관은 1915년 12월 경복궁의 동궁자리에 건축된 조선총독부 박물

관으로부터 출발한다. 해방 이후 미군정기에 박물관을 인수 받아 국립박물관으로 새로이 출발했지만, 1951년 부산으로 피난을 떠났다가 1953년 10월 중구 예장동으로 이전한 뒤, 1954년 12월이 되어서야 덕수궁 석조전에 자리를 잡을 수 있었다. 그 후 박물관 측은 1969년 5월 덕수궁 미술관을 인수하고 규모를 확장해나가기는 했었으나, 방화시설이 전혀 없는데다 전시실과 수장고의 협소함으로 인해 유물보전에 어려움을 겪고 있었다.

국립중앙박물관을 신축하는 논의는 1966년의 종합민족문화센터 건립 사업의 일환으로 제기되었다. 당시 박물관의 건립에는 문교부가 주도적으로 참여했다. 문교부는 전통적인 민족문화를 기반으로 새로운 민족문화를 창달하기 위해 한국의 고유한 문화재를 보존하고 선전하는 일이 중요하다고 피력했고, 그 방안으로 국립중앙박물관을 건립할 것이라고 발표했다. 또한 문교부는 경복궁 내에 약 3만 평방미터의 부지를 확보하고, 11,980만 평방미터의 건평 규모로, 지상 7층, 지하 11층으로 될 박물관 건물을 신축할 것임을 공개했다. 또한 이 건축 사업을 위해 4억 원 이상의 예산이 책정되었으며, 1966년부터 1969년까지 4년에 걸쳐 완공할 예정임을 밝혔다. 아울러 1966년 문교부의 외국으로 소속되어 있었던 문화재관리국에서는 박물관 건물의 외관에 대해서 서구식 건축양식을 지양하고 우리나라 고유의 전통미를 최대한 살린다는 목표를 내세웠다.

이와 같은 계획에 따라 공사가 진행되었고, 1972년 8월 25일 국립중앙박물관이 개관되었다. 완공까지 총 4차례의 설계변경이 있어 애초의 예정과는 달리 지하 1층에 지상 3층의 건물을 건축하게 된 데다 8차례의 업자변경으로 3년이나 공사기간이 늦추어졌고, 예산도 12억 원 이상이 소요된 대규모 공사였다. 또한 외양은 문화재관리국의 의도대로 국보 55호 법주사 팔상전, 국보 62호 금산사 미륵전, 국보 67호 화엄사 교황전, 국보 23호 불국사 백운교, 경복궁 근정전이 서로 어우러진 형태로 재현되어 1,500년간의 한국 고유 건축 양식을 한눈에 바라볼 수 있도록 꾸며졌다. 전통적인 외양과는 달리 내부는 현대적으로 조성되었다. 1층에는 전시실, 자료실, 강당이 있었고, 2층은 아동박물관과 자료실, 사무실이 있었으며, 3층은 관장실, 자료실, 4층은 전망대가 설치되었다. 지하에는 격납고, 기계실, 관리부 등이 배치되었다. 덕수궁 시절 박물관 750평의 배가 되는 전시실에는 자동소화기, 스프링쿨러 등의 화재 진압 시설 및 냉난방 정화기와 같은 습도조절 시설이 갖추어져 있었다.

신축된 국립중앙박물관 건물은 1972년 당시 전문적인 박물관 전용 건축물로서 건설되어 세간의 주목을 받았지만, 동시에 일각에서는 우려 섞인 비판의 목소리도 제기되었다. 우선 콘크리트를 주재료로 사용한 대형건물을 경복궁 부지 내에 건설하여 다른 전통 건축물과 부조화를 이룬다는 비판이 있었다. 다음으로는 넓은 건축부지에 화려한 건축물을 세운 것에 비해 전시공간이 협소하여 내실이 부족하다는 비판이 나오기도 했다. 이후 국립중앙박물관은 늘어나는 관광객들을 수용하기 위해 1982년 중앙청 건물로 확장이전하였다가 2005년 용산 서빙고동에 지금의 국립중앙박물관이 개관함으로써 비로소 온전히 자리 잡게 되었다. 경복궁 부지 내 국립중앙박물관 건물은 현재 국립민속박물관으로 이용되고 있다.

참고문헌

「경복궁에 대박물관」, 『매일경제』, 1966년 11월 21일.

「문여는 민족문화의 교실」, 『매일경제』, 1972년 8월 12일.

한국 박물관 100년사 편찬위원회 편, 『한국박물관 100년사 : 본문편 1909~2009』, 국립중앙박물관, 2009.

해당호 전체 정보

895-01 남북 적십자 첫 본회담

상영시간 | 04분 57초

영상요약 | 평양에서 열린 남북적십자 첫 본회담에 참석하기 위해 판문점을 거쳐 평양으로 간 이범석 수석대표 등의 소식을 전하는 영상. 남북적십자사가 모두 흩어진 가족과 친척들의 주소와 생사 확인에 합의하였다는 것을 알려준다.

895-02 국립중앙박물관 신축 개관

상영시간 | 00분 46초

영상요약 | 박정희 대통령 내외가 참석한 국립중앙박물관 신축 개관식 장면을 보여주는 영상이다.

895-03 수해복구

상영시간 | 01분 35초

영상요약 | 박정희 대통령이 헬리콥터로 수해지구를 시찰하고 복구상황을 보고 받은 후 수해복구비 융자지원과 교통이 두절된 단양 지방 주민들에게 충분한 식량을 공급할 것을 지시했다는 것을 홍보하는 영상이다.

895-04 아시아 민족 반공 연맹 총회

상영시간 | 00분 36초

영상요약 | 제18회 아시아 민족 반공연맹 총회가 서울에서 각국대표들과 윤주영 문화공보부장관이 참석한 가운데 개최되었음을 알리는 영상이다. 이 자리에서 국제공산주의 세력의 위장평화공세를 경계하고 분단국가의 민주적 통일을 뒷받침하기로 했다는 소식을 전해준다.

895-05 이런 일 저런 일

상영시간 | 01분 13초

영상요약 | 조계사에서 열린 대한불교 조계종 제4대 종정 윤고암 스님 추대식 소식, 대전

공설운동장에서 거행된 충남 도민들의 성금으로 구입한 헬리콥터 충남호 헌납식, 서울 남산 야외 조각장에서 미대 학생들의 조각 시범 소식 등을 전하는 영상이다.

895-06 스포츠

상영시간 | 01분 06초

영상요약 | 제5회 한일 고교 교환경기 9개 종목 중 남자 농구경기, 여자 탁구경기, 여자 배구경기 소식을 전하는 영상이다.

895-07 표어

상영시간 | 00분 05초

영상요약 | 표어 "겨레의 힘을 한데 모아 통일기반을 다지자."

제53회 전국체육대회 (1972년 10월 14일)

제작정보		영상정보	
출 처	대한뉴스 901호	제공언어	한국어
제 작 사	국립영화제작소	컬 러	흑백
제작국가	대한민국	사 운 드	유

영상요약

재미동포 및 재일동포와 13개 시도대표 13,000여 명이 참가한 제53회 전국체육대회 개막식과 폐회식을 함께 알리는 영상. 우승은 서울, 준우승은 부산, 3위는 경상북도가 차지했다.

내레이션

굳센 체력, 알찬 단결, 빛나는 전진을 다짐한 민족의 제전 제53회 전국체육대회가 서울에서 열렸습니다. 개회식은 박정희 대통령 내외분은 입장으로 시작되어 처음으로 참가하는 재미동포선수단을 선두로 재미동포, 이북오도, 제주, 부산 등 먼 고장의 순서로 13개 시도 선수단이 늠름하고 씩씩하게 입장했습니다. 이날 입장상은 경상남도 선수단에 돌아갔습니다. 스포쓰 소년대회 분리로 규모가 줄어든 이번 체전에는 재미, 재일 동포와 지난해 우승팀인 서울 등 13개 시도 대표선수 13,000명이 출전했습니다. 전국을 일주한 성화가 최종주자 이창훈 씨에 의해 점화되었습니다. 박정희 대통령은 이날 치사를 통해 남북대화가 시작된 지금은 그 어느 때보다도 국민총화에 의한 국력배양이 절실히 요청된다고 말하고 어떠한 고난과 시련도 이겨낼 수 있는 강건한 국민을 형성하기 위해 명실상부한 체육 강국의 중흥을 이룩하자고 강조했습니다. 한성여고생 삼천 명의 카드섹션 220여 종이 펼쳐지는 가운데 이화여고생들의 매스게임이 운동장을 수놓았습니다. 이 매스게임은 새마을운동을 통해서 국민총화를 이룩하고 영원한 발전으로 남북통일을 이룩하자는 통일을 향한 발돋움이란 주제입니다. 입장식에 이어 육상, 수영, 씨름, 레스링, 역도 등 스물일곱 개 종목에 걸친 경기에 들어갔습니다. 13,000명의 젊은이들이 저마다 내 고장의 영예를 걸고 힘과 기량을 겨룬 열전 엿새 동안의 이번 전국체육대회에서는 열세 개 한국 신기록과 한 개의 타이기록 그리고 스물아홉 개의 대회신기록이 세워졌으며, 대회 타이 여덟 개 한국 학생신기록 한개 각각 기록되었습니다. 이번 53회 전국 체육대회는 서울 팀이 작년에 이어 우승했으며, 준우승은 부산 팀이 3위는 경상북도 팀이 각각 차지했습니다. 그런데 제54회 전국체육대회는 부산에서 열립니다.

화면묘사

00:00 자막 "제53회 전국체육대회" (개막식이 벌어지는 운동장에 선수들이 도열해 있는 모습)

00:03 관중이 가득 찬 경기장에 전국체전마크가 새겨진 현수막을 들고 입장하는 유니폼을 입은 관계자들 뒤로 시 · 도별로 입장하는 대표선수들

00:17 일어서서 박수치는 박정희 대통령 내외와 행사 관계자들

00:22 입장하는 재일동포 선수단

00:30 입장하는 각 시 · 도 대표 선수단 뒤편으로 마스게임을 하고 있는 응원단

00:34 "파도처럼 씩씩하게 새마을 이룩하자"라는 내용의 카드섹션을 하는 응원단 앞으로 걸어가는 선수단

00:39 입장하는 선수단

00:53 "소득배가 새마을 운동"이라는 내용의 카드섹션을 하는 응원단 앞으로 걸어가는 선수단

00:57 운동장 앞으로 도열하는 선수단과 입장하는 선수들

01:04 운동장 가운데로 도열하는 선수단

01:14 운동장으로 뛰어 들어오는 성화 봉송자의 모습

01:19 "성화입장"이라고 쓰여진 카드섹션 앞으로 도열한 선수단

01:22 카드섹션으로 태극기를 만들고 그 앞으로 선수단들이 경례를 하는 모습

01:26 운동장에서 도열해 있는 선수단의 모습

01:30 운동장 연단에서 치사를 하고 있는 박정희 대통령

01:36 운동장 가운데 도열해 있는 선수단의 모습

01:42 운동장 뒤편 관중석에서 박정희 대통령 초상화 모습의 카드섹션을 하고 있는 관중들 앞으로 도열해 있는 선수단

01:46 도열해 있는 선수들

01:50 관중석에 앉아 개막식을 보고 있는 관중들

01:53 한성여고와 이화여대생들이 운동장에서 마스게임을 하고 있는 모습

02:11 마스게임을 지켜보는 박정희 대통령 내외와 관계자들

02:15 운동장에서 마스게임을 하고 있는 응원단의 모습

02:26 마스게임을 관람하고 있는 관중들

02:28 출발을 알리는 총을 쏘는 심판의 모습

02:29 허들을 뛰어 넘는 육상 선수들

02:34 장애물 달리기를 하고 있는 육상 선수들

02:36 멀리뛰기를 하고 있는 육상 선수들

02:39 투포환을 던지고 있는 육상 선수들

02:45 장대높이뛰기를 하고 있는 육상 선수들

02:50 창던지기를 하고 있는 육상 선수들
02:55 천막 밑에서 경기를 관람하는 관중들
02:57 씨름 경기 중인 씨름선수들
03:05 관중석에서 응원하고 있는 관중들
03:07 링 위에서 복싱 경기를 하고 있는 선수들
03:15 수영장에서 수용경기를 하고 있는 선수들
03:20 조정경기를 하고 있는 선수들
03:28 폐회식에서 수상을 하고 있는 선수단
03:31 일등을 차지한 서울 팀 대표가 우승 깃발을 흔들고 있고 그 옆에 이등과 삼등을 차지한 지역 선수단 대표 차례로 깃발을 받고 흔드는 모습
03:40 1등, 2등, 3등 시상식 계단에 올라 깃발과 트로피를 흔드는 선수단 대표들

연구해제

이 영상은 1972년 10월 6일에 개최된 제53회 전국체육대회 개막식의 이모저모를 보여준다. 박정희는 유신을 선포하기 직전에 개최된 이 대회에 참석하여, "남북의 대회가 시작된 시점에서 국민총화에 의한 국력배양이 절실히 요청된 때이므로, 우리가 체육진흥을 통해 국력을 증가하고 청신한 사회기강과 기풍을 일으켜 나간다면 남북대화를 성공적으로 이끌어 나갈 수 있다"는 요지의 연설을 하였다. 당시는 미국과 중국의 관계가 이른바 '핑퐁외교'를 통해 개선되면서, 남과 북 관계개선을 위한 남북대화가 추진되고 있던 상황이었다. 외부로부터 시작된 데탕트의 분위기 속에서 요구된 남북의 접촉은 팽팽한 남북의 체제 대결의 구도로 이어졌고, 스포츠에도 그러한 영향이 미치게 되었던 것이다. 해외에 나가 있던 동포들을 남한 최대 규모의 전국체육대회에 불러 모았던 것 역시 북한과의 경쟁 속에서 추진된 일이었다고 생각해 볼 수 있다.

전국체육대회는 1920년 7월 13일 창설된 '조선체육회'가 같은 해 11월 배재고보(배재고등학교의 전신)운동장에서 개최한 '제1회 조선 야구대회'를 기원으로 삼고 있다. 조선체육회는 야구 이외에도 축구, 육상 등 다른 종목의 개별 대회를 1933년까지 해마다 개최하였으며, 1934년 11월 창립 15주년을 기념하여 '전조선종합경기대회'라는 이름으로 여러 종목의 경기를 개최하는 종합체육대회를 열었다. 그러나 1938년 조선체육회가 일

본인 체육단체인 조선체육협회에 강제 통합되면서 폐지된다.

1945년 해방 이후 '자유해방경축 전국종합경기대회'로 다시 전국 단위의 종합체육경기대회가 열리기 시작했다. 1946년의 제27회 대회에서는 '조선올림픽대회'라는 명칭을 일시적으로 사용했다가, 정부 수립 이후인 1948년 제29회 대회부터는 '전국체육대회'로 다시 명칭을 바꾸었고, 경기운영방식을 시 · 도 대항으로 전환하여 실시하였다. 1951년 전쟁 중에도 제32회 대회가 피난지 광주에서 열렸으며, 1955년 제36회 대회부터는 강화도 마니산에서 성화릴레이를 하는 새로운 관례가 생겼고, 1957년의 제38회 대회부터는 지방순회개최를 시작하였다. 1960년 대전에서 열린 대회부터는 각종 규정들이 제정되어 보다 체계적인 경기 운영을 시작할 수 있게 되었으며, 1966년 제47회 전국체국대회부터는 매년 대회 표어를 채택하도록 했다. 1972년부터는 청소년 부문을 '전국소년체육대회'라 명명하며 분리 개최하게 되었으며, 해외 동포들도 대회에 참여하게 되었다.

전국체육대회는 2014년 현재까지도 해마다 개최되고 있으며, 개폐회식, 시 · 도 선수단 입장, 공개행사, 성화점화, 선수대표 선서, 카드섹션 연출, 경기 진행 등으로 구성되어 있다. 대한체육회에 가맹한 각 종목의 경기단체의 경기를 개최하는 형식이며, 육상, 수영, 축구, 야구, 테니스, 농구, 배구, 탁구, 핸드볼, 럭비, 사이클, 복싱, 레슬링, 역도, 씨름, 유도, 검도, 체조, 배드민턴, 태권도 등 총 44개의 종목이 등록되어 있다. 대체로 10월 초순에 개최되며, 2월에는 동계 스포츠를 중심으로 한 전국동계체육대회가 열린다.

참고문헌

「체육한국의 체력은 국력의 기본」, 『매일경제』, 1972년 10월 6일.

송형석, 『체육 스포츠 이야기』, 계명대학교출판부, 2006.

한철언, 『21C 스포츠 관광』, 백산출판사, 2001.

해당호 전체 정보

901-01 제53회 전국체육대회

상영시간 | 03분 44초

영상요약 | 재미동포 및 재일동포와 13개 시도대표 13,000여 명이 참가한 제53회 전국 체육대회 개막식과 폐회식을 함께 알리는 영상. 우승은 서울, 준우승은 부산, 3위는 경상북도가 차지했다.

901-02 남북조절위원장회의

상영시간 | 01분 01초

영상요약 | 판문점 자유의 집에서 열린 남북조절위원회 회의 소식을 알리는 영상. 남한 측에서는 이후락 중앙정보부장, 김치열 차장, 정홍진 대한적십자 회담 사무국 협의 국장이, 북한 측에서는 북한 제2부상 박상철, 노동당 조직지도부 차장 유장식, 노동당 책임지도위원 김덕현이 참석하였다.

901-03 제21회 국전

상영시간 | 00분 58초

영상요약 | 국립현대미술관에서 열린 제21회 국전 개막 소식을 알리는 영상이다.

901-04 이런 일 저런 일

상영시간 | 01분 59초

영상요약 | 서울에서 열린 제4차 아시아 극동지역 세계식량기구 농업통계회의가 17개국이 참석한 가운데 열렸음을 알리는 영상과, 제16회 약의 날 기념식에서 약의 올바른 사용 방법을 알리는 영상, 대한어린이 무용단(리틀 엔젤스)이 4개월 동안 구미 8개국을 돌며 우리 고유의 예술 소개하기 위해 출국했다는 영상, 제15회 세계 아동 미술 전람회가 어린이회관에서 열렸음을 보여주는 영상이다.

901-05 제526주년 한글날

상영시간 | 00분 56초

영상요약 | 세종대왕 기념회관에서 개최된 제526주년 한글날 기념식과 경기도 여주 세종대왕 영릉에서 열린 세종 문화 큰 잔치 소식을 알려주는 영상이다.

901-06 어록

상영시간 | 00분 16초

영상요약 | "우리 조상이 보여준 주체성과 슬기를 오늘에 재현시켜 지금 우리가 직면하고 있는 갖가지 시련을 극복해 나가는데 있어 불멸의 지표로 삼아야 한다."

10·17특별선언 (1972년 10월 21일)

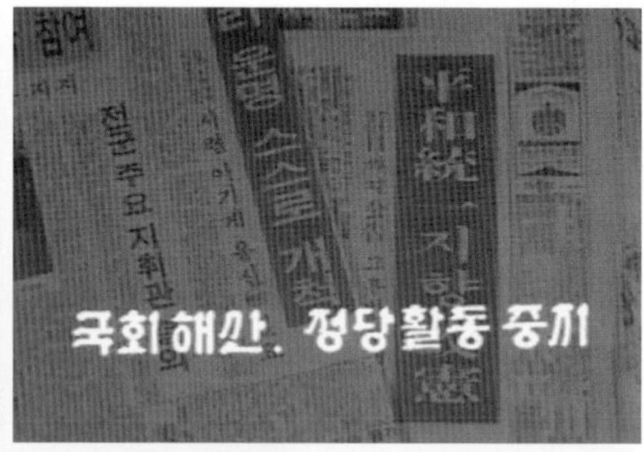

제작정보		**영상정보**	
출　처	: 대한뉴스 902호	제공언어	: 한국어
제 작 사	: 국립영화제작소	컬　러	: 흑백
제작국가	: 대한민국	사 운 드	: 유

영상요약

청와대 김성진 대변인이 10 · 17 박정희 대통령 특별선언 및 계엄령 선포를 하고 육·해 · 공 · 해병이 청와대로 박정희 대통령을 방문했다는 것을 알리는 영상이다.

내레이션

박정희 대통령은 1972년 10월 17일 저녁 7시를 기해 민족의 살 길을 찾기 위한 특별선언을 발표하고, 우리의 모든 체제에 유신적인 일대 개혁을 시작했습니다. 이것은 격변하는 국제정세에 따라 국가를 위기에서 보호하고 민족번영을 기약할 수 있는 국가적 기반을 강화하여 남북대화에 효율적으로 대처하고 조국의 평화통일을 뒷받침할 수 있는 민주체제의 정비강화를 위한 것이며, 자유민주주의의 토착화와 발전을 다질 내실을 기약하고, 또한 일체의 비능률과 무질서를 뿌리뽑기 위한 조처입니다. 박정희 대통령은 이번 특별선언에서 첫째, 1972년 10월 17일 오후 7시를 기해 국회를 해산하고 정당과 정치활동의 중지 등 헌법 일부조항의 효력을 정지시키고, 둘째, 일부 효력이 정지된 헌법조항의 기능은 현행 헌법의 국무회의를 비상국무회의로 삼아 이를 수행케하며, 셋째, 10월 27일까지 조국의 평화통일을 지향하는 헌법개정안을 공고해서 공고한 날로부터 한달안에 국민투표에 부쳐 이를 확정시키고, 넷째, 새 헌법개정안이 확정되면은 헌법 절차에 따라 연말까지 헌정을 정상화시키겠다고 말했습니다. 박정희 대통령은 청와대로 방문한 육 · 해 · 공 · 해병대 주요 지휘관들에게 10월 17일의 조처는 지금 우리에게 닥치고 있는 어려움을 이겨내고 민족의 살 길을 찾기 위해 국내체제의 유신적 개혁을 위한 것이라고 설명하고, 계엄령을 선포한 것은 이런 과업을 수행하는데 일어날지도 모르는 사회불안을 미연에 방지하기 위한 것이기 때문에 군은 국민의 생업이나 경제활동에 지장이 가지 않도록 하라고 당부했습니다. 박 대통령의 이와 같은 비상조처가 내려지자 사회 각계각층에서는 이를 적극 지지하며 환영의 뜻을 나타냈습니다. 그런데 이 조처는 우리 민주체제의 능률화와 남북대화를 뒷받침해줌으로써 평화통일과 번영의 기틀을 마련하기 위해 단행하게 된 것입니다. 전국 교육감과 대학의 총학장, 그리고 경제인단체 등은 박정희 대통령의 비상조치의 참뜻에 따라 체제개혁에 솔선할 것을 다짐했습니다. 나라가 위기에 처했을 때, 형식을 떠나 직접 국민투표를 통해 지도자의 판단을 국민총의에 묻는 것은 민주주의의 합당한 처사입니다. 한편 계엄사령부는 포고 제1,2,3호를 발표하고 정상적인 경제활동과 국민의 일상생업의 자유는 보장한다고 밝혔습니다.

화면묘사

00:00 자막 "10 · 17 특별선언" (중앙청 건물 앞 외부 전경)

00:05 기자들 앞에서 특별선언 및 계엄령 선포를 전달하고 있는 김성진 청와대 대변인

00:12 기자들이 앞에서 발표하고 있는 김성진 대변인

00:19 발표를 받아 적고 있는 기자들과 사진을 찍고 있는 기자들의 모습

00:30 박정희 대통령의 얼굴이 클로즈업 되어 있는 텔레비전 화면의 모습

00:36 발표를 하고 있는 김성진 대변인과 그 옆에서 사진을 찍거나 발표를 받아 적고 있는 기자들의 분주한 모습

00:41 발표장에서 기사를 작성하고 있는 기자들의 분주한 모습

00:44 "평화 통일 지향 개헌안 27일까지 한달 안 국민 투표 연내 헌정" 등의 내용이 적혀있는 신문들이 여러 장 겹쳐있는 모습

00:49 자막 "국회해산. 정당활동 중지"(국회의사당의 외부 전경)

01:00 김종필 총리 주재로 국무회의를 하고 있는 모습

01:04 자막 "비상국무회의가 헌법기능 수행" (김종필 총리가 회의를 진행하는 모습과 회의를 진행하고 있는 국무위원들의 모습)

01:17 국민투표를 하기 위해 운동장에 줄을 서 있는 사람들

01:19 자막 "1개월 이내 국민투표 실시" (투표장에 투표를 하기 위해 줄을 서 있는 사람들의 모습)

01:34 투표 개표를 하고 있는 관계자들의 모습

01:35 자막 "연내 헌정질서 정상화" (개표장에서 개표를 하고 있는 관계자들)

01:49 집에서 텔레비전에서 방송되는 박정희 대통령의 얼굴을 보고 있는 사람들

01:53 청와대를 방문한 육 · 해 · 공 · 해병 주요지휘관들에게 경례를 받고 있는 박정희 대통령

01:57 박정희 대통령의 얼굴 클로즈업

02:04 차례로 줄을 서서 박정희 대통령과 악수하는 주요군 지휘관들
02:19 "國政개혁에 적극 參…" 등 유신개혁에 동조하는 내용의 신문기사들
02:37 전국 교육감과 대학의 총학장들이 모여서 회의하는 모습
02:41 회의장 연단에서 회의를 진행하는 관계자의 모습
02:44 회의에 참석한 많은 관계자들의 모습
02:50 회의장 테이블에 앉아서 유신과 관련된 회의를 진행하는 사람들
03:03 계엄사령부에 모여든 기자들 사이에서 보고를 하고 있는 계엄사령관
03:07 보고를 듣고 기사를 작성하거나 사진을 찍고 있는 기자들의 모습
03:14 서울시내 전경

연구해제

이 영상은 1972년 10월 17일 오후 7시 박정희 대통령이 후에 '유신'으로 이름 지어진 특별선언과 비상계엄을 선포했다는 내용을 김성진 청와대 대변인이 기자들 앞에서 발표하는 것을 보여주고 있다.

박정희 대통령은 이날 특별한 이유나 계기도 없이 비상국무회의에 소집된 국무위원들 앞에서 국회 해산, 정치활동 금지, 헌법 일부 조항의 효력 중지를 포고하고 비상국무회의에 의한 입법기능 수행 등을 내용으로 하는 특별선언을 발표했다. 아울러 10월 26일 새로운 헌법개정안을 공고할 것이고, 그것이 국민투표를 통해 확정되면 1972년 말까지 헌정질서를 정상화한다고 밝혔다. 그는 "우리 헌법과 각종 법령, 그리고 현 체제는 동서 양극체제하에서 냉전시기에 만들어졌고, 하물며 남북의 대화 같은 것은 전혀 예상치 못했던 시기에 제정된 것이기 때문에, 오늘과 같은 국면에 처해서는 마땅히 이에 적응할 수 있는 새로운 체제로의 일대 유신적 개혁이 있어야 하겠다"고 했다. 또한 "남북대화의 적극적인 전개와 주변정세의 급변하는 사태에 대처하기 위한 우리 실정에 가장 알맞은 체제개혁을 단행해야 하겠다"고 했다. 즉 냉전시대를 벗어나 남북대화를 적극적으로 추진하기 위해 헌법을 개정해야 한다는 것이었다.

이 비상계엄 선포 특별선언은 초기에는 이렇다 할 명칭도 없이 단순히 '대통령 특별선언'으로 호칭되었다. 그러다가 헌법안을 발표한 후 뒤늦게 '유신'이라고 이름 붙여져 선전되기 시작했는데, 이는 박정희의 선언 가운데 나오는 "새로운 체제로의 일대 '유신

적' 개혁이 있어야 하겠다"는 말에서 끄집어 낸 것이었다. 이렇듯 유신은 애초에 전체적인 구상도 제대로 마련하지 못한 채 서둘러 추진한 측면이 있었고, 권력층 내부에서조차 합의나 동의를 얻어내기 어렵다고 보고 쿠데타적 수법으로 권력강화를 위한 헌정질서 파괴를 단행했다. 그리고 이를 뒤이어 공고된 유신헌법은 삼권분립과 의회민주주의의 원칙을 원천 부정하고 박정희에게 제왕적 지위를 확보해 주었다.

참고문헌

「전국에 비상계엄 선포」, 『매일경제』, 1972년 10월 18일.

안병욱, 「유신체제와 반유신 민주화운동」, 『유신과 반유신』, 민주화운동기념사업회, 2005.

해당호 전체 정보

902-01 표어

상영시간 | 00분 04초

영상요약 | "대한뉴우스 문화공보부"(자막).

902-02 10 · 17 특별 선언

상영시간 | 03분 17초

영상요약 | 청와대 김성진 대변인 10 · 17 박정희 대통령 특별선언 및 계엄령 선포를 하고 육 · 해 · 공 · 해병이 청와대로 박정희 대통령을 방문했음을 알리는 영상이다.

902-03 자유 학습의 날

상영시간 | 00분 58초

영상요약 | 명지초등학교에서 '자유 학습의 날'을 만들어 일주일에 하루는 인형극, 음악, 미술, 스포츠, 야외수업 등으로 수업대체하기로 하였음을 알리는 영상이다.

902-04 이런일 저런일

상영시간 | 02분 50초

영상요약 | 제5차 아시아 태평양지역 국제 마케팅 대회가 태완선 경제기획원장관 기조연설을 시작으로 이낙선 상공부장관이 참석한 가운데 서울에서 개최되었음을 알리는 영상이다.

902-05 가을의 축제

상영시간 | 01분 00초

영상요약 | 경주 황성공원에서 열린 제11회 신라문화제를 소개하는 영상이다.

902-06 스포츠

상영시간 | 01분 51초

영상요약 | 어머니 배구대회에 영부인 육영수 여사가 참관했음을 보여주는 영상이다.

902-07　어록

상영시간 ｜ 00분 17초

영상요약 ｜ "우리 모두가 일치단결하여 통일의 일관된 그날까지 힘차게 전진을 계속하자. 그리하여 통일 조국의 영광 속에서 민주와 번영의 꽃을 영원토록 가꾸어 나가자."

새 역사의 창조 (1972년 10월 28일)

제작정보		**영상정보**	
출　　처	대한뉴스 903호	제공언어	한국어
제 작 사	국립영화제작소	컬　　러	흑백
제작국가	대한민국	사 운 드	유

영상요약

헌법개정안을 공고하고 박정희 대통령 주재 비상 국무회의가 열려 정부에서 마련한 전문 126조 부칙으로 된 헌법개정안을 심의하고 의결했다는 소식을 알리는 영상. 박정희 대통령 담화와 김성진 청와대 대변인 발표가 이어졌다.

내레이션

정부는 1972년 10월 27일 평화통일을 지향하는 헌법개정안을 공고했습니다. 이날 박정희 대통령 주재로 열린 비상 국무회의는 정부에서 마련한 전문 126조 부칙으로 된 헌법개정안을 심의 의결했습니다. 박정희 대통령은 헌법개정안 공고에 즈음해서 담화를 발표하고 이 헌법개정안이 민주주의 제도를 가장 알맞게 토착화 할 수 있는 올바른 헌정생활의 규범임을 확신한다고 말했습니다. 박 대통령은 이어 지금 우리가 수행 중에 있는 일대 유신적 개혁은 다름 아닌 우리들의 안전과 번영을 위한 것이며 민족의 생존권을 지켜나가기 위한 대과업이라고 전제하고, 여기에는 과거의 집착보다 내일을 위한 용기가 필요하며 주저하는 자는 낙오되고 전진하는 자에게만 승리가 있을 것이라고 말했습니다. 그런데 이 헌법개정안의 주요한 특징을 요약하면은 첫째, 조국의 평화통일이라는 역사적 사명 완수를 지향했고, 둘째, 민주주의에 한국적 토착화를 기했고, 셋째, 국력을 조직화하고 능률을 극대화할 수 있도록 통치기구와 관계제도를 개혁했고, 넷째, 안정과 번영을 추구했으며, 다섯째, 민족의 활로를 개척함으로써 국제사회에서 우리나라의 영광을 드높이고 항구적 세계평화에 이바지 할 것 등입니다. 우리는 10월 유신으로 민주주의의 한국적 토착화를 이룩하고 국력을 조직화해 능률의 극대화를 기해야 하겠습니다.

화면묘사

00:00 자막 “새역사의 창조 －헌법개정안 공고－” (중앙청 외부 전경)
00:06 헌법 개정안 공고를 위한 회의를 진행하는 국무위원들의 모습
00:11 비상국무회의장으로 들어오는 박정희 대통령과 그 옆자리에 함께 앉는 김종필

총리
00:24 회의에 집중하고 있는 국무위원들의 모습
00:27 회의를 진행하는 박정희 대통령
00:34 회의 테이블에 놓인 유인물을 유심히 읽어보는 국무위원들
00:44 회의 테이블에서 회의에 집중하는 국무위원들과 박정희 대통령
00:49 국무회의를 취재하기 위해 대기하는 기자들의 모습
00:52 취재하고 있는 기자들
00:54 회의 결과를 발표하는 김성진 청와대 대변인과 발표를 취재하는 기자들의 모습
01:07 카메라를 이용하여 발표하는 김성진 대변인을 촬영하는 카메라기자들
01:09 발표하는 김성진 대변인과 취재하는 기자들
01:17 텔레비전 화면에 나온 박정희 대통령의 얼굴
01:22 텔레비전 화면에 나온 김성진 대변인과 "박대통령 특별담화 발표 김성진 청와대 대변인"이라고 텔레비전 하단에 쓰여진 자막
01:25 신문이 찍혀져 나오는 기계
01:28 유신과 관련한 대자보를 바라보는 시민들의 모습
01:37 텔레비전에서 유신과 관련된 소식을 접하는 시민들

연구해제

이 영상은 박정희의 영구집권을 위한 토대를 만든 유신의 발효와 유신헌법 개정안의 공고를 홍보하는 내용을 담고 있다.

1972년 10월 17일 오후 비상계엄령 선포 및 국회 해산, 정치활동 금지 등을 담은 박정희 대통령의 특별선언이 발표되었다. 특별선언에서는 지금의 헌법이 냉전시기에 만들어졌기 때문에 남북대화와 통일을 추진하기 위해서는 새로운 정치체제의 수립이 불가피 하다며 헌법 일부 조항의 효력을 중단시키는 한편 새로운 헌법 개정안을 10월 26일에 공고하겠다고 밝혔다.

예고된 10월 26일이 되자 미리 준비되었던 헌법 개정안이 공고되었다. 헌법개정안은 통일주체국민회의 대의원에 의한 대통령 간선제, 국회의석 1/3을 대통령이 지명, 대통령과 국회의원 임기를 6년으로 연장, 대통령에 국회해산권과 거의 무제한적인 긴급조치

권 부여, 국회의 국정감사 폐지 등 모든 권력을 대통령에게 집중시키는 등 실질적으로 박 대통령의 종신 집권을 보장하는 내용을 담고 있었다. 그러나 개헌의 명분으로 내세웠던 통일과 관련한 조항들은 기존 헌법에서 전혀 수정된 것이 없었다. 다만 관련된 것이 있다면 헌법 전문에 "조국의 평화적 통일의 역사적 사명에 입각하여"라는 구절을 삽입한 것과, 대통령 간접선거를 위해 구성되는 기구에 '통일주체국민회의'라는 명칭을 부여하고 이를 "조국 통일의 신성한 사명을 가진 국민의 주권적 수임기관"으로 규정(제35조)한 것이 전부였다.

1972년 11월 21일 여전히 계엄령하에서 개헌안의 찬반을 묻는 국민투표가 실행되었고, 91.5%라는 놀라운 찬성률로 개헌안이 통과되었다. 그 후 12월 13일 계엄령이 해제되고, 15일에는 통일주체국민회의 대의원 선거가 실시되었다. 12월 23일 어떠한 선거 유세도 공약 발표도 없이 실질적으로 박 대통령 혼자만 입후보 할 수밖에 없는 구도에서 통일주체국민회의는 찬반 투표 끝에 박 대통령의 당선을 선포했다. 12월 27일 박정희가 제8대 대통령으로 취임하며 유신체제의 형성은 마무리 되었다.

개헌안에 대한 국민투표는 엄혹한 계엄령하에서 진행되었을 뿐 아니라, 투개표의 공정성 자체도 문제였다. 당시 광범위한 투개표 부정이 있었는지 여부에 대해서는 지금 확인하기 힘들다. 그러나 부정 여부와 별개로 국민투표의 운영 자체가 대단히 파행적이었다. 유신헌법에 대한 국민투표는 당시 존재하던 국민투표법이 그대로 적용되지 않았고, 선거관리위원회 구성과 투표 참관의 공정성을 확보할 아무런 장치 없이 실행되었기 때문이다.

참고문헌

홍석률, 「유신체제의 형성」, 『유신과 반유신』, 민주화운동기념사업회, 2005.

전국민속예술 경연대회 (1972년 10월 28일)

제작정보		**영상정보**	
출 처	대한뉴스 903호	제공언어	한국어
제 작 사	국립영화제작소	컬 러	흑백
제작국가	대한민국	사 운 드	유

영상요약

제13회 전국민속예술경연대회를 알리는 영상. 지방 민속예술 경연에서 대통령상에 충북 탄금대 방아타령이 선정되고 민요부분에서는 전라남도 우수영 부녀농요가 국무총리상을 받았다.

내레이션

第13회 전국민속예술경연대회가 대전 공설 운동장에서 베풀어졌습니다. 전국의 각 시도대표 스물네 개 팀이 출전해서 고장의 민속예술을 자랑한 이 대회에서 충청북도의 탄금대 방아타령이 영예의 대통령상을 차지했습니다. 한편 민요부문에서 전라남도의 우수영 부녀농요가 국무총리상을 받았습니다.

화면묘사

00:00 자막 "전국민속예술 강연대회" (대전 시내 도로에서 시가행진을 하는 대회참가자들)
00:04 시내 도로에서 유니폼을 맞춰 입고 줄을 맞춰 걸어가는 행사 참가자들
00:07 민속복장으로 시가행진을 하고 있는 대회참가자들
00:11 도로 가운데로 걸어가는 민속놀이 참가자들
00:14 민속놀이를 관람하기 위해 모인 수많은 인파
00:16 공설운동장에 줄을 맞춰 도열한 대회 참가자들
00:19 대회를 관람하기 위해 모인 수많은 인파
00:21 운동장에서 민속놀이를 진행하는 대회 참가자들
00:35 대회를 관람하는 관람객들의 모습
00:37 사람들 앞 무대 위에서 민속예술을 공연하는 참가자들
00:41 색동옷을 입고 춤을 추는 대회 참가자들
00:43 대회를 관란하는 관람객들
00:45 운동장에서 민속예술을 공연하는 참가자들

연구해제

1972년 10월에 열린 제13회 전국민속예술경연대회를 촬영한 영상이다. 민속예술경연대회는 1958년 8월 13일부터 18일까지 6일간 정부수립 10주년 행사로 장충단과 육군회관에서 처음 개최되었다. 초기에는 덕수궁과 경복궁, 창경원 등 비교적 좁은 장소에서

열렸었기 때문에 대규모 행사는 아니었던 것으로 보인다. 대한뉴스KC 제382-16호에는 1962년 9월 촬영한 제3회 민속예술경연대회의 모습이 담겨있다. 영상에서는 실내강당의 무대 위에서 공연을 펼치고 있는 참가 팀들의 모습을 볼 수 있는데, 10명 남짓의 작은 규모로 무대 위에서 농악을 연주하거나 탈춤을 공연하고 있다. 1960년대 초반까지의 경연대회에서는 민속예술을 이해하는 계층만이 대회에 참여했고, 또한 이 대회를 통해 발굴된 특기자가 이후 민속예술 기능보유자로 선정되어 국가 문화재로 선정되기도 하였다.

그러나 1960년대 중반부터 민속예술경연대회의 양상이 달라지기 시작한다. 우선 대회를 개최하는 장소가 넓어진다. 제7회 경연대회는 서울 남산의 야외음악당에서 개최되었고, 8회는 부산 공설운동장 등 넓은 장소에서 열리게 된다. 1967년부터는 지방 대도시를 순회하였고, 특히 1968년 대전의 공설운동장에서 300여 명의 안동고교생이 출연한 차전놀이가 대통령상을 받으면서 인원 동원의 대형화가 시작된다. 제9회 대회에 이르면 단기 연습을 받은 학생이 전체 출연자의 80%를 차지할 정도가 된다. 동원에 의해 운영되는 관제 행사의 성격을 띠게 된 것이다. 이어서 1970년대로 접어들면 민속예술경연대회는 거대 매스게임으로 치닫게 된다.

이 영상은 1972년 당시 민속예술경연대회의 모습을 보여준다. 넓은 대구 공설운동장의 관중석을 빼곡히 채운 군중의 모습과 함께 대규모로 구성된 참가 팀들이 단체로 공연하는 장면을 볼 수 있다. 이들은 흰 한복차림으로 나와서 민중들의 축제인 민속놀이를 보여주며 서로 경쟁했다. 유신체제기의 권위주의적 문화정책의 단면을 보여주는 장면이다. 현장에 뿌리를 내리게 하는 민속전승 정책이 아니라, 매스게임이 펼쳐질만한 큼지막한 운동장에서 경쟁을 붙여 대통령상과 국무총리상 및 다양한 상과 상금을 수여하는 경연의 방식이 되었기 때문이다. 아울러 과도한 경쟁을 부추김으로서 고증을 무시한 창작, 주민 간의 갈등 심화 등과 같은 병폐가 심화되는 결과를 초래했다는 비판을 받았다.

참고문헌

주강현, 「반유신과 문화예술운동」, 『유신과 반유신』, 민주화운동기념사업회, 2005.

해당호 전체 정보

903-01 표어

상영시간 | 00분 04초

영상요약 | "한국적 민주주의 우리땅에 뿌리박자"(자막). "대한뉴우스 문화공보부"(자막).

903-02 새 역사의 창조(헌법개정안 공고)

상영시간 | 01분 40초

영상요약 | 헌법개정안을 공고하고 박정희 대통령 주재 비상국무회의가 열려 정부에서 마련한 전문 126조 부칙으로 된 헌법개정안을 심의하고 의결했음을 알리는 영상. 박정희 대통령 담화와 김성진 청와대 대변인 발표가 이어졌다.

903-03 제3차 남북 적십자 본회담

상영시간 | 02분 12초

영상요약 | 10월 24일 평양에서 개최된 제3차 남북적십자 본회담에 이범석 수석대표 일행이 참석하여 이범석 대표가 회의의 성격과 진행 방법 등 기본입장 발표하고, 판문점을 거쳐 서울로 돌아와 기자들의 취재에 응하는 내용을 보여주는 영상이다.

903-04 수출진흥

상영시간 | 00분 58초

영상요약 | 중앙청에서 열린 수출진흥확대회의에서 박정희 대통령이 10·17특별선언에 따라 유신적 개혁이 진행되고 있으나, 현재 우리가 갖고 있는 경제체제에는 아무런 변화도 없다고 말하고 중앙청 우수상품 전시회를 시찰했다는 소식을 전하는 영상이다.

903-05 제27회 유엔의 날

상영시간 | 00분 24초

영상요약 | 제27회 유엔의 날 기념식에서 김종필 국무총리가 "10월유신은 우리나라에서

민주주의를 토착화 시킬 수 있는 마지막 기회"라는 내용의 박정희 대통령의 치사를 대독하는 영상이다.

903-06 이런 일 저런 일

상영시간 | 02분 41초

영상요약 | 시민회관에서 열린 제27회 경찰의 날 기념식 소식, 국립과학관에서 개최된 제18회 전국 과학전람회 소식, 고등학교 입학 체력검사가 열렸다는 소식, 덕수궁 야외전시장에서 제34회 국화 전시회가 열렸다는 소식, 중앙청 앞에서 출발해 임진강 자유의 다리까지 달리는 '경향 통일 역전 마라톤 대회'가 열려 대전 대성고등학교가 우승을 차지했다는 소식을 전하는 영상을 보여준다.

903-07 전국민속예술 강연대회

상영시간 | 00분 48초

영상요약 | 제13회 전국 민속예술 경연대회를 알리는 영상. 지방 민속예술 경연에서 대통령상에 충북 탄금대 방아타령이 선정되고 민요부분에서는 전라남도 우수영 부녀농요가 국무총리상을 받았다.

903-08 새마을 위문 노래잔치

상영시간 | 00분 44초

영상요약 | 중앙방송국 주최로 새마을 위문 노래잔치가 경기도 평택에서 열려 구봉서, 곽규석, 이미자가 공연을 했다는 소식을 알리는 영상이다.

903-09 어록

상영시간 | 00분 09초

영상요약 | 이번 유신적 개혁이 한시바삐 성공하려면 우리 국민 각자가 자주적인 노력을 기울여 이 개혁작업에 혼연히 참여해야 한다는 내용의 어록.

10월 유신은 온 국민 참여로 (1972년 11월 4일)

제작정보		영상정보	
출 처	대한뉴스 904호	제공언어	한국어
제 작 사	국립영화제작소	컬 러	흑백
제작국가	대한민국	사 운 드	유

영상요약

울산 석유화학공장 및 포항제철공장 준공식에서 공장 내외부를 시찰하고 노동자들 앞에서 연설하는 박정희 대통령을 보여주는 영상이다.

내레이션

근대 공업국으로서의 발달을 다져 안정과 번영을 이룩하기 위한 석유화학계열의 9개 공장이 울산공업단지에 세워졌습니다. 나프타 분해공장을 비롯한 이들 공장이 준공 가동됨으로써 지금까지 모두 수입을 메꾸어갔던 석유화학제품의 중간원료를 국내에서 공급하게 돼 일년에 1억 2,000만 달러의 외화를 절약하게 되었습니다. 이날 박정희 대통령은 치사를 통해 안정과 번영을 이룩해서 민족염원인 조국의 평화통일을 하려면 국민이 일치단결해서, 국력을 배양하고 10월유신을 성공시켜야한다고 강조했습니다. 박정희 대통령은 그동안 우리의 사회적 정치적 체제나 구조 그리고 국민들의 사고방식을 그대로 밀고 나갈 수 없는 잘못이 많다고 지적하고 이런 잘못을 과감하게 뜯고 고치는 바로 10월 유신의 참뜻이라고 밝히면서 개혁단행은 모든 국민이 분발해서 협조하고 참여해야 성취할 수 있다고 힘주어 말했습니다. 박 대통령은 또 국력배양에는 경제건설이 가장 중요하다고 말하고 이번에 석유화학공장이 준공됨으로써 연간 7,500만 달러의 중간제품을 생산해서 한 해에 6억 달러의 수출을 증대시킬 수 있게 됐으며 내년에 103만 톤 규모의 종합제철이 준공되면 공업국가로서의 자립체제를 확립할 수 있게 된다고 말했습니다. 이어 박정희 대통령은 포항종합제철공장을 시찰하고 앞으로의 공업정책은 중공업화, 수출산업화, 산업합리화를 기본방향으로 추진해나가라고 말했습니다. 박 대통령은 철강공업이 다른 부문과의 연관도가 가장 높기 때문에 하루속히 발전시켜야 된다고 말했습니다. 박정희 대통령은 또 경상남도 울주군 농소면 이화리의 새마을 모범부락을 돌아보고 사방사업과 하천의 정지작업을 살펴봤습니다. 박정희 대통령은 경주에 들러 경주관광개발사업 현황을 시찰하는 자리에서 문화재 보존과 외화획득은 병행해서 이뤄져야 한다고 말하고 전통문화를 빛내고 민족의 주체성을 드높이는 관광사업을 발전시키라고 관계관에게 지시했습니다.

화면묘사

00:00 자막 "10월 유신은 온국민 참여로" (울산 석유화학공장의 외부 전경)

00:04 공장의 외부 전경

00:18 준공식장에서 연단 앞에 모여있는 노동자들

00:22 연단에서 연설 중인 박정희 대통령
00:27 안전모를 쓰고 유니폼을 맞춰 입고 도열해 있는 노동자들의 모습
00:31 준공식을 구경하기 위해 운동장에 앉아 있는 마을 주민들
00:34 연단 위에서 연설 중인 박정희 대통령
00:43 울산 공장의 외부 전경
00:48 연단 위에서 연설 중인 박정희 대통령
00:53 울산 공장 외부 전경
00:58 운동장에 도열해 있는 노동자들의 모습
01:04 연단 위에서 공장과 관련된 깃발을 직접 깃봉에 달아 주는 박정희 대통령
01:17 운동장에 앉아 있는 마을 주민들
01:21 공장의 외부 전경
01:31 건물에서 걸어 나오는 박정희 대통령과 수행원들의 모습
01:36 공장의 외부 전경
01:43 하늘에서 촬영한 공장부지
01:51 포항제철공장의 외부 전경
01:54 포항제철공장의 내부 전경과 일하는 노동자
01:57 공장 위에서 내부를 시찰하는 박정희 대통령과 수행원들의 모습
02:01 공장 기계에서 철이 생산되는 모습
02:07 공장 내부 기계실에서 공정과정을 살펴보는 박정희 대통령과 수행원들
02:10 공장에서 일하는 노동자와 작동되는 기계들
02:12 공장 내부를 시찰하는 박정희 대통령과 수행원들
02:17 공장 기계에서 철이 생산되는 모습
02:21 포항제철공장의 외부 전경
02:27 헬리콥터에서 바라본 눈 쌓인 산의 전경
02:35 헬리콥터가 산 중턱에 착륙하는 모습
02:37 사업 현황을 알리는 알림판의 모습
02:39 사방사업 현장을 망원경으로 시찰하는 박정희 대통령과 그 뒤편에 있는 수행원들
02:42 사방사업이 진행되는 공사장의 전경

02:48 사방사업이 진행되는 공사장을 바라보고 있는 박정희 대통령의 뒷모습
02:52 사방사업장 조감도
02:54 헬리콥터에서 바라본 사방사업장
02:58 문화재 주변을 시찰하는 박정희 대통령과 수행원들의 모습
03:03 경주에 있는 문화재터의 전경
03:06 시찰하는 박정희 대통령과 그 옆에서 설명하는 관계자의 뒷모습

연구해제

이 영상은 박정희 대통령이 유신이후 중화학공업을 집중적으로 육성하기 위해 울산 석유화학공장과 포항제철을 시찰하는 모습이다. 박정희 대통령은 이 공장들을 방문하면서 "민족의 염원인 조국의 평화통일을 하려면 국민이 일치단결해서 국력을 배양하고 10월유신을 성공시켜야 한다"고 강조했다. 그러면서 "그동안 우리가 갖추어온 사회적 정치적 체제나 구조 그리고 사고방식은 그대로 밀고 나갈 수 없는 잘못이 많기 때문에 이런 잘못을 과감하게 뜯어 고치자는 것이 바로 10월유신의 참뜻"이라고 밝혔다. 경제정책에 대해서는 "국력배양에는 경제건설이 가장 중요"하며, "종합제철이 준공되면 공업국가로서의 자립경제체제를 확립할 수 있으며, 앞으로의 공업정책은 중공업화, 수출산업화, 산업합리화를 기본 방향으로 추진하라"고 지시했다.

박정희는 유신을 선포한 지 한 달 뒤인 1972년 11월 30일, "1981년에는 1인당 국민소득 1,000달러와 수출 100억 달러를 달성 하겠다"고 약속했다. 이른바 "10월 유신, 100억 달러 수출, 1,000달러 소득"이라는 유신구호가 나온 것이다. 이듬해인 1973년 1월 12일 연두교서에서 박정희는 유신의 정당성을 설파하면서 강력한 방위산업에 대한 구상을 밝혔고, 그 기반으로서 중화학공업을 집중적으로 육성하겠다고 했다. 이것을 소위 1.21 중화학공업화선언이라고 부른다. 실제로 박정희는 유신체제를 제2의 경제 도약시기로 삼았고, 그 중심에 중화학공업화 전략이 있었다.

중화학공업화를 위한 6개의 전략산업으로서 철강, 전자, 석유화학, 조선, 기계, 비철금속을 선정했다. 1973년 5월에는 국무총리를 위원장으로 하고 관계장관 및 각계 전문가를 모아 중화학공업추진위원회를 설치했다. 중화학공업화를 이루기 위한 지열별 특성화도 시도되었다. 석유화학 및 비료는 울산에, 전자는 구미에, 철강은 포항에, 조선은

옥포에, 기계는 창원에 각각 특화된 공업단지를 건설하는 방향으로 나아갔다. 1970년 4월 1일에는 포항제철 기공식이 열렸고, 1972년 3월에는 현대조선소 기공식이 있었다. 1972년 10월에는 울산 석유화학단지가 건설되었다. 그 가운데서도 포항제철은 중화학공업의 상징적인 존재였다. 포항제철은 1973년 6월 8일에 처음 불을 넣는 화입식을 가진 뒤, 7월 3일에 준공식을 거행했다.

당시에 중화학공업화를 둘러싸고 많은 논란이 있었다. 그것은 엄청난 위험을 수반하고 있었고, 도박 같은 결정이라고 할 만큼 모험적인 전략이었다. 1970년대의 시대적 조건에서 중화학공업화 입국이라는 지향 자체는 무모한 점도 있었지만, 한편으로는 미국의 정책 권고를 넘어 독자적인 정책을 가지려고 한 점에서 평가할 만한 부분도 있다. 그러나 1960년대 노동집약적 산업화는 그 자체가 고용과 시장 규모를 팽창시키는 효과를 낼 수 있었기 때문에 대중의 경제적 불만을 분산할 수 있었다. 그에 반해 1970년대의 중화학공업화는 더 높은 수준으로 자원이 집중되면서 그 혜택을 공유하는 계층이 훨씬 적었던 탓에 일반 대중의 불만은 이전과는 비교할 수 없을 정도로 커지기도 하였다.

참고문헌

조희연, 『박정희와 개발독재시대』, 역사비평사, 2007.

해당호 전체 정보

904-01 표어

상영시간 | 00분 05초

영상요약 | 대한뉴우스 자막

904-02 10월 유신은 온 국민 참여로

상영시간 | 03분 10초

영상요약 | 울산 석유화학공장 및 포항제철공장 준공식이 있어 공장 내외부를 시찰하고 노동자들 앞에서 연설하는 박정희 대통령의 모습을 보여주는 영상이다.

904-03 남북조절위 제2차 회의

상영시간 | 01분 35초

영상요약 | 평양에서 열린 남북조절위원회 제2차 회의에 헬리콥터로 이후락 공동위원장, 장기영, 최규하, 강인덕, 정홍진 등이 도착하여 평양 측의 영접을 받는 모습과, 회의가 끝나고 이후락 공동위원장이 옥류관 만찬에 참석하여 단일민족으로서 동포애에 입각한 민족주체성을 바탕으로 민족양심의 통일이 먼저 이루어져야 한다고 말하는 장면을 보여주는 영상이다.

904-04 11월 21일 국민 투표

상영시간 | 01분 35초

영상요약 | 유신헌법안 국민투표일이 11월 21일로 확정 공고되어 중앙선거관리위원회와 투표관리 절차를 협의하고 선거 계몽을 위한 대통령 특별담화문과 선거관리위원회의 선거인명부를 작성하고 및 열람하는 것을 보여주는 영상이다.

904-05 꿈의 어린이 대공원

상영시간 | 01분 01초

영상요약 | 영부인 육영수가 어린이대공원 기공식에 참석하여 기념사를 하고 기공식을 행하는 영상이다.

904-06 이런일 저런일

상영시간 | 02분 23초

영상요약 | 제25회 전국 검사장 회의에서 혼란, 무질서, 비능률 등 국력의 조직화를 해치는 요인을 없애 10월유신을 효과적으로 성취할 수 있도록 한다는 내용의 회의를 했다는 영상이다.

904-07 올해도 풍성한 김장

상영시간 | 01분 01초

영상요약 | 배추와 무가 풍년으로 농민들이 밭에서 배추를 다듬고 파, 마늘, 고추를 수확해서 다듬어 풍성한 김장을 했다고 전하는 영상이다.

904-08 스포츠

상영시간 | 00분 58초

영상요약 | 제3회 대통령 영부인배 쟁탈 전국남녀배구대회가 열려 여자부에서는 국세청이 우승하고 남자부는 육군 팀이 우승하였다는 것을 알리는 영상이다.

904-09 어록

상영시간 | 00분 10초

영상요약 | 우리의 체제나 사회풍조 사고방식이 잘못이 있는 줄 알면 고쳐야 하며 알고도 고칠 용기가 없는 민족은 발전할 수 없다는 내용의 어록.

유신의 첫길은 교육헌장의 생활화로 (1972년 12월 9일)

제작정보		영상정보	
출 처	대한뉴스 909호	제공언어	한국어
제 작 사	국립영화제작소	컬 러	흑백
제작국가	대한민국	사 운 드	유

영상요약

국민교육헌장 선포 4돌 기념식을 알리는 영상이다.

내레이션

우리는 민족중흥의 역사적 사명을 띠고 이 땅에 태어났다. 조상의 빛나는 얼을 오늘에 되살려 안으로 자주독립의 자세를 확립하고 밖으로 인류공영에 이바지 할 때다. 이에 우리의 나아갈 바를 밝혀 교육의 지표를 삼는다. 국민교육헌장 선포 네 돌 기념식이 중앙청에서 열렸습니다. 박정희 대통령은 이날 치사에서 지금 우리가 추진하고 있는 시월 유신은 우리 사회의 모든 잘못된 부분을 제거해 낭비를 없애고 좋은 점은 더욱 개발해서 이를 조국의 평화와 번영을 위해 창조적으로 활용하려는데 그 목적이 있다고 밝혔습니다. 또한 박정희 대통령은 시월 유신의 정신은 국민교육헌장 이념과 그 기조를 같이 하는 것이라고 지적하고 이 교육헌장 이념의 생활화는 곧 유신과업을 구체적을 실천하는 첫길이라고 말했습니다. 이날 기념식에서 박정희 대통령은 국민교육헌장 이념에 실천과 보급에 헌신적 노력을 기울여 온 경북대학교 총장 김영희씨 등 천팔백일흔한 명의 유공자를 포상했습니다.

화면묘사

00:00 자막 "유신의 첫길은 교육헌장의 생활화로" (중앙청 건물과 건물 앞 외부 전경)
00:08 행사장에 가득 찬 행사 관계자들의 모습
00:12 행사장 연단에 기립해 있는 육영수 여사와 국무위원들의 모습
00:16 행사 참가자들이 자리에서 기립하고 있는 모습
00:20 연단에서 국민교육헌장을 읽고 있는 관계자의 모습
00:23 행사가 진행되는 행사 참가자들로 가득 찬 행사장의 전경
00:29 연단에서 치사를 하고 있는 박정희 대통령과 연단에 앉아 있는 육영수 여사를 비롯한 국무위원들의 모습
00:34 치사를 하고 있는 박정희 대통령의 모습
00:43 자리에 앉아 치사를 듣고 있는 행사 참가자들
00:51 비서로부터 표창을 넘겨받아 직접 수상자들 목에 걸어주고 가슴에 훈장을 달아주는 박정희 대통령
01:28 연단의 자리에서 일어나 박수치는 육영수 여사

01:32 수상자들과 악수를 나누고 표창을 걸어주는 박정희 대통령의 모습
01:39 자리에 앉아 박수치는 행사 참가자들

연구해제

국민교육헌장은 1968년 12월 5일 서울 시민회관에서 박정희 대통령에 의해 선포되었다. 박희범 문교부차관의 사회로 열린 선포식에서 박 대통령은 헌장 전문을 낭독하였으며, 이를 통해 '국민의 생활윤리가 확고히 세워질 것'을 다짐했다. 전문 393자로 구성된 국민교육헌장에는 '자주독립', '인류공영', '창조', '개척', '발전', '민주', '반공' 등의 가치가 병렬적으로 제시되어 있다. 그 내용을 자세히 살펴보면 각각의 가치들이 선후관계를 지니고 있다는 점을 발견할 수 있다. 즉 '나라의 발전이 개인의 발전의 기초가 되기 때문에, 국민들은 스스로의 책임과 의무를 다하여 스스로 국가의 건설에 참여하고 봉사해야 한다'는 내용이 반복되면서, 국가주의적 발전사관을 농후하게 드러내고 있는 것이다.

박정희 정부는 이와 같은 내용의 헌장을 보급하고 생활화 하는데 많은 노력을 했다. 문교부는 국민교육헌장의 발포와 동시에 국민교육헌장 독본 265만 부를 발간하여 각 급 학교와 기관에 배부하고, 초등학생을 위한 천장 그림책도 130만 부를 발간 배포하는 등 국민교육헌장의 대국민 보급에 주력했다. 그 밖에도 전국의 학생, 공무원들에게 국민교육헌장을 암송하게 하고 행사에서 반드시 그 전문을 낭독하게 했으며, 헌장의 이념을 담은 영화와 음반까지 제작, 보급하는 등 전면적인 노력을 기울였다. 박정희는 매년 국민교육헌장 선포 기념식에 참석하여 축사를 낭독하는 적극성을 보이는가 하면, 연두교서나 기자회견, 기타 중요한 연설 기회 때마다 국민교육헌장의 정신을 강조했다.

박정희 정부가 국민교육헌장을 제정하고 그 정신을 강조했던 이유는 무엇일까? 먼저 1967년의 대선과 총선을 한 이유로 들 수 있다. 1960년대에 급속하게 산업화가 추진됨에 따라 한국사회에는 많은 변동이 일어나고 있었다. 대중매체가 급증하고 대량 생산과 대량소비가 나타나는 등 산업화의 결과로서 도시화가 진전되어 도시에는 전근대 농업사회에서는 볼 수 없었던 새로운 형태의 대중이 등장하게 된다. 서울 지역에도 새로운 도시 대중이 생겨났는데, 1960년대 후반쯤 되어서는 이들이 체제의 비판적인 집단으로 성장하고 있었다. 박정희 자신이 1967년 대선과 총선에서 승리를 거두었음에도 불구하고 서울지역에서는 패배를 하게 된 원인을 이들의 등장으로, 또 이를 방치할 경우 위협

세력이 될 것을 우려하였다. 이에 따라 박정희 정권은 체제의 지지기반이 되어 줄 국민들을 주조하기 위한 정신 운동의 필요성을 느끼게 되었으며, 이러한 배경에서 국민교육헌장이 발표되었던 것이다. 국민교육헌장은 1990년대 중반까지 한국의 교육이념을 지배한 가장 중요한 문서로 남아 있다가 1994년 폐지되었다.

참고문헌

「국민교육헌장 선포」, 『동아일보』, 1968년 12월 5일.
오성철, 「박정희의 국가주의 교육론과 경제성장」, 『역사문제연구』 11, 2003.
황병주, 「국민교육헌장과 박정희 체제의 지배담론」, 『역사문제연구』 15, 2005.

해당호 전체 정보

909-01 유신의 첫길은 교육헌장의 생활화로

상영시간 | 00분 17초

영상요약 | 국민교육헌장 선포 4돌 기념식을 알리는 영상이다.

909-02 제24회 인권선언의 날

상영시간 | 00분 46초

영상요약 | 서울 국립극장에서 열린 제24회 인권선언의 날 기념식에서 김종필 국무총리가 치사하고 인권옹호에 공이 큰 경남 진해 농아원장 김무현 외 4명에게 표창장을 수여했음을 알리는 영상이다.

909-03 이런 일 저런 일

상영시간 | 04분 58초

영상요약 | 체신기념관 개관식의 표지석 제막식 행사 장면, 서울 남산 어린이회관에서 육영수 여사 참석하에 열린 경로잔치, 서울 성동구 역삼동의 태권도 중앙도장 개관식, 대구 계산동 대성당에서 열린 이문희 보좌주교 서품식 장면, 삼각산 도선사에서 열린 고 청담스님 열반 1주기 법요식 장면, 서울에서 고 청전 이상범 화백의 유작 전시회가 열려 여러 시민들이 작품을 감상하고 있는 장면, 또한 소년, 소녀 합창제전에서 어린이들이 지휘에 맞춰 악기를 연주하고 있는 모습 등 다양한 내용을 보여준다.

909-04 외화를 버는 길

상영시간 | 01분 37초

영상요약 | 부산 고려원양의 수산물 냉동가공공장이 육류와 수산물을 다듬어서 냉동처리한 후 상품으로 포장한 다음 해외로 수출하기 위해 배로 운반되는 과정을 보여주는 영상이다.

909-05 표어

상영시간 | 00분 09초

영상요약 | 표어 "우리 모두 교육헌장을 국민정신의 유신지침으로 삼아 국력배양을 더욱 가속화하는데 다같이 이바지합시다."

통일주체국민회의 대의원 선거 (1972년 12월 16일)

제작정보		영상정보	
출 처	대한뉴스 910호	제공언어	한국어
제 작 사	국립영화제작소	컬 러	흑백
제작국가	대한민국	사 운 드	유

영상요약

1972년 12월 15일 통일주체국민회의 대의원선거 영상이다. 박정희 대통령, 김종필 국무총리를 비롯한 유권자들이 투표를 하는 모습과, 투표가 종료된 후 개표작업을 하는 모습을 보여주고 있다.

내레이션

12월 15일 통일주체국민회의대의원선거가 전국 10,402개 투표구에서 실시되었습니다. 유신헌정을 출범시키는 이번 선거에는 전국 1,630개 선거구에서 5,434명의 후보자가 나섰는데 206개 구에서 225명이 무투표 당선되었습니다. 이날 박정희 대통령은 영부인 육영수 여사 그리고 영애 근혜양과 함께 종로 제1선거구 신교 궁정투표소에서 투표를 했습니다.(배경음악 "10월의 찬란한 유신의 새아침이다.") 한편 김종필 국무총리는 신당제4동 제1투표소에서 투표했습니다. 국민총의에 의한 주권적 수행기관인 통일주체국민회의를 구성할 2,359명의 대의원을 뽑기 위한 이번 선거는 돈이 안 들고 가장 깨끗한 선거라는 점에서 과거의 선거와는 그 양상이 달랐습니다.(배경음악 "우리 힘 뭉쳐서 국력을 길러 평화통일 이룩하자") 선거 결과에 대한 개표는 이날 저녁 7시부터 시작되어서 밤을 지새워서 진행되었습니다. (배경음악 "조국의 영광을 길이 빛내자. 길이길이 빛내자") 개표방식은 각 선거구별로 한 구씩 해당 선거구내 투표함을 열어 당락에 결정을 짓는 방식이었습니다. (배경음악 "조국의 영광을 길이길이 빛내자")

화면묘사

00:00 자막 "통일주체국민회의 대의원선거", 태극기와 푯말 "통일주체국민회의대의원선거일 12월 15일"이 거리에 세워져 있음
00:04 벽에 붙여진 대의원 선거 후보자 포스터를 보고 있는 두 남자
00:06 여러 대의원 선거 후보자들의 포스터
00:12 투표장으로 향하는 유권자들의 모습
00:16 투표장 내부 전경. 유권자들, 투표함, 선거 관리자 등의 모습
00:19 투표용지를 관리자에게서 받아서 투표 칸막이로 가는 유권자들
00:22 투표함에 투표용지를 넣고 있는 유권자들의 손의 모습 클로즈업
00:24 카메라를 들고 있는 수많은 취재진들의 모습
00:28 박정희 대통령, 영부인 육영수, 딸 박근혜 양이 투표장을 방문하여 신분증을 제시하는 모습
00:33 투표하는 칸막이로 들어가는 세 사람

00:39 칸막이에서 나와 투표함에 투표용지를 넣는 박정희 대통령, 육영수 여사, 딸 근혜 양의 모습
00:46 투표장 앞에 줄 서 있는 김종필 국무총리 내외와 딸
00:50 투표장에서 앉아 있는 선거 관리자들의 모습
00:53 투표용지를 투표함에 넣는 김종필 국무총리 내외와 딸
00:57 여러 명의 유권자들이 줄을 서서 관리자로부터 투표용지를 받는 모습
01:01 투표장 내 앉아있는 선거 관리자들과 투표를 하고 투표함에 용지를 넣는 여러 유권자들
01:10 투표용지를 투표함에 넣는 여러 유권자들의 다양한 모습
01:20 투표함을 봉하고 투표함 위에 도장을 찍는 모습
01:24 봉해진 여러 투표함들
01:26 개표를 하기 위해 투표용지를 마구 섞고 있음
01:29 접혀진 투표용지를 펴서 확인하고 분류하는 등 개표작업을 하는 개표위원들의 다양한 모습
01:39 개표 집계 결과를 지역구 별로 나누어진 개표결과 상황판에 표시하는 개표위원들
01:41 개표결과 상황판을 지휘봉으로 가리키면서 개표중계방송을 하는 아나운서와 이를 촬영하는 카메라
01:45 "집계부" 간판
01:46 투표용지를 분류하는 집계부 위원들
01:49 수화기를 들고 전화 통화하는 집계부 위원들의 다양한 모습
01:54 접혀진 투표용지를 펴서 확인하고 분류하는 등 개표작업을 하는 개표 위원들

연구해제

이 영상은 1972년 12월 15일 통일주체국민회의 대의원선거 장면이다. 박정희 대통령 내외와 딸인 박근혜의 투표장면과 김종필 국무총리 가족의 투표장면이 영상에 담겨 있다. 그 밖에 투표 후 개표작업을 하는 개표위원들과 중계방송의 모습을 보여주고 있다.

통일주체국민회의는 1972년 10월 17일 10월유신으로 제4공화국이 출범하면서 헌법에

따라 구성된 간접민주주의 기관이다. 통일주체국민회의는 대외적으로는 유신헌법 제3장에 의해 "국가의 정상기관이자 주권적 수임기관으로서 조국의 평화적 통일을 촉진하기 위한 국민의 총의가 모인 곳"으로 규정되었다. 하지만 이 조직의 가장 중요한 기능은 유신헌법의 핵심인 대통령의 간접선거 기능을 담당하는 것이었다. 6년의 임기를 가진 통일주체국민회의 대의원은 국민의 직접선거로 선출이 되며, 대통령을 선출하고 대통령이 추천한 국회의원 정수의 1/3에 해당하는 의원 후보자에 대한 가부의 찬반투표 권한이 있었다. 그밖에 대통령이 필요하다고 판단해서 논의에 부치는 개헌안을 의결하는 권한을 가지고 있었다.

사실상 박정희의 거수기 노릇을 했던 이 기관은 1972년 12월 15일 초대 대의원선거에서 2,359명의 대의원을 선출했다. 당시 투표율은 70.3%였고, 전국 1,630개 선거구에서 5,434명의 후보자가 나섰는데 206개 구에서는 225명이 무투표 당선되기도 하였다. 이렇게 뽑힌 대의원들은 같은 해 12월 23일 초대 통일주체국민회의 제1차 회의를 열어 제8대 대통령으로 박정희를 선출했다. 이들은 1978년 7월 6일 제2대 통일주체국민회의 제1차 회의에서 박정희를 다시 제9대 대통령으로 선출하기도 하였다. 이후 통일주체국민회의는 1979년 박정희가 암살을 당하자 다음 대통령인 최규하와 전두환을 형식적으로 선출하는 역할을 맡은 뒤, 이듬해 제5공화국 헌법 발표와 함께 해체되었다.

참고문헌

김용욱, 『한국정치론』, 오름, 2004.

제3의 불 원자력 발전소 (1972년 12월 16일)

제작정보		**영상정보**	
출　　처	: 대한뉴스 910호	제공언어	: 한국어
제 작 사	: 국립영화제작소	컬　　러	: 흑백
제작국가	: 대한민국	사 운 드	: 유

영상요약

이 영상에서는 경상남도 동래군 장안면 고리 원자력발전소 건설현장 모습과 원자로 건설을 위해 작업하는 노동자들을 보여주고 있다.

내레이션

20세기 과학기술의 상징으로 제3의 불이라고 불리우는 원자력발전소 건설이 우리나라에서도 한창입니다. 경상남도 동래군 장안면 고리, 원자의 불을 일구는 공사는 원자의 솥가마를 담을 거대한 돔을 짓는 일입니다. 2억 달러의 돈과 100만 명의 일꾼이 동원되는 이 공사는 또한 세밀하기 이를 데 없습니다. 앞으로 3년 후가 되면은 우리나라 에너지 수요는 석탄으로 따져서 모두 6,050만 톤이 되는데 그중 62%를 외국에서 수입해야 할 형편입니다. 그래서 이를 충당하기 위한 제3의 불 원자력발전소의 건설이 필요하게 되었는데 1975년에 아시아에서 세 번째로 이 발전소가 준공되면은 이를 충당하고도 남습니다.

화면묘사

00:00 자막 "제3의 불 원자력발전소", 원자력발전소 건설현장의 전경
00:09 원자로 건설현장 클로즈업
00:21 운반하는 기계가 이동하는 모습
00:28 건설현장 노동자들이 운반기계를 붙잡고 있음
00:32 운반기계에 담긴 석탄을 쏟아붓는 장면
00:35 건설현장 노동자가 마스크를 쓰고 불꽃 튀기며 작업하는 모습
00:41 건설현장을 위에서 조망하고 있음. 원자로 건설현장을 위에서 클로즈업
00:54 건설현장 노동자들이 설계도를 보면서 서로 논의하고 있음
00:59 원자로 건설현장 앞에서 설계도를 보고 손으로는 원자로를 가리키며 이야기하고 있는 노동자들의 뒷모습
01:01 원자로 건설현장의 전경

연구해제

이 영상은 고리 원자력발전소 1호기 건설현장 모습을 담고 있다. 고리 원자력발전소 1호기는 부산광역시 기장군 장안읍 고리 일대에 위치하고 있으며, 한국수력원자력에서 운영하고 있는, 대한민국 최초의 상업용 원자로이다. 1971년 11월에 착공되어 1977년에 완공되었고, 1978년 4월부터 상업운전을 시작하였다. 고리는 원자로를 설치하기에 좋은 암반이 있고, 냉각수 사용이 쉽고, 기상 조건과 상수원이 좋기 때문에 적지로 선정되었다고 한다. 현재 고리에는 모두 5기의 상업용 원자로가 가동 중이다.

원자력의 평화적 이용은 1953년 12월 8일 미국 아이젠하워 대통령이 유엔총회에서 "Atoms for Peace Program"을 제창한 것이 효시가 되어 1956년 9월 국제원자력기구(IAEA)가 유엔 산하기구로 발족함으로써 추구하게 되었다. 이 가운데 한국의 원자력 연구개발은 한·미 원자력 쌍무협정에 따른 미국의 지원하에 시작되었으며, 원자력이 전력원으로 검토되기 시작하면서 한국은 1957년 국제원자력기구(IAEA)에 가입하고, 원자력 관계 법령의 제정과 연구개발체제를 갖추어왔다. 그러던 중 1960년대 들어 경제개발과 함께 전력수요가 급성장하기 시작하자, 원전건설의 여론이 조성되었다.

1962년 11월 원자력원 내에 원자력발전 대책위원회를 설치하고, 원자력발전소 건설을 위한 제반 조사활동에 착수하였다. 1967년 2월에는 대통령령 제3371호에 의거 원자력발전 추진위원회를 국무총리 자문기관으로 구성하여 국제원자력기구의 기술협력을 받아 동년 9월, 10개년 전원개발계획의 일환으로 원자력 발전소 건설계획을 수립하고 한전이 주체가 되어 추진키로 결정하였다. 이에 따라 원자력발전소 건설을 위한 입지조사가 국내외 전문가들에 의해 합동으로 시행, 1968년 5월 입지를 경남 양산군 장안면 고리로 확정한 것이다.

원전사업의 주체인 한전은 1969년 1월 미국 웨스팅하우스사를 주계약자로 선정, 1970년 6월 30일 발전소 공급계약을 체결하였고, 1971년 3월 10일 기공식을 개최했다.

고리원자력 1호기는 가압경수로형 587MW급으로 주계약자인 미국 웨스팅하우스사가 전반적인 건설의 책임을 지고 설비공급과 초기 원전연료 공급을 맡았으며, 영국의 GEC가 터빈/발전기계통 설비의 공급과 토건공사의 감독을 맡았다. 국내업체로는 현대건설이 원자로계통을, 동아건설이 터빈/발전기계통 공사를 하도급 형태로 참여하였다. 총공사비는 외자1억 7,390만 달러, 내자 717억 원 등 모두 1,560억 원이 소요되었는데 당시로는 사상최대 규모의 단위사업이었다.

고리원전 1호기는 2007년 6월 9일 30년인 설계수명을 다하여 가동이 중단되었으나 IAEA검증과 지역사회의 합의 등을 거쳐 상업운전을 10년 연장하기로 하였다. 그러나 2011년 3월 후쿠시마 원전 사고 이후 안전성에 대한 우려가 제기되는 가운데, 2012년 2월 이후 정전사고와 가동중단이 이어져 폐쇄를 요구하는 목소리가 높아지고 있다.

참고문헌

김창수, 「위험사회와 가외성의 효용－고리원전 정전사고 사례의 분석」, 『한국행정논집』 25-2, 2013.

염택수, 「원자력기술의 자립 : 고리원자력 1호기 준공」, 『전기의 세계』 46-7, 1997.

해당호 전체 정보

910-01 통일주체국민회의 대의원 선거

상영시간 | 01분 57초

영상요약 | 1972년 12월 15일 통일주체국민회의 대의원 선거 영상. 박정희 대통령, 김종필 국무총리를 비롯한 유권자들이 투표를 하고, 투표 종료 후 개표작업을 하는 개표위원들과 개표중계방송을 하는 모습을 보여주고 있다.

910-02 비상계엄해제

상영시간 | 00분 41초

영상요약 | 1972년 12월 13일 선포된 지 58일 만에 비상계엄령이 해제되어 김성진 청와대 대변인이 박정희 대통령의 담화를 발표하는 모습을 보여주는 영상이다.

910-03 제3의 불 원자력발전소

상영시간 | 01분 05초

영상요약 | 이 영상은 경상남도 동래군 장안면 고리 원자력발전소 건설현장 모습과 원자로 건설을 위해 작업하는 노동자들을 보여준다.

910-04 이런 일 저런 일

상영시간 | 02분 42초

영상요약 | 남산외인아파트와 아스팍 회관 준공식, 영동 단독주택단지 준공식, 경주에서 발굴된 신라시대 금관을 비롯한 여러 유물들의 모습, 국립현대미술관에서 개최된 월남전 기록화 전시회 등을 소개하는 영상이다.

910-05 잘사는 농촌

상영시간 | 02분 12초

영상요약 | 경상북도 의성군 금성면 수정동 마을에서 박정희 대통령으로부터 국민훈장 석류장을 받은 새마을 지도자 이영식과 그의 동료들을 보여주는 영상이다. 아울러 경상남도 하동군 마을에 설치된 비닐하우스와 비닐하우스에서 농민들이

겨울철에도 피망, 오이 등을 수확하고 있는 모습을 보여주고 있다.

910-06 바퀴를 잡자

상영시간 | 01분 32초

영상요약 | 바퀴벌레의 종류, 바퀴벌레가 사람 몸으로 전염되는 과정, 바퀴벌레가 옮기는 전염병 등을 소개하면서 끊임없는 소독을 통해 바퀴벌레를 완전히 박멸하자고 주장하는 영상이다.

910-07 표어

상영시간 | 00분 10초

영상요약 | 표어 "근면, 자조, 협동하는 새마을운동을 통해 평화통일의 전력이 되는 국력과 국민적 자주역량의 배양에 더한층 힘쓰자."

순조로운 지하철 공사 (1973년 1월 6일)

제작정보		영상정보	
출 처	대한뉴스 913호	제공언어	한국어
제 작 사	국립영화제작소	컬 러	흑백
제작국가	대한민국	사 운 드	유

영상요약

서울역에서 청량리에 이르는 지하철 1호선의 건설 현장이다. 공사장에서 노동자들이 작업하는 다양한 모습을 보여주고 있다.

내레이션

착공 20개월이 된 서울지하철 공사가 순조롭게 진행되고 있습니다. 서울역에서 청량리에 이르는 서울지하철 1호선 공사는 새해를 맞이해서 전 공정의 47퍼센트를 완성하고 4킬로미터의 지하터널을 뚫는데 성공했습니다. 이로써 전구간 9.54킬로미터 가운데 5킬로미터가 완공된 셈입니다. 이 공사는 땅속 13미터에서 17미터를 통과하도록 건설되어야 하기 때문에 모든 토목기술이 동원되는 복합공법을 쓰고 있습니다. 광화문에서 종로로 나가는 중학천과 종로5가에 대학천 공사만 순조롭게 진행되면은 남은 공정은 한결 빨리 진척될 전망인데 오늘 12월 말이면은 이 공사는 모두 끝납니다. 내년 4월에 1호선이 개통되면은 서울역에서 청량리 사이를 13분에 달릴 수 있고 하루 400,000명을 실어 나르게 됩니다.

화면묘사

00:00 자막 “순조로운 지하철공사”, 지하철 1호선 공사현장의 전경
00:13 콘크리트를 뚫고 있는 여러 노동자들
00:21 터널 뚫는 발파작업 현장
00:26 지하에 철골구조물이 설치되어 있음. 포크레인으로 흙더미를 옮기고 있음
00:33 철골 구조물 위에서 작업하는 노동자들의 모습
00:43 지하철 공사현장에 설치된 철골 구조물. 멀리 광화문이 보임
00:48 망치로 쇠를 두드리며 작업하는 노동자들
00:53 드릴 작업을 하는 노동자들
00:56 지하철 역 내부 공사장에서 운반차를 끌고 가는 노동자
01:02 지하철 역 내부 공사장의 여러 모습

연구해제

이 영상은 지하철 1호선 건설 현장을 담고 있다.

서울의 인구증가에 따른 교통난 완화책으로 지하철 건설이 논의되기 시작한 것은 1960년대 중반부터였다. 막대한 건설비와 기술수준에 대한 부담으로 진척시키지 못했지만, 자동차에만 의존해 온 서울의 시내 교통이 한계점에 도달했다고 인식한 서울시는 1970년을 기점으로 지하철 건설 행보를 본격화했다. 김현옥 서울시장 재임기인 1970년 3월 16일자로 서울시 조례 제609호 '서울특별시 지하철 건설본부 설치 조례'가 제정 공포되었고, 1970년 4월 16일 부임한 양택식 서울시장의 주도와 박정희 대통령의 허가 아래 1970년 6월 9일 서울시 지하철건설본부가 발족되었다. 건설을 위한 막대한 재원 조달은 일본 차관에 의지했다. 마침 1970년 7월 21일부터 23일까지 제4차 한일 정기각료회의가 서울에서 개최되었고, 이 자리에서 서울의 지하철 건설에 일본 측이 경제적·기술적으로 협력하는 것이 합의되었다.

1970년 10월 22일에는 당시 김학렬 부총리와 백선엽 교통부장관, 양택식 서울특별시장이 배석한 가운데 지하철 건설에 관한 기자회견이 열렸다. 이 자리에서 외자 5,000만 달러, 내자 230억 원을 투입하여 1)서울역－종로－청량리역을 연결하는 9.8km 구간에 지하철을 건설하고, 2)서울역－인천, 서울역－수원, 용산역－성북 간은 기존 철도를 전철화하여 외곽 전철과 도심 지하철이 직결될 수 있도록 하겠으며, 3)1970년 10월부터 측량 및 설계를 시작하고, 71년에 공사에 착수, 73년까지 건설완료, 74년부터 운영할 계획이며 도심 지하철 구간은 서울시가 담당하고 외곽 전철화 사업은 교통부가 담당한다고 밝혔다.

서울 지하철 1호선 건설 기공식은 1971년 4월 12일 서울시청 앞 광장에서 박정희 대통령 내외의 임석하에 성대히 거행되었고, 이 영상에서 볼 수 있는 건설공사를 3년여 넘게 거쳐, 1974년 8월 15일 29회 광복절에 9.5km의 지하철을 개통했다. 건설비 총액은 내·외자 330억 1,1000만 원이었다. 그 후 서울에는 2호선부터 9호선의 지하철이 건설되어 현재에 이르고 있다.

참고문헌

손정목, 「지하철을 건설하면 나라가 망합니다－지하철 1호선 건설의 과정－」, 『도시문제』 8, 2003.

해당호 전체 정보

913-01 유신의 해

상영시간 | 01분 57초

영상요약 | 소의 해 1973년을 맞이하여 힘과 근로의 상징인 소떼의 모습을 보여주고 있다. 소의 성실성을 본받아 새해 농촌의 소득증대를 달성하자고 주장하고 있다. 평화의 상징인 황새를 보여주며 통일과 평화에 힘써야 한다고 역설하고 있다. 박정희 대통령과 아시아개발은행 총재 이노우에 시로와의 회담장면을 보여주고 있다. 아울러 1973년 시무식이 중앙청에서 열렸다.

913-02 공동어시장 준공

상영시간 | 00분 56초

영상요약 | 부산 충무동에 공동어시장인 수산센터가 준공되었다. 준공식에는 김종필 국무총리를 비롯한 많은 인사들이 참석하였다. 수산센터 접안시설과 내부 공간 모습을 보여주고 있다.

913-03 순조로운 지하철 공사

상영시간 | 01분 05초

영상요약 | 서울역에서 청량리에 이르는 지하철 1호선의 건설 현장이다. 공사장에서 노동자들이 작업하는 다양한 모습을 보여주고 있다.

913-04 이런 일 저런 일

상영시간 | 03분 19초

영상요약 | 전라북도와 재건국민운동 전라북도 위원회의 주최로 마을금고 5억 원 돌파를 기념하고 새해에는 10억 원 돌파를 위한 결의대회가 전주에서 열렸다. 여러 인사들의 치사와 우수 마을금고에 대한 시상식의 모습을 보여주고 있다. 대구시 북구청 관내 노인들을 위한 경로잔치가 열렸다. 여러 인사들이 노인들에게 위문품을 전달하는 모습과 노인들을 위한 위문공연의 모습을 보여주고 있다. 경상북도 농가공산품 기능 경진대회가 대구에서 열렸다. 대회 참가자들이 손

을 빠르게 움직이며 바느질 하는 모습과 여러 작품들을 만드는 모습 등을 보여주고 있다. 제주도의 남쪽 해안 폭포와 감귤 밭이다. 감귤 밭에서 농민들이 감귤을 수확하고 있다. 감귤 공장에서 귤을 골라서 플라스틱 통에 담은 후, 박스에 포장하려는 모습이다.

913-05 월남소식

상영시간 | 01분 56초

영상요약 | 박정희 대통령이 주월 한국군에게 위문품을 보내서 군인 장병들이 기뻐하는 모습이다. 주월 한국군의 대민활동 모습을 보여주고 있다. 군인 장병들이 불광학원을 세워 베트남 어린이들에게 배움의 기회를 제공하고 있다.

913-06 표어

상영시간 | 00분 04초

영상요약 | 표어 "탁월한 영도력에 이룩되는 조국번영"

수출확대진흥회의 (1973년 2월 3일)

제작정보			영상정보		
출 처	:	대한뉴스 917호	제공언어	:	한국어
제 작 사	:	국립영화제작소	컬 러	:	흑백
제작국가	:	대한민국	사 운 드	:	유

영상요약

수출확대진흥회의가 중앙청에서 박정희 대통령의 주재로 개최되었다. 이날 회의에서 박정희 대통령은 수출에 공이 많은 사람들과 업체에게 표창장을 수여하였다. 회의를 마친 후 박정희 대통령이 수출확대진흥회의 전시회를 둘러보는 모습을 보여주고 있다.

내레이션

올해 첫 번째 수출진흥확대회의가 중앙청에서 박정희 대통령 주재로 열렸습니다. 10월 유신의 중간 목표는 80년대 초에 수출 100억 달러, 1인당 국민소득 1000달러를 달성하는 데 있다고 밝히고 모든 국민이 혼연일체가 되어 꾸준히 노력하면은 이런 중간 목표의 달성은 가능하다고 말씀했습니다. 또한 박정희 대통령께서는 올해 수출 목표액 23억 5천만 달러 달성에 만전을 기하라고 당부했습니다. 또 이날 회의에서 수출에 공이 많은 사람과 업체에 표창장이 수여되었습니다. 박 대통령께서는 이날 회의를 마치고 중앙청 안에 전시된 수출상품을 둘러보았습니다.

화면묘사

00:00 자막 "수출확대진흥회의", 중앙청 건물 외관
00:04 박정희 대통령을 비롯한 주요인사들이 계단에서 내려오는 모습
00:07 수출확대진흥회의장의 전경과 박정희 대통령이 회의장으로 입장하고 있다
00:10 박정희 대통령이 회의석 앞에 서 있음
00:15 회의에 참석한 여러 참가자들의 모습
00:17 회의석에 착석한 박정희 대통령
00:21 회의석에 착석해 있는 참가자들의 다양한 모습
00:34 박정희 대통령이 수출유공자들과 악수를 나누는 모습
00:39 박정희 대통령이 수출유공자들의 가슴에 훈장을 달아주고 있음
00:48 일렬로 차려 자세로 서 있는 수출유공자들
00:51 "73년도 제1차 수출진흥확대회의 전시회" 현수막과 상품이 전시되어 있는 전시장의 전경
00:55 전시되어 있는 식기류
00:59 전시되어 있는 가구류
01:01 전시되어 있는 필기구들
01:03 전시장을 둘러보는 박정희 대통령의 다양한 모습. 전시장의 전시품을 만져보고 관계자의 설명을 듣고 있음

연구해제

이 영상은 1973년의 첫 번째 수출확대진흥회의를 보여주고 있다. 박정희 대통령의 회의 주재 모습과 수출확대에 기여가 큰 기업인에 표창하는 모습, 회의가 끝나고 중앙청에 전시된 수출상품을 둘러보는 모습들이 담겨져 있다. 대통령이 직접 회의를 주재했다는 것은 수출확대진흥회의의 수출실적 및 평가 기능을 강화시키는 역할을 했다고 볼 수 있다.

수출확대진흥회의는 1965년부터 시작되었는데, 1973년의 회의를 담고 있는 이 영상은 1972년 10월 유신 선포 이후 개최된 것이라는 점에서 주목할 만하다. 영상에서는 박정희 대통령이 유신과업의 중간목표가 수출 100억 달러, 1인당 국민소득 1000달러 달성에 있다며 국민들이 혼연일체되어 목표를 달성하자고 독려하고 있다.

수출확대진흥회의가 처음 설립된 1965년은 1964년 제1차 경제개발5개년계획의 목표가 수정되며 수출제일주의를 표방하게 되었던 시기이다. 수출이 중요한 정책변수로 등장하기 시작한 것은 미국의 원조정책이 변화하는 1950년대 후반부터이지만, 그것이 수출제일주의로 전환된 데에는 군사정부의 출현이 중요한 계기가 되었다. 최초 군사정부는 수출대체공업화의 성격을 띤 내포적 공업화를 지향하였으나, 미국정부의 반대에 부딪혀 차관 도입은 계획대로 되지 않았다. 이에 박정희 정부는 1964년 제1차 경제개발5개년계획을 수정하였고, 수출제일주의를 표방하게 된 것이다.

수출확대진흥회의는 1970년대 후반까지 거의 매월 개최되었는데, 1962년 설치된 수출진흥위원회를 확대한 것이었다. 수출진흥위원회는 국무총리를 위원장으로 정부부처 장관 8명, 정부투자기관 대표 2명, 민간경제단체 대표 2명 등 총 12명으로 구성되어 있었다. 그러나 1965년 이후 수출진흥위원회를 대통령이 참석하는 회의로 전환하고 참석자의 범위도 확대되었다. 박정희 대통령은 총 152번의 회의 중 147번의 회의에 참석했다. 참석자 범위는 점차 업종별 단체의 대표들이 확대되었는데, 이는 정부와 기업 간 관계의 변화를 의미한다고 할 수 있다.

수출확대진흥회의의 가장 큰 업무는 수출책임제를 점검하는 것이었다. 수출책임제는 1964년 처음 도입되었고, 품목, 해외무역, 단체, 도, 부처, 수출공단, 은행 등 개별 단위로 수출목표를 설정하고 이를 달성하게 하는 제도였다. 박정희 정부는 5개년계획과 연차계획을 통해 매년 수출목표를 책정하였다. 수출책임제는 연차 목표에 근거하여 부과되었는데, 연차 계획의 수출목표는 연평균 성장률이 거의 40%에 육박하는 매우 높은 수준이었다. 이때 시행된 수출책임제의 특징은 수출기업과 업종별 단체뿐만 아니라 그들의 실적을 관리하는 관료들에게도 그 책임을 부과했다는 것이다. 수출진흥확대회의는 총량, 상품구조별, 품목별, 지역별 실적을 매월 점검함으로써 수출기업은 물론 관료들의 업적을 평가했다. 이는 관료들로 하여금 수출목표를 달성하는 일에 더욱 매진하게 했고, 실제로 박정희 정부 시기 수출 목표는 거의 매년 달성되었다.

참고문헌

최상오, 「한국의 수출지향공업화와 정부의 역할, 1965~1979－수출진흥확대회의를 사례로－」, 『경영사학』 25, 2010.

해당호 전체 정보

917-01 수출확대진흥회의

상영시간 | 01분 26초

영상요약 | 수출확대진흥회의가 중앙청에서 박정희 대통령의 주재로 개최되었다. 이날 회의에서 박정희 대통령은 수출에 공이 많은 사람들과 업체에게 표창장을 수여하였다. 회의를 마친 후 박정희 대통령이 수출확대진흥회의 전시회를 둘러보는 모습을 보여주고 있다.

917-02 평화심고 돌아왔다(제1진 도착)

상영시간 | 02분 32초

영상요약 | 베트남전쟁이 휴전되자 베트남으로 파병되었던 우리 국군이 귀국하였다. 파월 장병들이 귀국하자 가족, 시민, 학생 등이 열렬히 환영하는 모습을 보여주고 있다. 박정희 대통령도 파월 장병들의 귀국을 치하하고 있다. 아울러 주월 한국군의 전투장면과 대민지원사업 등의 활동을 보여주고 있다.

917-03 새마을단합대회

상영시간 | 01분 17초

영상요약 | 각 도에서 새마을운동 촉진대회가 열렸다. 전라북도에서는 새마을운동 도민 촉진대회, 경상북도에서는 새마을운동촉진과 증산추진대회, 강원도의 새마을 촉진대회장의 모습을 보여주고 있다.

917-04 이런 일 저런 일

상영시간 | 03분 28초

영상요약 | 국세청 세무 공무원들이 합리세정을 위한 선서를 하고 있다. 한국청년회의소 정기총회 모습이다. 각 지역의 청년회의소 회장들이 총회에 참가하였다. 선명회 어린이 합창단 일행이 윤주영 문화공보부 장관을 예방하였다. 선명회 어린이 합창단의 해외 공연 사진을 보여주고 있다. 한국일보사가 주최한 제9회 한국연극영화예술상 시상식이 개최되었다. 수상자들이 상을 받는 모습이다. 부

군당과 서울시 지방문화재로 지정된 성동구 화양동의 느티나무, 서울대학교 사범대학 구내에 있는 향나무를 보여주고 있다.

917-05 사랑과 봉사

상영시간 | 01분 11초

영상요약 | 박정희 대통령이 김용우 대한적십자 총재에게 적십자회비를 전달하고 있다. 재해지역에 대한적십자가 의료활동을 전개하는 모습과 적십자 봉사자들이 화재지역에 전달할 구호물품을 포장하는 모습을 보여주고 있다. 한편 제2차 남북적십자회담이 개최되었다. 국민 모두 적십자회비를 내고 적십자회원이 되어줄 것을 촉구하고 있다.

917-06 표어

상영시간 | 00분 05초

영상요약 | 표어 "타락선거 뿌리뽑아 유신과업 완수하자"

월례경제동향보고 (1973년 2월 10일)

제작정보		영상정보	
출 처	대한뉴스 918호	제공언어	한국어
제 작 사	국립영화제작소	컬 러	흑백
제작국가	대한민국	사 운 드	유

영상요약

1973년 2월 5일 박정희 대통령이 경제기획원에서 1973년 1월 분의 월례경제동향을 보고받는 모습이다. 박정희 대통령은 도시인구집중 억제와 도시인구분산 계획에 대한 정부의 확고한 방안을 마련해서 강력히 집행하라고 지시했다.

내레이션

박정희 대통령께서는 경제기획원에서 월간경제동향을 보고받았습니다. 이번 경제동향의 특징은 물가상승이 지난해 1월보다 둔화되고 생산이 지난 9월 이후 계속적인 상승추세를 보였다는 점입니다. 박 대통령께서는 이날 도시의 인구집중억제와 도시인구의 분산계획에 대한 정부의 확고한 방안을 강구해서 강력히 집행하라고 지시했습니다. 이에 따라 경제기획원은 서울에 집중되어 있는 중앙관서와 국영기업체 그리고 민간기업체와 공장도 지방으로 확산시킬 것과 앞으로 서울시내에는 고등학교 이상 교육기관의 신설을 허가하지 않을 방침을 세웠습니다.

화면묘사

00:00 자막 "월례경제 동향 보고", 경제기획원 건물 외관
00:03 "월례경제동향보고(1월중) 1973.2.5 경제기획원"이 적혀진 궤도
00:07 박정희 대통령, 김종필 국무총리를 비롯한 여러 인사들의 모습
00:18 월례경제동향보고를 받고 있는 박정희 대통령
00:24 책자를 살피고 있는 여러 인사들
00:27 보고를 듣고 있는 여러 인사들
00:31 차가 많이 다리는 큰 거리
00:35 다니는 차 사이로 지나다니는 시민들
00:40 상가 골목에 지나다니는 수많은 시민들
00:45 공장지구의 전경
00:55 학교 건물에 들어가는 학생들
00:57 학교 건물과 운동장. 운동장에서 운동을 하는 학생들
01:01 학교 운동장에서 농구를 하고 있는 학생들

연구해제

이 영상은 박정희 대통령이 1973년 2월 경제동향에 대한 보고를 받고 도시 인구 억제

및 분산정책의 시행을 지시했다는 내용을 담고 있다. 영상에서는 박정희 대통령이 경제기획원에 서울에 집중되어 있는 중앙관서, 국영기업체, 민간기업체 등을 지방으로 분산하고, 서울에는 고등학교 이상의 교육기관 신설을 억제하라고 지시했다는 내용이 제시되었다.

서울로의 인구집중은 1960년대 말 본격적인 산업화에 따라 도·농 간 불균형한 성장이 야기되면서 발생하였다. 1971년 시작된 제3차 경제개발5개년계획에는 식량의 자급자족이라는 목표가 들어 있지만, 농촌의 가구소득은 도시가구소득에 비하여 상대적으로 하락하였고, 식량자급률도 해마다 떨어져 1962년에는 93.4%였던 것이 1970년대에 들어서면서 75% 이하로 떨어지게 되었다. 당시의 도시화 수준을 보면 전체인구 중 27개 도시인구의 비율은 1960년 28%에 이르렀으나 1970년 41.4%, 1975년 48.4%로 빠르게 진전되고 있었다. 반면 농촌인구는 1960년 72%에서 1970년 58.9%, 1975년 51.6%로 감소하고 있었다. 특히 1970년대의 경우 도시인구의 성장을 가져오는 요인 중에서 이촌향도가 자연증가보다 훨씬 높은 비중을 차지하였고, 이는 고용문제, 주택문제, 환경문제, 교통문제 등의 각종 사회문제를 생산하였다.

박정희 정부는 이에 대해 서울의 인구를 위성도시 및 기타 공업도시로 분산하는 정책을 전개했다. 이는 1960년대 말부터 시행되어 온 기조였다. 마산, 울산, 진주, 군산, 포항, 이리 등은 신흥공업도시로서, 강압적 권위주의체제 아래서 정부의 중화공업화정책의 일환으로 공장시설을 유치했던 도시이기도 하다. 이 같은 지방의 과학기술도시들이 1970년대 전반기에 수도권 인구집중을 약간이나마 둔화시키는 데 기여했다는 점도 1970년대 전반기 도시화의 또 다른 특징이라 할 수 있다.

위성도시의 중요성은 1965~70년에 부각되기 시작하여 1975~80년에도 그대로 지속되었다. 1975년을 기준으로 서울, 부산, 대구를 제외한 32개 도시를 보면, 9개의 도시가 전국 평균치인 5.9%보다 높은 성장률을 보였다. 성남, 부천, 안양은 수도 서울의 전입민과 전출자를 흡수하는 위성도시의 성격을 지니고 있었다. 박정희 정부는 서울에 집중된 인구를 이와 같은 위성도시로 이주시키려 했다. 이 같은 정책은 1960년대 말 서울 빈민들에 대한 강제이주로 실현되었다. 박정희 정부는 도시로 인구집중이 이뤄지면서 형성된 거대한 도시빈민 주거지가 도시 미관을 해친다는 이유로 철거하려고 했다. 이에 당국과 판잣집 소유주 간의 산발적인 충돌이 발생하자 결국 1969년 용두동, 마장동, 청계천변 등에 거주하던 판자촌 주민 2만 세대를 광주군(현재의 성남지역)으로 이주시키는 방안을 시행하였다. 이들 주민들은 청소차와 군용차를 통해 집단이주 되었는데, 거주를 위한 기본적인 주택단지, 생계수단 및 위생시설이 보장되어 있지 않은 상태에서 이들의 삶은 피폐할 수밖에 없었다. 결국 이 강제이주는 1971년 8월 대규모 주민항거인 광주대단지사건으로 이어졌다.

참고문헌

김동춘, 「1971년 8·10 광주대단지 주민항거의 배경과 성격」, 『공간과 사회』 38, 2011.

전광희, 「1970년대 전반기의 사회구조와 사회정책의 변화」, 『1970년대 전반기의 정치사회변동』, 백산서당, 1999.

해당호 전체 정보

918-01 월례경제동향보고

상영시간 | 01분 03초

영상요약 | 1973년 2월 5일 박정희 대통령이 경제기획원에서 1973년 1월 분의 월례경제동향을 보고받는 모습이다. 박정희 대통령은 도시인구집중 억제와 도시인구분산 계획에 대한 정부의 확고한 방안을 마련해서 강력히 집행하라고 지시했다.

918-02 아시아,아프리카,중동지역 공관장회의(중앙청)

상영시간 | 01분 00초

영상요약 | 중앙청에서 아시아, 아프리카, 중동지역 공관장회의가 열렸다. 이에 앞서 각 지역 공관장들은 청와대를 예방하여 박정희 대통령에게 귀국인사를 하였다. 아울러 청와대에서 박정희 대통령과 각 지역 공관장의 만찬이 개최되었다.

918-03 맹호용사개선

상영시간 | 02분 36초

영상요약 | 베트남에 파병되었던 맹호부대가 귀국하여 대구 공군기지에 향하고 있다. 대구 시민들은 파월 국군장병들의 귀국을 열렬히 환호하는 모습을 보여주고 있다. 더불어 베트남에서의 맹호부대 전투 장면과 대민사업을 전개하는 모습 등을 보여주고 있다.

918-04 이런 일 저런 일

상영시간 | 03분 26초

영상요약 | 서울 어린이대공원 공사 현장이다. 전라남도 새마을운동 촉진대회가 광주에서 열렸다. 이날 대회에 참가한 새마을지도자들이 선서를 하는 모습이다. 서울시 농촌지도소는 서울시립 농업대학에서 새마을 영농교육을 실시하였다. 새마을 영농교육 실내 교육장에서 강의를 하는 강사와 교육을 받는 교육생들의 모습이다. 아울러 야외에서도 나뭇가지를 가리키며 설명하는 강사와 설명을 듣는 교육생들의 모습을 보여주고 있다. 대구에서 재건국민운동 경상북도

위원회 주최로 마을금고 70억 원 돌파 다짐대회가 열렸다. 마을금고 저축 유공자들에게 표창을 하고 있다. 서울에서 자율적 교통질서 확립을 다짐하는 운수업자 대회가 열렸다. 운수업자들이 교통질서 준수에 대한 결의를 하고 있는 모습이다. 서울 남부경찰서는 이동파출소를 설치하였다. 이동파출소에서 시민들의 민원을 접수받고 있는 경찰관의 모습을 보여주고 있다. 또한 경찰관들이 마이크를 들고 공지를 하는 모습, 출동하는 모습 등을 보여주고 있다. 서울 국립공보관에서 서경보 선필전이 열렸다. 시민들이 전시회에서 서경보의 서예작품을 감상하고 있다.

918-05 유신선거일(2 · 27화요일)

상영시간 | 01분 18초

영상요약 | 1973년 2월 27일 제9대 국회의원 선거를 앞두고 각 사회단체에서 공명선거 캠페인을 벌이고 있다. 청소년단체협의회의 공명선거 캠페인 장면을 보여주고 있다. 또한 공명선거를 위한 만화 장면들을 보여주고 있다.

918-06 표어

상영시간 | 00분 04초

영상요약 | 표어 “바로잡자 선거풍토 바로뽑자 유신역군”

남북대화 (1973년 3월 24일)

제작정보		영상정보	
출 처	대한뉴스 924호	제공언어	한국어
제 작 사	국립영화제작소	컬 러	컬러
제작국가	대한민국	사 운 드	유

영상요약

이 영상은 평양 모란봉 초대소에서 열린 남북조절위원회 2차 회의를 보여주고 있다. 남북한 참가자들의 회의 장면과 제5차 남북적십자회담이 평양에서 열려 남북한 인사들이 참가한 모습도 보여주고 있다.

내레이션

남북조절위원회 2차 회의가 평양에서 열렸습니다. 이번 회의는 지난해 12월 말 서울에서 열린 1차 회의에 이어 약 3개월 반 만에 열린 것으로 서울 측의 이후락 공동위원장 일행과 평양 측의 박성철 공동위원장 대리 일행이 참석했습니다. 3월 15일 모란봉 초대소에서 열린 남북조절위원회 제2차 회의에서 서울측은 분과위원회를 두고 경제와 학·예술분야의 교류를 하자고 제의했으며 평양 측은 군비축소 등을 제의했습니다. 쌍방은 이번 회의에서 남북관계간의 광범위한 의견교환을 가지고 이를 통해 이해를 증진시켰습니다. 그러나 이번 회의에 따른 공동발표문은 없었습니다. 또한 제5차 남북적십자회담이 평양에서 열렸습니다. 이번 회담에서는 본 회담 의제 제1항인 남북으로 흩어진 가족과 친척의 주소와 생사를 알아내며 알리는 문제, 실천절차에 대한 구체적인 방법과 범위에 관해 쌍방의 제안을 토의했습니다. 회의를 마치고 우리 측 대변인은 대한적십자사는 앞으로도 이산가족의 고통을 덜어주기 위한 쌍방의 차이를 좁히기 위해 적십자적 노력을 계속하겠다고 다짐했습니다.

화면묘사

00:00 자막 “남북의 대화”
00:03 남북조절위원회가 열리는 평양 모란봉 초대소에 리무진이 들어오는 모습
00:12 모란봉 초대소에 도착한 북한 측 참가자들
00:14 남한 대표 이후락과 북한 인사들이 악수를 나누고 있음
00:20 남북 참가자들이 나란히 계단을 올라가고 있음
00:31 회의장에 입장하는 남북 참가자들
00:39 회의석에 앉아 있는 남한 인사들
00:44 안경을 손에 들고 회의를 하고 있는 이후락 남한 대표
00:48 회의석에 앉아 있는 북한 참가자
00:51 남한 참가자 클로즈업
00:54 북한 참가자들 모습
00:57 종이에 기록하고 있는 남한 인사들

01:00 서류를 보고 있는 북한 인사들. 그 뒤로 카메라를 들고 있는 취재진들

01:03 회의장에 있는 여러 인사들

01:06 남북조절위원회 회의장의 전경. 남북 대표들이 회의석에 앉아 있고 이를 취재하는 취재진들의 모습

01:11 남북적십자회담 개최 장소로 차가 들어가고 있음

01:15 남북적십자회담 장소로 입장하는 남북한 인사들. 회담 테이블에는 적십자기가 올려져 있음

01:29 회담석에 앉아 있는 남한 인사들

01:33 회담석에 앉아 있는 북한 인사들

01:37 남한 인사의 모습

01:40 회담석에 마주 앉아 있는 여러 남북한 인사들의 모습

연구해제

이 영상은 1973년 3월 14~15일 평양에서 개최된 남북조절위원회 제2차 회의와 3월 20~23일 평양에서 개최된 남북적십자 본회담 제5차 회의 모습을 담고 있다. 컬러 영상이기 때문에 당시 평양의 모란봉 초대소 등 북한 건물을 생생하게 볼 수 있다.(남북 적십자 본회담에 대해서는 '대한뉴스 840-04호 인도적 남북회담 제의'를 참조)

남북조절위원회는 7·4남북공동성명 제6항에 의해서 구성되었는데, 남북조절위원회 구성을 위한 실무자 접촉을 거쳐 양측 공동위원장들의 제1차 회의가 1972년 10월 12일 판문점에서 개최되었다. 이후 남북은 남북조절위원회 공동위원장 제2차 회의(평양, 11월 2일)와 제3차 회의(서울, 11월 30일)를 통해서 남북조절위원회의 구성을 마치고 공동위원장 회의를 종결시켰다.

남북조절위원회 제1차 회의는 공동위원장 회의 직후 다시 열리는 형식으로 개최되었고, 제2차 남북조절위원회 회의는 1973년 3월 14~15일 평양에서, 제3차 회의는 1973년 6월 12~14일 서울에서 열렸으나 양측은 어떠한 합의도 끌어내지 못하고 종결되었다. 남북조절위원회 회의들을 통해 남북은 시종 서로 대립하는 논의구도를 보였다. 남측은 비정치적 교류를 먼저 하고 군사·정치 문제는 나중에 다루자는 단계적 접근론 또는 기능주의적 단계론을 주장한 반면, 북한은 여기에 반대하여 군사·정치 문제의 우선적 해결론을

주장했다. 남북조절위원회는 성과 없이 종결되었지만 남북 당국 간의 최초의 직접 대화 기구였다는 점에서 의의를 갖는다고 할 수 있다.

참고문헌

홍석률, 『분단의 히스테리』, 창비, 2012.

해당호 전체 정보

924-01 영광의 개선

상영시간 | 02분 33초

영상요약 | 1973년 3월 20일 파월장병환영대회가 서울운동장에서 열렸다. 수많은 시민, 학생들이 태극기를 들고 파월장병들을 열렬히 환영하고 있다. 박정희 대통령 내외가 참석하였고 박정희 대통령이 치사를 하고 있다. 대회가 끝난 후 파월 장병들이 거리행진을 하고 있는 모습을 보여주고 있다.

924-02 남북대화

상영시간 | 01분 52초

영상요약 | 남북조절위원회 2차 회의가 평양 모란봉 초대소에서 열렸다. 남북한 참가자들의 회의 장면을 보여주고 있다. 아울러 제5차 남북적십자회담이 평양에서 열려 남북한 인사들이 참가한 모습이다.

924-03 이런 일 저런 일

상영시간 | 03분 01초

영상요약 | 리틀엔젤스 단원들이 박정희 대통령과 육영수 여사에게 귀국인사를 하고 있다. 이어서 리틀엔젤스 단원들은 박정희 대통령과 육영수 여사와 함께 다과회를 가졌다. 이동컴퓨터 교실 버스와 버스 내에 갖추어진 여러 전자기기를 보여주고 있다. 아울러 김종필 국무총리가 전자기기를 구경하고 있다. 수원 근교 유실수 과학연구원에서 유실수 재배 강연회가 개최되었다. 설명을 하는 강사들과 설명을 듣고 있는 강연회 참가자들의 모습을 보여주고 있다. 여성저축생활중앙회의 주최하에 제6회 알뜰한 주부 시상식이 개최되었다. 주부들이 수상하는 모습을 보여주고 있다. 한국 간호보조원들이 일본 됴쿄 세이로카 국제병원에 파견되었다. 어린이들이 태극기를 흔들며 간호보조원들을 환송하고 있다.

스포츠 (1973년 4월 7일)

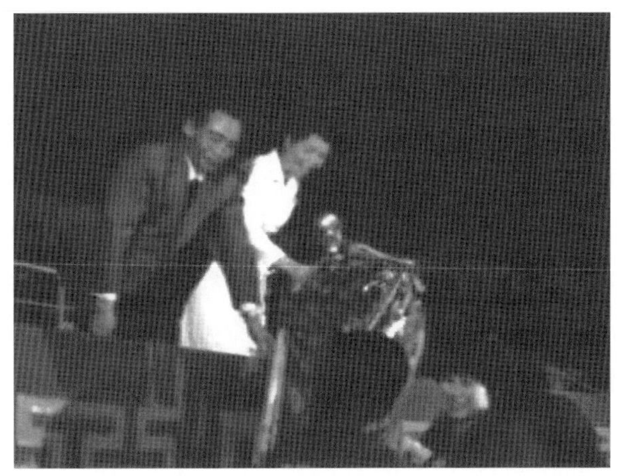

제작정보		영상정보	
출 처	대한뉴스 926호	제공언어	한국어
제 작 사	국립영화제작소	컬 러	컬러
제작국가	대한민국	사 운 드	유

영상요약

제10회 박정희 장군배 쟁탈 동남아시아 여자 농구대회 조흥은행팀과 중국 야퉁팀의 경기장면이다. 조흥은행팀이 승리하여 우승을 차지하였다. 박정희 대통령이 조흥은행팀에게 우승트로피를 전달하며 축하해 주고 있다. 제15회 아시아 청소년 축구대회에 출전하는 청소년 대표팀이 국가 상비군과의 제2차 평가전을 서울운동장에서 치뤘고 승리를 거두었다.

내레이션

제10회 박정희 장군배 쟁탈 동남아시아 여자 농구대회가 조흥은행과 중국 야퉁팀과의 경기를 끝으로 막을 내렸습니다. 결승리그 마지막 날 경기에서 조흥은행팀은 노장 강부임 선수 등의 충분한 실력발휘로 야퉁팀을 75 대 62로 물리치고 3전 3승을 기록, 오랜만에 우승을 차지했습니다. 이보다 앞서 벌어진 경기에서 국민은행에 패한 제일은행은 득실점차로 준우승을 차지했습니다. 이날 시상식에서 박정희 대통령은 영예의 우승 트로피를 조흥은행팀 주장에게 수여했습니다. 제15회 아시아 청소년 축구대회에 출전하는 청소년 대표팀의 환송을 겸한 국가 상비군과의 제2차 평가전이 서울운동장에서 벌어졌습니다. 두 팀의 대결은 대표팀의 공격과 청소년 수비진과의 대결이었는데 승리는 청소년 수비진에 돌아갔습니다. 청소년팀은 공격과 수비의 전환이 빨라 훌륭한 경기를 보여주었습니다. 전반전에서 0 대 0으로 맞선 두 팀은 후반전 16분께 청소년팀 유동춘 선수가 결승점을 올림으로써 균형이 깨져 청소년팀이 승리를 거두었습니다.

화면묘사

00:00 자막 "스포츠"

00:04 박정희 장군배 쟁탈 동남아시아 여자 농구대회 조흥은행팀과 중국 야퉁팀의 다양한 경기 장면

00:28 농구 경기 관람객들의 모습. 일어서서 박수를 치는 관람객

00:31 조흥은행팀과 중국 야퉁팀의 다양한 경기 장면

00:37 농구경기를 관람하는 여학생들

00:39 조흥은행팀과 중국 야퉁팀의 다양한 경기 장면

00:52 조흥은행팀이 우승을 기뻐하며 헹가래를 하는 모습

00:56 박정희 대통령이 조흥은행팀에게 우승 트로피를 수여하고 육영수 여사와 함께 박수를 치고 있음

01:12 청소년 축구 대표팀과 국가 상비군간의 평가전 모습. 서울운동장에 관람객이 가득 차 있고, 방송국에서는 경기를 녹화하고 있음

01:22 평가전의 다양한 경기 장면

01:44 경기를 관람하는 관람객들

01:45 평가전의 다양한 경기 장면

01:48 수많은 관람객들과 축구 경기 장면

연구해제

1973년 4월에 촬영된 이 영상은 제10회 박정희 장군배 쟁탈 동남아 여자 농구대회의 한국 조흥은행과 중국 야퉁팀의 결승전과 제15회 아시아청소년 축구대회 평가전을 보여준다. 박정희 장군배 농구대회에서는 박정희 대통령이 직접 우승 트로피를 전달하고 있다.

대한뉴스에는 박정희 정권기에 개최되었던 각종 스포츠 행사들이 고스란히 담겨 있다. 전국체전과 같이 국내에서 열린 정부 주도의 체육대회도 등장하고, 외국에 나가서 좋은 성적을 거두고 귀국한 운동선수단에 대한 이야기기도 나온다. 또한 이 영상에서 다루고 있는 '박정희 장군 배 동남아 여자농구 세계대회'와 같이 한국이 주최가 되어 개최한 국제경기도 있다.

국가 대항 스포츠 경기는 국민들의 민족주의 감정을 고양시키며 국민통합의 유용한 도구가 된다고 알려져 있다. 국민들이 자국의 국기를 가슴에 달고 뛰는 선수들을 자신의 국가 또는 민족과 동일시하며, 선수들의 승리를 국가 또는 민족의 승리와 쉽게 동일시하게 되기 때문이다. 또한 국가 간의 경기는 곧 민족 간의 경쟁이 되어, 경기에서의 승리는 곧 민족의 우수성을 반증하는 것처럼 여겨지는 효과를 보인다. 이런 효과로 인해 많은 국가들은 스포츠에 관심을 가지게 되었다.

박정희 정권 역시 스포츠의 증진에 심혈을 기울였다. 우선, 집권 초기부터 '체력은 국력'이라는 슬로건을 내걸고 스포츠 제도의 정비와 사업을 시행하였다. 각급학교에 체육교육을 강화하였으며, 정부기구를 개편하여 체육국을 신설하였고, '국민체육진흥법'(1962.9)을 제정 공포했다. 또한 국제대회에서 국위선양을 하기 위한 선수단을 운영하고 비용을 지원했으며, 민간 스포츠 기구에 대한 국가의 개입도 강화했다. 마지막으로 한국이 주

최가 되는 국제경기대회를 개최하기 시작하였다.

박정희는 이와 같은 국제적 규모의 스포츠 경기를 개최하면서 동시에 체육인들에게는 "개인의 명예보다 국위를 널리 만방에 선양하고 국가의 명예를" 높여 줄 수 있도록 주문했다. 다른 한편, 국제 대회를 개최하면서 반공국가들 사이의 유대를 강화를 추진하기도 했다. 실제로 1973년에 개최된 제10회 동남아 여자농구 세계대회는, 대만과 일본이 국교가 단절되면서 동시 출전이 어려워지자, 1974년에는 프랑스, 이탈리아, 미국, 멕시코, 브라질 등을 포함한 국제 대회로 전환된다.

참고문헌

「박정희 장군 배 동남아 여자농구 세계대회 확대안 부결」, 『동아일보』, 1973년 10월 22일.
「박장군배 농구에 구미5국도 초청」, 『경향신문』, 1974년 1월 11일.
전재호, 『박정희 체제의 민족주의 연구』, 서강대학교 박사학위논문, 1997.

해당호 전체 정보

926-01 푸른유신

상영시간 | 02분 10초

영상요약 | 경기도 양주군 백봉산에서 제28회 식목일 행사가 개최되었다. 박정희 대통령이 직접 나무를 심는 모습을 선보이고, 행사 참가자들이 나무를 심고 있는 장면이다. 서울 어린이대공원에서는 육영수 여사가 양지회 회원들과 함께 나무를 심고 있다. 마지막으로 어느 마을에 마을 주민들이 나무를 심고 있는 모습을 보여주고 있다.

926-02 젊은 간성들

상영시간 | 02분 49초

영상요약 | 육군사관학교 제29기 졸업식과 공군사관학교 제21기 졸업식 광경이다. 박정희 대통령이 졸업식에 참가하여 졸업생들에게 상을 수여하며 축하해 주고 있다.

926-03 이색수출

상영시간 | 01분 23초

영상요약 | 남해 굴 양식장에서 굴을 수확하고 가공공장에서 손질하고 있는 모습을 보여주고 있다.

926-04 이런 일 저런 일

상영시간 | 01분 41초

영상요약 | 서울 어린이대공원에서 어린이 예능센터, 리틀 엔젤스 예술학교 기공식이 열렸다. 육영수 여사가 참석하였으며 리틀 엔젤스 단원들이 축하공연을 하는 모습이다. 청와대에서 육영수 여사가 바이올리니스트 정경화와 피아니스트 정명훈을 접견하고 있다. 윤주영 문화공보부장관과 많은 영화인들이 참석한 가운데 영화진흥공사 창립식이 개최되었다.

926-05 스포츠

상영시간 | 01분 58초

영상요약 | 第10회 박정희 장군배 쟁탈 동남아시아 여자 농구대회 조흥은행팀과 중국 야통팀의 경기장면이다. 조흥은행팀이 승리하여 우승을 차지하였다. 박정희 대통령이 조흥은행팀에게 우승트로피를 전달하며 축하해 주고 있다. 제15회 아시아 청소년 축구대회에 출전하는 청소년 대표팀이 국가 상비군과의 제2차 평가전을 서울운동장에서 치뤘고 승리를 거두었다.

공업단지건설 (1973년 4월 14일)

제작정보

출　　처 : 대한뉴스 927호
제 작 사 : 국립영화제작소
제작국가 : 대한민국

영상정보

제공언어 : 한국어
컬　　러 : 흑백
사 운 드 : 유

영상요약

경상북도 구미 전자공업단지 건설공사현장이다. 박정희 대통령이 건설현장을 시찰하고 있다. 새로 발표된 6개 공업지구를 나타내는 그림지도를 보여주고 있다.

내레이션

경상북도 구미 공업단지에 건설공사가 한창입니다. 건설현장을 시찰한 박정희 대통령은 공사규모 자체가 대규모이기 때문에 이것은 우리 국력신장의 맥박을 느끼게 하는 큰 공사라고 지적하고 자신을 가지고 하면 된다는 것을 다시 한번 국민들 가슴에 심어주도록 하라고 수행한 관계 장관에게 지시했습니다. 오는 6월말에 매립공사를 끝내고 9월말까지 부대공사를 마칠 계획으로 있는 구미 공업단지는 공사기간을 단축하고 공사비를 줄이며 공사품질관리에 철저를 기할 것 등 시공전략을 세워 실천에 옮기고 있습니다. 장관은 6개 공업단지를 새로 선정, 발표했습니다. 개발지역을 그림으로 보면은 비인 · 군산지구, 온산지구, 낙동강하류지구, 창원지구, 여수광양지구, 구미지구 등 6개 지구입니다.

화면묘사

00:00 자막 "공업단지건설"
00:03 구미 전자공업단지 조감도
00:07 박정희 대통령이 구미 공업단지 건설현장을 시찰하고 있음
00:13 구미공업단지 건설현장의 전경. 시멘트가 쌓여져 있고 여러 대의 트럭들이 보임
00:29 흙을 운반하는 여러 대의 포크레인
00:34 포크레인이 흙을 덤프트럭에 담고 있음
00:40 흙을 운반하는 포크레인과 그 후 덤프트럭에 담고 있는 포크레인
00:46 시멘트를 공사장에 쏟아붓고 있는 덤프트럭들
00:52 연기를 뿜으며 이동하는 덤프트럭들. 시멘트를 쏟아붓고 있는 덤프트럭들
01:00 6개 공업단지를 나타내는 그림지도. 비인 · 군산지구, 온산지구, 낙동강 하류지

구, 창원지구, 여수 광양지구, 구미지구 등이 지도에 표시되어 있음

연구해제

이 영상은 박정희 정부가 추진하던 산업화가 공업단지의 조성으로 박차를 가하는 모습을 홍보하고 있다. 1970년대 들어 공업단지 개발을 위한 조직이 정비되고 개발기구가 설치되는 등 공업단지의 개발이 본격화되었다. 이는 공업의 지방 분산을 통한 지역균형개발 개념이 공업단지 개발정책의 주요 결정요인으로 작용하기 시작한 것과 관련 깊다. 이에 따라 1970년대 초부터 구미 외에도 여수, 창원, 낙동강 하류, 온산, 군산 등 6개 지역을 공업단지로 지정하고 공단 건설에 들어갔다. 이 가운데 구미공업단지는 1960년대 이래 추진된 경제개발 시책의 일환으로 수출산업육성과 외자도입을 용이하게 하고 전자공업을 중점 육성하기 위하여 조성되었다. 1973년에 1단지를 완공하고 이어서 증가하는 수요에 맞추어 1981년에는 2단지, 1987년에 3단지가 건설 완료되었다. 그 결과 낙동강을 사이에 두고 1·2·3단지를 합하여 약 528만 평의 면적을 갖는 대단지를 이루게 되었다.

이 영상에 등장하는 내용은 구미공단 제1단지 건설현장으로, 공사는 1971년부터 착수하였다. 1969년부터 경상북도가 주관하는 일반단지가 착공되어 한국도시바, 한국폴레에스텔 등 대규모 공장은 모두 1단지 내에 편입되었다. 1단지는 낙동강과 서쪽에 경부고속도로를 경계로 그 사이에 위치하고 있으며, 낙동강에 연한 동부에 190여만 평의 전자단지가 입지하고 경부고속도로 쪽에는 130여만 평의 일반단지로 구성되었다. 전자단지는 1973년에 금성사의 입주를 계기로 하청계열 공장이 다수 이전함에 따라 전자산업의 요람으로 발돋움했고, 일반단지는 1971년 코오롱의 전신인 한국폴리에스텔의 준공이 기폭제가 되어 현재 1공단의 업종별 구조를 특징짓게 하는 계기가 되었다.

참고문헌

조성호·최금애, 「구미공업단지의 공장입지와 연계－제1단지의 경우－」, 『한국지역지리학회지』 3-1, 1997.

해당호 전체 정보

927-01 제32회 세계탁구선수권대회 제패

상영시간 | 01분 10초

영상요약 | 유고슬라비아 사라예보에서 제32회 세계 탁구선수권대회가 개최되었다. 한국은 여자 단체전에서 우승을 차지하였다. 세계 탁구선수권대회 여자 단체전 우승에 관한 여러 신문기사들과 박정희 대통령과 탁구 선수들이 악수를 나누는 모습 등을 보여주고 있다.

927-02 한·월 정상회담

상영시간 | 01분 52초

영상요약 | 구엔 반 티우(Nguyen Van Thieu) 베트남 대통령이 한국을 방문하였다. 김종필 국무총리가 구엔 반 티우 베트남 대통령을 마중나와 인사를 나누는 모습이다. 구엔 반 티우 베트남 대통령은 청와대를 방문하여 박정희 대통령과 함께 한월 정상회담을 가졌다. 이에 앞서 구엔 반 티우 베트남 대통령이 국립묘지를 방문해 참배하는 모습을 보여주고 있다.

927-03 충무공의 후예들

상영시간 | 01분 19초

영상요약 | 벚꽃이 만발한 진해 옥포만에서 해군사관학교 제27기 졸업식이 거행되었다. 박정희 대통령이 졸업식에 참가하여 졸업생들과 악수를 나누며 축하를 해 주고 있다.

927-04 공업단지건설

상영시간 | 01분 20초

영상요약 | 경상북도 구미 전자공업단지 건설공사현장이다. 박정희 대통령이 건설현장을 시찰하고 있다. 새로 발표된 6개 공업지구를 나타내는 그림지도를 보여주고 있다.

927-05 이런 일 저런 일

상영시간 | 01분 25초

영상요약 | 경주시내에서 통일신라시대의 것으로 추정되는 항아리가 발견되어 국립경주박물관에서 보관하고 있다. 농업진흥공사는 경기도 김포평야 일대에 양·배수장을 건설하였다. 서울 면목동에 불우한 직업청소년들을 위한 학교가 세워져 준공식을 거행하였다. 이 학교는 동양종합통신대학 부설 중고등학교로 정식 발족하였다.

927-06 이색수출

상영시간 | 01분 23초

영상요약 | 소예산업에서 여공들이 사람인형, 동물인형 등 수출할 봉제완구를 만들고 있는 여러가지 모습을 보여주고 있다. 성진산업에서 침대를 만드는 여러가지 공정의 모습을 보여주고 있다.

927-07 6·25는 누가

상영시간 | 01분 05초

영상요약 | 6·25전쟁이 발발하자 마을 주민들이 피난가는 모습과 수많은 짐과 피난민을 실은 기차가 이동하는 모습을 보여주고 있다. 아울러 군인들이 탱크로 진격하고 줄을 지어 걸어가는 모습과 군사작전을 전개하는 장면 등을 보여주고 있다.

전국경제인대회(대전) (1973년 4월 21일)

제작정보		**영상정보**	
출 처	대한뉴스 928호	제공언어	한국어
제 작 사	국립영화제작소	컬 러	컬러
제작국가	대한민국	사 운 드	유

영상요약

제1회 전국경제인대회가 대전에서 열렸다. 박정희 대통령이 참가하여 모범 경제인들에게 훈장을 수여하고 연설을 하는 모습이다. 기계공업, 섬유공업, 중공업, 무역업 등 여러 부문의 경제인들이 참가하였다.

내레이션

제1회 전국경제인대회가 대전에서 열렸습니다. 박정희 대통령이 참석한 이 대회는 전국 모든 기업의 주역들이 참가했습니다. 국력배양의 가속화를 위한 이날 대회에서 전국의 경제인들은 국가와 사회에 대한 투철한 사명감으로 경제력을 기르는데 최선을 다할 것을 다짐했습니다. 박정희 대통령은 모범 경제인들에게 훈장을 달아주었습니다. 이날 박정희 대통령은 기업은 개인개인의 이익을 추구하는 수단이 아니라 국력을 배양하고 국민의 복지향상을 위한 사회적 공기라고 전제하고 모든 기업인은 창의와 검소와 근면을 신조로 삼아 개인의 이익보다는 공익을 먼저 생각하는 사회 봉사자로서의 긍지를 갖고 유신과업 수행에 앞장서줄 것을 당부했습니다. 박정희 대통령은 첫째, 산업 합리화와 기술 혁신으로 생산성을 높이고 물가안정에 적극 협조할 것, 둘째, 기업의 대단위화와 국제 수준화로 수출증대에 이바지할 것, 셋째, 모든 기업은 빠른 시일 내에 공개되어서 국민 누구나가 참여할 수 있는 건전한 기업풍토를 조성하는 데 노력할 것, 넷째, 모든 기업인은 근로조건의 개선과 근로자의 복지 향상에 최선을 다하고 국민 민복에 기여한다는 투철한 사명의식을 기르며 기업의 이윤은 사회에 되돌려준다는 대의에 투철한 기업인이 될 것을 당부했습니다.

화면묘사

00:00 자막 “전국 경제인 대회”, 분홍색 꽃나무 배경

00:04 “경축 전국 경제인 대회” 현수막. 전국경제인대회 개최 장소 외관

00:09 전국경제인대회 개최 장소 내부 전경. 단상과 참가자들 그리고 천장 위의 여러 색깔의 조명이 보임

00:16 전국경제인대회 참가자들이 전원 일어나서 박수를 치고 있음

00:20 박정희 대통령이 단상으로 등장하면서 참가자들을 향해 손을 흔들고 인사를 한 후 자리에 앉음

00:34 기계공업 부문 대회 참가자들

00:37 전국경제인대회 전경. 단상과 참가자들. 그리고 천장의 화려한 조명

00:41 박정희 대통령이 모범 경제인들에게 훈장을 수여하고 있음

00:53 박수를 치는 대회 참가자들

00:56 박정희 대통령이 모범 경제인들에게 훈장을 수여하고 악수를 나눔

01:00 훈장을 받은 모범경제인들이 일렬로 서 있는 모습

01:05 천장 위의 여러 색깔의 조명과 대회 단상의 전경. "전국 경제인 대회" 현수막이 걸려져 있음. 대회 참가자들의 뒷모습

01:15 박정희 대통령이 연설하고 있음

01:23 섬유공업 부문 대회 참가자들

01:26 무역업 부문 대회 참가자들

01:29 금융, 보험 부문 대회 참가자들

01:32 중공업, 상업, 전기 부문 대회 참가자들

01:34 대회에 참가한 주요 인사들

01:37 대회 단상의 모습. "전국 경제인 대회" 현수막 걸려 있음

01:41 천장에 걸려 있는 태극기. 대회 참가자들

01:44 전국경제인대회 전경

연구해제

이 영상은 1973년 4월 17일 대전에서 열린 전국경제인대회에 관한 영상이다. 이 대회는 대전의 충무체육관에서 개최되었으며, 경제인대회로서는 정부 수립 후 최대 규모였다. 경제기획원을 비롯하여 재무, 농수산, 상공, 건설, 보건사회, 교통, 체신부와 과학기술처 총무처가 주최하고, 대한상의, 전경련, 무역협회, 중소기협, 대한금융단 한국과학기술단체총연합회, 한국노총 등이 후원했으며, 전국 경제인 대표 4,453명이 참가했다. 태완선 경제기획원 장관의 경과보고가 있었고, 박정희 대통령의 모범경제인 및 단체에 대한 포상이 있었다. 박태준 포항종합제철사장, 정주영 현대건설회장은 가장 높은 금탑산업훈장을 수상했다.

박정희 대통령은 전국경제인대회에서 ①유신대열의 선봉에 서서 국력 배양에 전력을 다한다, ②전 산업의 수출화와 중화학공업건설에 앞장서 1980년대를 향한 우리 경제의 비약을 위해 기업의 총 역량을 집중한다, ③안정 기반위에서 경제성장을 지속하기 위해 산업합리화를 과감히 추진하고 경영합리화와 원가절감을 통한 물가안정에 적극 노력한

다, ④기업의 공익성을 인식하고 복지사회건설에 적극 노력한다, ⑤새마을 건설에 적극 참여하여 농어촌개발에 합심 협력한다는 5개 항의 실천요강을 담은 결의문을 채택했다.

결의문의 내용에서 특히 강조되었던 것은 기업의 사회적 역할이었다. 박정희 대통령은 기업이 국민의 복지생산을 위한 사회적 공기(公器)라며 근로자의 복지향상 및 국리민복을 위해 힘쓰며 기업의 이윤은 사회에 되돌려준다는 대의에 투철할 것을 강조했다. 이와 함께 기업이 공익을 먼저 생각해야하며 사회봉사정신을 수반해야 한다고 주창했다.

기업의 사회적 책임은 3차에 걸친 경제개발5개년계획이 시행되는 동안 정부주도 · 정책의존적인 기업경영방식, 독과점적인 대기업체제에 의한 기업의 산업권력 비대화, 기업의 부실화 등이 문제로 지적되면서 제기된 기업의 위치와 역할에 대한 재검토 요구와 함께 강조되었다. 또한 경제발전으로 파생된 사회적 병리현상을 해결하기 위한 대책으로 사회개발이 강조되면서 기업의 사회적 책임에도 이 같은 문제 해결을 위한 활동의 포함이 요구되었다. 기업의 사회적 책임이 내포하는 의미는 계속 확장되어 사회에 대한 포괄적 기여라는 측면의 적극적 역할을 강조하는 '기업의 사회성'이라는 용어로 대체되어 쓰이기도 하였다.

보다 본격적으로 기업의 사회적 책임이 강조되었던 것은 박정희 대통령이 1972년 10월 유신을 선포하고 국민총화를 기조로 내세우면서부터이다. 박정희 정부는 복지국가 건설을 유신체제의 목표로 내세우고, 제4차 경제개발5개년계획에서 사회개발에 중점을 두겠다고 천명했다. 전경련도 사회개발의 강화에 따라 기업의 사적 측면보다 공적 측면에 대해 더 크게 요청받고 있었으며, 이것이 새로운 기업의 사회적 책임이라고 평가하고 있었다. 그러나 실제 이 시기 기업의 반사회적인 행동들은 그 도를 넘었고, 많은 노동자들이 선성장 후분배의 기조에 입각한 정부의 저임금정책으로 고통 받고 있었다.

참고문헌

「사천여명 참가 전국경제인대회 대전서 성황」, 『동아일보』, 1973년 4월 17일.

「권두언－기업의 사회성」, 『경협』 4월호, 1974.

서정갑, 「국민총화와 기업의 사회적 책임=기업인이기에 앞서 국민으로서의 책임자각해야=」, 『국민논단』 15, 1977.

전국경제인연합회 경제·기술조사센터, 『한국산업사회 전개와 기업의 사회적 책임』, 1977.

무장공비 침투 (1973년 4월 21일)

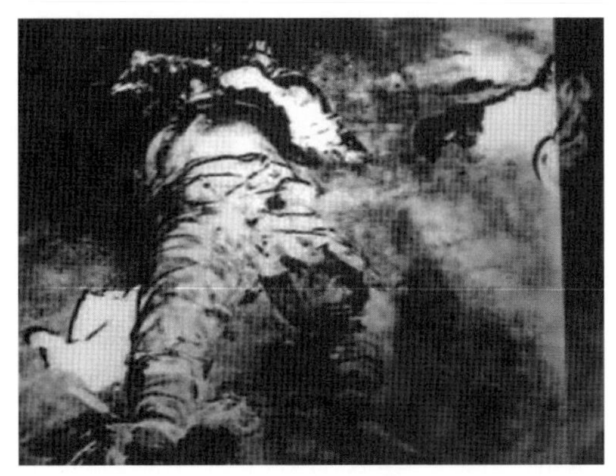

제작정보		영상정보	
출 처	대한뉴스 928호	제공언어	한국어
제 작 사	국립영화제작소	컬 러	흑백
제작국가	대한민국	사 운 드	유

영상요약

경기도 연천 서북방 비무장지대에 북한의 무장공비가 침투해 오다가 국군에 의해 사살되었다. 무장공비 침투 지점을 지도로 보여주고 무장공비 침투사건에 관한 신문기사와 사진 등을 보여주고 있다.

내레이션

북한의 무장공비 일당이 경기도 연천 서북방 비무장지대에서 남쪽으로 침투해 오다가 아군에 의해 사살되었습니다. 4월 17일 밤 휴전선을 넘은 3명의 무장공비 가운데 2명은 사살되고 1명은 피를 흘리며 도주했습니다. 남북공동성명정신에 따라 서로 무력도발을 하지 않기로 합의하고 남북대화가 계속되는 지금에 와서까지 북한 측이 무장공비를 보낸 것은 그들이 평화통일보다는 무력남침을 꿈꾸고 있다는 산 증거라는 것을 우리는 똑바로 알아야 하겠습니다.

화면묘사

00:00 자막 "무장공비침투"
00:04 휴전선 부근의 지도그림. 북한 지역과 휴전선 연천, 서울, 춘천 등이 표시되어 있음. 연천 지점에 무장공비 침투지점을 나타내고 있음
00:13 "武裝共匪(무장공비) 침투", "武裝(무장)공비 2명 射殺(사살)" 등의 신문기사
00:17 "비무장지대에 무장공비", "武裝共匪(무장공비) 3명 休戰線(휴전선)(…)" 등의 신문기사
00:21 무장공비가 사살된 모습이 담긴 몇 장의 사진
00:28 무장공비가 소지하고 있던 여러 가지 장비들
00:34 산악지대에서 총을 들고 보초를 서고 있는 국군 장병의 뒷모습

연구해제

이 영상은 1973년 4월 17일 경기도 연천 서북방 비무장지대에서 군사분계선을 넘어 침투한 무장공비 2명을 사살한 사건에 관한 내용이다. 영상에는 무장공비가 침투한 지점을 나타내는 휴전선 부근의 지도, 이 사건에 관한 신문기사, 사살된 무장공비 사진, 무장공비가 소지하고 있던 각종 장비들, 휴전선 부근에서 경계를 하는 군인의 모습이 담겨 있다.

이 사건을 보도한 신문기사에 따르면, 대간첩본부는 1973년 4월 18일 오전, 17일 밤

11시 20분경 경기도 연천 서북방 비무장지대에서 군사분계선을 넘어 침투하는 무장공비 3명을 매복하고 있던 아군 경비병이 발견, 2명을 사살하고 달아난 1명을 수색 중이며 미기(美機) 등 많은 물품을 노획했다고 발표했다. 대간첩대책본부에 따르면 이날 밤 11시 30분경 군사분계선을 넘어 3명의 괴한이 아군철책선 부근에 침투하기에 매복 경비병이 기습사격을 가해 2명은 사살했으나 1명은 도망을 갔다. 이병형 대간첩대책본부장은 7·4남북공동성명 정신에 따라 서로 무력도발을 하지 않기로 합의하고 있는 시점에서 북한 측이 이와 같은 무력도발을 한데 대해 유감의 뜻을 밝히고, 이 사건을 즉각 남북조절위원회 이후락 공동위원장에게 통고했다고 말했다.

군사정전위원회 유엔군 측은 4월 18일 북한 측에 대해 공동소조를 파견, 북한 측의 무장공비 사살현장에 대한 합동조사 및 이 사건을 다루기 위한 군사정전위 본회담을 20일 오전에 개최하자고 제의했다. 그러나 북한 측은 19일 오전 이 사건은 남한에 의해 허위 날조된 사건이므로 공동소조에 의한 합동조사나 정전위본회담을 개최할 필요가 없다고 비난하면서 유엔군 측의 제의를 거부했다.

이 사건은 같은 해 3월 5일 벌어졌던 제주도 부근 우도에 대한 무장간첩 남파와 3월 7일에 비무장지대에서 벌어진 국군장병의 살상에 이어 일어났다. 당시 『경향신문』 등에는 일련의 북한의 도발행위가 7·4남북공동성명을 위반한 것이라는 비판적인 기사가 실리기도 했다. 이 사건 직후인 4월 24일 남북조절위원회 제2차 간사회의가 판문점에서 개최되었으나, 남북조절위원회 3차 회의에 관한 운영세칙만 발표되어 이 사건이 논의되었는지는 알 수 없다.

참고문헌

「대간첩대책본부 발표 무장공비 2명 사살」, 『동아일보』, 1973년 4월 18일.
「7·4공동성명 이후의 새로운 상황」, 『경향신문』, 1973년 4월 19일.
「현장합동조사 북한 측서 거부」, 『동아일보』, 1973년 4월 20일.
「조절위간사회의 개최 3차회의 준비 운영세칙 협의」, 『동아일보』, 1973년 4월 24일.

해당호 전체 정보

928-01 전국경제인대회(대전)

상영시간 | 01분 49초

영상요약 | 제1회 전국 경제인 대회가 대전에서 열렸다. 박정희 대통령이 참가하여 모범 경제인들에게 훈장을 수여하고 연설을 하는 모습이다. 기계공업, 섬유공업, 중공업, 무역업 등 여러 부문의 경제인들이 참가하였다.

928-02 서울의 지하철

상영시간 | 01분 23초

영상요약 | 공사중인 서울 지하철 역 "시청 앞" 역사 내부의 모습이다. 박정희 대통령과 육영수 여사가 공사현장을 시찰하고 있다. 지하철이 드나드는 철로, 타는 곳, 나가는 곳, 공중전화 부스 등 지하철 역사 내부를 전체적으로 보여준다.

928-03 해외공연 유공예술인 표창

상영시간 | 00분 30초

영상요약 | 김종필 국무총리가 김소희씨를 비롯한 해외공연 유공예술인들에게 훈장과 상을 수여하며 격려하고 있다.

928-04 한국미술 2천년전

상영시간 | 00분 49초

영상요약 | 국립미술관에서 한국미술 2000년전이 열렸다. 전시회에서 불상, 금속 장신구, 도자기 중 삼국시대 이후 대표적인 미술작품들을 보여주고 있다. 아울러 전시회를 감상하는 시민들의 모습을 보여주고 있다.

928-05 무장공비침투(경기도연천)

상영시간 | 00분 42초

영상요약 | 경기도 연천 서북방 비무장지대에 북한의 무장공비가 침투해 오다가 국군에 의해 사살되었다. 무장공비 침투 지점을 지도로 보여주고 무장공비 침투사건

에 관한 신문기사와 사진 등을 보여주고 있다.

928-06 이런 일 저런 일

상영시간 | 02분 03초

영상요약 | 서울에서 일본 도자기의 대명사인 가라쓰야끼 전시회가 개최되었다. 남산 큰길에 가두 미술 작품 전시회가 개최되었다. 시민들이 오가며 미술작품을 감상하고 있다. 부산 대각사에서 스님이 신도들에게 설법 중인 모습이다. 한국 면직물의 우수성을 선보이기 위해 대한방직협회가 주관한 패션쇼가 개최되었다. 미국 농무성에서 파견한 목화사절 데브라 플로크가 패션쇼에서 한국 면제품 의상을 선보이고 있다.

928-07 이색수출

상영시간 | 01분 30초

영상요약 | 각 수출업계에서 수출제품을 생산하는 모습을 보여주고 있다. 전기조명기구를 생산하는 공장에서 노동자들이 조명기구를 만드는 모습이다. 노트 생산 공장에서 노트를 만들어 수출용 상자에 포장하고 있다.

928-08 서울의 꽃소식

상영시간 | 01분 36초

영상요약 | 서울 중부지방에 벚꽃이 활짝 피어 시민들이 벚꽃구경을 하는 모습이다. 창경원에서는 어린이들과 어른들이 놀이기구를 타고 있다. 동물원에서 동물을 구경하는 시민들과 호수에서 배를 타는 시민들의 모습이다. 아울러 창경원의 야경을 보여준다.

어린이 사랑 나라 사랑(제51회 어린이날) (1973년 5월 12일)

제작정보		영상정보	
출　　처	대한뉴스 931호	제공언어	한국어
제 작 사	국립영화제작소	컬　　러	컬러
제작국가	대한민국	사 운 드	유

영상요약

박정희 대통령과 영부인 육영수가 어린이대공원 개원식에 참석하여 치사를 하고 기념비를 제막하고 있는 모습이다. 이후 어린이들이 축하공연을 하고 있다. 어린이대공원의 여러 시설과 어린이날을 맞이하여 어린이대공원을 방문한 시민들의 모습이다. 한편 서울운동장에서는 어린이 대잔치가 열렸다. 수많은 시민들이 서울운동장을 가득 메웠다. 경찰 기동대, 싸이클 경기, 승마, 여학생들의 매스게임, 태권도 시범 등의 장면을 보여주고 있다. 또한 서울 남산에서는 어린이 사생대회와 글짓기대회가 열렸고 무료로 개방된 각 고궁에서도 어린이 위안잔치가 열렸다.

내레이션

5월 5일 쉰한 번째 어린이날을 맞아 전국 곳곳에서는 희망의 새싹 어린이들을 위한 잔치가 푸짐하게 베풀어졌습니다. 특히 서울에서는 우리 대통령 내외분이 참석한 가운데 어린이대공원 개원식이 있어 220,000평 꿈의 동산이 활짝 열렸습니다. 대통령 내외분은 분수대 앞에 세워진 기념비를 제막했는데 이 돌에는 "어린이는 내일의 주인공, 착하고 씩씩하며 슬기롭게 자라자"고 쓴 박 대통령의 글씨가 새겨져 있습니다. 이날 박정희 대통령은 어린이 여러분은 오늘부터 이 장소에서 마음껏 뛰놀고 건강하게 자라서 훌륭한 국민이 돼야 한다고 당부했습니다. 개원식에 이어서 어린이들의 축하공연이 있었습니다. 220,000평의 넓은 잔디밭과 숲으로 둘러싸인 이 어린이대공원에는 새싹의 집, 야외음악당, 동·식물원, 자동차 놀이터, 수영장, 분수대 등 어린이들의 꿈을 키울 수 있는 갖가지 시설을 갖추고 있습니다. 한편 서울운동장에서는 어린이 대잔치가 베풀어졌습니다. 경찰 기동대 모터 싸이클 묘기와 싸이클 경기, 승마는 어린이들을 열광케 했습니다. 나라와 겨레의 소중한 아들, 딸인 어린이들을 이날 언니, 누나, 어른들이 보여준 춤과 묘기에 흥겨움이 넘쳤습니다. 또한 서울 남산에서는 어린이 사생대회와 글짓기대회가 열렸고 무료로 개방된 각 고궁에서도 어린이 위안잔치가 풍성하게 베풀어졌습니다. 어른들보다 새로운 시대에 사는 어린이들은 그래서 새로운 사람들입니다. 씩씩하고 밝게 키워서 활기차게 내일의 우리 사회를 담당하도록 해야겠습니다.

화면묘사

00:00 자막 "어린이 사랑 나라 사랑". 빨간 단풍잎과 하얀 꽃 배경

00:04 공중에서 본 어린이대공원 전경. 어린이날을 맞아 수많은 시민들이 어린이대공원을 방문하였음

00:25 박정희 대통령과 육영수 여사가 어린이대공원을 방문함. 걸스카우트 학생들이 태극기를 흔들며 박정희 대통령 내외를 환영하고 있음

00:32 걸스카우트 학생들이 태극기를 흔들고 있음

00:35 막이 씌워진 동상의 모습

00:39 박정희 대통령과 육영수 여사가 동상 제막식에 참가하여 제막을 하고 있음

00:41 제막을 하자 동상의 모습이 드러남
00:48 “어린이는 내일의 주인공 착하고 씩씩하며 슬기롭게 자라자 1973년 5월 5일 대통령 박정희”가 새겨져 있는 동상
00:52 박정희 대통령과 육영수 여사가 어린이대공원 관계자의 설명을 듣고 있음
00:56 박정희 대통령과 육영수 여사가 동상을 바라보고 있음
01:00 어린이들이 한 손에는 풍선을 들고 다른 한 손에는 태극기를 들고 흔들고 있음
01:10 어린이대공원에 모인 수많은 시민들이 태극기를 흔들고 있음
01:15 박정희 대통령이 어린이대공원 개원식에서 치사를 하고 있음
01:20 개원식에 참석한 수많은 시민들
01:25 공중으로 수많은 풍선이 날아가고 있음
01:33 개원식 후 열린 어린이들의 축하공연 장면
01:37 공연을 관람하는 수많은 시민, 어린이들
01:40 축하공연에서 어린이들이 부채춤을 추고 있음
01:47 박수를 치고 있는 여러 시민들
01:50 어린이대공원 청룡열차 앞에 수많은 어린이들이 모여 있음
01:54 어린이대공원의 시설과 어린이 대공원을 방문한 수많은 시민들의 모습
02:00 서울운동장에 수많은 시민들이 모여 있음
02:03 서울운동장에 모인 어린이들이 관람석에서 천을 흔들고 있음
02:06 경찰기동대가 오토바이를 타고 등장하고 있음
02:12 박수를 치는 어린이들
02:16 싸이클 경기 장면
02:21 승마 경기 장면
02:22 남자 어린이들이 손을 흔들고 있음
02:26 여학생들이 매스게임을 하고 있음
02:29 파란색 모자와 초록색 상의를 착용한 어린이들이 박수를 치고 있음
02:32 빨간 무용복을 입은 여학생들이 매스게임을 하고 있음
02:35 빨간 무용복을 입고 매스게임을 하는 여학생들 클로즈업
02:38 태권도 시범을 보이고 있음
02:40 태권도 시범 장면과 관중석에서 이를 구경하는 관람객들

02:45 서울 남산에서 열린 어린이 사생대회 전경. 어린이들이 바닥에 앉거나 엎드려서 그림을 그리고 있음

02:48 글짓기를 하고 있는 어린이들

02:55 어린이들이 단체로 달려가고 있음

02:58 명찰을 달고 있는 어린이들이 모여있는 모습

03:08 고궁 건물 앞에 모여 있는 수많은 어린이, 시민들

03:12 서울 고궁 전경

연구해제

1973년 5월 5일 제51회 어린이날을 맞아 서울 시내 곳곳에서 열린 행사들을 촬영한 영상이다. 특히 이 영상에서는 5월 5일 문을 연 어린이대공원 개원식을 집중적으로 보도하고 있다. 어린이대공원은 1970년 12월 박정희의 지시에 의해 서울시 능동구의 서울컨트리클럽 골프장 터에 각종 놀이터, 수영장, 동물원, 식물원 등을 설치하면서 어린이의 놀이공간으로 자리 잡게 되었다. 어린이대공원의 개원식에는 박정희와 육영수가 직접 참석하여 기념비 제막식에 동참했다. 이 기념비에는 "어린이는 내일의 주인공 착하고 씩씩하며 슬기롭게 자라자"라는 어린이 헌장의 문구가 박정희의 글씨로 새겨져 있었다. 또한 박정희는 이날 치사에서 "어린이는 나라의 보배요, 희망이며 주인공"이라고 말하고, "슬기롭고 건강하게 자라서 나라의 일꾼이 되고 훌륭한 국민이 되어야 한다"고 당부했다.

박정희의 치사 내용을 살펴보면, 어른스러운 어린이의 상을 찾아볼 수 있다. "씩씩하고 슬기롭게" 자라도록 호명된 어린이들은, 곧 국가와 민족을 위해 앞장서야 할 국민으로 성장해야 한다는 관념이 내포되어 있었기 때문이다. 이러한 박정희 정권의 어린이상은 어린이대공원 곳곳에 세워져 있는 조형물을 통해서도 유추해 볼 수 있다. 어린이대공원에는 서울시의 공원 중에서 가장 많은 동상들이 세워져 있는데, 동상의 종류와 그 배치에 있어 박정희 정권기 어린이 정책의 단면이 드러나기 때문이다.

첫 번째 남자어린이와 어머니 형상의 조형물이 중점적으로 배치되어 있다. 아버지로 표상될 수 있는 성인 남성 조각상은 배제되어 있다고 볼 수 있다. 이것은 당시 체제가 강조한 아버지는 "부강하고 살기 좋은 나라를 건설하기 위하여 싸우면서 일하고 일하면

서 싸워야" 했기 때문에 가정에서의 역할이 상대적으로 소홀할 수밖에 없었기 때문이다. 두 번째는 박정희의 휘호비, 국민교육헌장 비, 대한민국 어린이 헌장비 2점, 새나라의 어린이와 반달 노래비와 같이 국가가 표상하고 있는 교육과 어린이 이미지에 대한 것을 형상화 기념물들도 있었다. 다음으로는 백마고지 3용사 상, 콜터 장군 동상, 을지문덕 장군상 등과 같이 전쟁과 관련된 위인의 상도 있었고, 마지막으로는 정재수와 이승복 어린이 동상과 같이 국가와 부모에게 충과 효를 다하고 죽은 어린이들의 상도 있었다. 특히 정재수와 이승복 어린이 동상은 공원에서 가장 눈에 띄는 장소에 배치되어 있었다. 동상을 건립하는데 있어 공원 기획자의 의도가 강하게 반영된 결과로, 어린이들이 국가와 민족을 위해, 또 부모를 위해 죽음도 마다하지 않는 어린 영웅의 모습을 본받아야 한다는 내용을 담고 있다고 할 수 있다.

요컨대 어린이대공원은 한국의 어린이들에게 놀이문화 시설을 조성해 주고자 하는 목표로 건립되었지만, 그 안에는 강한 국가주의 이데올로기가 반영되어 있었다. 또한 이러한 어린이대공원의 모습은 박정희 정권기의 아동정책이 미래정책으로서의 일관성과 독자성을 가지지 못한 채, 체제논리에 포섭되어 있었음을 상징적으로 보여준다.

참고문헌

「박대통령, 어린이대공원 개원식서 치사」, 『매일경제』, 1973년 5월 5일.
「푸른 자연 속의 궁전 어린이대공원 개원」, 『매일경제』, 1973년 5월 5일.
「시정 73 ① 어린이대공원」, 『경향신문』, 1973년 12월 10일.
권형진, 「박정희 정권의 아동정책 '읽어내기'」, 『입법정책』 2-2, 2008.

해당호 전체 정보

931-01 어린이 사랑 나라 사랑(제51회 어린이날)

상영시간 | 03분 15초

영상요약 | 박정희 대통령과 영부인 육영수가 어린이대공원 개원식에 참석하여 치사를 하고 기념비를 제막하고 있는 모습이다. 이후 어린이들이 축하공연을 하고 있다. 어린이대공원의 여러 시설과 어린이날을 맞이하여 어린이대공원을 방문한 시민들의 모습이다. 한편 서울운동장에서는 어린이 대잔치가 열렸다. 수많은 시민들이 서울운동장을 가득 메웠다. 경찰 기동대, 싸이클 경기, 승마, 여학생들의 매스게임, 태권도 시범 등의 장면을 보여주고 있다. 또한 서울 남산에서는 어린이 사생대회와 글짓기대회가 열렸고 무료로 개방된 각 고궁에서도 어린이 위안잔치가 열렸다.

931-02 가없는 사랑과 은혜

상영시간 | 02분 06초

영상요약 | 5월 8일 첫 번째 어버이날을 맞아 서울대학교 여학생 회장단이 청와대를 방문하여 박정희 대통령과 육영수 여사에게 꽃다발을 전달하였다. 아울러 여학생들이 육영수 여사와 다과회를 갖는 모습을 보여주고 있다. 경복궁 경회루에서 어버이날을 맞아 경로잔치가 열렸다. 육영수 여사와 양지회 회원들이 경로잔치를 뒷바라지 하는 모습이다. 전국 곳곳에서 훌륭한 어머니와 불우여성 선도 유공자들에게 표창을 수여하였다. 또한 어머니 합창 경연대회와 배구대회 장면을 보여주고 있다.

931-03 제6차 남북적십자회담(서울)

상영시간 | 00분 59초

영상요약 | 서울에서 열린 제6차 남북적십자회담 장면이다. 남북측의 인사들과 취재진들의 모습을 보여주고 있다.

931-04 이런 일 저런 일

상영시간 | 01분 38초

영상요약 | 재향군인회는 재향군인의 날을 맞아 호국종을 국립묘지에 헌납했다. 국립묘지에서 호국종 헌납식의 장면과 여러 인사들이 호국종을 구경하며 타종하는 모습을 보여주고 있다. 서울 남대문 시장에서 완구 시장이 개장되었다. 완구시장 개장식 테이프 커팅 장면과 완구시장에 전시된 여러 장난감들을 보여주고 있다. 목우회 주최로 개최된 시민작품 입선작 전시회에서 시민들이 그림을 감상하는 모습이다.

931-05 새마을소식

상영시간 | 01분 51초

영상요약 | 경상북도 봉화군 돈촌리에서 모내기를 하는 장면이다. 남제주군 중문면 월평리에서 농민들이 길을 닦고 감귤을 재배하는 모습을 보여주고 있다.

5·16민족상 (1973년 5월 19일)

제작정보		**영상정보**	
출 처	: 대한뉴스 932호	제공언어	: 한국어
제 작 사	: 국립영화제작소	컬 러	: 컬러
제작국가	: 대한민국	사 운 드	: 유

영상요약

5·16 민족상 시상식 장면이다. 박정희 대통령과 영부인 육영수가 수상자들에게 상패와 상금을 전달하였다. 시상식 후 박정희 대통령과 영부인 육영수가 여러 참가자들과 함께 다과회를 가지고 있다. 5·16민족상 학예부문 본상을 받은 이은상이 집에서 글을 쓰는 모습을 보여주고 있다.

내레이션

5·16혁명 열두 돌을 맞이해 박정희 대통령은 조국근대화와 민족중흥의 밑거름이 돼 일하는 숨은 일꾼들에게 여덟 번째로 5·16민족상을 주었습니다. 올해 5·16민족상은 학예부문 본상에 50년 동안 민족문화발전에 힘써온 이은상 씨가 받았습니다. 교육부문 장려상은 서울 숭문고등학교장 서지원 씨와 충남 대산중학교장 김기풍 씨가 사회부문에는 충북 보은 성모병원장 정태옥 수녀와 채희준, 서태진 씨 등 세 사람이 받았습니다. 한편 산업부문 장려상은 20년 동안 순수한 자력으로 16만여 평을 개간한 강원도 횡성의 문영환 씨와 김준홍, 김윤근 씨 등 세 사람이 그리고 안전보장부문에는 육군 1군 사령부 남궁복 중령과 박처원 경감이 각각 받았으며 이밖에 5·16음악상 시상식도 있었습니다. 박정희 대통령은 이날 5·16이념은 10월유신의 기본이념과 같다고 말하고 상을 받은 여러분은 계속해서 유신과업 수행과 국민총화를 이룩하는 데 앞장 서 달라고 당부했습니다. 그런데 학예부문 본상을 받은 이은상 씨는 일찍부터 국문학과 시조문학 연구를 비롯해서 난중일기 번역 등으로 민족문화 발전에 큰 공을 세워 왔으며 최근에 충무공 연구기행인 "태양이 비치는 길로"와 시조창작집 "푸른하늘의 뜻은" 등의 저서를 냈습니다.

화면묘사

00:00 자막 "5·16 민족상". 나뭇잎 배경

00:04 "5·16 혁명 12주년 기념 및 1973년도 민족상 시상식" 현수막이 자동차들이 많이 다니는 큰 도로에 설치되어 있음

00:10 5 · 16 민족상 상패들

00:12 5 · 16 민족상 학예부문 본상 이은상 상패

00:15 박정희 대통령이 수상자들에게 상패를 전달하고 육영수 여사가 상금 봉투를 전달하며 악수를 나누고 있음. 관객들이 박수를 치고 있음

00:50 수상식에 참석한 참가자들이 박수를 치며 축하하고 있음

00:53 육군 1군 사령부 남궁복 중령이 박정희 대통령으로부터 상을 받고 있음

00:58 수상식에 참가한 참가자들이 박정희 대통령과 육영수 여사와 함께 악수를 나누고 있음

01:06 수상자들이 일렬로 줄을 서 있음

01:09 박정희 대통령이 학생들과 이야기를 나누고 있음

01:15 시상식 후 다과회의 모습. 박정희 대통령과 육영수 여사가 여러 인사들과 이야기를 나누고 있음

01:20 학예부문 본상을 받은 이은상과 그의 집

01:26 책상 위에 세종대왕의 사진이 올려져 있음. 이은상이 글을 쓰고 있는 모습

01:31 책상 위에 여러 책들이 펼쳐져 있음. 이은상이 책을 펼치며 뭔가를 쓰고 있음

01:35 이은상이 책상에서 글을 쓰고 있음

연구해제

본 대한뉴스 영상은 1973년의 제8회 5 · 16민족상 수상식을 담고 있다. 5 · 16민족상이란 "5 · 16혁명의 이념을 선양하고 국가민족의 문화와 산업개발에 기여함"을 목적으로 1966년 4월에 제정된 것이다. 주최 측인 재단법인 5 · 16민족상의 총재는 박정희 대통령, 이사장은 김종필 당시 공화당 의장이었다. 이 외 김용순, 박종화, 이매리, 이병도 등 4명이 부이사장을 맡고 있으며, 김용태 등 65명의 이사를 임원으로 두었다. 취지는 학 · 예술, 산업, 교육, 사회의 네 부문으로 나뉘어 민족의 예지와 역량을 가다듬을 수 있는 숨어있는 인재를 발굴하여, 각 부문마다 1인 또는 단체를 선정하고 상장과 100만 원의 부상 및 휘장을 수여한다는 것이었다.

이 상은 해마다 3월 31일까지 수상 후보자의 추천을 마감했는데, 후보자 추천은 행정기관의 장(국회, 법원 포함), 시장 및 지사, 공공단체의 장, 대학의 총학장과 대학원장,

정당이나 사회단체 대표, 학술 · 문화 · 종교 · 기술진흥 · 노동단체 대표, 동일지역 가구주 또는 직장의 30인 이상이 할 수 있게끔 규정했다. 수상자는 이사장을 위원장으로 하는 종합심사위원회와 부문별심사위원회 및 이사회의 의결을 거쳐 결정되며, 시상식은 해마다 '5 · 16 혁명'을 기념하는 차원에서 5월 16일에 거행했다.

영상에서 보이듯 박정희 대통령은 청와대에서 수상자들에게 직접 시상을 했고, 영부인 육영수 및 김종필 국무총리와 김용순 이사장 등 5 · 16민족상 이사 40여 명이 배석했다.

이날의 주인공인 학예본상 수상자 이은상 박사는 50년간 국문학 연구를 한 학계의 원로로서, 시조문학 연구 및 난중일기 국역 등 충무공 이순신 관계 연구에 주력해왔다. 또한 박정희 대통령으로부터 글재주를 인정받아 전국 여러 곳의 문화재나 기념비에 많은 글을 써 지금도 곳곳에서 그 흔적을 찾아볼 수 있다. 이날 특히 그에게 5 · 16민족상 학예부문 본상을 안겨준 것은 '태양이 비치는 길로'라는 충무공 연구저술이었는데, 이는 박정희 대통령 자신의 이미지를 투영하며 훌륭한 군인이자 민족영웅으로 충무공을 부각시키던 당시 정부의 시책과 잘 부응하는 것이었다.

참고문헌

「4개 부문에 상금 5백만원」, 『경향신문』, 1966년 4월 2일.
「5 · 16민족상 수상자」, 『경향신문』, 1973년 5월 16일.
「박대통령, 민족상 시상식 치사」, 『동아일보』, 1973년 5월 16일.
「학예부문 노산 이은상 박사」, 『경향신문』, 1973년 5월 16일.

해당호 전체 정보

932-01 5·16민족상

상영시간 | 01분 39초

영상요약 | 5·16 민족상 시상식의 장면이다. 박정희 대통령과 영부인 육영수가 수상자들에게 상패와 상금을 전달하였다. 시상식 후 박정희 대통령과 영부인 육영수가 여러 참가자들과 함께 다과회를 가지고 있다. 5·16 민족상 학예부문 본상을 받은 이은상이 집에서 글을 쓰는 모습을 보여주고 있다.

932-02 새 면모 갖출 국회의사당

상영시간 | 00분 47초

영상요약 | 여의도에 건설중인 국회의사당 공사현장의 모습이다. 한편 국회의사당 본관 상량식이 개최되어 상량식의 장면들을 보여주고 있다.

932-03 이런 일 저런 일

상영시간 | 03분 54초

영상요약 | 제2596주년 부처님 오신 날을 맞이하여 불교 스님과 신도들이 봉축 법요식을 가졌다. 사찰에는 수많은 연등들이 걸려 있다. 강원도립 의료원이 춘천에 세워져 개원식을 가졌다. 해외 수출을 위해 공예제품을 생산하는 여공들의 모습이다. 서울 정화금속 공장에서도 생산한 자물쇠를 수출하기 위해 포장하고 있다. 동양화를 그려서 자기를 구워낸 도화전시회가 서울에서 열렸다. 외국 관광객들이 도자기를 감상하고 있다. 국립공보관에서 서예가 김제운의 개인전과 선균 서예전이 열렸다. 시민들이 서예작품을 구경하고 있다. 한편 서양화가 서창환 씨의 유화 개인전도 서울에서 열렸다. 젖소가 새끼를 벤 채 미국에서 공중 수송되어 왔다. 미국에서 온 젖소를 수송트럭으로 이동시키는 작업을 하고 있다. 아울러 미국 기술 용역단 지도요원이 젖소 사육방법을 낙농업자에게 강의하는 모습이 나온다. 1973년도 미스코리아 선발대회가 열렸다. 한복, 수영복 등을 입고 대회 참가자들이 무대 워킹을 하고 있다. 미스코리아로 선발된 여성들이 드레스와 왕관을 착용하고 있다.

932-04 제1회 아시아친선육상경기대회

상영시간 | 00분 46초

영상요약 | 제1회 아시아친선 육상경기대회가 서울에서 개최되었다. 한국, 일본, 브루나이, 대만 등 10개국이 참가하였다. 각국 선수들의 육상경기와 높이뛰기, 투포환 경기 장면을 보여주고 있다.

932-05 이사람은

상영시간 | 01분 32초

영상요약 | 강원도 춘성군 추곡 초등학교 진병황 교장 선생님이 학생 어린이들로부터 열렬한 환영을 받고 있다. 진병황 교장은 박정희 대통령으로부터 국민훈장 동백장을 받았다. 진병황과 마을 주민들이 돌밭을 개간하여 학교 운동장 넓히기 작업을 벌였으며 농민들에게 여러 농사교육과 학생들에게 나무 심기 교육 등을 하고 있는 모습을 보여주고 있다.

유신국회 (1973년 5월 27일)

제작정보		영상정보	
출　　처	대한뉴스 933호	제공언어	한국어
제 작 사	국립영화제작소	컬　　러	흑백
제작국가	대한민국	사 운 드	유

영상요약

제86회 임시국회의 모습이다. 국회에 참석한 국회의원들과 국회의원들 앞에서 발언하는 김종필 국무총리의 모습을 보여주고 있다.

내레이션

유신국회가 개원된 후 처음으로 제86회 임시국회가 열렸습니다. 회기 21일간의 이번 국회는 의안 심사와 국정 전반에 관한 보고를 듣고 대정부 질의를 폈습니다. 김종필 국무총리는 국회 본회의에서 정부는 100억 달러 수출과 1인당 국민소득 1000달러의 목표를 달성하기 위해 중화학공업의 중점적 육성과 수출의 대폭신장, 그리고 농촌의 획기적 발전에 역점을 두고 있다고 보고하고 그 방도로서 전국의 산업권화와 전 산업의 수출화 그리고 전 국력의 생산력화를 강력히 추진하고 있다고 말했습니다.

화면묘사

00:00 자막 "유신국회"
00:03 국회의사당 건물 외관
00:08 국회의원들이 국기에 대한 경례를 하는 모습
00:13 자리에 서 있는 국회의원들
00:16 국회의장이 의장석에서 발언하고 있음
00:20 국회에 참가한 국회의원들
00:24 벽에 태극기가 걸려있음. 그 아래 있는 국회의장석의 모습
00:29 서류를 검토하는 국회의원들
00:33 김종필 국무총리가 국회의원들 앞에서 발언하고 있음
00:41 의석에 앉아있는 국회의원들
00:46 남녀 국회의원 클로즈업
00:50 서류를 보고 있는 국회의원들
00:53 유신국회 전경

연구해제

이 영상은 유신체제 이후 들어선 제9대 국회 제86회 임시국회가 열리는 상황을 찍은 것으로, 당시 국무총리인 김종필이 본회의에 출석해 정부 경제정책의 목표와 전망을 설

명 중인 것을 볼 수 있다.

유신체제 직전에 운영되던 제8대 국회는 구성된 지 불과 1년 3개월 만인 1972년 10월 17일 대통령 특별선언에 의해 해산되었다. 특별선언에 따라 해산된 국회 대신 비상국무회의가 국회의 임무를 대신했다. 이후 1973년 2월 27일에 치러진 제9대 국회의원선거는 임기 6년의 지역구 146석과 임기 3년의 유신정우회 73석 등 전체 219석을 선출하였다. 여기서의 지역구는 국민의 직접선거에 의해 73개 선거구별 다수득표자 2인을 당선인으로 선출하는 중선거구제를 도입하여 기존과는 변화된 선거제도하에서 치러졌다.

무엇보다 유신국회의 특징으로는 첫째, 유신정우회(유정회) 의원의 선출을 들 수 있다. 이는 유신체제하 무소불위의 권력을 지닌 대통령의 일괄추천을 통한 통일주체국민회의에 의한 선출로서 전체 국회의원의 1/3에 해당하는 의석이었다. 이러한 유신정우회 의원의 선출은 헌정사상 유례없는 유신 독재체제를 반영하는 산물이었다. 그 결과 9대 국회의원 선거부터 기존에 있어왔던 일반적 의미에서의 '국회의원 선거'와 통일주체국민회의를 통한 '유신정우회 의원선거'로 국회의원 선거는 양분되고 말았다. 일반 지역구 의원은 임기 6년이었고, 유신정우회의원의의 임기는 3년이었다. 그러나 지역구 의원 역시 당시 선거제도적 측면에서 여당의 과반수 의석 확보가 기정사실인 상황을 고려해 볼 때 결과적으로 여당의 장기집권 의도를 그대로 보여주는 것이었다. 실제 이러한 제도하에서 치러진 제9대 국회의원 선거는 총유권자 15,690,130명 중 72.9%의 투표율 속에 여당인 민주공화당이 73석, 그리고 민주공화당의 아류라 할 수 있는 유신정우회가 73석, 다음으로 야당인 신민당과 민주통일당이 각각 52석과 2석 등을 확보하였다.

참고문헌

김도협, 「국회의원 선거제도의 변천에 관한 고찰(1)」, 『토지공법연구』 44, 2009.

해당호 전체 정보

933-01 유신국회

상영시간 | 00분 57초

영상요약 | 제86회 임시국회의 모습이다. 국회에 참석한 국회의원들과 국회의원들 앞에서 발언하는 김종필 국무총리의 모습을 보여주고 있다.

933-02 영동화력발전소 준공(강릉)

상영시간 | 00분 56초

영상요약 | 영동화력발전소가 준공되었다. 마을 주민들과 여러 인사들이 참여한 가운데 준공식이 열렸다. 화력발전소 내외부의 모습을 보여주고 있다.

933-03 이런 일 저런 일

상영시간 | 03분 52초

영상요약 | 제5회 신사임당의 날 기념 행사가 경복궁에서 열렸다. 올해 신사임당으로 소설가 한무숙이 추대되었다. 부채춤 등 전통춤을 추는 축하공연이 열렸다. 아울러 부녀자들이 붓글씨를 쓰고, 묵화를 그리는 모습과 그네를 타는 모습을 보여주고 있다. 전국 걸스카우트 지도자 대회가 서울에서 열렸다. 국립공보관에서 중국문화재를 소개하는 전람회가 열렸다. 국내외 인사들이 전시되어 있는 중국문화재를 관람하고 있다. 충청남도 서천군 한산면의 이연직이 밤나무를 가꾸는 모습이다. 가지를 접목시키고 농약을 치는 모습 등을 보여주고 있다. 정부에서 보낸 인사가 시장에 나와 물건을 살펴보며 상거래 질서를 어지럽히는 행위를 단속하고 있다.

933-04 이색수출

상영시간 | 01분 40초

영상요약 | 이색 수출품으로 실뱀장어, 면도날, 지퍼, 목각제품 등이 소개되고 있다. 실뱀장어 양식장과 면도날, 지퍼, 목각제품을 만드는 공장의 모습을 보여주고 있다.

933-05 스포츠

상영시간 | 01분 33초

영상요약 | 서울에서 뮌헨 월드컵 축구 아시아지역 예선대회가 개최되었다. 태국과 한국의 경기 장면이다. 한국 선수가 골을 넣자 관객들이 환호하는 모습을 보여주고 있다.

제87회 임시국회 개회 (1973년 6월 29일)

제작정보		영상정보	
출 처	대한뉴스 938호	제공언어	한국어
제 작 사	국립영화제작소	컬 러	흑백
제작국가	대한민국	사 운 드	유

영상요약

박정희 대통령의 평화통일 외교선언을 다룰 제87회 임시국회가 박정희 대통령의 요구로 개회되었다. 임시국회에 참석한 국회의원들의 모습과 김종필 국무총리가 평화통일 외교선언에 대해 설명하고 있는 장면을 보여주고 있다.

내레이션

박 대통령의 평화통일 외교선언을 다룰 제87회 임시국회가 박정희 대통령의 요구로 개회되었습니다. 김종필 국무총리는 보고를 통해 대통령의 외교정책 선언은 평화통일의 전제인 평화를 한반도에 정착시키는 수단으로서 차원 높은 통일전략이 필요했기 때문이라고 설명하고 박정희 대통령의 외교선언으로 우리는 본격적인 개방외교 시대의 막을 열었다고 말했습니다. 한편 국회는 박정희 대통령의 평화통일 외교선언이 평화를 지향하는 인류의 염원과 조국의 평화적 통일을 향한 오천만 민족의 지지를 받은 것이므로 이를 전폭적이고 초당적으로 지지한다는 결의문을 채택했습니다.

화면묘사

00:00 자막 “제87회 임시 국회”. 나뭇잎 배경
00:04 임시국회 전경. 태극기가 의장석 뒤에 걸려져 있음. 국회의원들이 자신의 자리에 앉아 있음
00:08 김종필 국무총리의 발언 장면
00:12 취재진이 카메라를 조절하는 모습 클로즈업
00:17 김종필 국무총리가 국회 앞에 나와서 인사를 하고 보고하고 있음
00:23 국회의원들에 의석에 앉아 김종필 국무총리의 이야기를 듣고 있음
00:27 김종필 국무총리가 보고하고 있는 모습
00:33 임시국회에 참석한 국회의원들
00:37 위에서 바라본 임시국회 전경. 의석에 앉아 있는 국회의원들과 발언하고 있는 김종필 국무총리 모습
00:48 임시국회에 참석한 시민들
00:51 임시국회 전경. 태극기가 의장석에 걸려져 있음. 의석에 앉아 있는 국회의원들

연구해제

이 영상은 1973년 '평화통일 외교정책에 관한 특별선언'(6·23선언)의 취지를 국회의원들에게 설명하기 위해 박정희 대통령의 요구로 소집된 제9대 제87회 임시국회의 모습이다. 김종필 국무총리는 1973년 6월 25일 개최된 임시국회에 참가해서 6·23선언에 대해 보고한 후 국회의원들로부터 질문을 받고 답변을 했는데, 이 영상에 그 모습이 담겨 있다.

1973년 6월 23일 박정희 대통령은 남북한 동시 유엔가입과 공산권과의 호혜평등 외교 천명을 주요 내용으로 하는 '6·23선언'을 발표했다. 6·23선언은 박정희 정부 입장에서는 현실적이고 유연한 대외정책을 수립한다는 차원에서 나온 결정이었다. 유엔 대표권 문제는 대한민국의 정통성 논리와 직결되어 있는 민감한 문제로 박정희 정부로서는 쉽지 않은 결정이었다. 그러나 데탕트로 가는 국제사회 분위기 속에서 대한민국의 유일 대표권을 관철시키는 것은 현실적으로 어려운 일이었다. 이에 박정희 정부는 남북한 유엔 동시가입을 전격적으로 제안하면서 과감한 정책전환으로 북한의 외교공세를 무의미하게 만들려고 했다.

그러나 6·23선언은 남북대화에 부정적으로 작용했다. 북한은 남북대화 과정에서 이미 여러 차례 '두 개의 한국론'과 '남북한 유엔 동시가입'에 반대한다는 입장을 일관되게 표명했다.

김일성은 6·23선언이 발표된 같은 날 저녁 곧바로 후일 이른바 '조국통일 5대 강령'으로 명명되는 5개 항의 통일방안을 발표했다. 김일성은 여기서 '군사적 문제의 우선적 해결', '각 정당 사회단체 대표들로 구성되는 '대민족회의' 소집', '고려연방공화국'이라는 단일 국호하에 남북연방제 실시' 등을 제안했다. 그리고 '고려연방공화국'이라는 국호를 갖는 단일국가로 유엔에 가입하자고 역 제안을 했다.

북측이 제안한 5개 항의 통일방안도 남측 입장에서는 수용하지 못할 것이었다. 이후락은 남북대화가 진행되는 동안 줄곧 북측 인사에게 대외적으로 일방적인 통일방안을 발표해서는 안 된다고 거듭 강조했다. 그러나 김일성의 5개 항 통일방안 공표로 일방적인 북의 통일공세가 다시 시작되었던 것이다.

마침내 1973년 8월 28일, 북은 김대중 납치사건과 6·23선언을 비난하고 이후락과 더 이상 대화할 수 없다며 남북대화를 일방적으로 중단한다는 성명서를 발표했다. 다음날

이후락 남북조절위원회 남측 공동위원장은 성명과 기자회견을 통해 이 성명의 철회를 요구하고 북측을 비난했는데, 이 모습은 대한뉴스 제947-02호 '남북대화에 관한 성명'에서 확인할 수 있다.

그러나 이후에도 남북대화가 중단되지는 않았다. 남북조절위원회의 경우 부위원장 회의 형식으로 1975년 5월까지 지속되었으며, 남북적십자회담은 실무회담의 형태로 1977년까지 계속되었다.

참고문헌

김지형, 『데탕트와 남북관계』, 선인, 2008.
홍석률, 『분단의 히스테리』, 창비, 2012.

해당호 전체 정보

938-01 남해대교

상영시간 | 01분 49초

영상요약 | 남해대교가 개통되었다. 개통식에 박정희 대통령이 참가하여 테이프 커팅을 하고 다리를 걷고 있는 모습을 보여주고 있다. 아울러 마을 주민들도 개통식에 참가한 후 다리를 건너고 있다.

938-02 대통령 신민당 총재 접견

상영시간 | 00분 28초

영상요약 | 신민당의 유진산 총재가 청와대로 박정희 대통령을 예방하였다. 박정희 대통령과 유진산 총재가 악수를 나누고 서로 이야기를 나누는 모습을 보여주고 있다.

938-03 제87회 임시국회 개회(박정희 대통령 요구)

상영시간 | 00분 59초

영상요약 | 박정희 대통령의 평화통일 외교선언을 다룰 제87회 임시국회가 박정희 대통령의 요구로 개회되었다. 임시국회에 참석한 국회의원들의 모습과 김종필 국무총리가 평화통일 외교선언에 대해 설명하고 있는 장면을 보여주고 있다.

938-04 한·일의원 간친회

상영시간 | 00분 50초

영상요약 | 한국과 일본 국회의원으로 구성된 한일의원 간친회 제2차 총회가 일본 도쿄에서 개최되었다. 김종필 국무총리와 다나카 일본 수상을 비롯한 여러 한일 국회의원이 참석하여 회의하는 장면을 보여주고 있다.

938-05 이런 일 저런 일

상영시간 | 03분 55초

영상요약 | 양지회 주최로 재해민 구호를 위한 자선의 밤 행사가 열렸다. 이날 행사에 박

정희 대통령을 비롯한 각계 인사들이 참석하였다. 무장간첩 두 명이 경찰에 검거되었다. 경찰이 간첩 검거에 관한 내용을 발표하고 있다. 발표현장 테이블에 간첩으로부터 압수한 물품이 전시되어 있다. 바다에서 어민들이 꽃게잡이를 하고 있다. 이후 꽃게를 상자에 담아서 포장을 한 후 수출하려고 하고 있다. 자전거 공장에서 자전거를 생산하는 모습이다. 완성된 자전거를 박스에 담아서 미국으로 수출하려고 하고 있다. 식생활 개선을 위한 전국 불교 지도자 대회가 서울에서 열렸다. 조계종, 태고종 스님들이 참석하였다. 육군 제7282부대는 충현탑을 세웠다. 충현탑 앞에서 한 인사가 참배를 하고 있다. 6·25 23주년을 맞이하여 제2회 고등학생 교련합동 사열과 실기대회가 개최되었다.

938-06　스포츠

상영시간 | 01분 27초

영상요약 | 서울운동장에서 개최된 제2회 한일축구정기전의 여러 장면을 보여주고 있다. 수많은 관중들이 서울운동장을 가득 메우고 있다. 한국 선수가 골을 넣자 관람객들이 환호하는 모습을 보여주고 있다.

종합제철(준공) (1973년 7월 7일)

제작정보			**영상정보**		
출 처	:	대한뉴스 939호	제공언어	:	한국어
제 작 사	:	국립영화제작소	컬 러	:	흑백
제작국가	:	대한민국	사 운 드	:	유

영상요약

1973년 7월 3일 포항 종합제철 공장이 완공되어 준공식이 개최되었다. 준공식에는 공장 노동자들을 비롯한 박정희 대통령, 여러 국내외 인사들이 참가하였다. 준공식 이후 박정희 대통령과 여러 인사들이 공장 내부 작업 현장을 시찰하고 있다.

내레이션

여기는 포항 종합제철 공장입니다. 1973년 7월 3일 착공된지 3년 3개월만에 10개 단위공장과 12개의 부대시설 등 계열공장이 모두 완공을 보아 이 종합제철 공장이 준공되었습니다. 이날 종합준공식에서 박정희 대통령은 공장건설에 공이 많은 국내외인사 15명에게 산업훈장과 산업포장을 주었습니다. 박 대통령은 치사를 통해 경부고속도로 비용의 3배인 1200억 원이 든 이 공장은 연간 103만 톤의 조강생산능력을 가지고 단일산업체로서는 우리나라에서 가장 큰 공장이지만은 1000만 톤 규모의 선진국에 비교한다면은 이것은 바로 우리의 출발이라고 말했습니다. 박 대통령은 이 공장을 1976년까지 260만 톤, 79년까지는 700만 톤 규모로 확장하는 한편 이와 병행해서 1000만 톤 규모의 제2종합제철건설을 계획하고 있다고 밝히면서 현재 정부가 추진중인 중화학공업이 순조롭게 진행되면은 80년대 초에는 명실공히 선진공업국 대열에 당당히 올라설 수 있을 것이라고 전망했습니다. 박 대통령은 이와 같은 중화학공업의 성장으로 80년대 초에 100억 달러 수출이 이루어질 때 그 60퍼센트의 60억 달러어치는 중화학공업제품이 될 것인바 이 포항종합제철 공장은 중화학공업을 지향하는 상징으로서도 매우 의의가 크다고 강조했습니다.

화면묘사

00:00 자막 "종합제철 준공". 나뭇잎 배경

00:04 포항 종합제철 공장의 전경

00:13 포항 종합제철 공장의 시설 클로즈업

00:20 용광로, 굴뚝을 비롯한 포항 종합제철 공장의 여러 시설들

00:26 풍선이 달린 태극기가 공중에서 휘날리고 있음

00:30 "경축 포항 종합제철 준공" 현수막. 포항 종합제철 준공식 전경. 준공식에 참가한 노동자들이 안전모를 쓰고 정렬해 서 있음

00:35 작업복, 작업신발, 안전모 등을 갖춘 노동자들이 차렷자세로 서 있는 옆모습

00:39 공장건설에 공이 많은 노동자들에게 박정희 대통령이 훈장을 수여하고 있음

00:59 준공식에 참가한 국내외 인사들이 박수를 치고 있음

01:03 "경축 포항 종합제철 준공" 현수막이 단상에 걸려 있음. 준공식에 참가한 노동자들의 뒷모습

01:07 박정희 대통령이 연설하고 있음

01:15 박정희 대통령의 이야기를 듣고 있는 노동자들 클로즈업

01:19 준공식에 참가한 국내외 인사들이 앉아서 박정희 대통령의 연설을 듣고 있음

01:22 준공식에 참가한 노동자들 클로즈업

01:25 포항 종합제철 공장의 여러 기계시설들

01:31 포항 종합제철 공장 내부 모습

01:35 공장내부에서 한 노동자가 작업복을 입고 쇳물로 작업을 하고 있음

01:41 작업복을 입은 노동자들이 불이 타오르는 쇳물로 작업하는 모습

01:44 공장 내부를 시찰하는 박정희 대통령과 공장 관리자들

01:50 공장 내부 시설이 가동되는 모습

01:59 한 노동자가 불꽃이 튀는 작업장에서 일하고 있음

02:02 공장 내부 작업 현장을 살펴보고 있는 박정희 대통령

02:07 공장 내부에서 기계가 가동되는 모습. 김이 모락모락 나고 있음

02:10 박정희 대통령과 여러 인사들이 공장 내부 작업현장을 살펴보고 있음

02:14 불에 달구어진 쇠 덩어리가 컨베이어 벨트로 운반되고 있음

02:16 공장 내부 기계가 가동되는 모습

02:19 포항 종합제철 공장 시설 외관 클로즈업

02:27 포항 종합제철 공장의 작업장 외관. 굴뚝 세 개가 솟아 있음

연구해제

본 영상은 1973년 7월 3일 포항 종합제철 공장이 완공되어 준공식이 개최된 현장 뉴스이다. 준공식에 참석한 공장 관계자들 및 박정희 대통령과 여러 국내외 인사들을 확인할 수 있으며 포항제철 공장 내에 설치된 다양한 시설도 등장한다.

'철강은 국력'이라는 인식 아래 정부의 철강산업 육성은 진작부터 추진되었다. 1962년부터 울산을 중심으로 종합제철소 건설을 위한 구체적인 계획이 진행되었고, 이것이 투자의 어려움으로 무산된 이후에도 제2차 경제개발5개년계획을 통해 철강산업이 중점사업으로 지정된 바 있다. 정부는 철강산업을 공업국가 건설을 위한 기간산업으로 간주하면서, 중공업과 방위산업 육성의 기반으로 의미 부여하였다.

이에 따라 한국정부는 미국정부의 반대에도 불구하고 투자유치에 나서, 1966년 8월 미국 코퍼스사를 중심으로 대한국제제철차관단(KISA)을 결성하고 1967년 가협정을 체결하는 등 종합제철소 건립사업에 박차를 가했다. 그러나 미국의 차관공여 중단 압박 및 국제부흥개발은행(IBRD)의 사업타당성을 문제 삼는 부정적 보고서가 잇달아 제출됨에 따라, 1969년 4월 미국 수출입은행의 차관공여 불가 방침이 최종통보 되는 시점을 전후해 KISA와의 기본협약은 무효화되었다.

그 후 박정희 대통령의 강력한 위임 아래 제철소 건설자금 및 기술협력을 둘러싼 한일교섭이 본격화하였다. 이를 위해 당시 포항제철 사장 박태준의 민간차원 비공식 교섭과 경제기획원의 정부차원 공식교섭이 동시에 진행되었다. 한국 측은 대일청구권 자금을 전용해 종합제철소 건립 재원으로 활용하는 방안을 모색했다. 다행히 일본은 한국의 종합제철소 건설에 호의적으로 나섰다. 일본 재계는 한국의 종합제철소 건설이 철강분야 플랜트 수출의 발판이 될 것으로 전망했다. 애초 일본정부는 청구권 자금 전용에 소극적이었나, 1969년에 들어 대일청구권 자금과 상업차관 1억 2,000만 달러를 종합제철 건설자금으로 제공하는 한일기본협약에 조인했다. 포항제철 건설을 위한 경제협력에 관해 일본은 대한경제진출과 플랜트 수출의 계기로 활용하고, 철강기술 및 연관 산업에서 한일분업체계를 구축한다는 장 · 단기적 경제논리를 추구하였다. 아울러 한반도와 동아시아의 정치적 안정과 군사적 평화가 일본의 안정과 번영으로 연결된다는 정치군사적 논리도 작용하였다.

이를 통해 추진된 종합제철 1기 공사는 1970년 4월 1일 공사를 시작했고, 내외자 1,215억 원을 들여 3년 3개월 만에 완공했다. 포항제철의 준공식에는 영상에서 볼 수 있듯이 대통령을 비롯해 이낙선 상공부장관 등 많은 관계 인사들이 참석하였다. 설립 당시 총자본금 16억 원 중 재무부가 56.2%, 대한중석이 43.8% 차지하고 있었기 때문에 완전한 국가소유 기업이었다.

포항제철은 일관생산체제를 갖춘 10개 공장과 12개 설비로 구성되어 있어, 연간 103만 2,000톤 규모의 조강 생산과 선철 95만 톤, 열연코일 60만 6,500톤, 후판 18만 4,000톤, 강판 14만 1,000톤을 생산하여 조선 공업 등 철강재를 원료로 사용하는 산업에 공급하게 되었다. 이로써 조선공업을 비롯한 자동차, 기계, 기타 연관 공업의 발전을 촉진할 수 있었으며, 철강재의 수입대체 효과로 큰 외화절약을 가져올 수 있었다. 1기 공사 준공 이후 포항제철은 지속적으로 규모를 확장하며 한국경제성장의 동력으로 자리 잡았다.

참고문헌

「박대통령 참석 포항종합제철 준공」, 『경향신문』, 1973년 7월 3일.
「초석다진 경제자립」, 『경향신문』, 1973년 7월 3일.
류상영, 「포항제철 성장의 정치경제학」, 『한국정치학회보』 35-2, 2001.
장세훈, 「포항제철 설립의 정치사회학」, 『공간과 사회』 44, 2013.

해당호 전체 정보

939-01 종합제철(준공)

상영시간 | 01분 32초

영상요약 | 1973년 7월 3일 포항 종합제철 공장이 완공되어 준공식이 개최되었다. 준공식에는 공장 노동자들을 비롯한 박정희 대통령, 여러 국내외 인사들이 참가하였다. 준공식 이후 박정희 대통령과 여러 인사들이 공장 내부 작업 현장을 시찰하고 있다.

939-02 불국사 복원

상영시간 | 02분 54초

영상요약 | 경주 불국사 복원이 완성되었다. 박정희 대통령이 불국사 복원 준공을 기념하여 직접 현판을 제작하였다. 박정희 대통령은 복원 준공식 이후 안내원의 설명을 들으며 불국사를 구경하고 있다. 불국사 복원 준공식에 앞서 화랑의 집이 개관되었다. 신라 화랑의 유적지에 세워진 화랑의 집은 청소년들에게 화랑의 얼을 심어주기 위한 수련당이다. 아울러 박정희 대통령이 미추왕릉지구 고분 발굴 현장을 방문하여 구경하고 있다.

939-03 이런 일 저런 일

상영시간 | 05분 00초

영상요약 | 경상남도 초,중,고등학생 대표가 박정희 대통령을 예방하여 방위 성금을 전달하고 있다. 육군보안 사령부에서는 간첩 검거 상황을 발표하고 있다. 발표 현장에 많은 취재진들이 모였다. 아울러 간첩으로부터 압수한 물품들을 전시하고 있다. 각 직장과 지역 향토예비군들의 훈련 모습을 보여주고 있다. 한국화재보험협회 발족식의 장면이다. 안전점검요원들이 사무실의 전선 등을 살펴보며 점검을 하고 있다. 신광기업에서 식물재배와 살균용 램프를 생산하는 모습이다. 서울시는 직장 단위 새마을 운동을 중간 평가하는 비교 평가회를 가졌다. 강원도 원성군 신림면에 있는 신림 가나안 농군학교는 제1기생 수료식을 가졌습니다. 농군학교 학생들이 삽으로 땅을 개간하는 모습을 보여주고 있

다. 동해 울릉도에서 주민들이 토목공사를 하고 있다. 여인들이 밭에서 씀바귀 풀을 재배, 채취해서 소 먹이로 사용하고 있다. 울릉도의 자연경관도 보여주고 있다.

이런 일 저런 일(전국새마을여성경진대회) (1973년 11월 3일)

제작정보		영상정보	
출처	대한뉴스 956호	제공언어	한국어
제작사	국립영화제작소	컬러	흑백
제작국가	대한민국	사운드	유

영상요약

경복궁에서 개최한 전국새마을여성경진대회를 보여주는 영상이다. 영부인 육영수가 대회 우승자에게 트로피를 전달하는 모습을 보여준다. 이외에도 제8회 전국 기능공 경기대회, 백마 3용사 동상 제막식 영상을 담고 있다.

내레이션

제22회 국제 기능 올림픽 파견 선수 예비 선발을 겸한 제8회 전국 기능공 경기대회가 서울에서 열렸습니다. 박정희 대통령은 선반, 전자기 조립, 목공 등 여러 종목에 달하는 기능 경기 실황을 돌아보고 선수들을 격려했습니다. 이번 대회는 금속, 기계, 전기, 건축, 조제 등 모두 서른아홉 개 직종에 걸쳐 경기가 벌어졌는데 여기서 우수한 성적으로 입상한 선수는 1974년도 포르투갈 리스본에서 열리는 제22회 국제 기능 올림픽 대회 파견 후보 선수로 선발됐습니다. 한독 부산 직업훈련원이 새로 개원됐습니다. 이날 개원식에서 김종필 국무총리는 100억 달러 수출, 국민소득 1,000달러 달성을 위해서는 새로운 기능공 150만 명이 필요한데 이 훈련원이 문을 열게 된 것은 국가적 경사라고 말했습니다. 그런데 이 훈련원에서는 앞으로 한 해에 2,700여 명의 기술 기능공을 길러내게 됩니다. 이곳 경복궁에서는 전국새마을여성경진대회가 베풀어졌습니다. 대통령 영부인 육영수 여사는 이 자리에서 주부들이 여가를 선용해서 좋은 작품을 많이 만들어내고 또 여러 가지 기술을 개발함으로써 농촌 소득 증대에 도움이 되는 것은 기쁜 일이라고 말했습니다. 이번 대회에서 옥수수 껍질로 핸드백을 만든 경기도 평창의 최계월 씨가 최고 성적으로 상금 1백만 원을 받았습니다. 이것은 서민들의 주택난 해소를 위한 조립식 주택입니다. 한성 프리페브 회사가 우리나라 처음으로 서울 영동지구와 개봉동 지구에 1,648세대군 조립식 주택을 짓고 있습니다. 조립식 주택은 공장에서 건축 자재를 직접 만들어 공사 현장으로 운반하기 때문에 겨울철에도 차질 없이 건축을 할 수가 있습니다. 조립식 건축방법은 건축비가 적게 들고 공사기간이 단축되며 시공이 손쉽고 자재의 규격화로 주택의 표준화를 기할 수 있습니다. 백마 부대는 파월 개선 기념으로 서울 어린이대공원에 백마 3용사의 동상을 세웠습니다. 동상에 세워진 고 강승우 소위, 고 안영권 하사, 고 오규봉 하사 등 세 용사는 6·25전란 때 백마 고지에서 빛나는 무공을 세우고 산화한 호국의 영령들입니다. 여기는 경기도 화성군 오산리. 제1회 경기도 농기계 기능경진대회가 베풀어진 곳입니다. 농민들의 과학 기술 증진과 현대화에 앞장선 일꾼의 선발과 포상, 그리고 청소년과 부녀자의 숨은 기능 개발을 위해 열린 이번 경진대회에는 도내 25개 시군에서 102명의 남녀 선수들이 참여해서 기능 경진을 벌였습니다. 관광호텔과 국제여행 알선업체 대표자들이 이곳 속리산에 모여 73년도 제3차 경영자 교육을 실시했습니다. 관광업체의 대표자들은 국가관의 확립과 정부의 관광 진흥 시책, 보안 교육을 받는 한편 관광 한국의 이미지 개선을 위한 세미나도 가졌습니다.

화면묘사

00:00 자막 "이런일 저런일". 단풍잎 배경
00:04 제8회 전국 기능공 대회에 참가한 수많은 학생들
00:09 박정희 대통령이 전국 기능공 대회에서 작업을 하는 참가자들의 모습을 둘러보고 있다.
00:22 대회 참가자들이 천으로 작업을 하고 있음
00:27 박정희 대통령이 기계를 사용하여 금속판을 다루는 대회 참가자를 지켜보고 있음
00:37 기계를 작동시키고 있는 모습 클로즈업
00:43 전자 기기로 작업을 하고 있는 대회 참가자들을 둘러보는 박정희 대통령
00:53 한독부산직업훈련원 개원식 전경. "한독부산직업훈련원 개원식" 현수막과 개원식에 참가한 참가자들
00:58 개원식에서 치사를 하는 김종필 국무총리
01:02 개원식에 참가한 남자 기능공들
01:07 개원식에 참가한 해외 인사들
01:12 훈련생이 용접을 하고 있음
01:16 훈련원에서 실습을 하고 있는 훈련생들을 구경하는 김종필 국무총리
01:21 용접을 하고 있는 훈련생들
01:24 전기에 관한 실습을 하고 있는 훈련생을 지켜보는 여러 인사들
01:29 경복궁 경회루 전경. 연못에 오리들이 헤엄을 치고 있음
01:33 전국 새마을 여성 경진대회에서 수를 놓고 있는 여인
01:36 실로 작업을 하고 있는 여인
01:39 베틀을 짜고 있는 여인
01:42 짚을 꼬아서 물건을 만들고 있는 여인
01:47 완성된 주부들의 작품들이 늘어져 있음. 경진대회를 구경하는 인사들
01:51 여인들이 만든 바구니, 핸드백, 돗자리 등이 전시되어 있음

01:54 육영수 여사가 수상자에게 트로피를 전달하고 있음
01:56 부녀자가 상금을 받고 있음
01:59 수상자들이 일렬로 상패를 선보인 채 앉아 있음. 육영수 여사가 수상자 한명 한명과 악수를 나누고 있음
02:03 수상자들이 상패와 상금봉투를 보이고 있음
02:07 조립식 주택건설 공사현장
02:16 주택건설공사 현장에서 작업을 하는 노동자
02:20 탑차로 건축자재를 운반하는 모습들
02:28 탑차로 운반된 자재로 주택건설공사를 하는 노동자들의 여러 모습
02:39 조립식 주택 건설 공사 현장
02:46 아파트 건설 공사 현장 전경
02:50 서울 어린이대공원에 세워진 백마3용사 동상 제막식에 참가한 국군장병들
02:54 백마3용사 동상의 제막식 장면
03:03 "백마고지 삼용사의 상" 현판
03:06 백마3용사 동상 앞에서 분향을 하고 거수경례를 하는 군인
03:12 백마3용사 동상 모습. 가운데에 총을 든 팔을 위로 올리고 서 있는 용사와 양옆에 싸울 태세를 갖춘 두 용사들
03:16 경기도 농기계기능경진대회에 참가한 수많은 참가자들. 참가자들이 모두 열중쉬어자세를 하고 있음
03:19 대회 참가자와 한 인사가 농기계 앞에서 서로 이야기를 나누고 있음
03:23 밭에서 농기계를 작동시키는 대회 참가자들
03:30 농기계를 운전하는 모습 클로즈업
03:33 농기계의 바퀴가 돌아가는 모습 클로즈업
03:34 농기계를 운전하는 여성 참가자
03:40 농기계를 조립하는 대회 참가자들
03:47 관광호텔과 국제여행 알선업체 대표자들을 대상으로 하는 73년도 제3차 경영자 교육이 개최되는 속리산 연수원 건물 외관
03:51 "환영 73년도 제3차 관광호텔 및 국제여행 알선업 경영자 교육" 현수막
03:54 "73년도 제3차 경영자 교육" 현수막과 태극기가 걸려 있음. 치사를 하는 인사의

모습. 경영자 교육에 참석한 참가자들
04:05 속리산 법주사의 팔상전과 미륵불상

연구해제

이 영상은 1973년 10월 말경 있었던 다양한 소식을 전하고 있는데, 그중 10월 25일 경복궁 경회루에서 열린 제1회 전국새마을여성경진대회의 모습을 스케치한 부분에 대해 부연설명 하고자 한다. 이날 대회는 '육영수 여사 배'로 문화방송에서 주최하였고, 53명의 여성들이 참석하여 목각, 세공품, 뜨개질 등 다양한 수공예품을 만들어 전시하였다. 이날 행사에서 영부인 육영수는 "주부들이 여가를 선용해서 좋은 작품을 많이 만들어내고 또 여러 가지 기술을 개발함으로써 농촌 소득 증대에 도움이 되는 것은 기쁜 일"이라고 치사하였다.

여성들의 새마을 근로정신 함양 촉진을 그 목적으로 1973년 처음 개최된 이 대회는, 명칭이 '육영수 여사 배'라는 것에서도 알 수 있듯이 청와대의 지원으로 발효한 것이었다. 1976년의 대회를 앞두고 대통령비서실 정무 제2비서관실은 박정희 대통령에게 대회의 내용을 보고하고 서명을 받았으며, 참가종목과 상금수여 계획까지 구체적으로 문서에 명시하였다.

영부인의 치사는 "주부들이 여가를 선용해서..."라고 하였지만 실질적으로 이 대회는 여성의 기술개발을 통한 농촌 소득증대 기여와 여성들의 새마을운동에 대한 책임감 제고를 목적으로 시작된 것이었다. 특히 제1회 대회에서 우승을 차지한 작품(옥수수껍질 핸드백)은 1976년 '새마을공장' 생산품목으로 지정되었는데, 해태제과가 강원도 평창에 공장을 세우고 전화받침대, 꽃바구니, 핸드백 등 8종의 제품을 생산하여 일본과 미국으로 수출하였다. 새마을공장은 1970년대 농촌 농외소득증대사업의 일환으로 입안된 것으로, 정부는 각 기업에게 농촌 유휴노동력(농한기 노동력)을 고용하는 '새마을공장'을 지방에 건설·운영토록 지시하였다. 그러나 이처럼 새마을운동의 여성참여 유도와 농촌소득증대사업를 목표로 시행된 육영수 여사 배 전국새마을여성경진대회는 육영수가 죽은 이후 오래 지속되지 못하고 1976년까지만 개최되었다.

참고문헌

「육여사, 여성경진대회 참석」, 『경향신문』, 1973년 10월 26일.

「해태제과 '옥수수껍질'로 제품생산」, 『매일경제신문』, 1976년 10월 2일.

대통령비서실, 「제4회 육영수배 하사 전국새마을 여성경진대회개최 계획보고」, 1976.

해당호 전체 정보

956-01 제6비교공장 충주에 준공

상영시간 | 01분 43초

영상요약 | 충주에 암모니아를 생산하는 제6비료공장이 세워졌다. 박정희 대통령이 준공식에 참가하여 치사를 한 후 가동 중인 공장을 시찰하는 모습을 보여주고 있다.

956-02 농촌 연료채취 현지교육

상영시간 | 01분 17초

영상요약 | 경기도 화성군 태안면 야산에서 산림공무원과 부랑민을 대상으로 하는 농촌 연료채취 현지교육이 열렸다. 교육생들이 교육을 받는 모습과 박정희 대통령이 교육현장을 둘러보면서 교육 관계자와 이야기를 나누는 모습을 보여주고 있다.

956-03 이런 일 저런 일

상영시간 | 04분 12초

영상요약 | 제8회 전국 기능공 경기대회가 서울에서 열렸다. 한독부산직업훈련원이 새로 개원되었다. 개원식에서 김종필 총리가 치사를 하였다. 경복궁에서 전국새마을여성경진대회가 열렸다. 경진대회에 참가한 여성들이 작품을 만들고 있다. 영부인 육영수가 대회 우승자에게 트로피를 전달하였다. 조립식 주택 건설공사 현장 모습이다. 서울 어린이대공원에 백마 3용사 동상의 제막식이 열렸다. 경기도 화성군 오산리에서 제1회 경기도 농기계 기능경진대회가 열렸다. 관광호텔과 국제여행 알선업체 대표자들이 속리산에 모여 73년도 제3차 경영자 교육을 실시하였다.

956-04 전국 민속예술 경연대회

상영시간 | 01분 05초

영상요약 | 제14회 전국 민속예술 경연대회가 청주 공설운동장에서 열렸다. 부산의 좌수

영 어방놀이, 전라남도의 남도농악, 경상북도 안동 논매기 노래 등 여러 민속 예술 공연장면들을 보여주고 있다.

956-05 스포츠

상영시간 | 01분 32초

영상요약 | 전국 어머니 배구대회가 서울에서 개최되었다. 육영수 여사가 참가하여 대회를 구경하고 있다. 상록회 부인들의 매스게임 장면과 배구 경기 장면, 그리고 관중석에서 어머니들이 응원하는 모습 등을 보여주고 있다.

956-06 [표어] 간첩과는 대화없다 신고하여 뿌리뽑자

상영시간 | 00분 05초

영상요약 | 표어 "간첩과는 대화없다 신고하여 뿌리뽑자"

생산적 교육으로 기능공 양성을 (1973년 11월 10일)

제작정보		영상정보	
출 처	대한뉴스 957호	제공언어	한국어
제 작 사	국립영화제작소	컬 러	흑백
제작국가	대한민국	사 운 드	유

영상요약

박정희 대통령이 기능공 양성 유공자들에게 훈장, 표창을 수여하는 모습이다. 아울러 직업학교에서 학생들이 체육활동, 교과목 수업, 실습교육 등을 받는 모습을 보여주고 있다. 한국영농학생연합회 전진대회가 수원에 있는 서울대학교 농과대학에서 열렸다.

대회에서 영농학생 표창을 받는 모습과 선서문을 낭독하는 모습 등을 보여주고 있다.

내레이션

박정희 대통령은 수출진흥확대회의에서 기능공 양성에 공이 많은 한독직업학교 천천수 교장에게 은탑산업훈장을, 그리고 이 학교 교무주임 강선보 교사에게 석탑산업훈장을, 또한 한성실업 김용순 씨에게는 대통령 표창을 했습니다. 박 대통령은 이 자리에서 기능공 양성에 공이 많은 교육자들이야 말로 진실하고 훌륭한 교육자로서 마땅히 우리 사회에서 거울로 받아들여져야 한다고 강조하면서 앞으로도 기능공 양성 등 국가시책에 부흥하는 생산적 교육, 국적있는 교육발전에 이바지하는 유공교육자들을 계속 찾아내서 표창하도록 하라고 관계관에게 지시했습니다. 그런데 지금 화면에 나타난 이 직업학교가 이번에 대통령 표창을 받은 김용순 씨가 설립한 경기도 양주군 마석리의 심석실업고등학교입니다. 이 학교는 섬유공업을 위주로 하는 섬유기술학교로서 농촌소득증대와 기술보급으로 더 잘 사는 고장을 만들기 위해 설립된 학교인데, 대부분의 학생이 장학금 혜택을 받아 3년간 교육을 받고 졸업하면은 전원이 섬유계 대기업체로 취업돼 나갑니다. 한편 영농의 과학화를 위한 한국영농학생연합회 전진대회가 수원에 있는 서울대학교 농과대학에서 열렸습니다. 전국 농업계 고등학교 학생과 실업계 고등학교 학생들이 모인 이 전진대회에서 모범 영농학생 열한 명과 전국 열한 개 우수 영농학생회에 대한 표창이 있었습니다. 이날 영농학생들은 창의와 성실과 책임이란 표어를 내걸고 교육입국을 위한 많은 일들을 해낼 것을 다짐했습니다.

화면묘사

00:00 자막 “생산적 교육으로 기능공 양성을”. 단풍잎 배경
00:04 기능공 양성 유공자들이 일렬로 서 있음
00:09 박정희 대통령이 기능공 양성 유공자들에게 훈장, 표창을 수여하고 있음
00:40 운동장에서 학생들이 체육을 하고 있음
00:44 학생들이 야구 등 체육을 하고 있음. 이를 지켜보며 이야기를 나누는 교사들
00:56 칠판에 판서를 하며 수업을 하는 선생님

01:02 교실에서 책을 펼쳐놓고 수업을 듣고 있는 남학생들
01:09 영어 수업을 하고 있는 선생님
01:14 필기를 하며 수업을 듣고 있는 여학생들
01:18 재봉틀 앞에서 실습을 하고 있는 여학생들
01:29 실습교육현장에서 선생님이 학생들을 지도하고 있음
01:33 재봉틀 앞에서 실습을 하는 여학생들과 학생들을 지도하는 선생님들
01:38 한국영농학생연합회 전진대회에 참가한 학생들
01:48 한 학생이 삽을 받고 있음
01:52 박수를 치는 대회 참가자들
01:56 학생 대표가 선서문을 낭독하고 있음
02:00 대회에 참가한 학생들
02:04 곡식, 옥수수, 과일 등 농산물들이 전시되어 있음
02:11 농기구를 살펴보고 있는 인사들

연구해제

이 영상은 1973년 10월 31일 수출진흥확대회의에서 박정희 대통령이 기능공 양성 유공자에게 산업훈장 및 대통령 표창을 하는 장면과 각 지역의 기능공 양성학교, 산업체 부설학교의 활동모습을 두루 보여주고 있다. 이날 수출진흥확대회의에서 한독직업학교 천천수 교장은 은탑산업훈장, 교무주임 강선보는 석탑산업훈장, 한성실업 김용순은 대통령 표창을 받았다. 박정희 대통령은 이날 유공자 표창식에서 기능공 양성을 "국가시책에 부응하는 생산적 교육, 국적있는 교육"이라 규정하고 앞으로 더 전진해나갈 것을 당부했다. 또한 영상에서는 김용순이 운영하는 경기도 양주군 마석리의 심석실업고등학교에서 공업실무교육과 교과교육을 받고 있는 여학생(예비 여성노동자)들의 모습을 보여준다.

1973년 3월에 개정된 「직업훈련법」은 기능공을 1~5급으로 세분화하고, 기능검정도 노동청장뿐 아니라 노동청장이 위탁한 기관(인물)이 수행할 수 있도록 했다. 노동청은 이 같은 법안 개정을 통하여 대기업체가 운영하는 특수직업훈련소를 의무화하고, 영세기업체를 위하여 공공직업훈련소를 활용하고자 했다. 이러한 직업훈련제도 및 기능공 양

성제도의 정비는 1차적으로 1970년대 중화학공업화 추진을 위한 고급 기술인력의 확보, 기능공 육성을 통한 임금문제 해결을 목표로 하고 있었다. 이 같은 과정에서 박정희 정권은 기업의 직업훈련소 설치, 기능공 육성, 노동시장의 문제해결 등을 '국가를 위한 생산적 시책'으로 통합하는 방식을 선택하였다.

이 같은 1973년 정부의 직업훈련소에 대한 강조는 같은 해 대한뉴스 제954호 부산 한독직업훈련원, 955호 보광동 정수직업훈련원 등의 보도에서도 잘 드러난다.

참고문헌

「노동청 방침 기능공양성 강화」, 『매일경제신문』, 1973년 3월 14일.

「"국가시책에 부응" 생산적 교육 헌신, 박대통령, 기능공양성유공자 표창」, 『경향신문』, 1973년 10월 31일.

「직업훈련법」(법률 제2606호), 국가법령정보센터(www.law.go.kr).

해당호 전체 정보

957-01 영동교개통

상영시간 | 01분 21초

영상요약 | 영동대교가 개통되었다. 박정희 대통령이 개통식에 참가하여 개통 테이프를 끊고 영동교 주변을 시찰하고 있다. 아울러 남부순환도로 역시 개통되어 남부순환도로를 달리는 자동차들을 보여주고 있다.

957-02 생산적 교육으로 기능공 양성을

상영시간 | 02분 14초

영상요약 | 박정희 대통령이 기능공 양성 유공자들에게 훈장, 표창을 수여하는 모습이다. 직업학교에서 학생들이 체육활동, 교과목 수업, 실습교육 등을 받는 모습을 보여주고 있다. 한국영농학생연합회 전진대회가 수원에 있는 서울대학교 농과대학에서 열렸다. 대회에서 영농학생 표창을 받는 모습과 선서문을 낭독하는 모습 등을 보여주고 있다.

957-03 이런 일 저런 일

상영시간 | 03분 32초

영상요약 | 대한적십자사 창립 24주년 기념식이 열렸다. 기념식에서 김종필 국무총리가 모범간호원에게 나이팅게일 기장을 수여하고 있다. 경향신문사가 제정한 제1회 금석상 시상식 장면이다. 대한결핵협회 창립 20주년 기념식 모습이다. 결핵퇴치에 공이 많은 인사들을 표창하고 있다. 서울시는 시민들의 월동 대책을 위한 연료 전시회를 개최하였다. 연료전시회에 보일러, 전기장판, 연탄 연소기구 등이 첫 선을 보였다. 산업단지를 구경하는 산업관광의 모습이다. 산업관광객들이 공장단지를 방문하여 공장을 구경하고 있다. 충청북도 충주에서 우륵을 추모하는 우륵제가 열렸다. 서울운동장에서 제1회 국제친선 오토바이 경기대회가 열렸다.

국민교육헌장 선포 다섯돌 (1973년 12월 15일)

제작정보		
출처	:	대한뉴스 962호
제작사	:	국립영화제작소
제작국가	:	대한민국

영상정보		
제공언어	:	한국어
컬러	:	흑백
사운드	:	유

영상요약

1973년 12월 5일 서울 장충동 국립극장에서 국민교육헌장 선포 제5주년 기념식이 개최되었다. 박정희 대통령이 교육 공로자들에게 훈장을 수여하고 기념식 치사를 하고 있는 모습을 보여주고 있다.

내레이션

12월 5일 서울 장충동 국립극장에서는 국민교육헌장 선포 다섯돌 기념식이 열렸습니다. 이날 박정희 대통령은 충남대학교 총장 박희범 씨와 원광대학교 총장 박길진 씨 등 교육공로자들에게 국민훈장 모란장을 달아 주었습니다. 이밖에도 1,785명의 각급학교 교사들이 국민훈장 목련장과 석류장을 비롯해서 국민포장, 대통령 표창, 국무총리 표창, 문교부장관 표창 등을 받았습니다. 박정희 대통령은 치사를 통해 우리가 착실한 발전을 해 나가기 위해서는 먼저 국력배양을 가속화 해나가야 한다고 말하고 이를 위해서는 지식인들의 헌신적인 참여와 기여가 절대적으로 필요하다고 강조했습니다. 박 대통령은 또 민족중흥을 위한 기본이념인 동시에 10월유신의 실천강령인 국민교육헌장의 생활화에 국민 모두가 더 한층 분발하고 국민총화의 힘으로 유신과업 수행에 계속 전진해 나가자고 말했습니다. 그런데 국민교육헌장은 지난 1968년 12월 5일에 선포된 이래 새마을정신과 함께 우리나라 교육의 정신적 지주가 되어 왔습니다.

화면묘사

00:00 자막 "국민교육헌장 선포 다섯돌"
00:04 서울 장충동 국립극장에 "국민교육헌장 선포 제5주년" 현수막이 걸려 있음
00:09 박정희 대통령이 국민교육헌장 선포 5주년 기념식에 등장하고 있음
00:13 기념식에 참가한 여러 인사들
00:18 박정희 대통령이 교육 공로자들에게 훈장을 수여하고 있음
01:04 박수를 치고 있는 기념식 참가자들
01:13 "국민교육헌장선포 제5주년" 현수막과 태극기가 걸려 있는 기념식 단상
01:18 박정희 대통령이 기념식 치사를 하고 있음
01:28 박정희 대통령의 치사를 듣고 있는 기념식 참가자들
01:32 기념식 참가자들의 모습
01:39 박정희 대통령이 치사를 하고 있는 기념식 단상 모습과 기념식 참가자들

연구해제

이 영상은 해마다 성대하게 개최된 국민교육헌장 선포 기념식 중 하나를 담고 있다. 기념식이 열리고 있는 장충동 국립극장 대강당은 양복을 차려입은 사람들이 관객석을 가득 채우고 있다. 질서 정연하게 정자세로 앉아 있는 사람들의 모습은 엄숙해 보일 정도이다. 이들은 국민교육헌장의 정신을 강조하는 박정희 대통령의 연설을 주의 깊게 듣고 있다. 강력한 국가주의 이데올로기가 작용하고 있는 하나의 단면이라고 볼 수 있을 것이다. 영상에서는 국민교육헌장 제정에 주요한 역할을 했던 박희범이 박정희에게 직접 훈장을 받는 모습을 볼 수 있어 인상적이다.

박정희 정권은 집권 초기부터 강력한 정치 수단을 동원하여 전 영역에 걸쳐 경제성장 제일주의를 표방했다. 교육 부문 역시 마찬가지였다. 교육계는 경제성장 제일주의와 같은 정치적 이념을 국민교육을 통해 전파시키는 역할을 맡게 된 동시에, 경제성장을 주도해 나갈 인력을 개발하는 역할을 맡게 되었다. 특히 제1,2차 경제개발계획이 진행되고 있었던 1960년대 초중반, 정부가 장기적인 국가 발전 계획을 구상하고 진행하는 과정에서 국가의 건설을 위해 필요한 기술 인력을 배출할 수 있을 만큼의 교육제도 정비는 필수적이었다.

1960년대 중반까지 박정희 정권은 '발전'을 강조하면서 일시적인 승리를 이끌어냈다. 그렇지만, 동시에 불균등한 경제개발은 지역, 계층, 세대 간의 갈등을 초래하여 비판적인 세력들을 결집시키는 결과도 초래하였다. 이에 박정희는 정권에 대한 불만을 잠재우기 위한 방안으로서 '정신개조운동'과 '제2경제론'을 제창한다. 박정희는 '제2경제'를 "이후 근대화 과정에 있어서의 외부적인 경제발전을 뒷받침하는 정신적 자세"라고 정의하였다. 제2경제의 모호한 표현들은 1968년 "국민교육헌장"으로 구체화되어 국민의 '가치관 형성'의 지표가 되었다.

1960년대 당시 한국의 지도급 지식인들과 교육자들이 제정과정에 대거 참여하였고, 국회의 의결을 받아 공식적으로 확정된 "국민교육헌장"은 발표되자마자 문교부에 의해 각 급 학교와 기관에 배부되었다. 전국의 학생과 공무원들은 국민교육헌장을 암송해야 했고, 각종 행사에서는 반드시 그 전문을 낭독해야 했다. 박정희는 매년 국민교육헌장 선포 기념식에 참석하여 축사를 낭독하였고, 연두교서나 기자회견에서는 국민교육헌장의 정신을 강조했다. 박정희는 특히 '나를 확대한 것이 즉 우리국가'라는 부분에 중점을 두었다. 개인은 국가에 소속된 존재로서, 개인의 운명은 국가의 운명과 일치하기 때문에, 개인의 국가에 대한 희생과 봉사는 당연한 것이라는 논리를 보여주는 것이었다. 강력한 국가주의적 이데올로기가 반영되어 있었던 것이다.

참고문헌

오성철, 「박정희의 국가주의 교육론과 경제성장」, 『역사문제연구』 11, 2003.

전재호, 『박정희 체제의 민족주의 연구』, 서강대학교 박사학위논문, 1998.

황병주, 「국민교육헌장과 박정희 체제의 지배담론」, 『역사문제연구』 15, 2005.

해당호 전체 정보

962-01 국민교육헌장 선포 다섯돌

상영시간 | 01분 52초

영상요약 | 1973년 12월 5일 서울 장충동 국립극장에서 국민교육헌장 선포 제5주년 기념식이 개최되었다. 박정희 대통령이 교육 공로자들에게 훈장을 수여하고 기념식 치사를 하고 있는 모습을 보여주고 있다.

962-02 제25회 세계인권선언일

상영시간 | 01분 10초

영상요약 | 제25회 세계인권선언 기념식이 서울에서 열렸다. 김종필 국무총리가 인권옹호 유공자들을 표창하고 기념식 치사를 하고 있다. 법무부 인권옹호과에서 시민들이 법무부 공무원들과 법률 관련 상담을 하고 있는 모습을 보여주고 있다.

962-03 이런 일 저런 일

상영시간 | 04분 18초

영상요약 | 육군 주요 지휘관 회의 장면이다. 제1회 새마을 어머니 기술봉사대회가 서울에서 열렸다. 철도청은 10년 이상 30년간 무사고로 운전 업무에 종사한 모범 기관사들을 표창하였다. 경상북도 청송군 진보면 광덕동에 광덕교가 개통되었다. 개통식에서 새마을 지도자를 표창하고 마을 인사들이 테이프 커팅을 하는 모습을 보여주고 있다. 볏짚으로 침구를 만드는 모습이다. 서울 신문회관에서 불교판화 전시회가 열렸다. 관악산 망해봉에 위치한 안양항공무선표지소이다. 교통부는 안양항공무선표지소에서 일하는 노동자들에게 위문품을 전달하였다. 안양항공무선표지소 노동자들이 일하는 모습과 부업으로 가축을 기르는 모습이다. 노산 가곡의 밤에서 가고파 후편을 합창하고 있다.

962-04 댐 건설

상영시간 | 01분 20초

영상요약 | 낙동강 상류 안동 다목적댐 건설 공사 현장과 한강 상류 팔당댐 공사현장을 보여주고 있다. 아울러 마지막 정비 공사중인 팔당수력발전소의 모습을 보여주고 있다.

962-05 [표어] 벽틈조심 문틈조심 우리모두 가스조심

상영시간 | 00분 06초

영상요약 | 표어 "벽틈조심 문틈조심 우리모두 가스조심"

대통령 긴급조치 선포 (1974년 1월 5일)

제작정보

출 처 : 대한뉴스 965호
제 작 사 : 국립영화제작소
제작국가 : 대한민국

영상정보

제공언어 : 한국어
컬 러 : 흑백
사 운 드 : 유

영상요약

박정희 대통령은 김성진 청와대 대변인을 통해 대통령 긴급조치를 선포한다고 밝혔다. 김성진 청와대 대변인이 많은 취재진들 앞에서 발표하는 모습과 박정희 대통령이 청와대로 국군 장교들을 불러들여서 긴급조치 2호에 따라 설치된 비상고등군법회의와 비상보통군법회의 재판장 임명장을 수여하는 영상을 담고 있다.

내레이션

우리 국민총의에 의하여 제정된 헌정질서를 유지하고 나라의 안정을 위하여 1월 8일 박정희 대통령은 헌법 제53조에 의한 대통령 긴급조치를 선포하여 대한민국 헌법을 부정, 반대, 왜곡 또는 비방하는 일체 행위를 금하고 헌법의 개정 또는 폐지를 주장하거나 **, 제안, 청원하는 일체 행위를 금하며 유언비어를 날조, 유포하는 일체 행위를 금한다고 밝혔습니다. 그리고 헌정질서 파괴를 권유, 선동, 선전하거나 방송보도, 출판, 기타 방법으로 이를 다른 사람에게 알리는 일체 언동을 금하고 이 조치에 위반하거나 비방한 자는 법관의 영장없이 체포, 구속, 압수 수색하며 비상군법회의에서 심판, 처단하기로 했습니다. 이번 조치는 나라의 안정을 도모한 부득이한 조치로서 국민생활에는 추호의 불편도 없는 것입니다. 박정희 대통령은 대통령 긴급조치 제2호에 따라 설치된 비상고등군법회의 재판장에 이세호 대장을 그리고 비상보통군법회의 제1심판부 재판장에 박희동 중장을, 제2심판부 재판장에 박현식 중장을, 제3심판부 재판장에 유병현 중장을 임명했습니다.

화면묘사

00:00 자막 "대통령 긴급조치 선포"
00:03 김성진 청와대 대변인이 발표를 하고 있음. 이를 취재하는 취재진들
00:12 김성진 청와대 대변인이 자료를 보며 발표를 하고 있음. 발표 내용을 메모하는 기자들
00:19 발표자료를 보며 메모하는 취재진들
00:23 발표하는 김성진 청와대 대변인과 메모하는 취재진들의 모습
00:33 발표자료를 보며 메모하는 취재진들
00:39 한 정부 인사가 발표를 하고 있음. 취재를 하기 위해 모여든 기자들
00:43 발표내용을 적고 있는 국내외 기자들. 기자들이 메모하는 모습 클로즈업
01:05 라디오 방송을 듣고 있는 시민들
01:09 국군장교들이 일렬로 서서 거수경례를 하고 있음
01:14 박정희 대통령이 이세호 대장에게 비상고등군법회의 재판장 임명장을, 박희동

중장에게 비상보통군법회의 제1심판부 재판장 임명장을, 박현식 중장에게 제2심판부 재판장 임명장을, 유병현 중장에게 제3심판부 재판장 임명장을 수여하고 있음

01:47 임명장을 받은 국군 장교들이 박정희 대통령 앞에 일렬로 서 있음

연구해제

이 영상은 1974년 1월 8일 김성진 청와대 대변인이 긴급조치 선포에 따른 기자회견과 긴급조치 선포를 라디오로 시청하는 시민들의 모습을 담고 있으며, 내레이션으로 "긴급조치 선포는 나라의 안정을 도모한 부득이한 조치"라 설명하고 있다. 또한 박정희가 긴급조치 2호에 따라 설치된 비상고등군법회의 재판장들에게 임명장을 수여하는 장면도 포함되어 있다.

유신 반대 운동에 대해 박정희 정권이 시행한 가장 강력한 탄압 조치는 1974년부터 시작된 긴급조치였다. 박정희 정권은 1972년 10월 17일 계엄령을 선포하면서 유언비어 날조 및 유포를 금지시켰고, 이후 유신 선포를 비난한 사람들을 계엄포고령 위반죄로 구속하여 2~3년의 징역형을 선고했다. 그러나 탄압에도 불구하고 1973년부터 유신체제 반대운동이 고개를 들기 시작하였다.

1973년 4월 22일 남산 부활절 연합예배에서 민주 회복과 언론 자유 등을 촉구하는 유인물이 살포된 것을 시작으로 10월 2일에는 김대중 납치사건의 진상규명과 독재 타도를 외치는 서울대 문리대생들의 시위가, 11월 하순에는 동맹휴학, 수업 거부, 학기말 시험 거부 등 학생들의 저항이 전개되었다. 한편 재야 세력도 1973년 12월 24일 '헌법개정청원운동본부'를 발족시켜 '개헌청원 백만인 서명 운동'을 시작했다.

이를 계기로 박정희 정권은 1974년 1월 8일, 헌법 53조에 따라 대통령 긴급조치 1, 2호를 선포했다. 긴급조치 1호는 "① 대한민국 헌법을 부정, 반대, 왜곡 또는 비방하는 일체의 행위를 금한다, ② 대한민국 헌법의 개정 또는 폐지를 주장, 발의, 청원하는 일체의 행위를 금한다" 등의 내용을 담고 있다. 그리고 긴급조치 2호는 긴급조치를 위반한 자를 처벌하는 비상군법회의의 설치에 관한 것과 중앙정보부장이 사건의 정보, 조사, 보안 업무를 조정, 감독한다는 내용을 담고 있었다.

이러한 긴급조치 1, 2호의 내용은 국민의 기본권, 언론 · 출판 · 집회 · 결사의 자유, 표

현의 자유 등 민주주의의 근본원칙을 침해한 것으로, 자유민주주의를 표방하는 국가에서 헌법 개정을 논의하는 것이 처벌된다는 사실은 언어도단이었다. 그러나 박정희 정권은 1974년 1월 15일 긴급조치 1호 위반으로 장준하, 백기완을 구속하고 함석헌 등 다수 인사를 연행했다. 또한 개헌청원 운동에 가담한 이호철, 임헌영 등 5명의 문인을 '문인지식인 간첩단'으로 몰아 구속시켰다.

한편 박정희 정권은 1월 14일 '국민생활 안정을 위한 대통령 긴급조치'라는 긴급조치 3호를 발표했는데, 그 내용은 저소득층의 조세부담을 경감하기 위한 근로소득세, 주민세 등의 면제 또는 대폭 경감, 국민복지 연금제도 실시 보류, 통행세 감면, 공무원 임금 인상의 조기 실시, 쌀 연탄 가격 안정 등이었다. 이는 긴급조치가 필요하지도 않은 정책을 긴급조치라는 이름 아래 발표함으로써 국민들에게 긴급조치가 정당한 것이라는 점을 주지시키려는 의도를 보여준다.

참고문헌

전재호, 「유신체제의 구조와 작동 기제」, 『유신과 반유신』, 민주화운동기념사업회, 2005.

해당호 전체 정보

965-01　대통령 긴급조치 선포

상영시간 | 01분 51초

영상요약 | 박정희 대통령은 김성진 청와대 대변인을 통해 대통령 긴급조치를 선포한다고 밝혔다. 김성진 청와대 대변인이 많은 취재진들 앞에서 발표하는 모습이다. 아울러 박정희 대통령은 청와대로 국군 장교들을 불러들여서 긴급조치 2호에 따라 설치된 비상고등군법회의와 비상보통군법회의 재판장 임명장을 수여하였다.

965-02　국회의장 인도방문

상영시간 | 01분 52초

영상요약 | 정일권 국회의장을 비롯한 인도방문의원사절단이 인도의 상하원 의장 공동초청으로 인도를 공식 방문하였다. 공항에서 한국 인사들이 인도 의회지도자들에게 환영을 받고 있다. 정일권 국회의장을 비롯한 인도방문의원사절단은 기리 인도 대통령과 인디라 간디 인도 수상을 방문하여 회담을 가졌다.

965-03　이런 일 저런 일

상영시간 | 02분 08초

영상요약 | 이 뉴스는 1974년의 4가지 소식을 전하고 있다. 먼저 윤주영 문화공보부 장관 기자회견 소식으로 윤 장관은 북한에 대해 대남 비방 방송을 중지하고 7 · 4공동성명의 합의 사항을 이행할 것을 촉구했다고 한다. 다음으로 뉴서울 사진동호회의 전시회 소식, 창경원 동물원에서 호랑이 해 신년 행사의 일환으로 호랑이들에게 쇠고기를 주었다는 소식, 마지막으로 6 · 25전쟁을 바탕으로 한 영화 '증언'에 대한 소식을 전하고 있다.

965-04　남아프리카의 한국 어부들

상영시간 | 02분 27초

영상요약 | 1974년 남아프리카공화국 케이프타운에서 원양 어업을 하는 한국 어부들의

소식을 전하는 뉴스이다. 고려원양이 대형 공모선을 인수하면서 활발한 어업 활동을 하고 있다는 소식과 함께 아프리카 해역에서 어획한 참치의 모습도 보여주고 있다. 내레이션 말미에는 이들이 보다 더 마음 놓고 일할 수 있도록 나라의 안정을 기해야 한다고 강조하고 있다.

965-05 (표어) 나라의 안정속에 국력은 커진다

상영시간 | 00분 05초

영상요약 | 표어 "나라의 안정속에 국력은 커진다."

대형유조선 진수 (1974년 3월 2일)

제작정보

출 처 : 대한뉴스 972호
제 작 사 : 국립영화제작소
제작국가 : 대한민국

영상정보

제공언어 : 한국어
컬 러 : 흑백
사 운 드 : 유

영상요약

1974년 현대조선소에서 제작된 대형 유조선 '어틀랜틱 바론'호의 진수식 소식을 전하는 뉴스이다. 유조선의 제원 소개와 함께 이번 초대형 유조선 진수를 계기로 한국이 세계 조선업계에서 선두를 차지하게 될 것이라는 전망을 하고 있다.

내레이션

26만 톤 급 초대형 유조선이 울산 현대조선소가 완성, 진수를 했습니다. 지난해 3월에 착수한지 약 11개월 만에 완성한 이 배는 연인원 1,000,000명의 노동력과 각종 철제 35,000여 톤이 투입됐는데, 이 제1호선은 길이 345미터, 너비 52미터, 높이 62미터로 크기는 서울에 있는 삼일빌딩의 3배나 되며 적재능력은 서울시 600만 인구를 다 실을 수 있는 무게입니다. 어틀랜틱 바론으로 명명된 이 유조선은 순수한 우리 기술진만으로 건조됐으며, 오는 5월까지 선체 외장을 마치고 6월에는 희랍의 리바노스 회사에 넘겨주어 약 40,040,000달러의 외화를 벌게 됩니다. 이번의 초대형 유조선의 성공적 진수를 계기로 제2, 제3의 대형 조선소가 순조롭게 이루어지면은 근면하고 성실한 우리의 기술, 인력을 바탕으로 해서 세계 10대 조선국의 선두 위치를 우리나라가 차지하게 될 것입니다.

화면묘사

00:00 자막 "대형유조선 진수"

00:04 현대조선소에서 유조선을 제작하는 모습. 선거에 대형 유조선이 위치해 있고 그 위로 "HYUNDAI"라고 쓰여 있는 대형 크레인이 보임

00:10 선체 외부 도장 작업 모습

00:15 선미의 대형 프로펠러를 닦고 있는 모습

00:20 선체에서 용접 작업을 하는 모습

00:28 갑판에 깔려 있는 대형 파이프에서 작업하는 모습

00:32 제작 작업 중인 유조선의 갑판 전경

00:39 물이 유입되고 있는 선거에 위치한 유조선의 선체 하부

00:52 선미에 달린 프로펠러

00:56 유조선이 진수되는 모습. 부두에서 태극기를 흔들며 환호하는 군중 (군중의 환호 소리)

01:00 선거로 물이 유입되는 모습

01:06 유조선 갑판 전경

연구해제

본 영상에 등장하는 현대조선소는 포항제철 건설과 함께 박정희 정권에 의한 경제개발의 상징적 사례로 꼽히고 있다. 현대조선소 건설은 1969년 후반 박정희 정권의 '4대 핵심공장(주물선, 특수강, 중기계, 조선) 건설계획'의 조선 부문을 현대가 담당하게 된 것을 계기로 시작했다. 이에 따라 1970년 3월 현대건설 산하에 '조선사업부'가 만들어졌고, 1973년 12월에는 현대건설에서 분리해서 '현대조선중공업주식회사'가 설립되었다. 1978년부터는 '현대중공업주식회사'로 사명을 변경하여 오늘에 이르고 있다.

현대조선소는 1972년 건설과 함께 본 영상에서 등장하는 리바노스 회사로부터 26만 톤급 대형유조선 2척을 수주 받아 건조하기 시작했다. 조선산업은 장기간에 걸쳐 대규모 자재와 인력을 동원하여 거대한 구조물을 만드는 관계로 생산 공정이 복잡할 수밖에 없었다. 이에 따라 본격적인 유조선 건조에 들어간 1973년 울산 조선소 현장은 다국적 기술이 혼재되어 있는 상황으로, 영국과 덴마크로부터 자본과 기술을 도입했고, 현대조선소 인력들은 기술연수 등을 통해 기술 전수를 받았다. 특히 리바노스로부터 수주한 최초의 26만 톤급 2척은 영국 스코트 리스고의 설계도면으로 건조되었다. 그 후에는 일본으로부터의 생산설계기술 도입을 본격화 하였는데, 일본 해운회사 2곳에서 수주한 4척은 가와사키의 23만 톤급 설계도면을 토대로 건조되었다. 이후 홍콩과 일본 해운회사에서 수주한 6척은 다국적 기술을 토대로 건조한 앞선 6척의 경험과 기술을 조합한 형태로 건조되었다. 이렇게 현대조선의 대형 유조선 건조는 이 영상에 등장하는 리바노스 수주 26만 톤급 건조를 시작으로 1978년까지 20만 톤급 이상의 대형유조선 12척을 건조하며 세계조선시장에 명함을 내밀었다. 이것은 오늘날 부동의 세계 1위 조선소로서의 위상을 갖게 된 초석이라고 평가된다.

참고문헌

배석만, 「현대중공업의 초창기 조선기술 도입과 정착과정 연구」, 『경영사학』 26-3, 2011.

해당호 전체 정보

972-01 대통령 지방연두순시 - 제2신 -

상영시간 | 02분 02초

영상요약 | 1974년 2월 박정희 대통령의 지방행정 연두순시 소식을 전하는 뉴스이다. 박정희 대통령 일행이 경상남도청, 부산직할시, 경상북도청, 제주도 등을 방문하는 모습과 함께 각 지방에 대한 박정희 대통령의 지시사항이 포함되어 있다. 박정희 대통령은 제주도를 끝으로 지방행정관서에 대한 연두순시를 모두 마쳤는데 이번 지방 순시에서는 국민생활 안정 문제를 가장 강조했다고 한다.

972-02 형설의 공

상영시간 | 02분 18초

영상요약 | 1974년에 열린 서울대학교 졸업식과 학생군사교육단 임관식의 소식을 전하는 뉴스이다. 서울대학교 졸업식에서 치사를 하는 박정희 대통령 모습과 학생군사교육단 임관식에서 치사를 하는 김종필 국무총리의 모습이 포함되어 있다.

972-03 북괴군사력 대폭 증강

상영시간 | 01분 59초

영상요약 | 뉴욕타임즈의 보도를 빌어 1974년 2월 북한군의 병력과 무기가 휴전선 가까이로 재배치되었다는 소식을 전하는 뉴스이다. 아울러 북한 정권에서 남북대화 관계자가 격하되고 군부세력이 대폭 진출하는 등 권력구조 상의 변동도 있었다고 전하면서 이러한 북한의 동태를 주시할 것을 촉구하고 있다.

972-04 이런 일 저런 일

상영시간 | 02분 00초

영상요약 | 이 뉴스는 5가지 소식을 전하고 있다. 첫째 태평양지역 관광협회 로스앤젤레스 지부 워크숍 개최 소식, 둘째 재외국민호적정리봉사단의 일본 출국, 셋째 국제종합전자의 음향기기 공장이 인천에 세워졌다는 소식, 넷째 국제수산의 원양어선 진수 소식, 마지막으로 한일개발의 제주호텔 개관 소식이다.

972-05 대형유조선 진수

상영시간 | 01분 13초

영상요약 | 1974년 현대조선소에서 제작된 대형 유조선 '어틀랜틱 바론'호의 진수식 소식을 전하는 뉴스이다. 유조선의 제원 소개와 함께 이번 초대형 유조선 진수를 계기로 한국이 세계 조선업계에서 선두를 차지하게 될 것이라는 전망을 하고 있다.

근로자의 날 (1974년 3월 16일)

제작정보		**영상정보**	
출 처	대한뉴스 974호	제공언어	한국어
제 작 사	국립영화제작소	컬 러	흑백
제작국가	대한민국	사 운 드	유

영상요약

1974년 제11회 '근로자의 날'에 있었던 행사 소식을 전하는 뉴스이다. 청와대에서 박정희 대통령이 한국노동조합총연맹 간부와 근로자 대표들을 접견하는 모습이 포함되어 있다. 또한 서울에서 열린 기념식에서는 김종필 국무총리가 근로자 대표들에게 훈장을 수여하고 치사를 하는 장면이 실려 있다.

내레이션

제11회 근로자의 날을 맞아 박 대통령은 노총 간부와 근로자 대표들을 접견했습니다. 이 자리에서 박 대통령은 기업가와 근로자는 합심 협력해서 국력 신장에 이바지해 줄 것을 당부하고, 배석한 관계자들에게는 근로자들이 직업병에 걸리지 않도록 사전에 예방 대책을 마련할 것과 기업체의 임시 고관이 3개월마다 재임명되는 등 불합리한 근로조건의 개선 방안을 강구해서 근로자들이 보다 더 안정된 가운데 일할 수 있도록 잘 보살펴 주라고 지시했습니다. 전국 각 시도별로 거행된 근로자의 날 기념식 중 서울에서의 기념식에서는 신풍제지 등 노사협력에 공이 많은 백 아흔 한 명의 개인과 단체에 대한 훈장 수여와 표창이 있었습니다. 김 국무총리는 치사를 통해 국력의 바탕은 경제력이며 경제력의 원천은 노동력이라고 강조하고, 근로자와 사용자는 혼연일체가 돼서 생산의욕을 더욱 드높이고 우리 산업의 국제 경쟁력을 강화해서 온 국민의 소득증대와 국력배양에 기여해 달라고 당부했습니다. 노총은 이날 합리적인 최저 임금제 조속 실시와 감원 반대 등 열일곱 개 항목의 결의문을 채택했습니다.

현재 한국노동조합총연맹 산하에는 열일곱 개의 산업별 노동조합이 있으며, 4000,000 근로자들이 애써 일하고 있습니다. 지하 600미터의 갱내에서 위험을 무릅쓰고 일하는 광산노동조합의 근로자들, 그리고 부두 근로자들, 이 밖에 여러 분야에 걸쳐 자기 직분을 성실히 이행하는 수많은 근로자들이 있기에 우리는 지난 한 해 동안 얘기치 못했던 유류 파동과 자원난에도 불구하고 16.9퍼센트라는 기록적인 경제성장과 수출 32억 달러를 달성할 수가 있었습니다.

화면묘사

00:03 자막 "근로자의 날"

00:37 청와대에서 박정희 대통령이 노총간부와 근로자들을 접견하는 다양한 모습. 광부 복장의 광산근로자를 비롯한 근로자 대표들이 훈장을 달고 박정희 대통령 앞에 정렬해 있고, 한 사람씩 나와 박정희 대통령과 악수를 하고 있음. 배상호

한국노총위원장으로 추정되는 인물이 박정희 대통령 옆에서 소개를 해 주고 있음

00:42 연회장에서 박정희 대통령이 배상호 노총위원장에게 말을 하고 있는 모습. 박정희 대통령 앞으로 다과가 차려진 테이블이 놓여져 있고 뒤로는 봉황 문양의 병풍이 세워져 있음

00:46 다과 테이블 주위로 박정희 대통령, 근로자 대표들이 서서 다과를 들고 있는 모습

00:51 근로자의 날 기념식이 열리고 있는 체육관 내부 전경. 중앙에는 근로자 대표들이 정렬해 착석해 있음

00:55 노동조합 대표들이 대표기를 들고 입장하는 모습

01:03 박수를 치는 관중석의 참석자들

01:23 정렬해 있는 광산 근로자 등 근로자 대표들에게 훈장을 달아주고 악수를 하는 김종필 국무총리. 배상호 한국노총위원장으로 추정되는 인물이 김종필 국무총리를 뒤따르며 근로자들과 악수를 하고 있음

01:27 배상호 노총위원장이 회사 간부로 보이는 이들에게 상패를 수여하는 모습

01:32 박수를 치는 관중석의 참석자들

01:36 한국노총 마크가 그려진 연단 모습. 연단 앞으로 광산 근로자 등 근로자 대표들이 착석해 있음

01:43 연단에서 연설하는 김종필 국무총리. 등 뒤로 "74 노동절"이라는 문구가 보임

01:54 착석해서 연설을 듣고 있는 "모범조합원", 광산 근로자들의 다양한 모습

01:58 광산 외부 전경

02:18 갱도에서 채광작업을 하는 광부들의 다양한 모습

02:27 부두에서 화물차에 화물을 싣고 있는 다양한 모습

02:43 공장에서 물품을 제조하고 있는 다양한 모습

연구해제

이 영상은 1974년 3월 10일 '근로자의 날' 관련 행사 모습을 담고 있다. 영상에서는 노동자들이 청와대를 예방하거나, 기념식에 참석한 노동자들이 광부복을 입은 노동현장

등 다양한 모습을 볼 수 있다. 또한 내레이션에서는 박정희 대통령과 김종필 국무총리가 노동자들에게 전하는 당부의 말, 즉 원만한 노사관계 수립과 국력배양을 강조하고, 1973년 제1차 석유파동을 잘 극복하는데 노력을 다한 노동자들의 근면한 노동을 치하함으로써 당시 정부에서 선정한 '모범근로자'의 기준을 알 수 있게 해준다.

1970년대 모범근로자의 선정과 표창은 근로자의 날을 비롯하여 수출진흥확대회의 등 중앙정부의 행사부터 각 지방의 노동청, 공단별 행사에 이르기까지 광범위하게 진행되었다. 이는 1960년대부터 노동자에게 부여되었던 '산업전사', '조국근대화의 역군'의 이미지를 구체적으로 노동자들의 일상까지 각인시키는 것이었다. 경제성장 과정에서 저학력, 저소득층에 속하였던 노동자들에게 '모범근로자 되기'는 자신의 콤플렉스를 공장 내에서 극복하는 수단이 되기도 하였다. 즉 모범근로자 선정은 정부와 사용자 입장에서 노동자들의 콤플렉스를 활용하여 그들을 경쟁하게 하고 이를 통하여 안정적 노사관계를 수립하는데 활용되었다.

따라서 '모범근로자'의 선정은 다수 노동자들의 삶을 그대로 반영하기 어려웠다. 『동아일보』는 1974년 3월 「하루 행사로만 그칠 것인가」라면서 허울뿐인 근로자의 날 기념행사를 비판하고, 10년 근속 30대 숙련노동자의 일상을 르포기사로 다루었다. 이 기사에 따르면, 월 2만 7,000원을 받는 숙련공 K씨는 전체 노동자의 75.7%가 3만 원 이하 저임금을 받는 상황에서 그나마 노동자 중간계층에 속하는데, 단칸방을 구매하기까지 7년을 일해야 했으며, 현재까지도 버스값을 아끼기 위해 걸어서 출퇴근을 하고, 월급으로 생활용품(쌀 한가마, 연탄)을 사고 나면 아이들 기성회비도 내기 어렵다. 그나마 빚은 일 년에 두 번 나오는 보너스가 없으면 갚지도 못한다고 한다. 이처럼 1970년대 '모범근로자'는 노동자들의 안정적 생활환경보다는 기업주와 정부 입장에서 안정적 노사관계의 주체를 호명하는 단어일 뿐이었다.

참고문헌

「하루 행사로만 그칠 것인가, 근로자의 날 맞아 살펴본 생활단면」, 『동아일보』, 1974년 3월 11일.

김준, 「1970년대 여성 노동자의 일상생활과 의식 : 이른바 '모범근로자'를 중심으로」, 『역사연구』 10, 2002.

대규모 간첩단 검거 (1974년 3월 16일)

제작정보		영상정보	
출 처	대한뉴스 974호	제공언어	한국어
제 작 사	국립영화제작소	컬 러	흑백
제작국가	대한민국	사 운 드	유

영상요약

1974년 3월 15일 신직수 중앙정보부장이 대규모 간첩단을 검거했다는 소식을 전하는 뉴스이다. 신직수 중앙정보부장의 발표 모습과 간첩단 사진, 압수품 등의 모습이 포함되어 있다.

내레이션

중앙정보부는 북한괴뢰 노동당의 지령을 받고 지난 10년간 암약해 오던 마흔 일곱 명 규모의 울릉도를 거점으로 한 대규모 간첩망 일당을 검거했습니다. 3월 15일 신직수 중앙정보부장이 발표한 것을 보면은, 이 사건은 북한괴뢰가 남한 적화혁명을 목적으로 그들의 공작원을 직접 남파시키거나 일본을 거쳐 침투시키고는 청년, 학생, 지식인, 종교인, 근로자, 농민, 군 간부 등을 포섭해서 지하망 조직, 통일전선 형성, 경제토대 구축 등 방법으로 소위 혁명 역량을 축적했다가 대한민국의 혼란을 조성해서 현 정부를 전복할 것을 획책해 온 대표적인 간첩단 사건입니다. 이들 간첩단 일당은 혈연과 지연 관계를 중심으로 동조자를 규합, 지하망을 구축하고 서울 주변의 군부대에 침투하는 한편 양심적인 지식인과 정계인사, 종교인 등 중산층 인물들을 포섭해 반외세, 반부패, 두 개의 한국 반대, 평화 통일 등의 구호 아래 소위 민주주의 전선 운동을 전개하도록 하고, 20대 청년 학생들을 선동해 혼란 사태를 조성케 해서 현정부를 전복케 하라는 지령을 받고 암약해 왔습니다. 이것이 간첩의 얼굴들입니다. 이것은 그들이 울진 해안 무인 포스트에 메모했던 지령문과 무전기, 라디오, 암호문, 공작금 등으로 이번에 노획한 물품들입니다. 이와 같은 가공할 만한 북한괴뢰의 흉계를 알게 된 우리는 또 한층 총력안보 태세를 갖추어 나가야 하겠습니다.

화면묘사

00:00 자막 "대규모 간첩단 검거"

00:04 강당에서 간첩단 검거 발표를 하는 모습. 단상에서 신직수 중앙정보부장이 발표를 하고 있고 기자들이 촬영을 하고 있음

00:11 단상에서 발표를 하고 있는 신직수 중앙정보부장과 방청석 모습

00:21 방청석의 참석자들

00:28 단상에서 발표를 하고 있는 신직수 중앙정보부장

00:34 방청석에서 발표를 듣거나 배포자료를 보고 있는 참석자들의 다양한 모습. 김재규로 추정되는 인물도 보임

00:49 기자석의 기자들 모습

00:52 단상에서 발표를 하고 있는 신직수 중앙정보부장과 이를 촬영하는 기자들
00:57 방청석에서 발표를 듣거나 배포자료를 보고 있는 참석자들
01:06 단상에서 발표를 하고 있는 신직수 중앙정보부장과 이를 촬영하는 기자들
01:18 기자석의 기자들 모습
01:19 간첩단 사진
01:30 난수표, 라디오, 무전기 등 다양한 노획물 등이 전시되어 있는 모습
01:40 간첩단 사진 등 설명 자료 게시판과 전시된 노획물들
01:46 단상에서 발표를 하고 있는 신직수 중앙정보부장과 방청석 전경

연구해제

이 영상은 1974년 3월 15일 신직수 중앙정보부장이 울릉도를 거점으로 한 대규모 간첩단을 검거했다고 발표하는 모습을 전하고 있다. 영상에서는 신직수 중앙정보부장의 발표 모습과 간첩들의 사진, 그들이 사용했다고 하는 물품들을 보여주고 있다. 신직수 중앙정보부장은 발표를 통해, "이 사건은 북한이 남한 적화혁명을 목적으로 공작원을 직접 남파시키거나 일본을 거쳐 침투시키고는 청년, 학생, 지식인, 종교인, 근로자, 농민, 군 간부 등을 포섭해서 지하망 조직, 통일전선 형성, 경제토대 구축 등 방법으로 소위 혁명역량을 축적했다가 혼란을 조성해서 정부를 전복할 것을 획책한 대표적인 간첩단 사건"이라고 말했다.

그러나 이 사건은 1974년 신학기를 맞으면서 대학가에서 유신철폐를 요구하는 시위가 거세게 일어날 것이 예상되자, 중앙정보부가 정치적 위기 상황을 타개하기 위해 만든 대표적인 조작사건이다. 이 사건은 통혁당 이후 최대 규모로, 모두 47명이 연행되었고 전영관, 전영봉, 김용득 세 명은 사형을 당했다. 울릉도를 거점으로 한 간첩단이라고 발표되었지만 울릉도에 사는 전씨 일가 외에 연행된 사람들은 서로 일면식도 없는 사이였다. 연행되어 온 지역도 전주, 익산, 대구 등 다양했다. 중앙정보부에 연행되어간 사람들은 짧게는 2~3일에서 길게는 한 달 동안 불법구금 상태에서 협박과 구타와 고문을 당했다. 목재상으로부터 부탁을 받고 목재를 울릉도까지 실어다준 후 받은 수고비는 공작금으로 둔갑해 있었고, 일본 유학시설 어려운 형편에서 재일동포 후원자의 도움을 받은 것은 공작금으로 탈바꿈되어 있었다. 식사를 함께 한 이들은 포섭대상이 되어 있었

고 그들은 포섭된 간첩이 되어 있었다. 그렇게 해서 만들어진 사건이 소위 '울릉도 간첩단 사건' 이었다.

진실은 중요하지 않았다. 필요에 의해 만들어진 사건인 만큼 피해자들의 억울함은 시대에 묻혀버렸고, 권력에 의해 억압당한 개인은 고스란히 그 부당함을 견뎌낼 수밖에 없었다. 이 사건은 과거사진상규명위원회의 재심권고에 의해 재심재판이 이루어져 사건이 발생한지 40여 년 만에 무죄 판결을 받게 되었다. 2012년 11월 22일 서울고등법원은 이 사건의 피해자 가운데 한 명인 이성희에 대한 재심에서 북한 방문을 제외한 거의 대부분의 혐의에 대해 무죄를 선고했다. 2014년 1월 10일 서울고등법원에서도 이 사건의 피해자와 유가족들이 낸 국가보안법 위반 등 재심사건에서 손두익, 전국술 등 10명에 대해 모두 무죄를 선고했다.

참고문헌

최창남, 『울릉도 1974 -긴급조치 시대가 만들어낸 울릉도간첩단사건 이야기-』, 뿌리와 이파리, 2012.

해당호 전체 정보

974-01 근로자의 날

상영시간 | 02분 43초

영상요약 | 1974년 제11회 '근로자의 날'에 있었던 행사 소식을 전하는 뉴스이다. 청와대에서 박정희 대통령이 한국노동조합총연맹 간부와 근로자 대표들을 접견하는 모습이 포함되어 있다. 또한 서울에서 열린 기념식에서는 김종필 국무총리가 근로자 대표들에게 훈장을 수여하고 치사를 하는 장면이 실려 있다.

974-02 새마을 새일꾼

상영시간 | 01분 22초

영상요약 | 새마을운동의 지역 사례를 소개하는 뉴스이다. 전라남도 고흥군 금산면 석정리 동정마을의 박종안의 사례로 비닐하우스 재배 특히 파인애플 재배로 마을 주민의 소득 증대에 기여했다는 것이다.

974-03 대규모 간첩단 검거

상영시간 | 01분 51초

영상요약 | 1974년 3월 15일 신직수 중앙정보부장이 대규모 간첩단을 검거했다는 소식을 전하는 뉴스이다. 신직수 중앙정보부장의 발표 모습과 간첩단 사진, 압수품 등의 모습이 포함되어 있다.

974-04 이런 일 저런 일

상영시간 | 02분 41초

영상요약 | 이 뉴스는 5가지 소식을 전하고 있다. 첫째 연세대학교 동서문제연구원이 주최한 민주주의 비교연구 심포지엄, 둘째 납북어부 송환과 평화통일을 위한 연합예배가 서울 남산 야외음악당에서 열렸다는 소식, 셋째 경상북도 새살림 장학회의 장학금 전달식, 넷째 기생충박멸협회의 대민 무료 기생충 검사와 투약, 마지막으로 강원도 고성군 주왕면에 머물고 있는 겨울 철새 소식이다.

974-51 혼식으로 건강을

상영시간 | 01분 51초

영상요약 | 잡곡 혼식을 촉구하는 내용의 뉴스이다. 잡곡 혼식은 건강에도 좋고 쌀 소비 절약에도 도움이 된다는 내용이다.

긴급조치 제4호 선포 (1974년 4월 6일)

제작정보		영상정보	
출 처	: 대한뉴스 977호	제공언어	: 한국어
제 작 사	: 국립영화제작소	컬 러	: 흑백
제작국가	: 대한민국	사 운 드	: 유

영상요약

1974년 4월 3일 선포된 긴급조치 제4호에 관한 뉴스이다. 김성진 청와대 대변인이 긴급조치 제4호를 발표하는 모습과 함께 긴급조치 제4호의 내용을 소개하고 있다.

내레이션

박 대통령은 4월 3일 밤10시를 기해 학원사태에 관한 대통령 긴급조치 제4호를 선포했습니다. 김성진 청와대 대변인에 의해 발표된 이 조치는 소위 전국민주청년학생총연맹과 이에 관련되는 어떤 단체를 조직하거나 또는 이에 가입하는 등 일체의 행위와 학생의 정당한 이유 없는 출석 · 수업 또는 시험의 거부, 그리고 학교 내외의 집회 · 시위 · 성토 · 농성 · 기타 일체의 개별적 · 집단적 행위를 금하고, 여기에 위반하거나 이 조치를 비방하는 자는 사형, 무기 또는 5년 이상의 유기징역에 처하며, 15년 이하의 자격정지를 따르게 할 수 있도록 했습니다. 한편 박 대통령은 담화에서 우리 대한민국 내에 침투하고 있는 반국가적 불순분자들을 발본색원함으로써 국가안보를 강화하고 영예로운 민족사를 창도하는데 목적이 있다고 말했습니다.

화면묘사

00:00 자막 "긴급조치 제4호 선포"

00:04 긴급조치 제4호를 발표하는 김성진 청와대 대변인. 양복 차림의 김성진 청와대 대변인이 회의탁자 중앙에 발표자료를 들고 서서 발표를 하고 있고 기자들이 취재를 하고 있음

00:16 발표자료를 들고 서서 발표를 하는 김성진 청와대 대변인과 회의탁자에 착석해 메모를 하고 있는 기자들

00:22 회의탁자에 착석한 기자들이 메모를 하고 카메라를 든 기자들이 촬영을 하는 모습. 탁자 중앙에서는 김성진 청와대 대변인이 선 채로 발표를 하고 있음

00:35 회의탁자에 착석한 기자들이 메모를 하고 있는 모습. 한 기자는 선 채로 메모를 하고 있고 그 옆에 한 남성이 헤드폰을 착용하고 서 있음

00:44 회의탁자에 착석한 기자들이 메모를 하고 카메라를 든 기자가 촬영을 하는 모습

00:50 회의탁자에 착석한 기자들이 메모를 하고 있는 모습

00:57 발표자료를 들고 서서 발표를 하는 청와대 대변인과 회의탁자에 착석해 메모를 하고 있는 기자들

연구해제

이 영상은 1974년 4월 3일 김성진 청와대 대변인이 긴급조치 4호를 발표하는 모습을 담고 있고, 내레이션으로 긴급조치 제4호의 내용을 소개하고 있다. 긴급조치 4호는 '민청학련사건'으로 알려진 학생운동과 밀접한 관련이 있다.

긴급조치 1, 2호에도 불구하고 대학생들의 유신반대투쟁은 1974년 들어서도 점차 확산되었다. 서울대 문리대 복학생 그룹은 더욱 효과적인 투쟁을 위해 학생들의 유신반대투쟁을 조직적으로 전개할 필요성을 느끼게 되었다. 이들은 먼저 서울대 문리대에서 시작해 서울대의 단과대학, 서울 시내 대학, 나아가서는 지방대학까지 학생운동세력을 조직화하여 유신반대투쟁을 전개해야 한다고 생각했다. 이때까지만 해도 기독교 학생조직을 제외하고는 체계적인 전국 단위의 대학생 연대조직은 존재하지 않았다. 그러나 각 대학의 이념서클들 간에는 다양한 형태의 인적인 유대 관계가 있었으며, 이는 선후배 관계를 통해 지속적으로 유지되었다. 이들은 이런 이념서클 간의 인적 연계를 하나로 연결하여 전국적 조직을 구성했다. 이를 바탕으로 전국적인 시위를 조직하고 그 파급력을 확대하기 위해 가톨릭과 개신교 등 종교세력과 선배들을 포함한 사회세력을 참여시키기로 했다.

1974년 2월 하순경 전국 대학 간의 연결이 거의 완료되자 3월 7일 유인태의 집에서 서중석, 유인태, 이철, 나병식, 정문화 등 5명이 모여 현장지휘와 연락을 분담했다. 이 투쟁조직체에 이름을 붙이면 박정희 정권이 반국가단체로 몰아갈 것이므로 이름을 짓지 않기로 했고, 화염병 등을 사용하면 폭동죄를 뒤집어씌울 것이 자명했으므로 자제하기로 했다. 1975년 3월 5일부터 서울대 황인성, 경북대 임규영(또는 이강철), 전남대 윤한봉 등은 보안을 위해 전국 각지에서 몇 번씩 모여 투쟁 방안을 논의했다. 이들은 각지의 상황을 서로 알려주면서 일정을 조절했다. 3월 11일 한신대에서 먼저 투쟁을 전개하고, 이어 경북대에서 대규모 시위를 진행하는 것으로 합의했다.

사전 계획에 따라 시도된 한신대에서의 투쟁은 성공하지 못했지만, 3월 21일 경북대와 28일 서강대에서 시위가 펼쳐졌다. 특히 4월 3일 학생들은 서울대, 연세대, 고려대, 성균관대, 이화여대 등에서 일제히 시위를 벌이면서 처음으로 '민청학련(전국민주청년학생총연맹)' 명의로 '민중 민족 민주선언'과 전단, 그리고 '민중의 소리' 등의 유인물을 살포했다.

이에 1974년 4월 3일 오후 10시, 박정희는 특별담화를 통해 "민청학련이라는 불법단체가 불순세력의 배후조종하에 그들과 결탁하여 인민혁명을 수행하기 위한 상투적 방편으로 통일전선의 초기 단계적 지하조직을 우리 사회 일각에 형성하고 반국가적 불순활동을 전개하기 시작하였다는 확증을 포착하였다"면서, 이런 불순세력을 발본색원하기 위해 긴급조치 4호를 발동한다고 발표했다. 총 12개 조로 이루어진 긴급조치 4호는 학생들의 본격적인 유신체제 반대 운동에 대해 대통령이 비상대권을 발동한 것이다.

1974년 4월 25일 신직수 중앙정보부장이 민청학련사건에 관한 중간 조사결과를 발표했다. 그에 따르면 민청학련은 공산계 불법단체인 인민혁명당 조직과 재일 조총련의 조종을 받는 일본 공산당원 및 국내 좌파 혁신계 등이 복합적으로 작용한 것이고, 민청학련을 조직하여 국가변란을 획책한 학생들은 그들의 사상과 배후 관계로 보아 공산주의자임이 분명하다고 강조했다.

민청학련 주모자들이 인혁당의 지원을 받았다는 것은 고문에 의해 날조된 수사결과였다. 민청학련은 처음부터 외부의 지도나 명령을 받는 조직이 아니었다. 학생들이 만들었던 것은 1974년 상반기 유신반대투쟁을 효율적으로 전개하기 위해 전국의 대학을 연결한 느슨한 연대에 불과했다. 1974년 3월말까지는 이름조차 없다가 1974년 3월 27일 이철, 김병곤, 황인성 등이 모여 유인물을 제작하면서 신뢰도를 높이기 위해 '전국민주청년학생총연맹'이라는 이름을 붙인 것이었다.

긴급조치 4호 위반으로 총 1,024명이 수사를 받았고 윤보선, 박형규, 김동길, 김찬국 등의 재야인사도 함께 기소되었으며 180명이 군사재판에 회부되었고, 그중 이철, 김지하 등은 사형선고까지 받았다. 긴급조치 사건에 대한 재판은 피고인 가족 1인에게만 방청이 허용되었고 피고인들의 형량도 상상을 초월할 정도로 가혹했다. 긴급조치 4호 위반자들은 비상보통군법회의에서 9명이 사형, 21명이 무기징역을 선고받았고 그 외 140명이 받은 형량을 합치면 1,650년에 달했다. 2009년 9월, 재판부는 이 사건에 대해 무죄를 선고하였다.

참고문헌

민주화운동기념사업회 연구소 엮음, 『한국민주화운동사』 2, 돌베개, 2009.
전재호, 「유신체제의 구조와 작동 기제」, 『유신과 반유신』, 민주화운동기념사업회, 2005.

해당호 전체 정보

977-01 젊은 간성들

상영시간 | 02분 05초

영상요약 | 1974년 육군사관학교 졸업식 및 임관식, 공군사관학교 제22기 졸업식 소식을 전하는 뉴스이다. 졸업식에 참석한 박정희 대통령의 모습과 사관생도들의 행진 모습이 포함되어 있다. 박정희 대통령은 유시를 통해 국민 모두가 환상적인 평화론을 철저히 배격하고 국력배양과 총력안보에 매진할 것을 강조하였다.

977-02 긴급조치 제4호 선포

상영시간 | 01분 04초

영상요약 | 1974년 4월 3일 선포된 긴급조치 제4호에 관한 뉴스이다. 김성진 청와대 대변인이 긴급조치 제4호를 발표하는 모습과 함께 긴급조치 제4호의 내용을 소개하고 있다.

977-03 건설의 새소식

상영시간 | 01분 13초

영상요약 | 영동 동해고속도로 기공식 소식을 전하는 뉴스이다. 기공식에 참석한 김종필 국무총리가 치사를 하고 발파 스위치를 누르는 모습과 함께 이 고속도로가 개통되면 전국이 완전한 하루 생활권이 된다는 전망을 전하고 있다.

977-04 이런 일 저런 일

상영시간 | 03분 49초

영상요약 | 여러 가지 단신을 전하는 뉴스이다. 전라남도 학생들의 방위성금으로 구입한 헬리콥터 헌납식, 수도권 전철 전 구간에 운행될 전동차가 부산항을 통해 서울역에 도착한 소식, 국산 하모니카의 수출 소식, 울산공업단지 회사원의 합동결혼식, 충청남도 당진군 송악면 기지시 마을의 줄다리기 대회, 디자이너 신현장의 패션쇼 소식 등을 전하고 있다.

977-05 헐벗은 산에 나무를 심자

상영시간 | 01분 38초

영상요약 | 정부의 치산녹화 사업의 일환으로 전개된 경상북도 영일군의 사방사업 소식을 전하는 뉴스이다. 인부들이 헐벗은 산비탈에 떼를 입히고 나무를 심는 모습이 담겨 있다.

현충사 조경 (1974년 4월 13일)

제작정보		영상정보	
출 처	대한뉴스 978호	제공언어	한국어
제 작 사	국립영화제작소	컬 러	흑백
제작국가	대한민국	사 운 드	유

영상요약

1974년의 현충사 제2차 조경공사 소식을 전하는 뉴스이다. 녹지대를 꾸미고 주차장을 확장하는 공사와 함께 유물전시관도 새 단장을 하고 있다는 내용이다.

내레이션

여기는 두 번째 조경사업을 벌이고 있는 아산 현충사입니다. 충무공 이순신 장군의 생가로 성역화된 이곳 현충사는 경내와 잘 조화되는 녹지대를 꾸미고 쉴 수 있는 공간을 넓히는 동시에 주차장을 옮겨서 더 크게 마련하는 등 새봄을 맞아 조경사업에 한창입니다. 한편 현충사 경내의 유물전시관도 4월 28일 충무공탄신기념일을 앞두고 새 단장을 하기에 부산합니다. 이렇게 우리가 현충사를 정성껏 가꾸는 것은 충무공의 애국정신이 우리 겨레 누구나의 가슴과 가슴에 길이길이 새겨져 나갈 것을 바라는 마음에서입니다.

화면묘사

00:04 자막 "현충사 조경"
00:15 현충사 경외 전경
00:18 "종합조경 제2차(경외)공사조감도"라고 쓰인 공사 조감도
00:23 조경 공사 현장 모습. 삽질을 하고 있는 인부들
00:30 야외 벤치 공사 모습. 인부들이 바닥에 시멘트를 바르고 있음
00:35 유물전시관 공사 현장 전경. 큰 한옥 형태의 유물전시관 외부에 공사를 위해 구조물을 설치해 놓았음
00:38 유물전시관 창호 공사 작업을 하는 인부들
00:43 유물전시관 처마 단청을 칠하고 있는 인부들
00:51 로드 롤러로 땅을 다지는 모습과 야외 벤치 공사 모습
00:58 자갈을 실은 화물차와 자갈이 깔린 바닥에 앉아 작업 중인 인부들
01:01 나무를 심는 모습
01:10 현충사 조경공사 현장 전경

연구해제

이 영상은 1974년 현충사 조경공사 현장을 담고 있다. 현충사는 1969년 성역화 작업이 완료된 이래 충무공의 얼을 보여주는 상징적인 공간으로 자리매김하고 있었다. 문화

공보부는 "이충무공의 애국충정의 정신으로 조국근대화의 새로운 국민상의 기조로 삼도록 한다"는 홍보방침을 세웠고, 해마다 각계각층의 사람들이 현충사를 방문하여 이순신의 영정에 참례했다. 정부는 현충사의 관리에 심혈을 기울였다. 현충사의 운영을 위해 대규모 자문위원회가 조직되었으며, 조경과 관리 등의 결과가 박정희에게 계속 보고되었다.

박정희의 현충사에 대한 관심은 1972년에서 1974년까지 이루어진 현충사 종합조경공사로 이어진다. 1971년 경주관광종합개발계획이 수립되며 대규모 조경 수요가 대두되면서, 한국에 처음으로 조경전문가와 조경학이 출현한 것이 그 계기가 되었다. 특히 청와대 조경 비서관으로 있던 오휘영은 미국 시카고 시청의 녹지과에서 근무했던 경험을 살려 현충사의 조경사업에 주도적으로 나섰다. 오휘영은 현충사의 진입동선 및 수종의 재배치, 배수관을 통한 전 지역의 급수체계 확보, 주차장 주변의 광장 설치 등의 안을 내었고, 이에 따라 현충사는 경건한 분위기를 자아내는 성소로서 더욱 이미지를 굳힐 수 있게 된다.

박정희는 조경공사에 직접 관여하며 한국의 전통성과 민족주의적인 측면을 강조하였다. 이 영상에서도 조경공사가 이루어지고 있는 현충사를 보여주며 "지금 우리가 현충사를 가꾸는 것은 충무공의 애국정신이 우리 겨레 누구나의 가슴과 가슴에 길이길이 새겨져 나갈 것을 바라기 때문"이라고 해설한다. 민족주의적인 측면이 물씬 묻어나는 설명이다. 그렇지만 실제 현충사의 조경은 그렇지 못했다. 동글동글하게 깎은 향나무를 기교적으로 심거나 자연석을 아기자기하게 쌓고, 길가에 벚꽃을 심는 등 일본식 조경의 모습과 함께 허술한 민족주의 이데올로기를 반영한 한국 전통정원의 요소가 혼합되어 있는 모습이었다. 이는 박정희 체제가 강조하고 있었던 전통과 민족에 대한 모순된 상이 조경에 고스란히 반영된 결과였다고 볼 수 있을 것이다.

참고문헌

배정한, 「박정희의 조경관」, 『한국조경학회지』 31, 2003.

은정태, 「박정희 시대 성역화사업의 추이와 성격」, 『역사문제연구』 15, 2005.

해당호 전체 정보

978-01 나무를 심자

상영시간 | 01분 46초

영상요약 | 1974년 4월 5일 식목일 행사 소식을 전하는 뉴스이다. 박정희 대통령이 경기도 시흥군 왕곡마을 뒷산에서 재일 한국청년봉사단원들과 함께 나무를 심었다는 소식을 전하고 있다.

978-02 유비무환의 자세

상영시간 | 01분 41초

영상요약 | 향토예비군 창설 6주년을 맞아 박정희 대통령이 청와대에서 모범예비군을 접견했다는 소식을 전하는 뉴스이다. 박정희 대통령이 모범예비군을 접견하는 모습과 예비군의 활동 모습이 포함되어 있다.

978-03 프랑스 대통령 서거

상영시간 | 01분 49초

영상요약 | 1974년 4월 6일 프랑스 파리 노트르담 성당에서 열린 조르주 퐁피두(George-Jean-Raymond Pompidou) 프랑스 대통령 영결미사 소식을 전하는 뉴스이다. 김종필 국무총리가 조문특사의 자격으로 영결식에 참석하는 모습이 포함되어 있다.

978-04 새마을

상영시간 | 01분 20초

영상요약 | 새마을운동의 농촌지역 사례를 전하는 뉴스이다. 전라북도 완주군 용진면 금상리의 밤나무 묘목장 운영 사례와 경상북도 금릉군 개령면 광천동의 통일쌀 집단 보온 못자리 공동작업 사례를 전하고 있다.

978-05 이런 일 저런 일

상영시간 | 02분 21초

영상요약 | 3가지 소식을 전하는 뉴스이다. 먼저 미국 항공모함 미드웨이호가 부산항에 입항했다는 소식으로, 항공모함을 방문한 박정희 대통령의 모습이 포함되어 있다. 다음으로 신문의 날을 맞아 전국의 모범신문배달원이 전국일주 비행을 했다는 소식과 춘계대학농구연맹전 예선에서 맞붙은 고려대학과 연세대학 간의 경기 소식을 전하고 있다.

978-06 현충사 조경

상영시간 | 01분 10초

영상요약 | 1974년의 현충사 제2차 조경공사 소식을 전하는 뉴스이다. 녹지대를 꾸미고 주차장을 확장하는 공사와 함께 유물전시관도 새 단장을 하고 있다는 내용이다.

민청학련 수사 발표 (1974년 4월 26일)

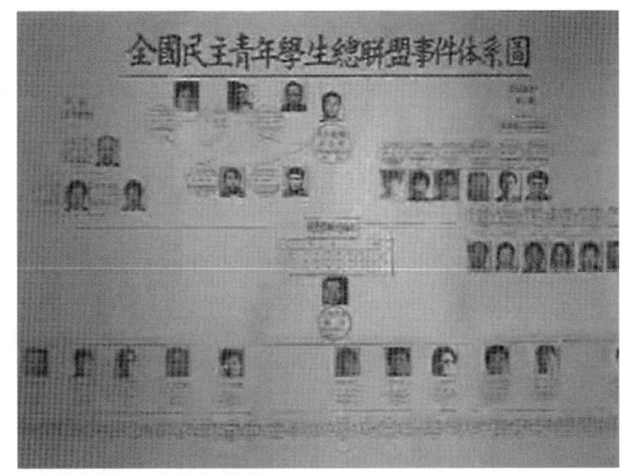

제작정보		**영상정보**	
출 처	대한뉴스 980호	제공언어	한국어
제 작 사	국립영화제작소	컬 러	흑백
제작국가	대한민국	사 운 드	유

영상요약

1974년 4월 25일 중앙정보부에서 전국민주청년학생총연맹 사건의 수사상황을 발표한 소식을 전하는 뉴스이다. 신직수 중앙정보부장의 발표 모습과 중앙정보부에서 파악한 민청학련의 조직계보도의 모습이 포함되어 있다. 뉴스는 민청학련 사건에서 보듯이 북한은 남한의 젊은이들을 선동하고 학원을 폭력혁명의 거점으로 삼으려 한다고 지적하면서, 북한의 흉계를 직시하고 우리의 자유와 평화를 지켜나가야 한다고 강조하고 있다.

내레이션

4월 25일 신직수 중앙정보부장은 전국민주청년학생총연맹 사건의 수사상황을 발표했습니다. 발표에 의하면은 현재 이 사건에 관련된 240명이 조사를 받고 있는데, 이 가운데 주동자로 드러난 이들 60명 가운데 과거 공산 불법단체인 인민혁명당과 재일조총련, 국내 좌파혁신계, 기독교 학생단체, 그리고 일본공산당원까지 포함된 약 스무 명의 배후조종자가 스며들어 자금을 대는 등 학생들을 뒤에서 조종한 것이 드러났습니다. 서른아홉 명의 주모자들은 북한 괴뢰의 이른바 통일전선전략형태의 4단계 공작을 통해 첫째, 학원 내 각종 서클활동으로 유신체제와 정부시책을 규탄, 과장선전하고, 둘째, 4월 3일을 기해 폭동을 일으켜서 정부 주요기관을 점거하고 정권을 인수하려 했으며, 이렇게 해서 소위 민주연합정부를 세운 다음 순수한 노농정권으로 탈바꿈할 계획을 세웠습니다. 지금 북한 괴뢰는 6·25를 모르고 자란 우리의 순진한 젊은이들을 선동하고, 우리 학원을 그들 폭력혁명의 거점으로 삼으려고 혈안이 돼 있습니다. 지금 우리는 북한 괴뢰의 흉계를 똑바로 보고 우리의 자유와 평화를 지켜나가야 하겠습니다.

화면묘사

00:00 자막 "민청학련 수사 발표"

00:04 민청학련 수사 발표를 하는 기자회견장 전경. 태극기와 중앙정보부기가 놓여 있는 단상에서 수사 발표를 하는 신직수 중앙정보부장과 이를 촬영하는 기자들

00:11 중앙정보부 마크가 있는 연설대에서 수사 발표를 하는 신직수 중앙정보부장

00:18 배포 자료를 보면서 수사 발표를 듣고 있는 방청석의 기자와 관계자들

00:23 "全國民主青年學生總聯盟事件體系圖(전국민주청년학생총연맹사건체계도)" 제하의 민청학련 조직계보도. 인물 사진, 인적 사항과 함께 조직 체계를 설명한 그림

00:29 민청학련 조직계보도의 다양한 모습. 여정남(呂正男), 이수병(李銖秉), 김용원(金鏞元), 장기표(張琪杓), 김효순(金孝淳), 류근일(柳根一), 서경석(徐京錫), 곽동의(郭東儀), 이철(李哲), 서중석(徐仲錫) 등의 사진이 보임

00:50 단상에서 수사 발표를 하는 신직수 중앙정보부장

00:56 방청석에서 수사 발표를 듣고 있는 기자와 관계자들. 맨 앞줄에 김재규로 추정되는 인물이 고개를 숙이고 앉아 있음

01:02 단상에서 수사 발표를 하는 신직수 중앙정보부장과 방청석에서 수사 발표를 듣고 있는 기자와 관계자들

01:14 기자석에서 방송 중계를 하는 기자들

01:18 방청석에서 배포 자료를 보면서 수사 발표를 듣고 있는 기자와 관계자들

01:27 수사 발표를 듣고 있는 방청석의 모습과 단상에서 수사 발표 중인 신직수 중앙정보부장

연구해제

이 영상은 1974년 4월 25일 신직수 중앙정보부장이 전국민주청년학생총연맹(민청학련) 사건의 수사상황을 기자들 앞에서 발표하는 모습이다. 신직수 중앙정보부장은 이날 발표를 통해, 민청학련 사건 관련자 중 과거 인혁당, 재일조총련, 국내 좌파혁신계, 기독교학생단체, 일본공산당원 등이 학생들을 배후조종하고 있다고 말했다. 영상에서는 민청학련 조직체계도를 함께 보여주고 있는데, 여정남(呂正男), 이수병(李銖秉), 김용원(金鏞元), 장기표(張琪杓), 김효순(金孝淳), 류근일(柳根一), 서경석(徐京錫), 곽동의(郭東儀), 이철(李哲), 서중석(徐仲錫) 등의 사진과 이름을 확인할 수 있다.

민청학련 사건은 1974년 3월 각 대학에서 유신철폐시위가 빈발해지는 가운데 전국 대학의 연합시위가 준비되자, 정부 당국이 학생운동 조직을 국가변란을 목적으로 한 반정부조직으로 왜곡 날조해버린 사건이다. 1974년 4월 3일 유신에 반대하는 학생들은 서울대, 고려대, 연세대, 성균관대, 이화여대 등에서 일제히 시위를 벌이면서 민청학련 명의의 '민중 민족 민주선언'과 '민중의 소리' 등의 유인물을 살포하였다. 유인물에 적힌 행동사항을 통해 학생운동 주체들은 다른 학생과 시민들에게 당일 오후에 시청 앞 광장과 청계천 5가에 집결할 것을 호소하였다.

그러자 4월 3일 오후 10시 박정희는 특별담화를 통해, "민청학련이라는 불법단체가 불순세력의 배후 조종하에 그들과 결탁하여, 인민혁명을 수행하기 위한 상투적 방편으로 통일전선의 초기 단계적 지하조직을 우리 사회 일각에 형성하고 반국가적 불순활동을 전개하기 시작하였다는 확증을 포착하였다"면서, 이런 불순세력을 발본색원하기 위해 긴급조치 4호를 발동한다고 발표하였다. 총 12개 조로 이루어진 긴급조치 4호는 민청학련에 가입하거나 연락, 또 그 구성원에게 편의를 제공하는 일체의 행위를 금하며, 이와 관련하여 권유하거나 선전 선동하는 것 또한 금지하였다. 또 학생의 수업거부나 시험거부, 집회와 농성 등을 일절 금하는 것은 물론, 이런 사실을 방송, 보도, 출판 등을 통해 타인에게 알리는 것까지 금하였고, 위반자가 소속된 학교는 폐교처분을 할 수 있게 하였다. 특히 이 조치를 위반하였을 때는 법관의 영장 없이 체포, 구속, 압수, 수배하며, 비상군법회의에서 심판하되 사형, 무기 또는 5년 이상의 유기징역에 처하도록 하였다.

유신정권의 공안기관들은 민청학련사건을 계기로 유신반대투쟁을 근본에서부터 말살하려 하였다. 대통령이 민청학련 관계자들을 인민혁명을 기도하는 불순세력으로 규정하는 내용의 담화를 이미 발표한 상황에서 중앙정보부 수사의 초점은 오직 관련자들이 공산주의 사상을 가지고 폭력혁명을 수행하려는 자임을 입증하는데 맞춰질 수밖에 없었다. 이에 따라 1974년 4월 25일 신직수 중앙정보부장이 민청학련사건에 대한 중간조사 결과를 발표한 것이다. 그는 이 자리에서 일본 공산당원 및 국내 좌파혁신계 등의 조종을 받았고 국가변란을 획책한 학생들은 그들의 사상과 배후관계로 보아 공산주의자임이 분명하다고 강조하였다.

이 사건으로 비상군법회의에 송치된 사람은 윤보선 전 대통령, 지학순 주교, 박형규 목사, 김동길 교수, 김찬국 교수, 김지하 시인을 비롯해 인혁당 재건 관련자 21명, 일본인 2명을 포함, 무려 253명에 이르렀다. 이철과 김지하 등 14명에게는 사형이 선고되고 정문화 등 16명에게는 무기징역, 나머지 사람들에게는 최고 20년에서 최하 5년의 징역이라는 사상 유례 없는 중형이 선고되었다. 이후 구속자 석방을 요구하는 집회 및 시위가 학계 및 종교계를 중심으로 광범하게 번졌고 각계각층의 반독재민주화투쟁이 격화되는 한편, 미국 의회에서도 한국 정부에 대한 군사 및 경제원조의 대폭 삭감이 논의되었다. 이에 당황한 정부는 사건발생 10여 개월 만에 인혁당사건 관련자와 반공법 위반자 일부를 제외한 전원을 석방하였다.

이 사건은 학생들이 당초 계획했던 연합시위를 실행하지 못했음에도 불구하고, 종교계와 학계 등 광범위한 세력의 연대의 틀을 마련하는 계기가 되어 대표적인 반유신운동으로서의 위상을 갖게 되었다.

참고문헌

민주화운동기념사업회 연구소 엮음, 『한국민주화운동사』 2, 돌베개, 2009.

해당호 전체 정보

980-01 국내 경제 안정세로

상영시간 | 01분 44초

영상요약 | 1974년 들어 4번째로 열린 수출진흥확대회의 소식을 전하는 뉴스이다. 박정희 대통령은 국제적으로 경기가 회복되어 가고 국내경제도 안정세를 보이고 있다는 전문가들의 견해를 전하면서 수출증대에 힘쓸 것을 강조했다고 한다. 뉴스에는 회의실에 전시된 수출상품을 돌아보는 박정희 대통령의 모습이 포함되어 있다.

980-02 민청학련 수사 발표

상영시간 | 01분 37초

영상요약 | 1974년 4월 25일 중앙정보부에서 전국민주청년학생총연맹 사건의 수사상황을 발표한 소식을 전하는 뉴스이다. 신직수 중앙정보부장의 발표 모습과 중앙정보부에서 파악한 민청학련의 조직계보도의 모습이 포함되어 있다. 뉴스는 민청학련 사건에서 보듯이 북한은 남한의 젊은이들을 선동하고 학원을 폭력혁명의 거점으로 삼으려 한다고 지적하면서, 북한의 흉계를 직시하고 우리의 자유와 평화를 지켜나가야 한다고 강조하고 있다.

980-03 국민회의 대의원 산업시찰

상영시간 | 00분 50초

영상요약 | 1974년 4월 통일주체국민회의 대의원들이 유신홍보활동 소재 마련을 위해 포항종합제철과 울산 현대조선소 등으로 산업시찰을 행한 소식을 전하는 뉴스이다. 포항종합제철소 전경과 울산 현대조선소에서 대형 화물선이 건조 중인 모습이 포함되어 있다.

980-04 이런 일 저런 일

상영시간 | 02분 06초

영상요약 | 여러 가지 단신을 전하는 뉴스이다. 제7회 과학의 날 기념식, 한국기생충박멸

협회 전라남도지부 검사소 신축 기공식, 제19회 체신의 날 기념식 그리고 대한무역진흥공사 대구사무소 개소식 소식을 전하고 있다.

980-05 새마을 새일꾼

상영시간 | 01분 20초

영상요약 | 새마을운동의 지역 사례를 전하는 뉴스이다. 전라남도 화순군 동북면 신율리 칠봉산에서 나무를 심어 울창한 산림을 이룬 박복순의 사례를 전하고 있다.

팔당댐 준공 (1974년 6월 1일)

제작정보		영상정보	
출처	대한뉴스 985호	제공언어	한국어
제작사	국립영화제작소	컬러	흑백
제작국가	대한민국	사운드	유

영상요약

1974년 5월 24일 열린 팔당수력발전소 준공식 소식을 전하는 뉴스이다. 팔당댐의 전경과 함께 준공식에서 치사를 하고 팔당댐을 둘러보는 박정희 대통령의 모습이 포함되어 있다. 이 댐은 장차 중화학공업시대에 대비해서 에너지를 확보하는데 그 목적이 있다고 한다.

내레이션

여기는 경기도 양주군 능내리 한강의 큰 물줄기를 가로막은 팔당댐입니다. 이 중력식 댐과 함께 팔당수력발전소가 지난 5월 24일 완공됐습니다. 이날 박 대통령은 치사를 통해 정부는 오는 1981년까지 여덟 개 댐을 건설하는데, 이것은 80년대 초에 이룩될 중화학공업 시대에 대비해서 에너지를 확보하는데 그 목적이 있다고 밝히고, 석탄 증산과 수력에 의한 전력개발 그리고 원자력 발전 등 계획이 예정대로 추진된다면은 1977년 말 2,500,000 전 농가에 전기가 들어가서 100퍼센트의 농촌전화가 이루어지게 돼 농촌의 문화적 혜택과 소득증대에도 이바지하게 된다고 말했습니다. 박 대통령은 이어서 인류의 역사는 대자연에 도전하는 인간의지의 승리의 기록이며, 오늘 팔당댐의 준공은 이런 인간의지의 승리를 실제로 증명한 것이라고 강조했습니다. 그동안 네 차례 홍수를 맞는 등 역경이 있었으나 이를 이겨내고 착공 8년 만에 준공을 본 이 팔당댐은 설비용량 80,000킬로와트의 낮은 낙차의 발전시설을 갖추어 연간 3억 3,800만 킬로와트의 전력을 공급하게 됐습니다. 수문 열다섯 개가 한강을 가로막아 양주군과 광주군을 잇는 574미터의 이 댐이 완공됨에 따라 서울에서 자동차편으로 50분 거리의 현지에 대규모 인공호수가 이루어져 새로운 관광지로도 각광을 받게 됐습니다.

화면묘사

00:00 자막 “팔당댐 준공”
00:04 공중에서 본 팔당댐의 다양한 모습. 수문에서 물이 나오고 있음
00:34 팔당댐 옆에서 진행 중인 준공식 모습. 만국기가 펄럭이고 있고 “경축 팔당 수

력발전소 준공"이라고 쓰인 연단 앞에 작업복 차림의 근로자들이 열중쉬어 자세로 정렬해 있음

00:42 관계자들이 착석해 있는 단상에서 치사를 하는 박정희 대통령

00:47 "경축 팔당 수력발전소 준공", "한국전력주식회사"라고 쓰인 연단 앞에 정렬해 있는 관계자들, 군악대, 근로자들

00:55 "팔당호"라고 새겨진 표지석

00:59 팔당댐 수력발전소

01:07 팔당댐에서 팔당호를 내려다 보던 박정희 대통령이 댐 맞은 편 군중에게 손을 흔드는 모습과 환호하는 군중 (군중의 환호 소리)

01:19 팔당댐 수문에서 물이 쏟아져 나오는 모습 (물 소리)

01:28 팔당댐에서 박정희 대통령이 팔당호를 가리키며 육영수 여사에게 설명하는 모습과 팔당호 전경. 육영수 여사 옆에 민충식 한국전력주식회사 사장이 서 있음

01:41 팔당댐 수문에서 물이 쏟아져 나오는 모습 (물 소리)

01:48 팔당댐 옆 철로를 달리던 기차가 터널을 통과하는 모습과 팔당댐의 전경

02:03 공중에서 본 팔당댐과 팔당호, 한강의 다양한 모습

연구해제

본 영상에 등장하는 팔당댐은 1966년 6월 9일 기공식 이후, 8년여 만에 준공되었다. 기공 당시에는 4년 8개월 후에 준공될 것으로 예정했지만, 수차례의 홍수피해로 인해 공사기간이 지연되었다. 내자 134억 원, 프랑스은행단의 상업차관 1,400만 달러를 합쳐 도합 190억 원의 자금이 소요되었으며, 프랑스 민간자본과는 최초의 상업차관 성사 사례이기도 했다.

서울 동북방 한강 줄기를 경기도 양주군과 광주군에서 가로지른 팔당댐의 설비용량은 8만KW로, 높이 29미터, 길이 약 574미터의 콘크리트 중력식 댐으로 축조되었다. 댐에 부설된 수력발전 용량은 소양강댐과 화천댐에 이어 세 번째 규모였다. 또한 댐에 설치된 폭 20m, 높이 16.75m의 15개 수문은 대한민국에서 처음 채택된 저낙차 밸브형 발전이 가능하게 만들어졌고, 텐더식 수문으로는 동양 최대의 규모를 가지고 있다. 기존 수력발전소는 댐 바깥 하부에 발전기 터빈이 설치돼있어 댐의 물이 파이프를 타고 내려

오는 압력에 의해 터빈이 돌아가도록 돼있는데, 이 저낙차 밸브형 발전소는 댐 내부 저변에 터빈과 발전소가 설치돼 있고 터빈에는 프로펠러가 붙어있어 물이 프로펠러를 돌려 그 힘으로 터빈이 돌아가는 방식이었다.

공사에는 시멘트, 철강재 등의 국산자재를 최대한 활용했으며, 국내 기술진에 의해 시공되어 국내 기술 향상과 연관산업 발전에도 크게 기여했다고 평가받는다. 착공 이래 연인원 157만 5,000여 명이 투입되었고, 외국인기술자도 연 4,500여 명이 투입되어 일했다. 1973년 준공 이후 연간 발전은 3억 800만 KWh였으며, 평균 출력은 시설용량의 48.2%인 38,600KW였다. 이후 1999년에 80MW에서 120MW로 시설용량 증대공사를 했다.

또한 팔당댐에 있는 취수원을 통해 서울특별시와 인천광역시, 경기도 일부 지역을 관할로 하여 생활용수가 공급되고 있다. 댐 건설로 유역 면적 23,800㎢에 수몰 면적 17.1㎢의 거대한 인조 호수가 생겨 팔당유원지가 형성되었고, 서울 근교의 관광유원지로도 활용되었으나 2004년 팔당댐 주변이 상수원 보호구역으로 지정되면서 폐쇄되었다.

참고문헌

「팔당수전 기공」, 『경향신문』, 1966년 6월 9일.
「국내기술진을 총동원 56개월이후 준공예정」, 『매일경제』, 1966년 6월 9일.
「팔당댐 24일준공 한전 연3억3천만KWH 발전」, 『매일경제』, 1974년 5월 16일.
「팔당댐 준공」, 『동아일보』, 1974년 5월 2일.
「해설 각광받는 팔당댐」, 『매일경제』, 1974년 5월 24일.

새마을의 역군들 (1974년 6월 1일)

제작정보		**영상정보**	
출　　처	대한뉴스 985호	제공언어	한국어
제 작 사	국립영화제작소	컬　　러	흑백
제작국가	대한민국	사 운 드	유

영상요약

새마을운동의 현황을 전하는 뉴스이다. 수원에 있는 새마을지도자연수원의 연수 모습, 충청남도 공주군 계룡면 중장리에서 불우청소년 교육기관인 용지학원을 운영하고 농촌 복지사업과 양돈장 운영을 해서 향토문화공로상을 받은 김영택의 사례, 전국 새마을 중간평가회에서 내무부장관 표창을 받은 전라남도 승주군 새마을 소식을 전하고 있다.

내레이션

여기는 수원에 있는 새마을지도자연수원입니다. 전국에서 모인 새마을지도자와 고급공무원과 민간기업체 간부들이 새벽 일찍 일어나 몸을 단련하고 있으며 침식을 같이 하는 공동생활 속에 협동의식을 체험해 가고 있습니다. 이들은 새마을운동의 철학적인 바탕에 대해 알찬 교육을 터득해 가고 있습니다. 이밖에 실습도 하면서 새마을 소득증대에 관한 실기지도를 받기도 합니다. 저녁에는 각 반별로 분임토의를 함으로써 서로간에 의견교환을 통해 새마을운동을 더욱 발전시키기 위한 구체적 방안을 모색합니다.
여기는 충청남도 공주군 계룡면 중장리. 불우청소년들이 중학과정을 무료로 공부하는 용지학원입니다. 개인재산을 털어 학원을 세운 이 사람 김영택 씨는 현직 변호사로써 극빈자의 무료변론 등 사회봉사에 이바지하는 한편 농번기에 노력봉사를 통해 농촌복지사업에 앞장서고 있습니다. 이 사람은 특히 농촌의 소득증대를 위해 마을에 양돈장을 설치해 운영하면서 우량종 150마리의 돼지를 가난한 집에 나누어 주어서 자활의 길을 걷게 했습니다. 이와 같은 공로로 김영택 씨는 올해 향토문화공로상을 받았습니다.
여기는 전라남도 승주군의 새마을입니다. 지난 5월 17일 전국 새마을 중간평가회에서 내무부장관 표창을 받은 우수 새마을로써, 이 지방출신 인사들의 애향심에 불타는 뒷바라지가 적지 않았습니다. 황전면 죽내리 새마을의 경우, 이 마을 출신인 대한간호보조원 훈련원장 위찬호 씨의 헌신적인 뒷받침이 매우 컸습니다. 부락민들도 스스로 힘을 모아 특용작물을 재배하는 등 소득증대에 최선을 다한 결과, 오늘과 같이 우수 새마을로 가꾸게 됐습니다.

화면묘사

00:00 자막 “새마을의 역군들”

〈새마을지도자연수원〉
00:04 태극기, 새마을기가 펄럭이고 있는 수원 새마을지도자연수원 건물 외부 전경

00:09 유니폼과 모자를 착용한 연수생들이 대오를 갖춰 구보를 하는 모습. 멀리 연수원 건물이 보임

00:16 운동장에 정렬한 연수생들이 상의를 탈의하여 바닥에 놓고 러닝셔츠 차림으로, 단상의 한 연수생의 구호에 맞춰 체조를 하는 다양한 모습

00:29 식당에서 줄을 지어 식판에 배식을 받는 연수생들

00:36 식당에서 식사를 하는 연수생들

00:42 강당에서 연수생들이 교육을 받는 모습. 새마을운동 마크와 함께 "유신과업수행 새마을교육" 문구가 쓰인 현수막과 태극기가 걸린 단상에서 강사가 강의하고 있고 방청석의 연수생들은 책을 펴 들고 착석해 있음

00:46 단상 칠판에 "生命運動(생명운동)"이라고 써 놓고 강의를 하고 있는 강사의 모습. 강사는 명찰과 소형 마이크를 달고 있음

00:50 방청석에 앉아 강의를 듣고 있는 연수생들

00:54 유니폼과 모자를 착용한 연수생들이 러닝셔츠 차림으로 공터에 모여 삽질을 하고 있는 다양한 모습

01:04 연수생들이 한 방에 모여 괘도를 걸어놓고 분임토의를 하는 다양한 모습

〈충청남도 공주군 계룡면 중장리 용지학원〉

01:16 교복을 입은 학생들이 김영택의 안내를 받으며 손수레를 끌고 언덕을 올라 용지학원 문으로 들어가는 모습

01:20 용지학원 전경. 운동장에서는 학생들이 놀고 있고 태극기가 걸린 단층 교사가 보임

01:29 김영택이 교실에서 수업 중인 학생들을 둘러보고 있는 다양한 모습. 교단에서는 한 여교사가 수업을 하고 있음

01:37 창고 벽면에 "용지농원 용지학원 실습장"이라고 쓰인 실습장에서 김영택과 학생들, 마을주민들이 나무를 심는 다양한 모습

01:44 하던 일을 잠시 멈추고 땀을 닦는 김영택

01:51 김영택이 2명의 마을 부녀자와 함께 양돈장에서 사료를 주고 있는 다양한 모습. 손수레로 사료를 싣고 가면서 1명의 부녀자가 사료를 펴 주고 있음

02:00 사료를 먹는 돼지

02:02 양돈장 앞에서 김영택과 학생들, 마을 주민들이 대화를 나누고 있고 어미돼지와 새끼돼지들이 바닥의 사료를 먹고 있는 모습

〈전라남도 승주군 새마을〉

02:08 전라남도 승주군 새마을 전경. 개천에 다리가 놓여 있는 모습

02:12 양복 차림의 새마을 중간평가 관계자들로 보이는 이들이 두루마기, 모자를 착용한 노인들 마을 주민들과 함께 다리를 건너 가고 있는 모습

02:16 전신주가 있는 마을 풍경

02:23 양복 차림의 새마을 중간평가회 관계자로 보이는 남성이 위찬호에게 표창장으로 보이는 것을 전달하는 모습. 같이 서 있는 관계자들이 지켜보는 가운데 위찬호가 표창장을 받고 고개 숙여 인사하고 있음

02:27 우리에서 먹이를 먹고 있는 토끼

02:30 비닐하우스에 토마토가 주렁주렁 달려 있는 모습

02:35 비닐하우스에서 수건을 두른 한 부녀자가 일을 하고 있고 양복 차림의 위찬호가 토마토를 만지며 한 농부와 대화를 나누고 있는 모습

02:44 비닐하우스가 있는 밭, 호수, 산 아래 가옥들이 있는 마을 풍경

연구해제

이 영상은 1974년 5월에 있었던 수원 새마을지도자연수원의 교육과정을 순차적으로 촬영한 것이다. 영상은 매일 아침의 새마을조회(체조와 국민의례), 대강당의 새마을교육, 새마을교육의 꽃이라 불린 분임토의, 새마을교육 수료 후 현장답사까지 합숙교육의 세밀한 모습을 잘 보여준다. 또한 새마을교육은 전국에서 모인 새마을지도자, 고급공무원, 민간기업체 간부, 교수, 대학생 등 다양한 계층과 직업의 사람들이 받았다. 그럼에도 영상에서 확인할 수 있듯이 다같이 '새마을복'을 입고 생활했기 때문에 기수를 구분하지 않는다면 서로의 연령, 학력, 직업 등을 알 수 없었다. 이는 새마을교육이 목표했던 '동질화된 국민'을 만들기 위한 방식이었다.

성인대상 새마을교육은 전국 80여 개 지정기관에서 진행되었는데, 그중에서도 수원 새마을지도자연수원은 청와대비서실과 내무부 등이 직접 관리하는 '원조적' 새마을 전

문교육기관이었다. 쉬는 기간이 거의 없이 매주 진행되었던 합숙교육 덕분에 1978년까지 일주일 이상 합숙교육을 받은 인원은 전국 34,760명에 달했다. 이처럼 광범위하고 집중적인 지도자 교육이 진행된 까닭은 새마을운동에 대한 박정희 대통령의 의도가 교육과정에 크게 반영되었기 때문이다. 박정희 대통령은 새마을운동의 성공여부가 '훌륭한 지도자'에 달려 있다고 보았다. 따라서 새마을지도자연수원은 단순히 새마을지도자를 배출하는 기능을 넘어 '인간 용광로'라 불릴 정도로 정신개조에 초점을 맞춰 운영되었다. 새마을 합숙교육은 '생활 즉 교육'을 강조하여 연수생의 신체와 행동까지 시간표에 따라 규율하는 방식으로 이루어졌다. 또한 합숙교육이 종료되면 '모범부락'을 방문하거나 청와대로 박정희 대통령, 육영수 여사 등을 예방하기도 하였다.

새마을지도자연수원의 교육과정은 연수생의 일상적 행위까지 집단적으로 정형화된 행동을 요구하였다. 또한 의식개조와 신체 규율화 과정을 통하여 자발성을 연수생들에게 내면화시키고자 하였는데, 이는 궁극적으로 생산적이고 순응적인 국민을 형성하는 데 이들을 중핵으로 활용하고자 한 데서 비롯된 것이었다.

참고문헌

박진우, 「박정희정권과 새마을지도자연수원의 지도자 양성」, 『한국민족운동사연구』 65, 2010.

해당호 전체 정보

985-01 팔당댐 준공

상영시간 | 02분 25초

영상요약 | 1974년 5월 24일 열린 팔당수력발전소 준공식 소식을 전하는 뉴스이다. 팔당댐의 전경과 함께 준공식에서 치사를 하고 팔당댐을 둘러보는 박정희 대통령의 모습이 포함되어 있다. 이 댐은 장차 중화학공업시대에 대비해서 에너지를 확보하는데 그 목적이 있다고 한다.

985-02 새마을의 역군들

상영시간 | 02분 56초

영상요약 | 새마을운동의 현황을 전하는 뉴스이다. 수원에 있는 새마을지도자연수원의 연수 모습, 충청남도 공주군 계룡면 중장리에서 불우청소년 교육기관인 용지학원을 운영하고 농촌복지사업과 양돈장 운영을 해서 향토문화공로상을 받은 김영택의 사례, 전국 새마을 중간평가회에서 내무부장관 표창을 받은 전라남도 승주군 새마을 소식을 전하고 있다.

985-03 양장 시범 대회

상영시간 | 01분 17초

영상요약 | 1974년 5월 영부인 육영수가 강원도 춘성군 신북면 산천리에서 열린 새마을 양잠 시범대회와 소양강댐에서 열린 치어 방류행사에 참석한 소식을 전하는 뉴스이다. 육영수가 직접 뽕따기와 누에치기를 하고 소양호에서 치어를 방류하는 모습이 포함되어 있다.

985-04 이런 일 저런 일

상영시간 | 03분 36초

영상요약 | 여러 가지 단신을 전하는 뉴스이다. 국립박물관에서 열린 이조 도자기 특별전시회, 한국능률협회 주최 1974년도 '한국의 경영자'상 시상식, 서울 성동구 성내동의 농업협동조합 축산물 공판장 개장, 제14회 전국 아동극 경연대회, 제2

회 전국 새마을 씨름대회, 제8회 대통령배 쟁탈 전국 고등학교 야구대회 소식 등을 전하고 있다.

대통령 영부인 육영수 여사 서거 (1974년 8월 17일)

제작정보			**영상정보**		
출　　처	:	대한뉴스 996호	제공언어	:	한국어
제 작 사	:	국립영화제작소	컬　　러	:	흑백
제작국가	:	대한민국	사 운 드	:	유

영상요약

영부인 육영수의 서거 소식을 전하는 뉴스이다. 청와대에 마련된 빈소 풍경, 참배하는 조문객들의 모습과 함께 생전의 육영수 여사의 다양한 활동 모습을 담고 있다.

내레이션

대통령 영부인 육영수 여사가 서거했습니다. 아침에는 환한 모습으로 광복식전 단상에 학처럼 청초하게 앉아계시던 분이 이제는 유명을 달리하고 아득한 길을 떠나가셨습니다. 이럴수가. 세상에 이럴수가. 대통령 영부인 고 육영수 여사는 생전에 어린이들을 끔찍이도 아꼈습니다. 그리고 가난하고 불우한 사람들을 즐겨 도우며 살았습니다. 그토록 자애롭고 구김살 없이 살다간 분이기에 온 국민의 가슴에는 따사로운 빛과 꿈이 아로새겨져 있습니다. 때로는 한 송이 백합처럼 때로는 봄빛처럼 감싸주시던 그분이 비명에 가시다니. 슬픔을 넘어서 어안이 벙벙할 뿐입니다. 도무지 믿기지 않는 일입니다. 고 육영수 여사는 대통령 영부인으로 청와대 생활을 시작하면서부터 아침 일찍이부터 밤 깊도록 숨 돌릴 겨를 없는 막중한 책임의 자리를 지켜왔습니다. 한 여염집 주부 노릇 하기도 힘겨운 일이거늘 육 여사는 막중한 짐을 졌을 뿐만 아니라 대통령을 뒷바라지하고 시중드는 가운데 언제나 우리 겨레들과 고락을 함께 하며 살았습니다. 더욱이 불우한 사람들에게 육 여사는 따뜻한 인정을 쏟았습니다. 양로원과 고아원을 돕는 일은 물론 어두운 사회의 구석구석까지 따스한 사랑의 손길을 내밀었습니다. 나라 위해 몸을 다친 전상 용사들에게도 재활의 용기를 불어넣어주고 그 터전을 마련해주었습니다. 육 여사는 특히 사회에서 버림받은 나환자에 대한 생활 대책에 남다른 관심을 보이고 여기에 집중적인 지원 사업을 벌였습니다. 생활이 어려운 많은 사람들에게 육 여사는 언제나 참된 벗이었습니다. 불우하고 가난한 사람들을 위해 기술을 배우게 하고 스스로 살 길을 개척하도록 갖은 뒷바라지를 다해준 분이 고 육영수 여사였습니다. 뿐만 아니라 여생을 외롭게 살아가는 할아버지 할머니들을 위해 온 정성을 다한 사실은 길이 우리들의 기억에 남을 것입니다. 육 여사는 또 많은 사람들의 충고와 조언을 폭넓게 들으며 특히 젊은이들과의 대화를 즐겨 가졌습니다. 전국 여러 대학의 초청을 받아 가서는 젊은이들의 고민과 소망과 그 밖에 모든 것을 허심탄회하게 들어주고 진지하게 대화를 나눴습니다. 이처럼 바로 우리들 속에서 함께 호흡해온 이 분이 그렇게 가시다니 어찌 이럴 수가 있겠습니까. 가난하게 살아온 농어촌 사람들에게 우리도 잘살아보자고 격려했습니다. 조국의 명예를 세계 무대에서 자랑하고 돌아오는 젊은이들을 반갑게 맞이하고 그들을 그토록 훌륭히 키운 어머니들을 그토록 칭찬하던 고 육영수 여사. 그러나 지금은 육 여사를 만날 길이 없습니다. 변을 당하기 불과 닷새 전엔 런던에서 열린 국제 척추장애자 체육대회의 입상자들을 청와대 대접견실 바로 이 자리에서 맞아주었는데 그러나 지금은 이 자리가 영부인의 빈소로 바뀌고 말았습니다. 청와대와 전국에 마련된 영부인의 빈소에는 각계각층 전국 곳곳에서 찾아온 남녀노소 조문객이 줄을 이었습니다. 겨레의 슬픔이 어찌 이보다 더할 수가 있겠습니까. 겨레의 가슴 속에 훈훈한 사랑을 심어주던 그 분의 서거에 하늘도 울고 땅도 울었습니다. 이제 그분은 가셨지만 그분이 남기신 교훈은 우리들의 가슴에 길이 남을 것입니다. 조국의 구석구석마다 온화한 모습 그대로 상냥한 음성 그대로 꽃이 되어 필 것입니다. 고이 잠드소서. 고이 잠드소서.

화면묘사

00:00 자막 "대통령 영부인 육영수여사 서거"
00:04 육영수 여사 영정
00:10 청와대 접견실에 마련된 빈소에서 조문객을 맞고 있는 박정희 대통령, 박근영, 박지만과 친척들
00:18 영전에 분향을 하고 참배를 하는 김종필 국무총리 내외
00:30 조화와 육영수 여사 영정이 놓여 있는 제단
00:33 영전에 분향을 하고 참배를 하는 민복기 대법원장
00:42 영전에 분향을 하고 참배를 하는 조문객
00:51 영전에 분향을 하고 참배를 하는 이철승 의원 내외
00:59 빈소가 마련된 청와대로 줄지어 입장하고 있는 조문객들
01:09 줄지어 서 있는 조문객들. 외교 사절의 모습도 보임
01:15 육영수 여사 영정
01:23 생전의 육영수 여사의 활동 모습. 청와대로 초청한 낙도 어린이들과 대화를 나누고 다과를 베푸는 육영수 여사의 다양한 모습
01:33 대회에 입상한 어린이들을 청와대로 초청해 대화를 나누는 육영수 여사
01:36 메달을 목에 건 어린이들이 다과가 차려진 테이블 주위에 서 있음
01:43 한 전시회 개회식에서 테이프 커팅을 하는 육영수 여사
01:47 전시된 작품들을 둘러보는 육영수 여사의 다양한 모습
01:55 어린이대공원 기공식에 참석한 육영수 여사가 단상에서 손을 흔들며 인사하고

있음

02:02 단 아래 운집한 군중이 태극기를 흔들고 있음

02:07 어린이대공원 기공식에서 어린이들과 함께 첫 삽을 뜨고 있는 육영수 여사. 육영수 여사 뒤에는 "어린이대공원 시설 배치도"가 세워져 있음

02:13 군 부대를 방문한 육영수 여사가 관계자, 군인들과 악수를 나누는 다양한 모습

02:22 육영수 여사가 군인들에게 가지고 온 음식을 나누어 주는 다양한 모습

02:33 군인들에게 위문품을 전달하는 육영수 여사의 다양한 모습

02:38 군 부대를 방문한 육영수 여사가 군인들과 대화를 나누고 식당에서 음식을 나누어 주는 다양한 모습

02:59 양지회 회원들과 함께 위문품을 만드는 육영수 여사의 다양한 모습

03:21 양지회 회원들과 함께 '사랑의 열매' 가두 모금 운동을 펼치고 있는 육영수 여사의 다양한 모습. 학생들이 "5월은 재해구호의 달. 사랑의 열매. 여러분의 정성이 재난을 구합니다. 양지회"라고 쓰인 현수막을 들고 있고 육영수 여사가 시민들에게 '사랑의 열매'를 달아주고 있음

03:38 재활용사촌 양말공장 준공식에 참석한 육영수 여사. "경축 재활용사촌 양말공장 준공" 현수막이 걸려 있고 육영수 여사와 관계자들이 착석해 있음

03:41 휠체어를 탄 관계자 등과 테이프 커팅을 하는 육영수 여사

03:44 여성 근로자들이 일하고 있는 양말 공장 내부를 둘러보는 육영수 여사의 다양한 모습

03:51 나환자 마을인 성나자로 마을을 방문한 육영수 여사가 어린이로부터 선물을 받음

03:54 예수상 제막을 하는 육영수 여사

03:57 마을 주민들과 대화를 나누는 육영수 여사

04:01 마을 노인에게 옷을 전달하는 육영수 여사

04:05 한 마을을 방문해 주민들과 대화를 나누고 위문품과 위문금을 전달하는 육영수 여사의 다양한 모습

05:07 경복궁 경회루에서 경로 잔치를 베풀고 노인들과 대화를 나누는 육영수 여사의 다양한 모습

05:37 여성단체 회원들로 보이는 여성들과 대담을 나누는 육영수 여사의 다양한 모습

05:47 좌담회에서 대학생들과 대화를 나누는 육영수 여사의 다양한 모습. 벽면에는 "유네스코 학생지도자 교육과정"이라고 쓰인 현수막이 걸려 있음
06:11 계명대를 방문한 육영수 여사가 학생들과 인사를 나누는 모습. 제복 차림의 한 학군단 생도가 육영수 여사에게 거수경례를 하고 악수를 나누고 있음
06:15 화분이 놓여 있는 단상에서 발언하고 있는 육영수 여사
06:19 양잠시범대회에 참석한 육영수 여사가 뽕나무 가지를 자르는 모습. 정소영 농수산부장관과 여성 관계자가 이를 지켜보고 있음
06:25 관계자들과 함께 누에 위에 뽕나무 가지를 놓는 육영수 여사
06:31 치어 방류행사에 참석한 육영수 여사가 배 위에서 강에 치어를 방류하는 다양한 모습
06:41 청와대에서 정명훈과 악수를 나누는 육영수 여사
06:46 정명훈 가족들과 악수를 나누는 육영수 여사
06:53 청와대에서 홍수환 선수, 그의 어머니와 악수를 나누는 육영수 여사
07:03 청와대로 초청한 국제척추장애자 체육대회 입상자들과 악수를 나누고 환담을 나누는 육영수 여사의 다양한 모습
07:23 육영수 여사의 영전에서 오열하는 조문객들 (오열하는 소리)
07:29 육영수 여사 영정 (오열하는 소리)
07:34 청와대 앞에서 바닥에 주저앉아 오열하는 여성 조문객 (오열하는 소리)
07:41 육영수 여사의 분향소에 줄지어 서 있는 추모객들
07:56 육영수 여사 영정
08:03 영전에 분향하고 참배하는 프란체스카 여사
08:16 영전에서 두 손을 모으고 기도하는 소복 차림의 여성 조문객들
08:22 육영수 여사 영정
08:27 참배하는 어린이들
08:31 울면서 참배하는 시민들
08:37 육영수 여사 영정
08:45 자막 "삼가 고인의 명복을 빕니다. 1974.8.17 국립영화제작소"

연구해제

이 영상은 1974년 8월 15일 광복절 제29주년 기념식 행사 중 서거한 대통령 영부인 육영수의 빈소 풍경과 대통령 영부인으로 활동하는 모습을 담은 8분 49초의 긴 영상이다. 이 외에도 대한뉴스에서는 998호부터 1001호까지 매호에서 육영수 서거와 관련한 소식들을 전하고 있다.

1974년 8월 15일 서울 장충동 국립극장에서 개최된 광복절 기념식 거행 중 재일교포로 알려진 문세광이 대통령이 축사를 하고 있는 단상을 향해 권총을 발사했다. 연설대 밑으로 황급히 몸을 숙인 박정희는 총탄을 피했지만, 귀빈석에 앉아 있던 영부인 육영수는 총탄을 맞고 사망했다. 이 과정에서 식장에 참석한 여학생 장봉화도 사망했다. 문세광은 현장에서 경호원과 경찰에 의해 검거됐고, 육영수는 서울대병원으로 긴급 후송돼 응급치료를 받았지만 오후 7시 끝내 사망했다.

이 사건은 '박정희 저격(미수)사건', 대통령 부인 육영수가 사망했기에 '육영수 여사 암살사건' 또는 범인인 문세광에 주목해 '문세광 사건'으로 불린다.

저격범으로 체포된 문세광(당시 23세)은 일본 오사카에서 태어나 재일한국청년동맹 등의 민단 계열 단체에 가입해 활동하다가 1972년에 조총련에 포섭돼 1973년 김대중 납치사건 구출대책위원회 등에서 본격적인 활동을 시작했다고 한다. 한국정부는 문세광의 배후로 조총련을 지목했고, 특히 김일성의 지령에 따른 것이라고 발표했다. 문세광은 1974년 9월 2일 기소돼 12월 17일 대법원에서 사형이 확정됐고, 3일 뒤인 20일 서대문 구치소에서 사형이 집행됐다.

일본 경찰은 8월 27일 한국정부가 발표한 일본 측 관련 증거를 확인하고 즉각 공개수배했지만 배후 인물로 지목된 김호룡 등의 신병인도에는 난색을 표했다. 그리고 1974년 12월 25일 일본은 문세광이 김대중 납치사건에 분개, 박정희 독재를 무너뜨리기 위해 단독으로 저지른 범행이라는 수사결과를 발표했다. 이와 같은 일본의 입장은 한국정부의 발표와 입장을 달리하는 것이었다. '김대중 납치사건'으로 외교관계가 경색되었던 한일 양국은 이 사건으로 국교 단절 직전까지 가는 극심한 갈등을 겪었다. 결국 시이나 전 외무대신이 1974년 9월 19일 박정희를 면담하고 다나카 수상의 친서를 전달하며 갈등은 일단 봉합되었다.

박정희 정부는 이 사건으로 인하여 당시 들끓었던 국민의 김일성 정권에 대한 공분을 적절히 결집하여 반공이데올로기를 더욱 강화했으며, 나아가 국제적으로 그동안 궁지에 몰려 있던 정권의 위기를 일거에 해소하고 유신체제를 공고화할 수 있었다. 반면에 김일성 정권은 남한사회는 물론 국제사회에서도 '테러집단'이라는 오명과 불신을 한 몸에 받고 낙인찍히게 된 결정적 계기가 되었다.

참고문헌

이완범, 「김대중 납치사건과 박정희 저격사건」, 『역사비평』 80, 2007.

해당호 전체 정보

996-01 대통령 영부인 육영수 여사 서거

상영시간 | 08분 49초

영상요약 | 영부인 육영수의 서거 소식을 전하는 뉴스이다. 청와대에 마련된 빈소 풍경, 참배하는 조문객들의 모습과 함께 생전의 육영수 여사의 다양한 활동 모습을 담고 있다.

찾 아 보 기

ㄴ

ㄷ

ㄹ

ㅁ

ㅂ

ㅅ

ㅇ

ㅈ

ㅋ

ㅌ

ㅍ

ㅎ

'한국 근현대 영상자료 수집 및 DB구축' 과제 참여자

연구책임자

허은 (고려대학교 한국사학과 교수)

공동연구원

강명구 (서울대학교 언론정보학과 교수)

김려실 (부산대학교 국어국문학과 교수)

조준형 (한국영상자료원 한국영화사연구소장)

최덕수 (고려대학교 한국사학과 교수)

지우지 피자노(Giusy Pisano) (프랑스 루이-뤼미에르 고등영상원 교수)

전임연구원

박선영 (현 고려대학교 한국사연구소 연구교수)

박희태 (현 성균관대학교 CORE사업단 연구교수)

양정심 (현 대진대학교 인문학연구소 연구교수)

장숙경 (전 고려대학교 한국사연구소 연구교수)

연구보조원

공영민, 금보운, 김명선, 김성태, 김재원, 김진혁, 마스타니 유이치(舛谷祐一), 문민기, 문수진, 서홍석, 손지은, 심혜경, 예대열, 유정환, 윤정수, 이동현, 이상규, 이설, 이수연, 이정은, 이주봉, 이주호, 이진희, 임광순, 장인모, 정유진